本书受中国人民大学科学研究基金项目暨中央高校基本科研业务费专项资金支持

百家廊文丛

BAIJIALANG WENCONG

文化转型人类学

赵旭东◎著

中国人民大学出版社
·北京·

题献费孝通教授

——使我受益良多的指路人

我认为文化转型是当前人类的共同问题，因为现代工业文明已经走上了自身毁灭的绝路，我们对地球上的资源，不惜竭泽而渔地消耗下去，不仅森林已遭难于恢复的破坏，提供能源的煤炭和石油不是也已在告急了么？后工业时期势必发生一个文化大转型。人类能否继续生存下去已经是个现实问题了。

——费孝通

序　言

中国人民大学建校八十年，也是中国共产党创办新型高等教育的八十年。从1937到2017，从延安的陕北公学，到晋察冀边区的华北联合大学、正定的华北大学，再到北京的中国人民大学，八十年历史沧桑，斗转星移，中国人民大学始终与党和国家同呼吸、共命运。八十年来，几代学人进行了殚精竭虑的学术探索，在治学方面取得了令人瞩目的杰出成就。

改革开放以来，中国人民大学的学者在马克思主义指导下，努力继承中华传统文化精粹，发扬老一辈学者的笃实学风，同时借鉴了西方学术研究的新方法、新成果，解放思想，大胆创新，有力推动了我国人文社会科学的深入发展。经过数十年的建设与积淀，中国人民大学在人文社会科学各领域内学科门类建设齐全，研究领域日渐拓展，研究水准不断提升，呈现出人才辈出、欣欣向荣的学术繁荣景象。

2017年9月，经国务院批准，教育部等部门下发了《关于公布世界一流大学和一流学科建设高校及建设学科名单的通知》，中国人民大学入选A类一流大学建设名单，哲学、理论经济学、应用经济学、法学、政治学、社会学、马克思主义理论、新闻传播学、中国史、统计学、工商管理、农林经济管理、公共管理、图书情报与档案管理等14个一级学科入选一流学科建设名单。入选学科除统计学为理学学科外，其余全部为人文社会学科。

中国人民大学入选"双一流"建设高校和14个学科入选"双一流"建设学科，既体现了党和国家对人文社会科学的重视，同时也是对中国人民大学八十年发展成就的充分肯定，是鼓励和认可，更是鞭策和期许。我们感觉肩上的担子更重了。

习近平总书记指出：“人类社会每一次重大跃进，人类文明每一次重大发展，都离不开哲学社会科学的知识变革和思想先导。”如果我们将“双一流”的入选视为中国高等教育在新的历史阶段开启新的征程的信号，那么当前，中国人民大学已经站在新的历史坐标点上。我们需要总结历史，更需要开拓未来。

2016年中，学校科研处的同志与我们谈起，他们准备在校庆年启动一项名为“百家廊文丛”的持续支持工程，希望通过多年连续性的资助，把学校各学科卓有成就的学者所撰写的代表性学术成果择优出版，系统性地展示中国人民大学近年来的整体学术水平。科研处作为管理和服务教师科学研究的机构，一直把提升科研品质、打造学术精品作为部门的责任。但是，客观讲，中国高校的文科科研经费投入还是有限的，怎样把有限的资源配置到最需要、最出成效的地方，是中国人民大学多年来认真思考的问题。为了把“好钢用在刀刃上”，科研处也做了许多有益的谋划，推动了学校科研事业的蓬勃发展。

在校庆年首度推出“百家廊文丛”，具有几层特殊的意义。首先，“百家廊文丛”反映了中国人民大学在人文社会科学方面的深厚学术实力。本年入选的多部著作各具特色，有的资料翔实，有的论述细密，有的条理畅达，有的富有文采，足以彰显中国人民大学近年来的学术实绩。其次，体现出中国人民大学学者群体持续关注和深入研究我国发展面临的重大理论和实践问题的深沉人文情怀。有的学者耐得住寂寞，苦坐书斋；有的学者读万卷书行万里路，遍寻一手数据。再次，丛书是一个对外交流的窗口，在人大学者与国内外的学者之间架起了一个交流的平台。“百家廊文丛”如能持续坚持下去，就是一项规模较大的学术文化工程，值得期待。

大学因学术而显厚重，因学者而富气象。“百家廊文丛”首批推出的著作，选题丰富多元，特别是对基础学科和学科基础中的一些重要问题进行了专题研讨。对于“基础学科和学科基础”的强调和看重，一直以来也是我校科研工作的指导方针。“百家廊文丛”如果能做到叫得响、传得开、留得住，就成功了。好的学术成果一定要能沉淀下来，而非过眼云烟。

习近平总书记《在哲学社会科学工作座谈会上的讲话》指出："这是一个需要理论而且一定能够产生理论的时代，这是一个需要思想而且一定能够产生思想的时代。我们不能辜负了这个时代。自古以来，我国知识分子就有'为天地立心，为生民立命，为往圣继绝学，为万世开太平'的志向和传统。一切有理想、有抱负的哲学社会科学工作者都应该立时代之潮头、通古今之变化、发思想之先声，积极为党和人民述学立论、建言献策，担负起历史赋予的光荣使命。"中国人民大学长期秉持立学为民、治学报国的优良传统，始终践行着实事求是的学术良知。不论是在抗战烽火中，还是在建国伊始；不论是遭受了"文革"的磨难，还是在改革开放中凤凰涅槃，中国人民大学的学者一方面坚守书斋、甘于清贫，另一方面又关心国家、民族的命运，关心社会的进步。中国人民大学的命运从来与党和国家的命运休戚相关，而人大学者从来志向远大，他们为构建具有中国特色、中国风格、中国气派的哲学社会科学做出了积极贡献。今天，我们推出这套文丛，正是传承中国人民大学八十年文脉，弘扬砥砺奋进、实事求是精神的有益之举。

"百家廊文丛"的名字，非常契合中国人民大学的实际。因为"百家廊"是中国人民大学校内的著名风景，在李东东同志创作的《人民大学赋》中有云："百家廊，檐飞七曜，柱立八荒，凝古今正气，汇中外学术。"我们认为，这几句话就是对即将面世的首批"百家廊文丛"的最好诠释。"百家廊中百家争鸣"，这套文丛是献给历经岁月沧桑、培育桃李芬芳的中国人民大学八十年校庆的一份心意，祝愿这所伟大的学校在新的历史征程中继往开来、再续辉煌。

是为序。

靳诺　刘伟

目　录

导　论

21世纪必将是一个蕴含深度文化转型的世纪。面对越来越清晰的世界多种文化的相互碰撞以及交互影响，面对越来越普及的新媒体所带动的文化信息传播以及人与人之间交流方式的日新月异，面对由扑面而来的媒介的新物质性、个体掌握媒介的自主性以及传播媒介的社会性促成的文化表达的多样性和差异性呈现，一种文化价值及其表现形态的新转变、新转型正在悄然发生，并有愈演愈烈之势。如果不能对此有一种自觉的把握，便无法使之真正清晰地为人所感受到并成为一种文化上的自觉。以文化研究自居的人类学在此意义上正在面对一种谁都无法抗拒的文化转型的世界图景。与此同时，可以肯定地说，人类学自身也正在快速演变为一种特别关注世界性的文化转型的在场，由此人类学转而成为一种文化转型人类学。

一、人类学遭遇文化转型

毋庸置疑，人类学是一种面向当下的学问，人类学自身的面貌必然也会伴随着当下社会现实的转变而发生改变。以一门学科而言，人类学向来都以人类整体的文化及其发展为自己核心的研究对象。这种文化在人类自身的发展历程中曾经历经无数次的改变与转型，其中既有属于渐进的慢慢演进，也有革命性的翻天覆地的巨变。对于现代人而言，现代世界无疑是一个处在转型之中的世界，它促使人类学的研究对象也必然要转移到这一转型的议题上来。随着各种新技术、新观念以及新价值进入寻常百姓之家，中国及其文化转型也在顺应时代改变而改变自身的形态。换言之，就时下的人类学而言，它自身无疑也在遭遇一场文化转型的大变局。

曾经的人类学更多是以人为中心去做实地的田野研究，人类学很显然离不开一种对人的特别关怀。但人不仅是社会之人，还是作为文化之一部分的器物的发明、创造与使用之人，其作用生动地体现在今日技术、工业产品以及基本生活品的供给上。今天的人类学面对一种文化形态的转变确实有必要去调整自己的核心研究对象，从一种人思之人的关怀转换到物思之人的关怀上去，即强调物与人的真实存在这个向度，而非单单强调一种观念里的人，并以物思之人来作为存在者的存在。

之前的人类学是在一种不断回溯的对原始感的追求中来弥补西方现代性兴起之后的种种缺失，而人类学家们则在一种慢节奏的多少带有浪漫情怀的对西方人眼中的蛮荒之地的他者造访中，为西方描摹种种在其文化里已经遗失的存在。这项费时、费力、费钱的智力加体力的劳作，却不经意间为西方人构想西方以外的差异性的文化存在提供了可以静心阅读和比较的文本，一种借助于西方意义和西方视角的东方学得以成型。① 所有人类学家的文字、图片以及探险的旅行似乎都在无意之中为西方人提供了固化西方以外世界图景的一种可以令人信服的材料，在那里我们看到在一种时间性缺失之下的一个小地方社会生活的年复一年的无变化的自我复制，其中就包括新几内亚诸岛屿、非洲撒哈拉沙漠以南诸部落、南美洲亚马逊的丛林，甚至还包括中国乡村。在这些地方，时间似乎凝固在了西方以外的世界之中并为其所不断地塑造。

时间的车轮在碾压过西方以外的世界之后，在那里无法真正避开的便是对时间感的一种新的自觉。人类学家走出自己熟悉的文化而去把握“在那里”的时间②，由此“那里”不再是一个自我循环的世界，而是和西方同在一个世界之中的具有共同性的文化存在单元。时间在此基础上有了一种先进与落后之分，并且，落后者必然要被先进者鞭挞，由此落后者必须

---

① 萨义德．东方学．王宇根，译．北京：三联书店，1999.

② Fabian. Time and the Other：How Anthropology Makes its Object. New York：Columbia University Press，1983.

要做迎头赶上的努力，中国恰是在这样一种迫不得已的鞭挞中获得一种发展上的自觉的。①

由此，世界的存在被赋予了一种地理大发现意义上的西方“白人的神话”②，这种观点认为西方以外的世界都是可以被征服的，而这种征服的强有力的工具便是对一种时间观念界定的优先权，一种有刻度且抽象可累加的标准化了的钟表时间成了世界秩序安排的新坐标。由此，世界上不同的族群就不再是一种时间意义上相对有差别的存在，而是被抽离场景意味的抽象时间观念下的一种带有线性时间线索的同质化的存在。请问今天还有多少人不知道 8 点 30 分意味着什么呢？但在一百年前，知道这个数字含义的人绝不会有今天这样多。在那时，也许一些大都市按点上班的人才会清楚这个钟表上的刻度时间的含义，那就是他们此时一定已经在某个工厂里开始做他或她一天的工作了。

人类学因一个以地理大发现为隐喻而展开的对于西方以外世界的殖民而有了自己独立的研究空间，那便是附属于西方世界的殖民地的居民、土地、物产，以及由后来的人类学家所界定的地方本土的文化。这些都是借早期的民族的书写而对远方人的生活在文化上的一种固化，其所借助的就是人所独有的书写和阅读。这种时间性往往定格在人类学家只身到那里的某一年、某一月，甚至某一日，但人与人、人与物以及人与整个世界互联互通的 21 世纪，一场未来学家所预期的所谓信息革命如期而至，一种基于技术变革随后寻求某种改变而带来的价值选择所塑造的新的文化在逐渐形成，人类学在这个意义上正面临着一种文化上的转型。

很显然，今天的世界已经不再是一个纯粹由资本驱动的西方或欧美意义上的海外贸易市场，也不再是东方成为西方消费社会的产品加工链条中的一环的“前店后厂”模式，整个世界变成无中心却有不同联结点的将

① 面对此种情形，晚清时便已经有了一种自觉和改进。在 1894 年孙中山写给李鸿章的书信中曾言：“比见国家奋筹富强之术，月异日新，不遗余力，骎骎乎将与欧洲并驾矣。快舰、飞车、电邮、火械，昔日西人之所恃以凌我者，我今亦已有之，其他新法亦接踵举行。”（孙中山．上李鸿章书//孙中山选集：上卷．北京：人民出版社，1963：7.）

② Fitzpatrick. The Mythology of Modern Law. London and New York: Routledge, 1992.

人、财、物瞬时勾连起来的一张网络，这是一个人可以瞬间借助网络的虚拟在场而看到世界全部的一种全球化的生存状态。无疑，人类学家仍旧会到田野之中，但这田野很明显已经不再是马林诺夫斯基笔下的《西太平洋上的航海者》所描述的那种纯而又纯的西太平洋上的特罗布里恩群岛人的生活，或者是埃文斯-普里查德（也译“埃文思-普里查德”）《努尔人》一书中所描述的尼罗河畔的努尔人的生活。① 一切都在一种全球化的浪潮下被冲刷得扁平化，且没有了太多信息沟通的障碍②，人类学家曾经的田野可能出现密布的度假酒店，不同肤色的人可以蜂拥而至随后又匆匆离开；这里还会有展示人类学家生平的笔记、信札，以及保存记录当地人早期生活的图片、影像和实物的博物馆，以此告诉世人当地人曾经有的历史。而这些东西却并非当地人自己想要让它们呈现出来，而是因为世界范围内纷至沓来的游客参观的需要，这种需要在塑造着当地人的新的文化形貌。游客们用一种所谓文明人才会有的那种有礼貌的唏嘘口吻来称赞这些文化遗存，以此表明自己对这里人的文化的欣赏和包容。只可惜，他们所欣赏的真实对象除一些可供考古学家挖掘的文化废墟之外，便再无其他。古典的人类学在此时实际已经失去曾经独有的一个研究和欣赏的空间，所有来访者都变成了古典的人类学家，反过来也一样，所有的古典的人类学家也都瞬间转变成异文化的访客和记录人。

人类学家从对简单社会的参与观察而一下子转向直接去面对一个复杂的世界存在。不过十几年的时间，今天无论一个人走到哪里，互联网的存在都可使其知道这个世界上究竟发生了什么，实际在哪里发生。人们在使用世界上最为迅捷的传输技术，把自己所在的这个地方的图景通过人类学家曾经独占的文字、图片、声音以及影像等传播到全世界，此时无一人

---

① Malinowski. Argonauts of the Western Pacific. London: George Routledge & Sons, 1922. Evans-Pritchard. The Nuer: A Description of the Modes of Livelihood and Political Institutions of A Nilotic People. Oxford: Oxford University Press, 1940. 中文翻译版可参阅下列版本：马林诺夫斯基. 西太平洋上的航海者——美拉尼西亚新几内亚群岛土著人之事业及冒险活动的报告. 弓秀英，译. 北京：商务印书馆，2016. 埃文思-普里查德. 努尔人——对一个尼罗特人群生活方式和政治制度的描述：修订译本. 褚建芳，译. 北京：商务印书馆，2014.

② Friedman. Hot, Flat, and Crowded: Why We Need a Green Revolution and How It Can Renew America. New York: Farrar, Strauss and Giroux, 2008.

不在场，却又无一人真正在场。这是一种虚拟和真实之间的置换，也是虚拟和真实在文化意义上的辩证。这就使得人类学家要去重新面对一种研究处境，要知晓不仅人类学家在写民族志，凡是掌握网络的人去一个陌生地方所写下来的感受、意见和评论，也都可能成为构成新的民族志的鲜活材料。如何面对、理解和分析这些材料，对未来的人类学田野工作者而言将是一种极为重大的挑战。

曾经有着文化自信的人类学家在今天仍旧有一种文化理解上的自信，只是这种文化处在迅速转变当中。未来的人类学显然有能力为世界范围内的人类社会找寻到一种或多种文化自信的来源或依据，这种文化自信使它在一种世界大的变局之中明确了自身要有所改变。由此曾经自信的文化有可能因为新的生活形态的涌现而产生各种摇摆或转变；而曾经不自信的文化模式有可能在某一次文化转型的过程之中产生一种自我的确定和固化，以此来指导大多数人的生活实践。在这方面，人类学基于田野研究的人类文化线索的追溯方法，使得人自身可以因此而获得一种持久的行动力和展现这种行动的行为逻辑。无疑，人类学遭遇了世界性的文化转型，但人类学也在创造着理解不同文化的新模式，两者无法真正合二为一。

二、从社会转型到文化转型

总体而言，面对这样一种文化转型的世界大格局，中国的人类学需要做一种重新调整和适应。换言之，这种转型的局面使得人类学自身的处境与其在20世纪之初发轫之时的样貌以及其所面临的世界文化的格局已经大为不同。因此可以说，今天的人类学家必然承载了一种不同于既往时代的文化自觉与文化重建的使命，这种文化自觉与文化重建的根本就在于，如何在一种世界性的文化转型过程中，有意识地凭借一种知识建构的主体性，而去重新定位人类学以及由这种人类学所引导的人类学家们在整个人类知识体系中新的作用。面对越来越多样化的世界文化的存在，面对作为人类命运共同体的整体性的人类存在意识，人类学必须在一种新的文化语境中，努力为自己找寻到一种更为恰当的定位和应用，这不仅是一种世界性的学科定位和应用，同时还是基于一种文化自觉而产生的对于自身所处文化的定位和应用。

毋庸置疑，人类学家在理解文化方面的独特视角，使得曾经直面一种原始文化的人类学家在今日世界整体文化的大动荡、大交融以及大变局之中，开始发挥着越来越重要的打破各种人为设置的社会、文化以及心理边界的作用。与此同时，人类学家对于各种文化及其差异性的包容和欣赏的态度，恰恰也在不断地为化解人与人之间、人与社会之间的冲突，带来越来越完整以及越来越细腻的解决途径。比如作为文化意义上的“一带一路”的观念的倡导，在实践的意义上便有了一种“化干戈为玉帛”、化冲突为和平的互惠交流的潜在可能。① 就人类自身的文化而言，究其责任，它确实担当着一种使人与人之间、社会与社会之间以及文化与文化之间顺畅沟通的桥梁作用。而面对一个由新技术革命带来全新文化转型的世界，我们需要为新的文化黏合剂找寻到某种新式的配方，使得现代技术、社会以及文化等诸要素之间能够有良性的搭配与发展。

在这个新的配方中，有一部分要素很显然会分散在各位人类学家的头脑之中，他们终其一生孜孜以求的学问以及研究上的诸多积累，使得他们在理解文化上有着一种与众不同的观察视角。而我们作为人类学的研究者，在关注文化转型的种种形态的前提下，特别需要将这些差异、分化以及各自表达的视角重新聚合在一起，形成一种合力，使之能够发挥作为一个整体的学术力量，产生实际的社会效应或者影响力。

可以肯定地说，2000 年以来的中国人类学的发展体现出一种多元化以及学科之间不断融合却又保持各自特色的态势，从社会转型到文化转型、从经典民族志到应用人类学、从地域研究到跨文明交流，以及关注“在一起”的人类学的新视野②，凡此种种，似乎都在预示着未来中国人类学不仅会在中国国内有一个更为宽泛的领域，同时定将越来越多地吸引世界人类学家们的注意，甚至会成为世界人类学中一个不可分割的组成部分，而非仅仅是一个西方理论构建的试验场。在此意义上，中国的人类学自身有着巨大的成长空间等待开发。

---

① 赵旭东. 互惠逻辑与“新丝路”的展开——“一带一路”概念引发的人类学方法论的转变. 探索与争鸣，2016（11）：11-19.

② 赵旭东. 在一起：一种文化转型人类学的新视野. 云南民族大学学报（哲学社会科学版），2013（3）：24-35.

中国人类学自20世纪70年代末改革开放以来更多关注中国社会自身的结构运转和改变，开始越来越多地注意各类新文化生产的中国意识及其多样性的文化表达。不论是包括通信技术在内的新技术革命对人们日常生活观念的影响，还是由“非物质文化遗产”观念的大范围推进而造就的地方文化的自我改造，抑或是新兴旅游产业对于既有文化传统的重新诠释与再造，这些，都意味着一种基于价值观念转变的文化转型在中国社会中已经慢慢来临，它不仅在挑战一种既有的文化观念，也在强化人们对新的文化价值追求的努力。很显然，在今天，一种带有根本性的社会生活变革的“数字化生存”已经不再是一种虚妄，而是转变为一种真实的文化实践。换言之，“计算不再只和计算机有关，它决定我们的生存”①。

在这方面，社会转型也许可以告诉我们，社会的问题究竟出在哪里，未来应该朝哪个方面进行改进；而文化转型则会明确地告诉我们，人们在这快速的变迁之中如何构造出一种新的价值理念、生活方式以及新的文化类型。这一新文化可能不再是20世纪上半叶的那种完全由精英来主导的文化，而是平民百姓也可以参与其中的文化。就像今天每一个拥有手机的人都是一个自媒体的存在一样，每一个借助智能手机、电脑来发出微博、微信以及图片、声音的自媒体新技术消费者，都已经不再可能是这场新的文化运动的被动接受者，而是真正积极主动的发明者。在此，中国文化不论是去恢复一种传统还是刻意地要去标新立异，都会被纳入这个总体性的文化转型的进程之中。换言之，可能看起来多少有些像中国文化的东西，实际上已经潜在地被其他的各种文化要素恰如其分地做了一种替换；而那些看起来并不太像中国文化的生活形态，也很自然地存在于中国的土地上，大家并不觉得它们是异己性的存在，因而也就不觉得有什么必要将其特别地加以排斥。种种不同的文化借助互联网的平台进行一种拼插、交融与转化。而在城市生活空间之中，各种另类的生活方式开始成为吸引很多年轻人参与其中的新的文化表达，许多年轻人乐于生活于城市之中，从中体味多元文化的嘈杂与喧嚣。

而人类学研究在中国的学术传统之中曾经长期引导人类学者义无反

---

① 尼葛洛庞帝. 数字化生存. 胡泳，范海燕，译. 海口：海南出版社，1997：15.

顾地走向乡村、走向民族地区，在今天人类学者则尝试着走向海外，并比照着某种西来的经典民族志的书写传统去书写自己的民族志文本。但今天，这种经典民族志的传统尽管依旧是学院派训练研究生的基本的以及规范的方式，但是在一种前沿的人类学研究领域中，跨学科、跨地域、跨国界以及跨文化的人类学的体验的民族志开始越来越多地出现在中国的人类学学科之中。人们开始重新看待曾经被轻视的人类学的应用研究：在医学领域中，人类学家活跃在第一线；在各种灾难的场景中，也能看到人类学家参与研究的身影；在有关新发展出来的道路的文化研究中，人类学家照样在发挥着自己独特的作用。还有，中国的人类学家在日益走出国界，不是去旅游和访学，而是要去做一份真正了解当地异文化的人类学的田野研究，借此实现文化上能够理解他者存在的人类学初衷，这是基于中国意识而对中国以外世界的观察、审视和记录。显然，对于世界民族志，不论它是海外还是跨境的民族志，大家似乎都在热火朝天地展开着自己的研究。而跨学科的交流，即人类学与历史学、政治、法律、民族学、社会学、心理学以及宗教学的往来互动，通过各种跨学科的研讨以及以“人类学”为后缀的工作坊的形式，发生着一种人类学与其他学科交叉的新的学术思想的碰撞。在这里人们注意并看重人类学作为一种看待问题的独特视角，不仅会在应用的发展领域、民间的社会管理领域以及各类新兴文化的生产或创意领域有不可替代的作用，而且，它可以作为一种方法论意义上的工具而在各个学科之中进行渗透，产生学术自身的一种跨学科的应用型研究。在这个意义上，人类学无疑是一种应用的人类学，借助应用，它面对一个真实存在并不断改变形貌的世界。

很显然，人类学家更多体现出来的是一种点上的精细研究，这也注定人类学家会成为一名优秀的地域或地区研究专家。因此，他或她可能就是一个村落研究的权威，或者是某个地方的民族研究的权威，抑或是某一山川、流域的研究权威，总之每个人类学家都以研究某一时空坐落而自居。但今天，这种状况在发生改变，随着交通、通信的日益便捷，世界性的人口流动的加剧，以及人们生活方式和选择的多样化，人们再难用某个地点以及某个方位这样简单化了的人口地理学概念去框定一个人群的生活以及他们的文化，人们开始越来越有兴趣去注意不同文明之间往来互动的轨迹，这些轨迹可能是历史意义上的，同样也可能是当下生活中正在发生的社会与文化事实。显而易见，人类的历史跟文明的观念是相互紧密地联系在一起的，而文明的互动构成了文明不仅可以相互交流而且可以持续地得到延续的基础，没有一种文明能不借助与其他文明的良性互动便实现持久存在。在今天这个世界诸多文明互动频繁的时代，我们需要有一种清醒的文化自觉，积极主动地融入这种文明互动的传统中，并使自己的文明，不论是古老的还是新生的，都有一种新的形势下的凤凰涅槃。

今天，越来越多的中国的人类学家开始把目光转向文明研究，转向借助艺术、器物、民俗以及信仰等文明构成要素的诸多互动形式来构造不同文明之间互动的过程和形态①，它将会进一步丰富世界人类学对于人类自身生活世界的理解。可以肯定地说，这种理解是积极的而非消极的，是合作的而非分裂的，是友善的而非仇视的，是多元多极化的而非一元一极化的，是在强调人本的同时也倾向于亲自然的。总之，这些，都一定会属于人类未来共同生活在地球上所必需的文化价值，是人类命运共同体的一种自我觉悟，而这恰是人类学这个学科建立之初的目的所在。

三、“在一起”的人类学

人类学在做一种理性描记的同时，也在逐渐地认识到这个学科对于人的情感和具体认知过程的忽视，这方面研究的逐渐开展和深入探究，将对人类自我体验的文化表达实践有更为深入的探索。它将促进共同体意义上的“在一起”的人类学的发展，即彼此觉知各自的存在并乐于促成彼此的共同意识。“在一起”的人类学不仅是中国本土人类学的一种主体意识的回归，同时也是借此而去构建一种学术共同体的行动策略。人们通过各种聚会的形式凝聚一种中国人类学的共识，借此，一些不同的意见，在新的学术共同体意识之中得到相互容纳与再造。

虽然，一种强势的无可阻挡的现代分离技术在不断地使人类相互之间有着彼此分离的趋势，但是今天中国的人类学家却在不同的区域以及不同

---

① 赵旭东. 从文野之别到圆融共通——三种文明互动形式下中国人类学的使命. 西北民族研究，2015 (2)：44-61.

的场所，细致地研究着那些不为人所觉察却能够使人和人之间相互结合而不分离的文化，寻找一条社会与文化重塑的道路。在此意义上，人类学在融入其他学科的同时，也在创造自己的新姿态，这种新姿态是朝向宽容的理解，而非朝向自我封闭。它使许多试图对人本身加以理解的学科可以从对人类学的借鉴中获得不菲的收益，但人类学自身显然仍旧在走一条特立独行的道路，而这恰是一种真正学术意义上的光明交流，即彼此可以借助一种往来互动而获得益处并共同成长的交流方式。

对于人类而言，一个不能否认的前提便是，我们的世界乃是一个处在不断分化和裂变之中的世界。我们可以从宇宙之中各自独立存在的巨大星球一直追溯到生物基因这样微不可见的生命要素的存在，更不用说那些已经为自然科学家们所透彻研究的同样微不可见的粒子的存在。对有认知能力的个人行动者而言，这基本上便是一个自明的事实。在这一点上，英国的社会理论家吉登斯已经说得十分清楚明白，没有必要再有任何怀疑。①

人类学就是在这样一种大背景下被西方人创造出来的，它的初始目标一定是寻找到一个笛卡尔哲学意义上的自信、清晰、不能有任何怀疑存在的自我之外与这些特质相对的那些实际的存在，即总体而言的他者的存在。由此一种相对西方而言的遥远的他者，自然也成了印证此种他者存在的绝佳对象，人类学也因此而有了一个新的自我标签，那就是对于他者的研究。它并不关注或者不必关注自我本身，因为这个自我是完全不用怀疑的；它所关注的乃是与这一独立自我相对而言的他者的存在，那里充斥着与西方自我的各种完美属性完全相反的属性，并人为地将这些属性归咎到人自身发展的早期阶段，以此来证明这是人的理性尚未发展成熟的阶段，它不存在于西方世界之中，而存在于西方世界以外。人类学因此而有了一种自己对西方自我的他者进行实地研究的独特的学科史地位，即对异文化研究的不可替代的学科地位。

四、承载责任与文化宽容

从一般意义上说，人类学是关乎人类生活及其文化样态的学问，它

---

① 关于这一点可参阅以下文献：赵旭东．结构与再生产：吉登斯的社会理论．北京：中国人民大学出版社，2017：14-16．

的目标指向是对不同类型、不同样态的人的生活给予一种深度的文化上的理解。在此意义上，人类学应有的姿态便是对人及其所处的社会与文化投以一种真正的关怀，它并非隔着某种抽象的中介物而对人的生活做一种似是而非的解释，而是直面人类生活的实际痕迹，由心灵最为外在的表述展现一个研究者，即人类学家，在与陌生人的文化相接触之后，由“生”向“熟”的转化过程。在此过程中，人类学家也在执意展示着他自己的一种价值关怀，这种价值关怀就是期待人类朝向融合而非分离的理想生活。

由此，人类学家在其书写的真实性和严肃性的背后，更多地会表露出某种文化选择上的价值关切，它使得我们真正注意到或者感受到人类学家的一种在现场的状态，这个现场就是人类学家一直以来都在坚持的田野工作。这些实际构成了人类学在文化选择态度上的深层的责任意识，同时也因此而承载了对各种人类社会与文化差异性存在的文化上的宽容，而不是对这些差异性予以这种或那种形式的压抑甚至消除或者彻底铲除，后者所带来的人类的苦痛是难以用某种忏悔的方式加以补救的。

对差异性的宽容又恰恰构成了对什么是宽容精神的最佳解释。换言之，宽容绝不仅仅是对于弱者的慈善家般的怜悯，而恰恰是对世界多样性的一种容纳与接受。对弱者的宽容如果是那种慈善家般一厢情愿的怜悯或者单向度的可怜，那么所谓的宽容就有可能最终消灭弱者。从现实层面而言，弱者消泯的状态不大可能出现——因为任何社会在不同种类的强者面前总会有一种弱者的存在。但宽容，特别是文化意义上的宽容，却是人类学家应该有的一种态度。因此，对于整个人类命运共同体而言，人类学不应该让人感到遥远而麻木不仁，而应该有着自己的一种态度，即对未来人类走向的一种理想追求。①

今日中国的人类学界，这种宽容精神之下的对于多样性的呈现与保护的意识在不断地提高，而在这种社会与文化责任意识的基础上，一种对于自身文化内部多样性的宽容的自觉也同样在增强。随着各种文化因为互联

---

① 赵旭东. 文化的表达——人类学的视野. 北京：中国人民大学出版社，2009：471-473.

网技术而在全球普及，以及社会化自媒体在人们日常生活中快速蔓延和流转，我们文化自身也在悄然之间发生着一系列重大的转变。这种转变显然已经不再可能用描述一种慢悠悠的文化变迁的人类学概念加以界定，一种带有根本性的改变正在引导着文化由变迁转向文化转型，此即文化形态上有了一种基本方式上的改变，尽管我们尚不清楚这转化出来的形态会以一种什么模式在某一段时间里固着下来，成为一种新的中国时代的文化样态。因此，就文化自身而言，完全可以将此变化过程称为一种文化的转型而不再是一般意义上的文化变迁，人类学也因此可以被称为文化转型的人类学。

这是包括人类学家在内的所有身处这个文化语境中的人都能够切身感受到的一种快速的转变，这是从慢向快、从静止向运动、从集体到个体、从聚合到分离、从生产到消费、从地方社会到全球共同体、从有限度的阅读到无限自由的书写和表达、从文化上的少数人的自我觉知到大众的文化自觉，以及有意识地将文化创意运用到自己的生活安排之中的一系列重大生活观念和价值的转变。各类新技术在以一种知识的形式逐渐地侵入我们生活的各个方面，我们原本的自然生存状态似乎在发生一些根本性的颠倒。试想一下，对于社会生活中人的生育而言，如果开始有一些人逐渐转变到选择并依赖某种生殖技术而去生育，即依赖像试管婴儿技术这样的技术，那么我们原本自然的生育究竟是一种真正自然的生产，还是人对于生殖技术的消费之后的生产？相比过去，这一点在今天变得更为清楚了，换言之，我们人所构成的社会离自然越来越遥远，而与技术发明和人工智能越来越亲近。

而文化趋同性的张力让文化多样性日益成为少数人要去努力维护的一种生活方式。文化在这个意义上不再仅仅是一种简单的地方性的生活方式，更为重要的，它还是一种全人类的公共资源，只不过一些谙熟此道的人士为一种外在的声音所要求，要他们小心去看护这些文化，对此不能有丝毫懈怠，不能让它们有丝毫走样以及形式的更改。这些被命名为“非物质文化遗产传承人”的文化传承者从曾经的文化的主人，一下子转变成被一个看不见的来自遥远地方的雇主雇用来的守护原本就是他们自己所有物的领补贴的守护者。也许通过几个小钱的维护费巧妙地实现了文化与金钱之间的隐喻性的资本转换，他俨然从一个文化的自我自由的传承者一下子成为一个文化的受人雇用的看护者，他因此而丧失了真正对文化的创造与转化的能力。① 今天的中国人类学家开始了对这些被称为“非物质文化遗产传承人”的人的生活史的细致研究，以便看到在这个过程之中，底层的文化受到各种极端外部条件的影响而发生着怎样的一种让人刻骨铭心的转变。在这一观察中，这份生活史不但是历史本身的呈现，还是质朴的心灵被外在的力量驯化的痕迹。对人类学家而言，这种揭示既是他自身的责任，更是他的宽容之心必须要予以注视的，即要去注视一系列弱者生活之中原本就有的包含自我创造以及诸多可能性的生活方式的再发明如何因这种力量而改变了方向，甚至彻底被扭曲变形。

一方面，在我们高呼经济发展的同时，显然不能忘记我们现实社会中的一种超乎寻常的贫富分化。它已经成为我们未来更进一步发展的一个瓶颈，未来如果难以突破这样一个社会结构的瓶颈，一种真正意义上的发展就难以企及。今天的中国人类学家的目光开始越来越多地转向真实的生活，由此而容纳了因社会新的发展而导致的各类贫困问题以及与之相关的疾病、医疗和教育问题，人类学家在此空间中找到了自己真正可以去实际应用的社会生活的新领域。他们中的越来越多的人，开始去关注社会中的新生群体，包括农民工以及流动到城市里的少数民族群体。城市真正成为今天人类学家关注的热点，未来也一定会有越来越多的人长期居住在城市的空间之中，寻求事业的发展和文化的认同。

与此同时，中国的人类学家也在越来越多地涉入一种公共空间的讨论，他们在自己相对熟悉的空间里寻找为公众所关注的各个领域，他们看到了与其他领域的社会学家所看到的有着一致性和交集的问题，却在努力试图对此给出一种不大一样的文化解释。这些问题就包括城市拆迁改造的问题、城中村的问题、土地征用的问题、国家范围内的城镇化过程中的失地农民问题、与国际接轨的食品安全问题、水污染问题、环境遭到破坏及各种与之相关的极端后果的灾难人类学的问题，以及以民族地区为核心的

---

①　这方面的例子真可谓难以穷尽，笔者自己探访到的案例可参阅：赵旭东. 乡村文化的釜底抽薪：高密印象. 中国社会科学报，2009-10-22 (7).

民族自治权力的获得与整体性的社会公正问题，当然还有在那些区域同样存在的因城市化而带来的城乡冲突及其化解的诸多问题。

如此看来，我们当今的世界，问题可谓层出不穷，但人类学家似乎由此才真正找到了自己要去重新努力的方向，或者说他们都在通过各种实际的研究来积累自己对这个正在发生文化转型的东方大国深描式的理解。与此同时，人们也在尝试离开既有的以微观的定点研究为核心的那种将定点研究奉为经典的参与观察模式，而开始对一些新的研究线索进行追溯，并希望在这之中发现当下中国的一些全新的研究领域和研究主题。中国在这个意义上已经不再被看成既有范式的村落研究的发现和积累，也不再单单是一些点上的民族志的自我复制和自圆其说，而是转换到一种线上的乃至更为宽广的面上的俯瞰式的民族志，或者一种线索民族志的展开。① 在这个意义上，文明中国的理念重新回到一种学术话语的讨论空间之中，中国与西方相比，中国与其他文明相比，乃至中国与整个世界相比，它的地位都不再是那种偏向琐碎和细微的西方理论的试验场，它开始以一种文明的姿态与整个世界的不同文明有一种真正意义上的平等对话的关系。这种对话起始于20世纪90年代，但到现在才可谓刚刚正式开始。

在这里更为重要的一点是，一种人类学的观察使其跟当下生活世界开始有一种更易于获得的联系。借助亲身观察，各种新的现象涌到眼前。借助这种有现场感的观察，真正的现当代中国问题意识开始涌现和聚集。今天有谁还能否认，写在人类学教科书上的西方人类学理论没有多少还真正适合解释当下中国社会急剧变化的现实，尽管并不排除二者之间的可解释的关联性？每个人似乎都在寻找超越既有解释传统的新的解释框架，并以此去适应在中国发生的诸多纷繁复杂的现实，而非必然要去刻意地迎合某种西方有定论的学说。这种本土化的自觉意识，大不同于20世纪80年代我国开展并积极推动的中国社会科学本土化的诸多主张②，更不同于受芝加哥大学社会学派影响的以吴文藻先生为领袖的燕京大学在20世纪30年

---

① 赵旭东. 线索民族志：民族志叙事的新范式. 民族研究，2015 (1)：47-57.

② 有关这一问题的讨论可参阅：赵旭东. 反思本土文化建构. 北京：北京大学出版社，2003：215-248.

代所倡导的外力作用下的社会学的中国化运动，这种本土化的自觉意识引导着中国社会学研究向乡村社会学研究转向。①

本土化的自觉意识可谓建立在自身受过完整西方学术训练基础上的对于内在自主的理论发展的诉求或渴望，其核心在于努力通过对自己的调查资料和体验的诸多可能的解释，建构一种自认为比西方的解释更为合理、更为契合本土社会与文化的解释。显然，这种努力开始获得成效，经过人类学的西学训练和本土学者对西方人类学知识的消化，一个人类学家的学术共同体逐渐构筑起来，大家开始越来越有可能在一个自由交流的平台上去展开一场真正无障碍的思想交流。而在人类学的解释体系和概念提取上，当今中国的人类学在走向一种更为顺畅并深入中国生活的实际及当下文化逻辑的沃土中的表述，即一种恰如其分的中国式的表述在逐渐脱离那种半生不熟式的对人类学的引入、介绍和追随，这样一种向西方告别式的渐行渐远，在日益使中国人类学自身的境界在未来有一种真正意义上的提高和创造。

五、一种理想人类学

今天的科学研究告诉我们，人和宇宙原本就是偶然性遭遇之后的产物。生死一瞬间，既不可能重复，也不可能完整保持一个个体生命的永恒。生命也许有一个明确但尚不为人所知的开始，却没有一个为人所深知而不让人明了于心的终结。大凡意识清楚之人，都深知有一个“向死而生”的尽头，但这并不会导致人人都坐以待毙，等着死亡的来临。人不仅试图追溯一种人类何以出现的开始，而且为自己不确定的未来设定了诸种理想状态，并试图为这种理想的状态而活着并做一种追求。因此而有了人们“在一起”生活以及奋斗的文化理想，理想在这一点上既是使人与人能够联系在一起的坚定信念，同时又是让人可以行动起来的无穷的力量。

这种理想文化的存在无疑跟一种共同体意识紧密地联系在一起，而非

① 李怡婷，赵旭东．一个时代的中国乡村社会研究——1922—1955年燕京大学社会学系毕业论文的再分析//吴毅．乡村中国评论：第3辑．济南：山东人民出版社，2008：261-306.

跟社会的观念联系在一起。其中的原因也很简单，社会本身可谓建立在一种“分”的基础之上，“分”即指社会中个人之间的分化，而文化作为一种理想性的存在，它是建立在“合”“和”与“同”的基础之上的。在社会之中，每个人可谓都有自己的理想，但这并不会妨碍一种基于共同价值的共同理想的形成，其所仰赖的便是信念借助文化而体现出来的一种凝聚力。在此意义上，重建社会可能远远不及重建文化来得重要。因为从社会的本源上看去，社会往往建立在其构成要素不断分化的基础之上。当然，这种分化并不意味着没有秩序可言，很多时候，一种高度分化的社会，其社会的秩序似乎更良好。一般意义上而言，西方世界可谓建立在彻底分化基础之上的个体主义的社会，其社会秩序同样可以保持长久稳固。反倒是在没有任何分化的社会之中，社会秩序显现得问题重重，人们缺少行动的动力。但这并不意味着分或者分化就是社会应该有的理想。恰恰相反，社会仰赖的不是分化，而是某种共同的理想。由此而相互团结起来的，可能是超越一般社会秩序的文化意义上的秩序，它不仅带来秩序，而且带来人心的安定以及社会诸要素之间关系的和谐。在涂尔干的社会中，这便是集体存在的表征。

如果说社会建立在互信、互惠的基础之上，那么可以说在社会之先的人性一定建立在相互猜忌之上，即便不去读霍布斯的《利维坦》，我们似乎也可以清楚，至少就最为原始的尚不知群居为何物的人类的生活而言，情形大体便是这样的。另外，从一般动物之间相互不信任的攻击性行为中是可以看出端倪并推想出来的。

但有智识能力的人却毅然决然地摆脱了这种动物性的人性而选择了社会性的人性，可以说没有这种社会性的人性选择和固守，人的生存的安全感是无法真正得到保障的。因为一种生活并不能完全自给自足的现实处境，人选择了彼此合作而不是相互冲突。而作为社会构建的理想状态，人们学会了放低姿态去和原本处在敌意之中的陌生人打交道，让出自己部分之所有，弥补对手部分之所无。不过在这个过程的延续之中，给予的一方也从这份友善的关系中得到一种意外的收获，他因为对方出于礼貌的回礼，同样补充了自己之所无。礼尚往来的互惠关系因此而得到一种稳固的确立，这构成了社会共同体真正确立的一个重要思想和文化来源。但人并未就此止步，而是有意识地去强化这种互惠的关系，使之成为日常观念中的一部分。互惠的关系因此而被提升至一种理想存在的状态。我们后来之人将其称为“礼”的文化，其真正的含义便是互惠的关系成为社会中差异巨大的每一个人共同追寻的高尚理想。

由此便有了对共同意识加以塑造和实践的人类共同体的出现。人们作为同一个共同体的成员选择自身的价值认同，凝聚自身的团结性力量，这些都会通过共同体的周期性的仪式活动而彻底、完全地表现出来。它因此是以社会的一体性而呈现的，而非专门体现出社会的多元分化那一面。很显然社会本身是无法呈现其由文化倒逼出来的那种一体性的，社会的景象可谓肉眼即可以辨识出的差异性、多样性、鲜活性以及复杂性的存在，但这并不是文化本身，文化必然是借助符号或者象征而表现出一种意义的。可以说，任何社会都会有某种形式的文化的存在，因此任何社会也必然会有借助文化而体现出来的一体性符号表征，那就是我们所要捕捉的文化本身，它的意义往往是无意识的，需要人类学家的解释。

人大约是世界万物中最能够真切体会到自然一体性存在的物种了。人一方面生活在纷繁复杂的多样性的生活世界之中，就像原子的存在一般；另一方面又会向某一个方向做一种有序的运行，最后与数量庞大的其他原子相互碰撞，产生巨大无比的能量。但人又不同于原子，人会清楚地意识到自己存在的限度以及可以耗费的能量有多大，这同时也是人身体的限度所在。很显然，人是必然知道自己最后的归处的，恰是这种意识使得人和人之间有了能够建立起共同意识的文化基础，即希望借此合作与团结而找寻到逃避生死轮回的最为可能的救赎之途。当探索宇宙奥秘的科学家告诉我们说，在浩瀚的天河星系之中并无法找寻到上帝或者某个神灵的身影之时，这并不意味着上帝和神灵观念空出来的位置便可以一直这样空下去，其必然会被社会中的文化观念所创造的新的表征占据。在这一点上，人必须为自己无法抗拒的命运找寻到一个“命相学家”，并真正愿意倾听他所给出的一种看上去合理而美妙的解释，这便是文化的意义和价值所在。

在这个意义上，今天的人类学需要在文化高位上去思考作为整体的人类自身的生存处境，它应当是一门关乎人类整体的学问，而非单单一种自缚手脚的田野方法的提供者角色。无疑，面对今天世界文化转型的大背景，人类学应该成为一门真正有担当、勇于去探索、富有他者关怀的学问。文化在此意义上就是人们生活之中的理想，就是一种相互融合的共同体，就是人们心中久已缺位的神灵，也就是人和人、人和自然界以及人和万物在一起。由此去想象并寻求一种人类永生的美好存在状态，这需要人类学家们对此状态产生的过程加以追溯和呈现，那样我们才能够真正理解今天的文化及其意义。可以这样说，这样一种主张和文化价值在倒逼中国的人类学必须走向一条理想人类学的探索和追求之路。

六、世界之中与互联互通

人类学在中国已经不再是某个一级学科之下的附属学科这样狭窄的意义所能真正涵盖的，其不论在专业人员的规模上，还是在方法论本身对社会学、民族学、历史学、法学乃至经济学等诸多大的学科门类的影响上，都在日益显露出独具特色的影响力，甚至可以说人类学在激励着人们去创造一种富有差异性和多样性的文本写作。这样一种局面的出现显然是与人类学在中国的本土实践及其在世界之中所处的位置紧密地联系在一起的。

从20世纪80年代到90年代，中国的人类学主要以介绍并引入西方人类学特别是其在“二战”以后的发展为核心目标和作为。那个时代的中国人类学家们在不遗余力地从事着这方面的介绍和研究工作，并且成果卓著，翻译和实际撰写的研究论文，都离不开西方理论和民族志方法的指引。由此，在汉语学术共同体之中，尽管名字有些绕口，但我们却越来越多地熟悉了马林诺夫斯基、埃文斯-普里查德、列维-斯特劳斯、格尔兹、萨林斯等享誉世界的人类学家。而且，对于中国的学人而言，这个名单也许是可以无限度地罗列下去的，并为我们所熟悉，尽管名单上的都是身处遥远西方的人物。这些成果显然都是在我国长期与世界隔绝之后而稍有开放气息时代的一种必然的产物。

但是到了21世纪，我们开始重新发现我们自己的人类学传统，尽管这个传统最初同样是从西方而来的，但它从一开始便极为自觉地跟主体性的中国意识紧密地联系在一起。我们开始重新研究并发掘包括燕京大学社会学的社区研究在内的既有传统，重新注意到费孝通、林耀华、李安宅、杨成志、田汝康等人种种著作之中绝对不缺乏的对于今日人类学的启发。在20世纪三四十年代崭露头角的人类学家即将成为历史之时，与之相隔半个世纪而成长起来的新一代的人类学家们开始极为自觉地把这些人物重新放回他们应有的学科位置上去。很显然，此时我们不再凭借一种“遥远的目光”去单纯地敬仰西方的人类学，而是开始以一种“近距离的聚焦”去审视我们自己的人类学的传统和发现。中国的人类学家大概不会否认这样一种努力，那就是在一个曾经存有的人类学传统的断裂之处找寻到了可以重新联结在一起的机会。确实这些机会曾经是有过的，却因为某种历史和政治的偶然而使得我们一次又一次地与其失之交臂。直到今天，我们还需要逢人便重谈人类学的学科建设，重谈人类学和其他学科之间的区别与联系。① 很显然，这样的知识生存的背景说明：一方面，人类学作为全部社会科学中最为基础的一个学科门类在勾连日益狭窄专门化的不同学科上所起的作用被人们忽视了；而另一方面，人类学曾经有很长的一段时间以体质人类学或者考古学的片面形象示人，而未曾从文化与社会的人类学意义上走进其他的学科之中，未曾“贩卖”和“吆喝”自己对人及文化与社会生活的种种独特的真正主张和认识，固守于自认为封闭的田野实证之中而孤芳自赏，自陷于闭塞之中。

但所有这些在21世纪最初十几年中国人类学的发展中显然都被一扫而尽了，人们各自在寻找自己的切入点，并且尝试使人类学不仅加上田野研究的方法，而且要用田野研究的方法进入其他人类活动覆盖的诸多领域，包括经济、法律、政治、宗教、医疗、历史、文学、艺术、灾难、发展，乃至科学研究本身。这些领域都借助互联网技术而使人类学重新找寻到了可以表达自我的新平台，各种形式的极为零散却生动活泼的微信民族志写作给人以差异性文化表达的新媒体呈现。人们不仅通过对人类学家耗尽心思撰写的长篇民族志的阅读来了解人类学是什么，还会更多地通过“朋友圈”中人类学从业者的微信公众号的图文并茂且短小精悍的民族志文本接受人类学观念和方法潜移默化的熏陶，人类学在这个意义上自身也

---

① 关于这方面的讨论可参阅下列文献：徐杰舜，李晓明，韦小鹏. 人类学之梦. 北京：知识产权出版社，2016.

在面临着一种全新的"写文化"模式的改变。瞬间的在田野之中的富含体验性的灵感，或者对于生活与文化的洞见，成为分处不同地方的人类学者可以彼此分享的真实的虚拟现实。人类学因为互联网以及智能手机技术的普及而变得更具有大众意义上的可感染性，其所积累和创造出来的知识因此得到了一种极为迅速的传播。

与此同时，人类学自身的视界也在得到超乎所有时代的新的拓展。中国海外人类学的研究从悄无声息开始转变成研究者渐聚渐众的努力方向，而曾经由费孝通最先提出的"藏彝走廊"的概念，不仅在今天得到了进一步的扩展，而且延伸出在中国人类学中独具特色的一种"走廊学"关怀。① 在人们试图用"路学"的概念去重新拓展民族走廊的研究之时，"一带一路"的国家举措又成为未来中国发展的一个战略性的引导方向，人类学家因此而找寻到了一个新的关联性，那就是人类学与"一带一路"之间不可分割的关联性。这种超越地方性民族志关怀的新的宏观文明的路学研究，必然会给中国人类学的未来发展提供一种极为恰当的弥散性的强力支持，这种支持引导着人类学从新的视角去看待自己以及整个世界，中国的人类学真正走进了世界之中，而非游离在世界之外。也许这种努力才刚刚开始，却很快显露出一种蓬勃发展的趋势，最近数年中国人类学民族学研究会年会、海外文化研究人类学年会以及人类学高级论坛等都在"一带一路"的主题上开展了一些全新的探索，并由此而聚集大家的研究智慧。

而伴随着现代世界的社会复杂性的增加，人类学的视角也越来越多地进入公共的领域之中。随着人口大量而频繁的跨国跨界流动，人类学开始越来越多地关注移民的问题；而随着世界性的风险和灾难的发生，人类学越来越多地关注承受着各种灾难的人群以及他们实际的生活，关注他们究竟怎样渡过灾难并有怎样的一种文化的表达；还有，随着食品越来越多地为工业化生产污染、生物转基因技术以及各种环境污染所影响，人类学进入了食品安全领域，由此而从不同于一般食品安全的技术性理解的文化的

① 赵旭东，单慧玲. 中国走廊学发凡——从民族的"藏彝走廊"到世界的"一带一路". 思想战线，2017 (2)：1-11.

角度去理解食品问题；贫困与发展虽然是人类学一直关注的研究领域，但是新形势下的扶贫开发与精准脱贫成为人类学关注的另外一个焦点；另外，乡村的艺术重建、非物质文化遗产、乡村旅游以及古村落的文化保护等都越来越多地进入了人类学的视野之中。人类学因此也在使自身发生一种带有根本性的转向，即从对静态的原始文化的呈现转换到对种种新文化形态的自我呈现和捕捉上。

很显然，人类学自身所具有的沟通文化的特征在互联网发达和普及的我们这个时代里会表现得越来越突出，我们之中会有越来越多的人不再可能是被土地束缚之人，我们也需要去理解在我们不停通过现代技术而发生的移动途中所可能遭遇的种种文化差异和冲突。在北京去往迪拜再转去非洲的飞机上，这种遭遇实际就已经开始发生，但人类学家需要在那里，并宣讲他们的主张。这里应该谨记的是，所有的文化差异，不论你是否喜欢，都不可能通过武力的方式而被消灭。我们需要有一种最为基础的文化理解，借助一种纽带性的柔性的力量在文化断裂之处做强有力的文化弥合。这既是人类学家的新使命，同时也必然是未来所有国际性争端解决的必由之路。

七、朝向一种新新人类学

刚刚过去的2016年的人类学是充满活力并着实关注中国社会现实及中国在世界之中的文化新处境的人类学，这种人类学在基于一种中国意识而构建着自身发展的学术路径。“一带一路”、城镇化、人口的跨界流动、城乡协调发展、民族医学以及微信民族志、艺术民族志，凡此种种的主题，都可用一个“新”字来加以涵盖。由此而提出来的新问题、新概念、新主张以及新方法可谓比比皆是，比如基于文化的人类学视角的城市新移民问题、民族地区城镇化问题，还有山海文明、江河文明、农耕文明以及农业技术遗产的跨越村落的历史民族志的书写研究。而互联网技术影响下的线上线下民族志方法在时空上的新拓展，使得一种虚拟却真实发生的现代中国人新生活的图景在为越来越多的人所清晰地意识到。中国人类学在此意义上走上了具有世界性意义的新新人类学的研究轨道，这种人类学关注文化转型，关注少数群体，关注互联网，关注生活世界中的任何新鲜事物，也善于把握时代脉搏的律动。而更为重要的问题或许是，在一个日益全球普及的互联网世界中，如何能够使人类的每一分子保有一种体面的、有文化的生活。这已经不再是什么争论不休的预测或者洞见，而是实实在在地向着每一个人扑面而来的令人无法躲避的现实图景。

与此同时，我们仍旧没有忘记这个学科在中国的独特的发展历史，我们试图通过追溯既往来开拓一个全新的“人类学的中国时代”。一种跨越时空的人类学的纪念，借助对费孝通的江村调查八十年的纪念活动而展开。天南海北的学者们汇聚在江村，面对一个有着八十年变迁史研究记录的江南小村，我们缅怀费先生对人类学中国化的初创之功，对村落研究在人类学中的真实意义进行再反思。毋庸置疑，人类学借助一种独具魅力的田野方法以及极为详尽的民族志报告的呈现，在吸引越来越多不同学科的研究者真正关注此一学科并将之运用于自己的学科领域的研究中，包括政治、历史、工商、艺术、医疗、法律、发展等领域，这些领域通过添加人类学的视角而不断地拓展出新的研究天地，形成不断自我加强的分支学科或者跨学科的人类学学科群。最具权威性的中国人类学民族研究会下设的三十五个分支委员会以及跃跃欲试正在申请中的分支学科委员会，已经足以说明在人类学当中为应对中国现实处境而开展的分支学科研究的繁荣景象。

更为重要的则是，中国的人类学也在全方位地打开自己的大门，不仅走向田野，而且走向社会与文化之中的不同领域。文化转型仍旧是一个正在全世界范围内发生的过程，走出中国的海外民族志研究以及走进并试图重新理解中国的人类学研究相互交叉，二者并行不悖。而人类学如何重新真正面对并解释世界秩序新格局下的种种文化的转变、转向与转型，将是未来人类学家要共同面对的真实现实。就像气候变化的问题成为一种全世界的新政治一样，人类学家自身也在面对一种有似气候变化的世界格局的新语境。这使得人类学家参与世界的责任感和对当下现实的担当意识有了一种发自内心的自觉。这些都在引领中国人类学走向应用的领域。只有人类学的应用研究，并且也只有在人类学的应用之中，人类学才能真正活在当下，历久弥新。

当世界文化为一种日益趋同的向心力所引导，一种文化多元的离心力也同时在不断地自我复制、加强和建构。其中向心力是全球一体化的声浪，而离心力则是具有文化相对性的文化主权、边界和遗产意识在全球范围内的自觉和凸显。曾经的多元一体格局是针对中国历史而提出来的一种包容性文化图景，自费孝通 1988 年首次提出这一概念以来，经历近三十年的时间，中国自身发生了改变，世界的文化构成格局也发生了改变，我们很显然需要重新思考当下中国乃至世界的新的多元一体格局究竟是怎样一副样貌，以及它实际应该有的理想模式是怎样的。

今天看来，现实中的文化构成格局乃是一体多元的。这种一体多元的格局可以应用在对当下中国民族关系的理解以及世界范围内的政治与文化秩序的新构建上。我们显然在面对一个一体性的人类理想和多元化的社会与文化现实并行不悖、杂糅交错的复杂化了的世界，某一种固定化的原则或者僵化的思维都难以真正应对这样一种复杂的局面，我们需要一种灵动的、富有创造性和实践性的新思维。我们今天的人类学不再是那种清晰划界的他我关系分野下的区域研究，我们需要真正深入其中并跳出来来看我们所共同面对的世界及其文化存在的多样性，它是基于对人类命运共同体的超我的想象而构建的。同时我们需要理解每个民族、每个人群、每个社区乃至每个个体在今天的真正彻底的文化自觉和个体自觉，而各种方便易得随时随地可以出现的自媒体技术又使这种自觉变得更加生活化、美学化、虚拟化以及对象化。在此意义上，中国人类学遇到了比以往任何一个时代都更加需要思考和洞见智慧去应对的新现实。它可能是虚拟化了的，却是真实存在的；它可能是相互有着张力和冲突的自我与他者的关系，但借助一种来自最为基层的且走心的实地田野调查，这种区域性的、局部性的以及流动性的关系冲突和断裂可以朝人类智慧性的融合和弥合的方向去努力，从而构建出一个美美与共的未来世界。这是当下中国人类学家乃至世界人类学家真正努力的方向和承担的责任，也是他们能为世界做出的贡献。

未来的文化将会是注重创新的文化，借助既已存在的多重文化要素而形成文化的大拼盘，每一种文化都不再是原来意义上的自我孤立、自我隔离和自我保护的“世外桃源”，而是逐渐转变为一种真正意义上的“你中有我，我中有你”的交融文化，同时又有一种共享文化而不是独占文化的趋势。曾经的由地理空间意义上的山川、湖泊以及海洋造成的文化阻隔，在今天都日益消弭，人们跨越文化的边界不过是一种说走就走的旅行。这种旅行曾经是许多冒险家、人类学家、民族学家、古生物学家、博物馆学家等要用一年甚至几年才可能完成的，而在今天则是一天之内或者数天之内即可完成的事情。而越来越多的不同种类的频繁的跨越文化边界的旅行，使得文化的感知图景不再单单由人类学家或者民族学家这个专业群体来提供，人类学的文化研究的新主张以及新方法如雨后春笋般涌现出来，其所研究的题目已经不再局限于传统意义上的部落、家族、裂变支、亲属制度以及社会组织之类，互联网、艾滋病、跨界民族、虚拟民族志、文化遗产、日常生活展演等纷繁多样的研究主题为中国的人类学带来一片生机。

中国的人类学曾经为自己的学科独立地位而努力地呼喊，这方面的主题研讨也不止一次不止在一个地方开展，但人类学过去没有自己的圈子，这无意之中却成就了这个群体自身的凝聚力。而人类学家所做的实地研究和理论思考在使其自身的空间不断地打开，这个打开了的空间将会是一种无限发展的空间。人类学将会不失时机地进入其他的学科领域，并不失时机地从对其他学科领域问题的深入探寻中来思考中国人类学的自身学科体系的构建，这无疑是一种良性发展的、富有开放性的以及具有学科交叉性的中国人类学拓展的新图景。

第一章　循环的断裂

人类学曾经研究的社会大多可以称为循环社会，即构成它的诸要素是按照一种节律而不断地循环的。但现代世界搅动起一种断裂性的改变，即我们必须要去面对一种具有风险、碎片化、不连续、失控等不确定性因素的生活状态。人因此不仅生活在时刻担心危机来临的恐惧之中，而且处在一种不可循环的形态多种多样的枝杈社会之中，而对这种社会的抗拒构成了我们可能重归循环社会的基础。而不能否认的一点就是，今日世界在包括互联网在内的一些新物质的刺激之下，本身也在发生各种形式的急速流转。如果说 200 多年前欧洲出现的工业化是一场革命，并且它可谓是对世界范围内所有的以农耕为基础的传统乡土社会的第一轮冲击，那么由发展不到 30 年时间的互联网技术带来的变革则可能是另一轮带有革命性的冲击。在大约 300 年里先后两轮变革的冲击之下，被誉为乡土社会的中国社会及其核心的价值形态究竟会发生怎样的改变？这种转变又会在怎样的意义上进一步影响当下的文化构成？这些将是以中国及其文化意识为研究对象的研究者必然要面对的问题，即文化转型在现实语境之中已经成为今天理解社会结构变革的一个重大背景，而非一个有待发展的理想类型。

一、一体循环社会

面对今日世界的巨大转型，有必要借助概念和理论的提升，来对既有概念和理论无以涵盖的这些变化或转型给出一种更为明确的解释。并且，这种解释一定是属于类型学的，体现出来的是一种历史的断裂性，即前后之间的根本差异性。而且，这种解释，必然是以现代社会之前的乡土社会的原初特征或核心结构为基点来进行文化比较性的讨论的。就我们目前的理解而言，这样一个社会的核心特征完全可以用“循环社会”这个概念来概括，即它的核心在于其社会构成诸要素内外之间的一种循环性以及周期性的存在，而今日社会的诸多变化，都不过是这种循环被各种革命性的变革不断抑制之后连续生发出向前以及向外延伸的枝杈或不确定性而已。①

人类社会发展曾经先后有两条线索是明显可以去把握的。一条线索是近乎水平延展出去的，它会随着时间的绵延而不断地伸展，但中间会被各种由人所创造的生活节律切割，由此而构成了人所生活于其中的社会不同的且具有多样性的人群生活空间。可以这样说，它是具有周期性的，会伴随自然物的节律，比如太阳或月亮、山岳或河流，或者动物和植物的节律，而逐渐形成自己的生活周期以及时间上周而复始的间隔和连续。同时这个社会的各种构成要素之间是可以并要求保持不断循环的，且各自的位置相对而言往往是固定不变的，比如农业社会中人和土地之间的循环，或者游牧社会中人和自然之间的循环。对于这种社会，我们可以统称为循环社会（circling society）。这样的社会，它的核心特征在文化上表现为人的行为上的可重复性，观念上的恒定性，外加关系上的稳定性，而社会中的宗教大多也是为这种不断循环的重复、恒定以及稳定而设立的。从采集狩猎到农业定居，这样的社会类型都是可能存在的，并且相互之间有一定的连续性，因此它体现出一体的共同性的特征，即对于循环的文化追寻。

换言之，这样一条人类发展的线索会因为各种社会构成要素的循环的不被打破而保持不断延伸出去的节律，这种不断循环延伸出去的结果，只可能是由形式上更为精致的文明附着在其上，但它的内部，不论是神圣王权还是俗民日常生活，其循环的总体性特征并没有什么根本性的改变。在这样的不断循环的社会中，作为个体的人的意识并非那样强烈，甚至可以说极为弱小，人融入社会之中，并且无法置身其外，他会被社会的周而复

---

① 赵旭东. 枝杈社会与乡土社会的文化转型. 民俗研究，2015（4）：13-20.

始的几乎自然的生活节律裹挟着不断向前迈进，直到生活的终点。在这一循环之中，个人意志或者个人选择的力量是微乎其微的，即他不能完全按照自己的意愿去做节奏上的调整，所思所想必然匹配着社会的节奏，并依随这种节奏。①

人类学家马林诺夫斯基所研究的西太平洋特罗布里恩群岛人的"库拉圈"交易是最能够说明这种循环社会的特征的。在那里，年复一年，红色项链"索拉瓦"（*soulava*）和白色臂镯"姆瓦利"（*mwali*），一个按照顺时针方向，而另一个按照逆时针方向，在不同村落之间流动。这超越村落界线的礼物性的交换构成了特罗布里恩群岛人货物交易的库拉圈最为核心的内涵。这种被人类学家界定为仪式性交换的交换形式，真正体现的乃是一种深层次的社会诸要素构成意义上的循环，"收到物品并短暂地拥有它们然后便要将它们再传送出去"，任何的库拉物品都不会在某一个人的手中停留很长时间，且人们一旦进入库拉之中，就将是永远的"会员"，维持着终其一生的库拉交换的伙伴关系。② 这是一种稳定的、可预期的以及周期性往来互动的行为，这样的社会也就构成了所谓循环社会的范型。

世界中的各种物质的循环在传统社会中都被看成一种自然发生的事情，也就是它们的存在和消失并不被看成受到某种人为的外在力量的驱使而发生的运行轨迹上的扭转，就像太阳每天照常升起和落下的循环往复一样。在那样的社会之中，人们生活的节奏也就是太阳或月亮运行的节奏。在人类漫长的进化道路中，一定有一些东西深刻地改变了，但从一个相对长的时间里来看，那样的社会并没有产生让人深切感受到的巨变，就像地球上人的一般性感受一样，地球在宇宙中不停地运转，但是人所能真正感受到的地球的运转却是微乎其微的。人们真正能够感受到的就是循环往复的日出和日落，如此人才会感受到处在安全、有序的生活状态之中。无论如何，在这样的可以被看成更多依赖于自然的运行的顺其自然的循环社会之中，人们总是怀有足够的信心，即便偶尔可能偏离或者超出日常循环的

① 赵旭东．枝权社会与文化转型的中国处境．中国民族学：总第十六辑．兰州：甘肃民族出版社，2015（2）：1-18.

② Malinowski. Argonauts of the Western Pacific. Long Grove，Illinois：Waveland Press，1984：82-83.

轨道，最后也总是能够回到既有的循环路径上来。这可能被人们看成一个再自然不过的过程，并且它还是一个人所无法左右的不可避免的天体运动过程。因此，在中国古代，对天的敬奉是无以复加的，据说周天子最初就是因为能够观测天象而获得众人的拥戴成为首领的。而且自秦始皇起，在中国两千多年的皇权统治之中，尽管名称不同，但统治者从来都没有放弃设置掌管天文知识的机构，并且这些知识全部为皇权所独占，从来不会真正让渡给普通的官员和人民。①因为传统时代，皇权恰是凭借着这个机构的存在强化其合法性的，日月星辰、寒来暑往以及春夏秋冬井然有序的循环能使人民处在一种日复一日的安全感之中，由此政治的秩序也便有了存在的合法性。

而在借助巫师的力量使人的疾病得到禳除的各种另类医学的治疗实践中，一个最为突出的观念是治疗并不单单以对病人的疾病进行治疗和处理为目的，而是寻求一种在社会之中的秩序恢复，或者对一种被打断的循环的接续，即疾病被看成由自我循环着的自然秩序的失调或者人际关系的失调所导致，而治疗的意义更多可以解释为使某种原本正常的生活秩序的循环恢复。换言之，疾病无论如何多样，都不过是一种社会的危机，它使得社会内部或外部的循环不能持续，而用来治愈疾病的各种仪式都是通过恢复一种秩序与关系的循环来使个体的身体疾病得到治愈。最能够体现这种循环意识的可能是门巴人的巫师跳神的习俗。门巴人通过杀牲送鬼使阻碍人在社会中循环的鬼受到祛除，疾病因此得到消除。这是通过辨识鬼、献祭鬼以及祛除鬼等一系列仪式来实现的。因家中有人患病而请来的巫师先要盛一碗清水，然后放入米粒，看米粒的沉浮变化，来判断究竟是什么鬼在作祟，以此来确定究竟杀鸡还是杀猪，之后将鸡或者猪提到病人的面前表示将此病人献祭于鬼。杀牲的内脏和肉煮熟后再一起放在蕉叶上，旁边放上手摇经筒、数珠、长刀以及衣服等，由巫师做祷告，将一部分饭撒向四方来请鬼，家里人再给巫师撒灰，鬼就不敢进屋。之后巫师带一些饭去给病人吃，并把一只事先包好的蜘蛛放在病人的耳后，这意味着病人被

---

① 关于这一点的详细讨论可参阅下列文献：李约瑟. 中国科学技术史：第四卷：天学：第一分册. 北京：科学出版社，1975：49.

鬼抓去的灵魂回来了，回归病人的身上，这样送鬼仪式才算圆满结束。[①]很显然，在这样一个社会之中，通过祛鬼的仪式实现了社会的以及个人之间的可恢复性的循环秩序。这种社会能够循环的前提是人们至少相信，人和鬼是借助疾病而联系在一起的，三者形成一个三角形的结构。这种结构的核心特征是通过一种并非铲除而是平衡某种构成要素的方式来实现常态身体秩序的循环，即人因鬼的附体而得病，这往往是一种失去平衡不能循环的状态，而巫师则通过祛除强力的鬼而使人的身体疾病被排除，相互之间的平衡因为有巫师作中介而得到实现。中国古籍《尚书·尧典》一开始所记载的“命官授时”的故事，在法国汉学家马伯乐看来，更像四位巫师领了王命而奔向世界的四极，进而使得太阳能够在冬至、夏至停止前进，返回旧路上来，而在春分、秋分继续前行，完成其旅程。[②] 这些巫师另外一个更为重要的职责就是阻止一些非正常的、不可循环的日食、月食的出现。在晚出的《尚书·胤征》中就记载过这些巫师因为没有能够完成阻止日食出现的任务而被天子下令进行讨伐的事。[③]

就一种常态化的个体与个体、群体与群体之间的交往而言，在西太平洋诸岛屿从事人类学实地研究的马林诺夫斯基所贡献的“库拉圈”的概念，显然专门注意到了传统社会中的这种循环，这种循环最为中国化的表达就是“通”，即在人与人之间、人与物之间以及物与物之间没有什么真正的界限可言。仅一个万物相通的“通”字就把这些不相干的事情至少在观念的层次上相互联系在一起，由此有关图腾的问题得到了一种新的解释，“图腾兽与图腾族相信有同源一体的关系”[④]。而这无疑是两个不同事物之间可以通连的一种解释。在这样的社会之中，个人意识只有通过所谓集体的社会生活才能真正表现出来，即个人和集体之间是打通着的。除此之外，个人的创造便是不被认可的，更是不被鼓励的，所有的创造能够被

① 吴从众．门巴族简史．北京：中国社会科学院民族学研究所，1984：135-136．

② 李约瑟．中国科学技术史：第四卷：天学：第一分册．北京：科学出版社，1975：42-43．

③ 同①44．

④ 马林诺夫斯基．巫术、科学、宗教与神话．李安宅，译．北京：中国民间文艺出版社，1986：59．

认可都因它有助于此一循环社会的团结而不是强调一枝独秀的分权状态。这样的社会靠社会自身的惯性而使得个人的行为同样有了一种惯性，所谓“日出而作，日落而息”，并不需要个体意识去表现自我存在的别样性，最终出现的可能就是“帝力于我何有哉”的一个可以实现自我区隔并自我循环的社会。①

二、多元枝杈社会

人类发展的另外一条线索与上述单一性、共同性以及一体性的自我循环的社会有着根本性质上的不同。在一定意义上，它是一种要求社会本身通过不断进步的方式而在垂直和水平的方向上分别不断向上提升和向前迈进，并通过被普世化了的拓殖能力在垂直与水平的合力方向上似一棵枝繁叶茂的大树不断分出枝杈的社会形态。这种社会自身也有着一种生活的节律，但是这种节律显然是跟每一个自成一体的个体关联在一起的节律，比如出生、成长、成熟以及衰老之类，而不是作为一个整体的社会自身有着某种节律，这种节律对于社会中的个体而言是没有什么意义可言的。尽管每个人可能还是早出晚归地看起来有节律地生活着，但在他们个人的意识中，在他们的梦想之中，或者在他们的未来规划之中，他们所思所想的往往是现在要与过去不同，未来要与当下不同。求新求异，并且生活之中无处不受制于“进步”与“命运的改变”这类更为宏大的概念，这便是所谓枝杈社会的总体性特征。在这个意义上，社会生活，不论是个体性的，还是集体性的，都在被各种类型的发展指标所牵引，而其中个体自我取向的成就动机成为人们生活与工作的核心动力。与此同时，社会取向的成就动机的驱动力在逐渐地减弱。② 一个人的社会自我也因此而被人为地切分成两半：一半是所谓真实的自我，它变得很渺小，弱不禁风，且好逸恶劳；而另一半则伟大、强壮、勤劳，绝不偷懒，这是一个理想中甚至梦想中的自我。人们为了和这理想中的自我比拼，可以放弃一切的社会至上的

---

① 清沈德潜所编《古诗源》开篇即引此诗，称之为《击壤歌》，谓：“帝王世纪。帝尧之世。天下太和。百姓无事。有老人击壤而歌”。（沈德潜．古诗源：卷一．北京：中华书局，1963：1.）

② 赵旭东．中国人的社会取向自我．社会心理研究，1994（3）：11-18.

价值。但无疑，这两个自我，虽共处一个个体的身上，相互之间却是一种竞争比拼的关系，而非合作友好的关系。不断地否定和超越自己以及他者成为这样的社会中成功者的座右铭。而比拼的欲望显然是由社会制造出来并灌注到每一个个体的身上的。在这方面，精神分析心理学家霍妮曾经提醒我们，要注意到所谓现代的“神经症人格”，它根本是跟文化的场景密切联系在一起的。正如她所说的，一个没有竞争欲望的女孩子如果生活在原始的普韦布洛（Pueblo）印第安人的文化之中，那么她的行为没有什么不正常；同样，她生活在意大利南部的小村庄中，或者生活在墨西哥，情形也是一样的。言外之意，她对个体成就的竞争性欲望只可能存在于现代世界之中，因为在现代以外的世界之中，人们普遍认为除了满足直接的且绝对必要的欲求之外，任何获得或花费更多金钱的行为都是没有必要的。在古希腊时代，超过个人需要而拼命工作的态度甚至被视为下贱。① 而显然，枝杈社会的基础无疑建立在人对于超出个体需要的种种欲求的追逐之上，它因此而体现了不同个体的不同或多元，因而使得社会的形态也是多元的。

如果说传统社会里的人存在某种焦虑，那这种焦虑往往更多来自担忧日复一日的循环能否持续，从而使人能够真正在一种社会之中存活下去；而在后来的社会之中，个人的以及社会的焦虑就是，我们如何比昨天过得更好，或者我们如何过得比以前更好，再或者我们如何过得比他人要好。换言之，“越来越好”不再是一种自我的期许和社会的渴望，而是反转过来变成一种现实的压力和生活实践。前一种循环社会，因为其自我所顽强坚持的循环性而有着耐久的可持续性，而后一种枝杈社会，则因为枝杈的过度繁茂而有节外生枝的可能。但在现实之中，由于其自身的不可循环、不可永久持续，社会面临危机四伏的境况，各种资源的稀缺成为社会危机层出不穷的潜在根源，而面对社会中的各种稀缺，社会中的每一个人都必须接连不断地筹划各种行动策略以及生活计策去应对，节外生枝的事情在这样的社会中可谓比比皆是，随处可见。这是一种不确定性状态笼罩之下

---

① 霍妮. 我们时代的神经症人格. 冯川，译. 陈维正，校. 贵阳：贵州人民出版社，1988：2.

的生活处境。在这方面，我们只要耐心地去读一读贝克的《风险社会》这本书，大体就能够明白。①

但现代社会还不仅仅是危机一触即发的风险社会，更为重要的它还是一个我们要不断努力克服各种可能出现的危机而予以发展与整治的社会。我们借助各种新技术更为精细化地控制生活的全部，但在这个过程中，无法预期的新的风险又会接踵而至。所谓对风险的“防不胜防”在我们当下的社会中依旧是一个既定的现实，只要回顾一下某一年之内因风险而人为造成的灾难，这样一种“箭在弦上”的风险意识引起的焦虑便可谓随时都会存在。换言之，以发展和随时整治的策略去改进社会的努力，最终还是无法避免各种风险的来临，结果只可能是一种恶性循环，即只能是由一种发展和整治的发明去推动另一种发展和整治的发明，无人可以脱离这个程序不能确定的发展的怪圈。②

我们因此才会称这样的一种社会形态是不断分出各种枝杈的枝杈社会，这样的社会跟当下的世界是紧密地联系在一起的。在这样的社会中生活，就个体本身而言，会具有一种人格分裂的属性，这些人格分裂的属性，通过一种自我内化的机制而融入社会安排的各个方面。一个人需要同时担任多种角色，承担性质完全不同的任务，实现各种使自己更好地生活且只有依靠自己的努力才能实现的人生的目标。在这个社会中，每个人都被界定为一种纯粹个体性的存在，每个人又仿佛有三头六臂，有能力像枝杈般不断地向外生长。这种社会自身分出枝杈的社会隐喻，使其具备了分裂式社会的诸多特征，但它又并非如非洲努尔人社会那样借不稳定的裂变而无意之中获得结构平衡的整合。③ 对于枝杈社会而言，它实际上无法完全得到整合，只可能间歇性地融入不断重新整合的社会状态之中去。换言之，对这样的社会只可能要求其枝繁叶茂，进而形成一种整体景观，但随着时间的延展，枝杈继续伸展，一种新的整体景观会再次形成，但一

① 贝克．风险社会．何博闻，译．南京：译林出版社，2004.

② 赵旭东，朱天谱．反思发展主义：基于中国城乡结构转型的分析．北方民族大学学报（哲学社会科学版），2015（1）：5-11.

③ 埃文思-普里查德．努尔人——对一个尼罗特人群生活方式和政治制度的描述：修订译本．褚建芳，译．北京：商务印书馆，2014.

样难以长久维系。

可以说，这样的社会及其文明的形态是建立在一种被孤立的个体意识之上的。在这样的社会之中，正像法国人类学家迪蒙所指出的那样，个体被置于社会之上。[①] 换言之，个体在这样的社会之中被赋予一种超乎社会具有独立性的存在与价值。更进一步，个体尽管是一种个体性的存在，但它作为一个独立存在的个体有着自我意识，它的内部往往是不断分裂的，即存在着“一个个体，多个自我”的内部构造。这些自我显然是相互矛盾且相互排斥的，很多时候还会保持一种相互对立的态势，并且这些自我是由生物个体的本能欲望与社会所构建并强加的欲望或需求混杂在一起而形成的。要想使之有一种秩序，分门别类、按部就班地使各种欲望得到满足，就需要整体中存在的社会个体不断努力理出一个先后的顺序，进而在其间寻求一种平衡。

而在现代社会之中，它自身基于不确定性而展现出了一种分裂性特征，即依靠社会中观念的不断分裂而形成今天可以不同于昨天、明天也不同于今天的所谓日新月异、不断变换形态的转变。这些转变更为准确地说是一种转型，由于社会的基础不是建立在事物循环的观念之上，而是建立在事件频发、不断分出枝杈的观念之上，因而依赖于社会各个方面的不断变革和转型就成为这个社会发展的主流形态。这种转型往往是带有根本性的，是全新的，就像新枝杈对于旧枝杈的代替或者超越一样，虽然后者从前者而来，但形态却大有不同，即由形式所体现出来的是两种完全不同形态的转变，总体又会体现出多元存在的态势。它可以通过个体所存在于其中的社会的各个方面表现出来，因此在这样的社会之中，也就可以存在经济、政治、社会以及文化等多方面的转型。[②]

这样的一种社会，其形态似个体细胞的繁殖，其数目会变得越来越多，其分布也会越来越广，但其类型却会越来越单一。因为在这样的社会中，似乎所有的人在按照同一步调去行动，与此同时，每个人又都希望自

---

① 迪蒙. 论个体主义：对现代意识形态的人类学观点. 谷方，译. 上海：上海人民出版社，2003.

② 赵旭东. 从社会转型到文化转型——当代中国社会的特征及其转化. 中山大学学报（社会科学版），2013（3）：111-124.

己的步调有别于自身以外的其他的自我，同时也不同于社会中的其他人。每个人因此而成为一个社会核算中被孤立出来的小小单元，而不再是传统意义上的由一个扩大了的家庭乃至家族来担当此任。在这个意义上，个体而非社会作为一个整体要去面对的是整个世界，这份工作在循环社会中曾经是由一个个的共同体来共同承担的，这可以看成循环社会的基本特征之一。这样的循环社会是一种根茎结构，根系不断延伸，形成一团一团的根茎块，逐渐成为自成一体发挥作用的自治的共同体。因为这种共同体的存在而有了一种具有集体意涵的文化，即为共同体中的每一个人所认可和为这个集体所共同享有的价值观念，这种价值观念的核心或者前提恰恰是强调去个体化的，其所强调的是在个体欲望之上的一种共同性的价值表达，而这恰是循环社会的文化得以持久存在的基础。

在此意义上，个体的欲望和集体的价值之间便有着一种相互映照的关系。不能说这样的社会中没有什么个体的自由，但这样的自由实际并没有超出自然生态价值的约制，并且在意识形态上，个人和集体这二者也尽其所能使价值观和意识形态相互协调一致，而不是分裂。尽管在带有想象意味的“原始的”社会中，可能会有像霍布斯所构想的“所有人跟所有人的战争”那种令人恐怖的场面①，但这绝不是社会分裂意义上的人类彼此之间的战争，而是可以借此寻求相互之间的融合意义上的战争或冲突。原因即在于原始人在心智上可能并没有要使自己作为一个个体而脱离这个社会的种种打算，这个意义上的战争，其目的可能是出于复仇或者利益的争夺，但结果却无意之中使每一个人身处其中的社会的团结性得到了增强。这种社会无意识后果的基础就在于，身处其中的每一个人的参与以及相互之间的不可分离，并且每个人都是心甘情愿没有二心地融入这个大家都认同的团体之中的。

相比于现代的战争，这种循环社会的不分离性特征会表现得更为突出一些。因为现代战争中，人是从一种特定的生活场景中被抽离出来的，而所谓的敌人同样是从另一个敌对社会中被分离出来的另外一部分的人，他们不得不因军人或战士的身份而投入与作为敌人的他者的对抗中来。这里

① 霍布斯．利维坦．黎思复，黎廷弼，译．杨昌裕，校．北京：商务印书馆，1985．

的战争往往成了一种精神疾病的隐喻，它似一种人格自我的分裂，即一种社会人格的自我的分裂，由此而使一个原本完整一体的社会完全分裂开来，裂变成至少两个部分，一个部分是专门从事战争活动的群体，而另外一个部分则是专门去观赏战争的群体，即通过各种图像表征与传输媒介而去观赏战争。伴随着现代方便迅捷的传媒技术的不断发展，这样一种人格分裂的态势似乎就变得更为明显了。结果就变成一些人在前线作战，而大部分的人则在舒适的家中通过各种电子屏幕去观看战争。这种观看的视觉文化成为人们日常生活中的一部分，却又借此而远离了真实的战争及生活本身。战争是在远处，但似乎每天都在发生，每天都在播放的战争新闻提醒我们或暗示我们，或许这已经不再是什么新闻了，而是我们必须日复一日、年复一年注视的对象。美国哲学家凯尔纳（Douglas Kellner）专门对美国海湾战争期间媒体如何左右战争的进程给出了精彩的分析，这些分析让我们看到了现代战争中真实与虚幻如何杂糅在一起。① 因此，尽管世界上每天都发生战争，但它们都在电视或者网络上，似乎与我们毫不相干。我们被现代的传播技术抽离出事件发生的空间，却又不能不意识到它的存在，并会时时担心其结局究竟怎样。如果有压力便会产生焦虑，那这份压力肯定来自一个虚拟空间里的虚拟的存在，但这虚拟的存在，又会实实在在地对我们的生活产生影响。作为一个必须独立面对整个世界的现代人，所要做的就是必须心里想着此事，并要直面此事，除此之外，就别无选择的可能了。

一旦带有分裂特性的枝权社会被这个世界普遍认可，并成为主流甚至支配性的意识形态，就不仅会使人们的观念发生一些带有根本性的改变，而且会使人们的生活方式以及整体性的社会安排随之发生改变，这便是现代社会文化转型的动力来源。因为这样的社会存在的前提是它要如细胞分裂一般通过自我否定而实现一种创造，特别是今天世界以个人才能和素质作为基础来安排社会的秩序，个体的创造性得到了空前的重视和发展。这样做的一个社会结果就是，因每个人试图改变自己命运的跃跃欲试的创造而产生社会动力的增强，即强调不能“墨守成规”的进步式的以及要求不

---

① Kellner. The Persian Gulf TV War. Boulder: Westview Press, 1992: 4.

断创新的价值理念，成为这个社会中每一个人、每一个社会共同体的理想和追求目标。新知识的生产在这个意义上跟生活的实际需要之间并没有什么直接的相关性，不过就是借新知识的创造或新技术的发明而实现社会自身的更新换代。

可能在这样的社会中，就个人的存在而言，再没有一种身份或职位乃至能力，是不可以通过某种置换的技术而得到替代的，而且这种置换技术可谓层出不穷、五花八门。换言之，在这样的社会之中，潜在而未被言说的影响便是，每一个人再也没有可以永葆其青春容颜的身份、职位与能力。移动互联网可以说是当下传播和使用最为广泛的新技术，这种新技术最初仅仅是为便于人们的信息沟通而发明和使用的，但是随后的发展却超乎人们这些方面的真正欲求，以超乎常人想象的速度做着对人们日常社会生活各个方面的替代，并在这些方面逐渐地迫使人们去改变原有的已经成为习惯的生活和思考的方式。①

而能够实现上述便捷传播的基础与物质性的存在前提有关。第一个前提条件就是全球范围内的电力的普及。可能很少有社会学家或者人类学家去专门研究现代电力的发展与人类社会、文化之间的关系。但无疑这种在近代才被创造出来的方便清洁的能源利用方式，在今天已经使世界上绝大多数地方的人产生依赖，电力成为人们日常生活的必需，并由此而使原来自然循环的那种传统生活节奏得到了根本性的改变。而在此关键性的电力能源之外，第二个物质性存在前提就是网络，世界各个角落的人通过网络传输技术而相互连接在一起。网络使人类最为朴素、自然的欲望得以具象化，即人人都渴望与其亲人、朋友、同事保持一种联系。但这种不见面的联系是需要条件的。最初电话的发明已经让人着实感受到了联系上的便利和便捷，而后来互联网所要做的就是以更为低廉的价格以及更为方便的途径去满足广大人群互相联通的欲望。但在这个过程之中，人类也可能因此而失去在真实的面对面场景中互动的机会，代之以超越熟人群体的陌生人

① 一个值得关注的事件是，2016年3月9日在首尔四季酒店，由韩国围棋手李世石与谷歌人工智能程序“阿尔法狗”（AlphaGo）首次进行了三小时的对决，最后李世石战败。这在网络中引起热议，人们都觉得这是一件不可思议的事情。但实际这是另外一种信号和舆论的准备，智能机器对于人类生活的全面殖民也许刚刚展开。

之间的虚拟互动。最后一个物质性存在前提就是技术产品在全球范围内的制造、流通和普及。工业化时期已经极为完备的在某个地方大批量生产然后在全球范围内广泛且便捷运输产品的方式和技术，使得尽可能多的人在很短的时间之内可以拥有某种产品。可以把每一个人的信息数字化的电子计算机的发明以及随后个人电脑的大批量生产，外加个人电脑短时间内在全球范围的廉价销售，还有物流系统的快速成长，这些作为一个整体，对各类区域性或地方性技术产品的全球化做出了独有的贡献。

以上这三点物质性的存在，所不同于之前文明的地方是：传统世界的文明，其转型或者革命，如农业革命甚至一部分工业革命，所依靠的可能是一个更为稳固的物质基础的文明创造，它使人能够持续而稳定地生活下去，并在这个过程中构建起一种相对稳定的适应性生活方式；而日益普及的互联网世界的革命，则试图使一个原本已经丰富多彩的物质世界转化为一个尽可能虚拟的世界，任何实际的存在都将经由“上网”和“点击”的操作行为而变成虚拟化的存在与构建。这使个体一方面可以孤立地存在于或“宅”在一个角落里又不感到孤单，另一方面又能过上一种无须面对面交流的虚拟且真实的自在生活。虽然网络不是在创造一个具体而有形的社会，但它无疑在创造一个可能比现实真实本身更为真实的社会。“命运共同体”过去如果还只是一种口号式的理想存在，今天则变成一种互联网意义上的虚拟出来的真实的存在。① 在20世纪60年代，美国人用四台电脑相互连在一起构成一个名为ARPAnet的网络之时，人们并没有想到，它在使世界上的人们彼此连接的同时，也使得大家相互隔离开来。人们确实可以足不出户就了解天下大事，但实际上每个人也越来越成为孤独体。而在中国，1987年9月14日，可以说是一个值得纪念的日子。在这一日，北京计算机应用技术研究所用英文向德国卡尔斯鲁厄大学档案馆发出来自中国的第一封电子邮件，其内容是“Across the Great Wall, we can reach every corner in the world”（越过长城，走向世界）。这种试图跨越长城阻隔的愿望在今天显然得到了实现，当时的人们也许不会想到，互联

---

① 2015年12月16日在浙江乌镇举行的第二届世界互联网大会上，中国国家主席习近平所做的主旨演讲极为明确地提出了“命运共同体”的概念。

网在中国的发展会有网民超过 6 亿的宏大场面。① 但人们同样没有预料到的是，互联网的存在和普及，不仅使得人们越来越依靠虚拟连接而生活，更为重要的是，它还使人们更为孤立地存活下去，比如人们不需要逛书店而有书看，不需要逛商场而有衣服穿，不需要去银行而有钱花，不需要去学校而能受到良好的教育等。诸如此类的需求，在互联网这个空间里都可得到方便、即时与完整的满足。

三、循环的断裂与断裂的循环

无疑，伴随着西方世界所主导的现代性世界在全球的蔓延，不断自我循环的社会与不断分出枝杈的社会之间产生了根本性的断裂。这种断裂的产生，也许有着极为复杂的历史演进线索，由此我们可以不断地去追溯，但有一点是我们今天的人能够清晰意识到的，这便是基于个体意识成长而出现的个体自我意识的不断增强。在深入论及这种自我意识的来源之前，我们实际上极有必要去审视自我循环社会中个体存在的方式及其文化的表达。

可以这样说，在一个具有闭合性的自我循环的社会中，有一点相对而言是明确的，即因为血缘和婚姻关系而构建起来的社会意义上的亲属关系，其社会纽带意义在其他社会中可能都没有在循环社会中表现突出，亲属关系成为循环社会的一个主导性的概念。如果是这样，那基于血缘和婚姻关系建立起来的亲属关系对于一个循环的连续究竟意味着什么呢？结构主义人类学家列维-斯特劳斯曾经试图用“交换”的概念来进行解释，即一种基于乱伦禁忌而产生的社会群体的外婚制。在外婚制中，女子成为交换的对象，即如果甲部落有一个女子和一个男子，而乙部落亦有一个女子和一个男子，那么理想上女子就成为交换的对象。这样既可以满足构建扩大的社会关系所要求的外婚制，又可以保证没有因乱伦而生育的后代。这种交换形式，当然是一种最为基本的婚姻交换。而如果甲或乙部落有一名

---

① 据 CNNIC 发布的第 35 次《中国互联网络发展状况统计报告》，截至 2014 年 12 月，我国网民规模达 6.49 亿，互联网普及率为 47.9%。（http://www.199it.com/archives/326814.html.）

以上的男子，那还与原来只有一名女子的部落交换就变得不能完全满足，这样甲或乙部落必然会寻找第三方丙部落去做交换。如此下去，丙部落再去找丁部落，逐渐形成在一个地域中相互交换或迎娶女子的婚姻圈。这个圈子一定是一个相对而言闭合的社会，部落之间从长程的时间轴上看是可以有一种交换的平衡出现的。[①] 而这个圈子往往就是一个社会认同的边界，社会的其他生活也一定会照此而相互营造。比如平日里的礼尚往来、年节庆典以及各类宗教祭祀活动，甚至互助的组织都不会出离这个圈子。

如果有一个人，试图或因为某种原因而被迫脱离某个圈子，比如今天通过考大学或工作而离开了乡村，他就不在这个交换的圈子之内，无形之中被排挤出去了；那么这个原来的内部之人也就成为这个村子的外来人，虽然他可能因为有亲戚还在村里而不断回来探亲，但他实际上已经不在这个村落各种形式的交往圈子之内了。换言之，村里的人一旦彻底离开这个日常交往的圈子，也就无法再返回其中。这种“无法返回来”的感受可能就是在现代社会冲击下产生的深刻而又具有断裂性质的变化，它使循环社会出现了一种断裂，这便是所谓社会循环的断裂。不过，在一个实行一般性交换的闭合社会中，人与人之间虽有家庭私有财产等方面的分别或等级差异，但相互之间却总是紧密地联系在一起。分离被看成社会的一个非正常的状态，人们会从观念上以及行为上尽可能对此加以避免。在传统社会中，人们对于相互的离别从来都会倾注一种哀伤和惋惜的情绪，这从中国古代别离主题的文学创作的繁荣中多少可以领悟到。[②] 在这样的社会之中，个体的行动范围也一定是在可以相互交换女子和愿意交换女子的范围之内，一般不会逸出这个范围。这同时就保证了基于共同体意识而产生的相互之间无陌生感的社会的出现，这也就是费孝通在《乡土中国》一书中所说的熟人社会。同时，一切的生活都必然要在这个圈子里完成自祖先至子孙万代的循环和绵延。[③]

---

① Lévi-Strauss. The Elementary Structures of Kinship. James Harle Bell, John Richard von Sturmer, trans.; Rodney Needham, ed. London: Eyre & Spottiswoode, 1969.

② Stafford. Separation and Reunion in Modern China. Cambridge: Cambridge University Press, 2000.

③ 费孝通. 乡土中国. 上海：观察社，1948：38-44.

我们可以以一个假想的男子的生活为例来说明这种循环延续的过程。假设这位男子的名字叫顺生，有这个名字是因为他从娘胎里生出来非常顺利，又是男孩子。又假设顺生姓李，是李家的长房长孙。他出生之后的“百天”宴是全村人都要参加的重要仪式，每个来参加的人都要带一份礼物，以示对这个有了后代的李姓家庭的祝福。这个家庭会举办至少让这个村里的人全部能看到的盛大的宴会。这个举动不仅在于吃饭这件事，它同时还意味着这个家庭将来可以通过婚姻的交换而成为获得者一方，即它获得了一个可以在这个共同体社会中传承他们李家血脉和荣耀的人。而因为这个不言自明的缘故，这个获得者家庭就有必要通过丰盛的宴席慷慨地回报所有来祝福他们的人。正是这种慷慨的让与，使人们有机会更为紧密地联系和结合在一起，同时所有没有表达出来的意义也都可以通过此种宴席而得到实际的表达，因而宴会气氛既融洽又热烈。时间飞逝，顺生这个孩子不断长大，在过了成人礼之后，他可能就会跟他父亲当年一样从比邻的某个村子娶一个女子，使她成为李姓大家庭中的一员。而他的父姓大家庭中的那些姐妹，也自然会在谈婚论嫁的年龄被嫁到外村去，成为别人家的儿媳妇。每个家庭在社会循环的意义上都会有这样一种得与失的平衡。这样，原来女孩子们出生于此并有归属感的家就成为她们的娘家，而她们出嫁后生活的家则被称为婆家，她们的社会关系因此而从原来娘家家庭关系中的血亲关系一下子转变成在婆家家庭中的姻亲关系，即她们通过婚嫁而获得了一种新的社会关系。理论上，除非生育或养育发生了某种中断或者向外的联姻出了问题，否则这个关系可以在垂直方向上不断延伸以及在水平方向上不断扩展，形成血亲系谱轴的延续以及姻亲系谱轴的延续。在这样的社会之中，血亲和姻亲的延续被看成最为重要的一种社会价值，人们会以香火的延续来比喻这种价值。显然香火跟祭祀祖先紧密地联系在一起，而一旦中断，就说明生命没有延续下去；同样，生育或者联姻中断，社会的生命也将无法真正延续下去。

而在文化意义上意味着家庭延续的子嗣生育之后，一个由父亲、母亲和子女组成的新的家庭三角会重新生产出来，父母因此也就象征性地完成了家庭再生产的使命。不仅从生物学意义上而言，他们的基因得到了传递，而且社会生产和生活的技能也在生儿育女的过程中得到了一种自然而然的传承。家庭之中父母的衰老则意味着家庭的成熟和走向灭亡。人们会用“长寿”这两个字来祝福父母，“寿”在《说文解字》中就是“久也”，为长久之意。这种祝福背后也意味着希望这个家庭可以长久。而父母离开这个世界，即身体意义上的离开或消失，并不意味着精神、心灵或文化意义上的离开或消失。通过社会强加的一种宇宙观意义上的阴阳两界之间可能有的生死转换和往来，死去的父母的灵魂会通过年度性祭祀的方式而不断重返家庭之中，这就如同侍奉活着的父母或者祖先，他们都依旧活在这个由家庭组成的社会之中。而这就是循环社会中人的生与死的循环，其分离性的事件，最后都没有脱出这个以亲属与血缘关系为基础的乡土社会的圈子。并且，这种祭祀因为其宗教性而被称为祭祀圈，在一个循环的社会之中，婚姻圈和祭祀圈往往是重叠在一起的。

对于这样一个社会，费孝通曾用“乡土社会”的概念来对其性质加以界定。这一乡土社会关系，即指人跟土地无法真正分离开来的一种连带性的关系，也就是人的衣食都要依赖于从土地里生长出来的种种物品，进而通过社会生命的循环而实现社会自身的传递和接续。从物质层面而言，人的身体通过丧葬的仪式而回到泥土里面去，形成“入土为安”意识下的社会生命和物质生命的肉身与土地之间的自然循环。反过来，精神性的存在，又通过祭祖仪式而完成了个人与社会之间的循环。对于活着的人而言，他唯一要知晓的便是如何按照一套标准化的仪式程序（the standardization of ritual）去做例行性的、周期性的仪式祭拜。①

在这样的社会之中，人的死亡并不是最后的宣判，更不是人生的终点，人的精神通过记忆和纪念等社会活动而存活于活着的人的生活世界之中。因此，在这样的社会中，一个人的死亡并不是一种悲哀或不幸，而是等待着受人祭祀的礼遇的开始。这就在乡土社会的生死文化里有了从“来”到“去”没有隔阂的循环，个人、社会与文化诸要素的存在都会依赖于这种循环而保持一种常态的运行。也许，再没有什么能比这种循环的

① Watson. The Structure of Chinese Funerary Rites：Elementary Forms，Ritual Sequence，and the Primacy of Performance//Watson，Rawski. Death Ritual in Late Imperial and Modern China. Berkeley：University of California Press，1988：1.

意识更让人心安，没有什么能比它更让人可以平静地面对死亡了。对于生活在这样的社会中的人，死亡也不过是到另一个世界走一趟的必须要去的旅行，或者不过是在另一个社会中的另一种存在而已。俗语之中所谓“脑袋掉了，碗大一个疤，二十年后又是一条好汉”的豪言壮语，绝不是循环社会中特意塑造出来的虚伪地对待死亡的一种文化观念，而是传统社会中循环意识在个体身上呈现出来的一种自然认识的反映而已。

而这可能也就是我们社会里并不以判定人的死亡为最后的审判的一种法律文化，它更强调如何使人在社会的层面感到羞耻，使人失去脸面，由此而使人在社会的环境中不断改过自新、遵守法律。对于把死当成生命开始的社会意识形态，单单用死亡相威逼，并不能建立起真正的社会秩序，因为人们在为自己活着之外，还应该有许多社会因素使其觉得值得有一种荣耀的死。《三国演义》中诸葛亮“七擒孟获”的故事，其含义也在于此，即文化意义上的制服与控制。换言之，控制人的真正办法是使人心服，而非仅仅以死进行威胁，因为对一个把死亡看成社会中某一种循环中的一个必要环节的人而言，死亡是必须直面并要超越的，惧怕死亡并不是乡土社会的特征。

这种乡土社会的死亡观，显然和西方社会以死亡为万物终点的看法形成两种文化形态。西方是以死亡为万事万物的终点，通过“最后的审判”来随机性决定一个人在死亡之后是否升入天堂，以求得彼世永生；以中国为代表的乡土社会则是，以死为万事万物的开端，社会由此而重新萌发出勃勃的生机，个体通过社会自身的循环而重新回到社会中来，并由此而被赋予可能比生前还要受人尊敬的地位，因此个体在世俗世界里的世俗活动中得到了另外一种永生。这是经验世界或者此世世界中的永生，每一个在此社会中生活的人，都会预期获得家庭氛围中的永生，他并不需要预先构想一种超自然的存在，他所能做的无非是经过一种转化而成为超自然的存在本身，即希望获得文化意义上的“永垂不朽”。

总之，循环社会的一切制度的安排以及个人的实践都在无意之中强化人和自然之间的循环的意识，因此而构成了一种循环的社会与文化。毋庸置疑，这种文化正在越来越多地受到被现代世界的欲望和扩张支配的那种文明的污染，它自身正在丧失自我循环的自主性，它的很多环节被拆解，并单独地分离生长，不断延伸，分出各种确定方向的枝条，逐渐形成了一个枝杈蔓生的社会，我们称它为枝杈社会。枝杈社会跟风险、断裂、失控、失序以及危机等诸多特征紧密地联系在一起，使人的生活不仅不能持续地循环，而且一直处在一种碎片化的生活循环的断裂样态之中。

在人的个体欲望获得更多正当性的现代世界之中，每个人都要直接去面对整个世界，人的这种自我独立性使其一直在做着一种痛苦的挣扎，即试图从各种社会教化的束缚中彻底地挣脱出来，形成一个有自身权利的获得了解放的个体。但很显然，这个过程也并非那么顺利，自我的抗争，特别是无意识的抗争，从来都是现代语境中的话语叙事的核心主题。人首先要跟自己抗争，由此而能有一个不断趋向平衡的自我；然后还要与所处的社会抗争，由此形成社会之中具有独立人格的自我；最后便要与文化抗争，以便从心智（mentality）上去做一种深度的转换，这最后可能就是一种文化观念上的转换，由此而带动一种真正价值意义上的文化转型。法国的社会学家米切尔·马斐索利（Michel Maffesoli）的一段话颇值得在这里加以引述：

> 在本世纪即将结束的时候，我们的社会充斥着一种特有的紧张力：与以往的无产阶级或其他阶级不同，大众（或人民）不再是一个按照大家共同的信念或概念组成的群体，人们不再有一个明确的中心或注意焦点，也不再是一个正在前进和发展的历史的主体。①

如果游移散居的狩猎采集社会的形态特征是簇团式发展，则可以说簇团式社会在一定意义上涵盖了游牧社会的发展，或者说游牧社会只不过是簇团式社会向有根系的乡土社会发展的中间阶段。而定居农业在根系性的泥土中的延伸，意味着这个社会所拥有的紧密的连接，这体现了社会循环的连续性。这一点为具有现代性特征的现代社会的枝繁叶茂的发展所一点点地冲破，每个人以及每个物品都不能够保持在其原有的位置上做一种循环往复的运动，就像发生了一场可怕的大地震一样，一切事物都因此而被

---

① 第亚尼. 非物质社会——后工业世界的设计、文化与技术. 滕守尧，译. 成都：四川人民出版社，1998：222-223.

挪动了位置，并且已经不能够复位。人们在惊慌失措之中不断创造着各种新的但与之前的循环断裂开来的生活方式，借此求得一种稳定的能够如循环社会一样可重复和可延续的生活，但实际都会事与愿违。在一个循环断裂的枝杈社会之中，一切似乎都在发展，并要求这种发展；一切又都在创造，并要求这种创造。但一切似乎又都是一种修复和重建，社会因此而时时处在社会心理学家所说的“不确定状态之下的判断”（judgment under uncertainty）① 中，而这构成了我所谓的“枝杈社会”的核心特征。

如果现代社会因处在一种“不确定状态之下”而等同于枝杈社会，那这种枝杈社会确实在其发展的晚期带动了多元、多样以及多种的意识形态的迅猛成长，并借此而打破了循环社会中的一种自然分隔状态下的多元存在格局。在一种不断获得新意、创意以及进步并寻求各种新的社会生活解决途径的努力之下，一个自身内部多元化或不断分出枝杈的社会得以出现并成为社会形态的主导。此种社会无疑是对乡土社会的超越，它建立在个体需求的成长及其社会合法性的获得之上。通过各种新的人群之间的重新组合与身份的不断转换，无特别规则可循的枝杈可能会重新变成一个个簇团式群体，或者在枝杈缝隙间巧妙搭建起的可以避风遮雨的鸟巢一般的新社会群体。这类社会亚群体在未来有可能真正阻挡社会枝杈的分离，并实现向各种形式的循环式生活的回归，诸如向恬淡的农耕生活回归、向悠闲的部落式生活回归，以及向大自然状态的原始洞穴生活回归。换言之，枝杈社会中的种种回归意识就是对于自身发展轨迹的否定，同时也是未来人类命运共同体的希望所在。在这个意义上，中国是在全球发展的大趋势之中而非在其之外，所谓“全球化中国”的主张虽然有些遥远②，但不失为一种有引领意义的观点，我们能够从中更为清晰地看到自己在世界之中的恰当位置。

总之，我们借助各种形式的移情体验，而去实现社会存在状态向受到

① 重庆大学人类学研究中心周永明教授最近在该中心的《中国人类学》微刊上撰文，专门提出这一概念。

② Watson. The Structure of Chinese Funerary Rites: Elementary Forms, Ritual Sequence, and the Primacy of Performance//Watson, Rawski. Death Ritual in Late Imperial and Modern China. Berkeley: University of California Press, 1988: 1.

排斥的非理性的自觉回归，到那时被现代世界逐渐遗忘的真正带有情绪的社会体验就会被接纳，重新回到人们的生活之中。同质性很强的一体性的循环社会，曾经使得我们无可选择地和自然一对一地融合在一起；而现代晚期借助知识创新以及新技术革命而产生的枝权社会对我们生活世界造成的种种分离，无疑带动了整个世界的文化转型。但如何真正回归人应该有的“有情有义的社会存在”而非“不确定状态之下的判断”的状态，那需要文化比较的人类学家在更多呈现不一样的生活方式的同时，也要对曾经为他们所熟悉的所谓“原始的”社会的循环性的现代意义有更多的思考，并将此思考用于建设整个人类共同体以及解决对人类而言难解决的问题。

第二章　从社会转型到文化转型

比照社会转型，一种对文化形态转变的理解和思考应运而生。新媒体的普及使原有文化秩序中的时空意义发生了转变。网络空间的文化重组，带来现实生活中的意义重构。在文化自觉观念引导下的中国意识的构建，成为当下中国文化转型的一个动力基础。文化转型首先是对自然界态度的转变，即从人对自然无所畏惧地进行探索和利用，转变到以对自然的敬畏之心去思考人存在于天地之间的价值和意义。因此文化转型必然要在人心或心态上去做文章。

一、由社会转型演变为社会建设及其中的困境

对社会变迁与转型的研究，成为西方社会学初创之时划定自己研究边界的一个合法性问题意识的基础，并间接地影响了中国社会学的成长之路，特别是影响了 20 世纪 70 年代后期伴随着中国社会经济的转型而逐渐恢复的社会学这门学科的性格。[①] 而与之相伴随的是整个社会对于中国文化未来走向的争论。[②] 这一争论，实际上并没有真正完全展开便戛然而止。而伴随着中国社会变革中诸多矛盾的涌现以及在现实社会层面上这些矛盾无法得到真正化解，人们开始去追问观念和意义

---

① 李培林．导论：社会学与中国经验//李培林，李强，马戎．社会学与中国社会．北京：社会科学文献出版社，2008：17-20.

② 费孝通．论人类学与文化自觉．北京：华夏出版社，2004.

层面的问题，由此文化的问题似乎再一次成为人们关注的焦点。

不可否认，在之前经济转型的话语极度强势的驱力之下，文化及其未来走向的讨论首先被推到一边，并被搁置。但在21世纪之初，逐渐发展起来的社会建设，带动了新一轮社会转型的步伐。[①] 随着从城市到乡村的社会建设规划的逐步落实，从土地非法占用，到邻里纠纷，乃至极端的依法抗争的上访案例[②]，这些都是在新时期中国社会建设中未曾预料到的后果，它们的真实存在，无可避免地引导着我们学术思考的取向。而这些问题向来不是以批判现代社会为天职的社会学这门学科自身的理论和研究范式所能真正完全破解的难题。与此同时，社会的问题也在逼迫对文化的问题有发言权的人类学家们，从人类学的文化比较与文化包容的立场上去寻找人类学自身新的发展空间以及文化研究的新的知识生长点。

而比照社会转型的发生和实践[③]，一种对文化形态转变的理解及其实践，以及对创新的文化转型概念的思考也应运而生。与之相应的新的学科，即所谓文化转型的人类学，自然也呼之欲出。这是对应着中国现实语境，以及由此而构成的新的具有共同性的、时间和空间上都有其具体存在与表达的中国意识而发展出来的一门学科。这门学科的理论基础即在于，人类文化发展与演进的特殊性和相对性，由此而自然形成了文化存在的多样性。与此同时，一般社会理论有关社会变迁的诸多讨论，必然会成为发展出文化转型理论的知识论的基础。在我们逐渐进入西方人类学微观研究的范畴，即一种实地的田野研究，而越来越多地注意到社会与文化事项之中所存在的诸多细节的时候，我们也要注意到，其中可能存在一种西方认识论上的陷阱，那就是它在使我们无意之中纠缠于社会现实的细节本身，而无法真正从中抽身，作为一个有着独立主体性的判断者，对一种古老文化的未来走向及其当下的整体性面貌给出自己的判断和评价。对于这种文化，我们自身既是其中的

---

① 陆学艺．社会建设论．北京：社会科学文献出版社，2012：11-27.

② 赵旭东，赵伦．警惕“底层冤化”——也谈信访制度．探索与争鸣，2012（3）：26-31.

③ 孙立平．社会转型：发展社会学的新议题．社会学研究，2005（1）：1-24.

一员，又是一名融入其中的观察者。在这个意义上，我们可能真正需要的是一种文化上的自觉，这种文化的自觉才能使我们生发出必要的文化自信。

在我们接受西方的社会学概念之初，似乎并没有太多的机会留给我们去深度地反思这个概念对于中国社会而言的适用性。我们差不多完全忽略了严复最早以“群学”来翻译 sociology 这个英文词的社会对应性上的努力，而是草率地以从日语借来的“社会”两字来建立与社会学这门学科的对译。① 在这种借用和转译当中，也许我们忘记了，在日本文化中可以代表他们身处其中的社会含义的两个字，是否能够真正代表不论从时间的长度上还是从空间的范围上都远远超过日本社会的作为整体的中国社会，即这样一种概念的借用是否能够有其自身的涵盖力。结果显示，这种转译实际无法体现中国本土语境中数千年来所理解的和逐渐形成的“社会”两字的深意。② 但无论如何，经由第三国日本的“社会”一词的转译造成了一种特殊的社会后果，那就是我们的社会学家们，试图在中国的土地上去复制在西方自工业化之后出现的那样一种社会转型，即从农业社会实质性地向工业社会的快速转变，并希望借此来改变中国缺少与西方一样的生活方式的那种“可憎”的局面。显然，这种努力最终也未能真正完成，因为，我们从来就没有在“中国社会究竟是什么”上去下一番深度思考的功夫。

社会对于中国人而言，从来都是一个自己并不感同身受的外在的世界，特别是与作为人生活和生命依托的家庭相比。这与西方人所强调的根本上具有公共空间意味的“社会”相比，显然在理解上存在一种差别。可以说社会是外在于中国人的实际生活的，为了突出此种外在性，人们甚至专门为“社会”这个空间造出一个特别的名词，即“江湖”，并试图以此

---

① 李培林．中国社会学的产生//李培林，李强，马戎．社会学与中国社会．北京：社会科学文献出版社，2008：29-30.

② 汉语中“社会”两字连用，最初大约指村落一级的庙会，因在中国南方村庙亦称为“社”，年度性的聚会又称为“社会”。在明万历年间编纂的《续修严州府志》中就有这样的记载。“长冈庙：在县西北二十五里，其神即陈侯。乡人奉祀甚谨，每岁上元日及诞日皆有社会。”（吕昌期，修．俞炳然，纂．续修严州府志．北京：书目文献出版社，1991：116．标点及着重号为本书作者所后加。）

来区分与一般家庭生活环境有所不同的更多陌生人存在的地方。可以说，在传统的观念里，“江湖”是一个各类离开家庭以及官场的人的总汇之所。[①] 人们并不在乎那个世界里公私之间的必要的界限，而只在乎，在这个世界中，自己能够获得的利益的多少。费孝通曾经巧妙地以“差序格局”的概念去界定这样一种以我为中心的但又不同于西方个体主义的社会结构。[②] 而人们从中获取的利益，也并非自己独自占有，很多时候都要在家庭乃至家族成员中平分，或大家共享。此即社会心理学家黄光国所谓的一种社会关系中的亲情法则。[③] 言外之意，一个人在社会中拼搏，思虑更多的还是自己可以完全信赖的家庭，这是一个人勉力要去维护的第一层，也是最为重要的核心层。

除此之外，便是传统社会中为官员所占据的但更多为皇权所把持和掌控的空间，那个空间依旧很难说属于今天意义上的公共空间。在传统的皇权时代里，那基本上还是属于皇帝一个人独占的空间，即所谓的由上而下的君临天下，而拥戴他的臣属，不过是替皇帝打理天下的一批定期被给予俸禄的官员而已。[④] 他们一般被称为士大夫，其中有很多人，至少自以科举取士以来，是通过读书而一步步地接近皇权的。他们的任务可能不是随心所欲地去做自己想做的事情，而是要学会在这个空间里察言观色，看上一级官员的脸色行事。当然，最后的决定权一定掌控在至高无上的皇帝手中，如果某件事或某位官员惹得龙颜大怒，那是要掉脑袋的极为重大的事件，绝对不会为这个空间所宽恕。因此，在传统社会的官场里做官的风险，明显不会比在江湖浪迹少多少。尽管有此危险，人们依旧趋之若鹜，愿意去做官，其中的原因一是有巨大利益的获得，二是其在位期间能保护自己的家族及家庭。这些都保证了他们的为官意愿超越对风险的惧怕。

在江湖，有一套规则用来强调不相识的人之间的紧密联系，即所谓的

---

① 乔健．人在江湖：略说赛场概念在研究中国人计策行为中的功能//乔健，潘乃谷．中国人的观念与行为：第四届现代化与中国文化国际研讨会论文集．天津：天津人民出版社，1995：307.

② 费孝通．乡土中国．上海：观察社，1948：23-25.

③ 黄光国．中国人的权力游戏．台北：巨流图书有限公司，1988：14-15.

④ 尾形勇．中国古代的“家”与国家．张鹤泉，译．北京：中华书局，2010：182-188.

哥们义气，没有这一条作为保障，陌生人之间的联系是不可能牢固地树立起来的。因此，在江湖的空间里，便没有了真正的对与错的严格区别。忠于“哥们义气”，成为这个空间可以持续存在的基本原则。与此形成对照的乃是官员所占据的所谓官场。而官场文化所特别强调的乃是对于正统性的信仰。所有非正统性的存在都要被当作异端而排斥在官场之外。当然，其中最高正统的代表便是皇帝这个人。这个人被看成或者说被塑造成天子，即天的儿子，因此而具有一种自然意义上的正统性。而不同等级的官员，又树立起儒家的正统地位，这是通过阅读由儒者中的优秀者编辑的正统典籍以及通过不同等级的科举考试而树立起来的。因此，读书人的另外一层含义便是，准备去做官的人，即便不做官，作为识文断字的秀才、举人，在乡间面子上也是极为光彩的。

而拿着俸禄的官员，又靠尊孔而形成一个相对而言自我封闭的利益场，这个场同时还是一个文化共享的空间，诗文书画的应对和欣赏成为场内人员之间进行交流的符号和媒介。并且，书写文字的解释权，也牢固地掌握在这些有了功名而出仕的人手里。作为一种交流的工具，文字在这里发挥着人不在场便可以相互沟通的意义表达的作用。这使得熟练掌握文字书写技巧的官员们的关系网络是极为广大的，通晓此种书写语言的人，便可能成为其交往的对象。换言之，官场更多是依靠文字表达而构建起来的一个世界。身份、地位和待遇等，都可能会因为这种文字技巧的娴熟而发生一些改变，比如能够写一手俊秀的书法，能够写出流畅感人的文章，抑或能够言简意赅地写出一份引起皇帝注意并给予批复的奏折。这些都属于在朝为官的人或者准备入仕的人时常要去磨炼的基本功。①

在这个场域中，为官之道就是要从姿态上和礼仪上表现出对于正统权

---

① 以书写端庄的书法取士做官，这样的观念实际上在民间社会中同样根深蒂固。很多人在鼓励自己的孩子努力学习时，字写得好坏是一个极为重要的关注点，其中又以端庄为第一原则。民国时期的文学家夏济安，他的父亲是一位地道的海派商人，在给他的家信中就赞誉他最近的书写如何端庄秀丽，以后有希望被当朝的官员们赏识而进入仕途。如其父所言：“余最欣慰者，尔之书法，渐见端正，一切从方正入手，将来即能大成……将来养到功深之时，定能博得朝贵青睐，或有青云直上之时，望尔勉旃。”（夏济安．夏济安日记．沈阳：辽宁教育出版社，1998：15.）

威的服从以及对于深奥且变化多端的文字游戏的熟练掌握。在以上的这些分析中，我们似乎还找不到一处名为“社会”的空间去与西方社会学意义上的“社会”（society）形成真正的对应。在作为亲情关系的“家庭”或“家族”之外，不是作为民间各类人士杂处的“江湖”，便是由官员或读书人所占据的可以靠以文字为核心的意识形态掌控的“官场”。在这样的传统结构框架之下的中国文化，其社会的转型，可能就不仅仅是所谓的从农业社会向工业社会乃至信息社会的转变，更为重要的是如何在这三个并非各自独立的空间中重新构建出一种新的社会秩序。

显然，今天我们不能说我们没有西方意义上的工业化和城市化，但是我们的社会却接连不断地出现各种匪夷所思的问题，各种现象似乎都在使“社会建设”这个概念呼之欲出，但是最大的问题却是“社会在哪里”，“社会又从哪里开始建设”，对于这些最为根本的问题，不是大家都能够形成一致意见的。如果社会既在家中，又在官场，又在江湖，那么，我们投入巨大的人、财、物而开展的社会建设，究竟应该在哪里用力呢？要知道，一些学者想当然提出来的“到民间去”的策略，有可能不过是重新接触那些已经被国家遗忘的“江湖”。如果是这样，那“江湖”可以取代真正意义上的“社会”吗？这可能是社会建设学派需要认真做出回答的一个问题。没有这一思考作为前提，所谓的社会转型就是不知未来去处的一种盲目的转变。

二、文化的陷阱与文化自觉

文化是一种行动的逻辑，似乎也无人可以逃出此一逻辑的安排。因为，此种逻辑对于一个个具体的人而言，是无意识的，即在不知不觉之中，行为就发生了，并产生了某种效果。在这个意义上，文化是我们人为自己的行为寻找的一种合理的解释。但同时，它具有一定的文饰作用，它不仅对生活于其中的人而言是一个看不见的陷阱，同时对其他与之并存的文化而言，也是一个自然存在的陷阱。一不小心，人便会跌入其中不能自拔，特别是对生活在这一文化中的人们而言，这种跌入效应更会真切地发生。这一陷阱因为是在长期的无法觉知的历史进程中发生的，因此我们会称其为文化的陷阱。只有在我们回头去看以及在文化之间发生了实际的接触之后，我们才会真正地看到并感受到各自的文化为自己所设定的陷阱在其文饰形态上的诸多差异。

仅仅出于文化比较的考虑，我们会在东西方文明之间寻找到一些特征性的东西来审视这样的文化陷阱。我们也只有在清晰地认识到这些不同形态的文化陷阱之后，才能够真正去面对当下世界的文化转型，并理解其究竟意味着什么。

尽管西方文化已经作为典范而受到许多文化比较学家的注意，并以其作为标杆去评判其他文化，但是，一个文化的内涵往往是多面性的，它不可能通过一次比较就真正地完成，并且随着时间的流动，这种比较的角度也会发生一些改变。因此，在我们注意到文化无意识下的转型这一新的思考维度之后，我们也要从文化的发生学及其造就的无意的后果这一点出发，去思考西方文化的陷阱的存在形态。没有这种梳理，我们的文化转型的概念就一定是比较空泛的。

在许多西方文明史的叙述中，肇始于希腊爱琴海的西方文明，是建立在海洋贸易的前提之下的。航海之前，缜密的人员和物资准备以及对于海洋环境的精确计算，无意之间成就了西方的数学和航海技术的超乎寻常的发展。而与之相适应的，重在对事物整体进行分析的文化逻辑，使这个文明所创造出来的文化，形成有着规划能力的长期的文化发展谋略；这同时也使法律和规范的发展，成为支撑这一文化谋略具体实施的最为重要的支柱。在实际的生活中，这样一种文化的品格便会逐渐显露出来，那便是在行动的安排上，体现出来的是精打细算，并要按照预先制定好的步骤一步步地去加以落实。而与此同时，受生存环境压力下的生存策略的驱使，这种文化必然会以实用及对每个人有益处为其终极价值。显然，同在一条风雨飘摇的航船上的船员，都必然承担某一种或几种责任，无能力的多余者，显然不是讲求效益的船上生活所需要的，他们或者根本就没有上船远行的资格，或者即便上船了，最终也会被这条船抛弃，而真正留下来的，必然是一次航海所获的贡献者和受益者。在此意义上，每个船员之间的有机组织目的即在于获益更多，但是真正的人与人之间的严格等级是没有必要存在的，他们既是财富的创造者，又是财富的分享者。这样的生存境遇，造就了一种所有的价值估算都以实用和效果为标准的文化类型。这样的文化，可能存在的陷阱是：它使所有的在此文化观念下的文明的创造，都会化约至一种实用和利益的维度；即便其最初的主张并非强调实用与利益，而是有着很高尚的初衷，比如为了人类的福祉和安康，最终还是会逐渐地还原到实用和利益这一基本的价值维度上去。

西方工业化的初衷一定不是对环境大范围以及深度的破坏，在西方的工业化发展之后，有多少西方以外的世界对西方世界发展出来的工业化模式山呼万岁。这就足以证明，这样一种文化给自己以及其他的文化设置的陷阱有多深。而在西方的工业化发展成熟之后，在西方以外的世界大搞工业化之时，后工业社会观念下的环保与“绿色”，又成为新的意识形态，首先在西方社会之中，之后在世界各地蔓延开来。在今天，这一切，有哪一项不是跟西方的现代文明极为紧密地捆绑在一起的？反过来，一种新观念的发明，就像造孽者找出了一个冠冕堂皇的理由一样，让所有的人都相信，过去是不值一提的，而对当下的理由却可完全投之以信任，且值得为之付出新的努力。在此意义上，精明的造孽者，再一次愚弄了愚蠢的无辜者，文化的陷阱再次发挥了其隐蔽的杀伤力。谁也不能否认，我们今天的发展，一次又一次地陷入西方文化已经设定好的陷阱中。不论怎样高调的说明，其中所暗含的仍旧是西方文化的陷阱之深，并且，最终还是会体现出从最初的海洋文明积淀下来的集体无意识，即按照预先设定好的步骤去思考，并强调航行必有收获的那种实用逻辑本身。①

显然，今天如果不去有意地摆脱这样一种文化的设计及其隐含的文化陷阱，世界范围内的文化转型就一定是无意义的，因为我们自身迟早会作

---

①　三好将夫对于后殖民时代的全球性跨国资本的运行的分析，再明确不过地告诉我们这种深度文化陷阱的存在。全球曾经有百分之八十五的土地为西方殖民者所统治，现在开始为新的后殖民的多元主义所取代，但是作为西方统治的一体两面，后殖民并没有给曾经的殖民地带来任何支配结构上的转变。三好将夫下面这句话足以作为此种结构未转变的明证：“非殖民化既没有带来解放与平等，也没有带来新的财富与和平。相反，痛苦和苦难几乎到处都在继续，只是改变了形式和更换了不同的代理人。旧式的买办卷土重来，他们维护旧日主人的利益以换取犒赏的情况比比皆是。”（三好将夫．没有边界的世界？从殖民主义到跨国主义及民族国家的衰落//汪晖，陈燕谷．文化与公共性．北京：三联书店，1998：486.）

为一种"异文化"而掉入预先设定好的西方这个他者文化的陷阱中去。至少目前来看，我们自己的文化发展似乎在主体意识上并没有真正注意到这种文化陷阱的存在。

对于这种文化的自身不自觉是与我们自身文化的陷阱有关联的。一种极端强调土地的作用，并依附土地而发展自身的文化①，会更加强调整体意义的空间秩序建构。历朝历代的意识形态都会看重"江山"必须要得到稳固的制度安排，这样人心才不会因为所谓没有依附的混乱而引起某种社会动荡。② 它更高的要求就是，在人与外部环境上，不是专门强调对外部环境的征服，而是强调如何对环境顺从，实现一种所谓天人合一的理想状态。这样才不至于使"天"的自然运行对依附于土地的人的生活造成一种实际的影响。可以说，这样的文化，其骨子上同样是讲求实用的，但这种实用的文化，根本不同于西方在形式逻辑上所努力去构建的分步骤实现既定目标的那种实用理性役使下的对行动价值的追求。

这种文化应该属于一种直觉联想文化，它是基于自然存在物彼此之间的联系而有的一种想象。这种文化基于土地的牢固性而生发出关于自然力的浮想。因此，这种文化既要有从土里生长出粮食的生存实用性的要素，同时还要有触景生情、彰显神力并借助诗歌来表达自身的浪漫情怀的存在。这种浪漫的情怀，因为其中夹杂着对土地的祭祀，而变得更加扑朔迷离。③ 因此，这种文化注定要对这两种性质完全不同的文化要素进行一番

① "社"这个古代便有的词是跟土地联系在一起的一种古代祭祀，至少自先秦开始，它跟土地以及农业的文化联系就是极为密切的。（魏建震. 先秦社祀研究. 北京：人民出版社，2008：269.）

② 孔飞力对清代乾隆鼎盛时期发生的一系列的社会恐慌做了研究。很明显的是，当时并没有因为生活的富足而出现安定的社会秩序，社会的富裕和人口的流动使得人们不能不在淫乱的维度上发展自己的想象力。（孔飞力. 叫魂——1768年中国妖术大恐慌. 陈兼，刘昶，译. 北京：三联书店，2012：284-288.）

③ 中国人对于土地的这种情感，《白虎通义·社稷》说得最清楚："人非土不立，非谷不食。"与此同时，从极早的年代开始，约春秋战国时期成书的《周礼》便提到对土地的祭拜，即所谓社稷之祭，并要由大宗伯来专门掌管。祭祀社稷一定是很欢快和隆重的，有专门的人来击鼓，有娴熟的舞师跳着各种舞蹈。而《诗经》中则记录了大量的关于这类歌舞祭祀的场景。（吴泽.《周礼》司命新考——读王国维《东山杂记》//朱东润，李俊民，罗竹风. 中华文史论丛：第一辑. 上海：上海古籍出版社，1985：5.）

调适，故它很难发展出凭借数理推算的逻辑从而体现自身的文化逻辑。而如果按其自身发展的轨迹寻去，双因素的变动性就成为其核心特征，并集中反映在抽象化了的阴和阳两极对立的要素之中。① 《易经》这部书显然是对乡土性与浪漫性两项对立要素捭阖变化轨迹的描记与集成。而《论语》更多是在带有入世意味的乡土性上大做文章，其所忧虑的是因制度意义上的礼崩乐坏而导致的乡土性秩序的瓦解。而为孔子所亲自删订的《诗经》，则代表这个文化更为接近出世的浪漫性。在那里，文化的约束性一面被打破，显现出来的更多是自我性情随意放逐的一面。在这一点上，它更接近于土地及从中生长出来的自然物的恣意放纵。在这里，可以设想，由土地生长出来的庄稼，更接近一种乡土性秩序的表达，即其所要求的乃是在时间和空间上的约束，以此来从实用性的角度生产出足量的粮食。而食物的丰裕，则是社会秩序建构的基础②，所谓“仓廪实，而知礼节”，但这个文化真正能够延续自身的动力可能在于其对依附自然的浪漫性的不断发挥。

因此，这一文化不自觉地为其自身所设置的陷阱也是异常清晰的，那就是其倾向于在一种并不情愿敞开的封闭的苑囿之中，凭借天时、地利与人和这三者的意识形态控制技术，使每个人各得其所：有生产者，也有消费者；有剥削者，也有被剥削者；有文化的创造者，也有文化的欣赏者。这些巧妙地构成了依据地缘和血缘共同构建起来的社会联系的纽带，而费孝通所提出的“差序格局”的概念则是在其中发挥作用的最为重要的社会联系准则③。汉代便成熟并深入人心的天人合一的理念，使自然不仅成为人们欣赏的对象，还成为其最终的归宿，人为的和外在的力量，都不如这一“自然”具有吸引力。④ 在这个文化里，闲散的生活和辛苦的劳作，构成了一种对比强烈的风景画。但是，人们并没有意识到这有什么不可理解

---

① Durkheim，Mauss. Primitive Classification. Rodney Needham，trans. London：Cohen & West，1963.

② Lévi-Strauss. The Elementary Structures of Kinship. James Harle Bell，John Richard von Sturmer，trans. London：Eyre & Spottiswoode，1969：35.

③ 费孝通. 乡土中国. 上海：观察社，1948：22-30.

④ 王尔敏. 先民的智慧：中国古代天人合一的经验. 桂林：广西师范大学出版社，2008：1-39.

之处，文化的观念通过文字和书籍的记录而被牢固地掌握在读书人的手中，普通的百姓不过是浸润在这种文化中的并非有自觉意识的文化践行者，他们并不会觉得对这样的外在的文化有什么特别不适应之处。他们从小便是在这样的文化氛围之中慢慢地受到滋润而成长起来的，那种文化的印刻是无法直接通过一种现代意义上的所谓“洗脑”的办法来洗刷掉的。但是，文化的陷阱恰恰隐含在这种封闭的观念中，因为一旦有机会，此一封闭的高墙深院的大门被打开，原来的那一套文化的规则都将失去其独有的效力，一整套的文化重建规划充斥在这样的从闭合到开放的社会之中①，捭阖的震荡会使这个社会原有的文化价值观得到一种瓦解后的重塑，但其难度之大，并非一般的经济重建所能够比拟的。因为转移财富的贸易游戏完全可以在两个人之间进行，只要双方满意，交易即可完成，利润和收益便可实现。但是，对于文化的重建而言，它要在一个社会中的所有人之间达成一些共同的认识和价值，形成一种认同，并要使他们觉得，值得为这样的认识和认同而努力，即便这样做了会有个人利益上的损失。在这个意义上，文化转型下的文化重建，一定是一个极为漫长的发展过程，并非一蹴而就的事业。今天的中国，显然处在了这样一个深度文化转型的漫长过程的开端，并逐渐地体现出其自身文化的一些新特征。

三、当下中国文化转型的含义

文化转型对于中国而言首先意味着一种整体性的世界观念上的转变，即从由于追赶先进而定位自身为后进的姿态中转换角色，从别人影响我们转变到我们去影响他们。在这种转换之中，在中国文化中一度发挥影响力的天下观念，便可能被赋予一种新的内涵。这种天下观的核心是一种包容性的、不计较狭隘的领土和族群边界的无分别心。这种曾经发挥消弭分歧作用的中国观念，因为不断地受到有差等的及人群分别意识的观念影响而无法体现其真正的价值内涵。可能中国古代的秦长城以及更早成型的夷夏

---

① 赵旭东．闭合性与开放性的循环发展——一种理解乡土中国及其转变的理论解释框架．开放时代，2011（12）：99-112.

之别的观念①，让天下观念无法真正发挥作用，这是历史时间和地域空间意义上人为制造出来的一种阻碍。而今天，时空意义上的边界逐渐随着互联网的发展而被打破，无边界的相互融通以及大众消费时代的来临，使我们必将重新去思考天下观念与当今世界格局之间的关联性。缺少这种主体意识的天下观的思考，我们可能永远要被限定在西方世界已经界定好的全球化观念和行动的逻辑里，而无法真正从中逃离。如果游戏的规则不在游戏制定者的手中，游戏因为只有一种玩法而只可能是一种操纵，而不可能是真正平等的双方都有共同规则意识的竞争。这可能才是今天重提天下观的真正价值所在。

其次，当下中国的文化转型也意味着一种价值观念上的转变。曾经在社会生活中具有支配性的观念，随着一些新物质性以及生活方式的变革而发生着重大的转变。比如，在越来越多的人开始依赖于网络以及数字化的新媒体之时，我们确实需要去重新考察一下在此过程中人们观念与心态上出现了哪些改变。这些新物质性，确实在激发着信息与新知识的极为广泛的交流与互动，让这个时代已经无法真正回归一种万籁俱寂的自然状态，因此我们不得不去听各种因信息爆炸而造成的背景性的噪音。据说有着悠久历史的《大英百科全书》在 2012 年停止刊印，这足以暗示，印刷的速度实际上已经跟不上新知识的增长速度。刚刚印刷出来的书，到了读者的手中已经成为一种过时的知识的载体。随时更新网络页面成为知识生产的新隐喻。与此同时，我们的感知系统也发生了一系列的适应性的改变，我们似乎已经完全可以维持一种感知但不关注的状态。有太多的信息，作为符号在不断地撞击我们的视觉神经，却无法真正进入我们理性思考的领域中。对这些信息的反应，全部属于情绪性的与情境性的，比较的可能是谁先按下了电脑的键盘。作为文化载体的书籍，经过数字化和去物质性的过程，其自身的物质形态也在逐渐消解和被替代之中。当人们逐渐从原来在自家书架上或图书馆中取书，转变到从电脑的硬盘上或从网络数字图书馆中

① 拉铁摩尔更多是从游牧与农耕两种生产方式的生态差异性上去理解长城的空间意义，在长城内外明显分化出了农耕和游牧这两种生产方式，并影响到中国意识的形成。（拉铁摩尔．中国的亚洲内陆边疆．唐晓峰，译．南京：江苏人民出版社，2005：15-18.）

直接通过敲击键盘而获取书籍时，人们对于书的内容的神圣性就可能失去原有的那份信仰。书的内容在这个意义上不过是一种瞬间的表达以及可为己所用的信息而已，是一个数据库而已。任何主题或观点，本来似乎有一些道理或者并非能站得住脚，很快便可能被跟帖的网友四两拨千斤地将“本来”抨击为一无是处。传统的神话建构也在网络解构的策略中成为牺牲品，而书写的权威在这个意义上已经趋于终结，存在的不过是偶尔被引用一下作为靶子而最终要被剔除和消灭的“参考文献”而已。人们在不需要这些书之时，不是移动身体将其放回书架上或者还回图书馆，而是径直投入电脑中专门设置的虚拟的垃圾箱中，这样它们就暂时不存在了。

这实际上引申出我们文化表达外在化的新方式，即我们会在网络空间里安排更多的文化事项，使之以数字化媒体的方式呈现出来，它超越了原有的时间和空间意义的存在，而形成一种不在现场的现场感以及不在那时那刻的时间感。① 而我们的记忆，也不再是更多依附于有形的外在物，诸如图书馆、档案馆、博物馆，而是将人类集体记忆的物质形式的外在表现，挪入虚拟的网络空间而使之以数字化形式被保存。这使得社会记忆的提取速度更快，人们所依赖的不再是自己的记忆本身，而是在网络上存储的记忆的提取速度以及数据库信息量的大小。在这样的情境之下，生活的节奏会因为这些记忆的不断被激活而变得极为紧张。闲散的生活变成这种紧张的生活节奏的一部分，而无法真正独立出来。它与工作就像一枚硬币的正反面一样严格地对立起来，很难有工作中的休闲或者休闲中的工作这样的符合辩证法逻辑的生活状态的存在。休闲与工作之间的区分形成了一种循环的因果关系，即工作是为了休闲，而休闲是为了更好地工作。

再次，当下中国的文化转型也表现为由社会连接方式的转变所直接带来的主体意识的转变。这乃是由社会关系的连接纽带，跨越到强调个人价值及其权利表达的一种文化转型。随着由虚拟网络空间塑造的不断得

---

① 辛晓磊. 新媒体时代：什么在影响内容创作. 中国图书商报·中国传媒周报，2012-04-06 (15).

到强化的个人与外部联系的虚拟化，个人之间完全可以实现一种不见面的即时沟通与联系。传统共同体意义上的熟人社会的观念也相应地虚拟化了。

而这种虚拟化的最为重要的社会功能，可以体现在时间和空间这两个维度上。就时间维度而言，时间的共同性意识在虚拟空间得到了强化，靠着可以细分到秒的数字时钟的普及，这种意识植入人们的日常生活的节奏安排之中，外部的日月星辰等的参照系逐渐从人们日常的生活中退出，取而代之的是抽象的钟表时间。生活在这种时间参照体系中的人们会更在意在某个时间点上自己身上与社会之中究竟发生了什么，却并非真正在意因为外在自然与社会的存在而安排与之相应的生产和休闲活动。时间因此变成要去度过并可以从中获益的一种工具，而不再是生活中用来专门划分神圣与世俗以及各种特殊的人生阶段的社会区分的标志。而在空间维度上，这种转变同样明显。虚拟空间，反映到个人的生活方式上便是人们无形之中对于虚拟网络的依赖，从而构成一种所谓的网络社会。[①] 人们可以借此把自身闭锁起来，由此而形成一个相对独立的空间；但与此同时，人们又借助网络的渠道，在一个更大、更广的世界里相互联结在一起。此时，中国人固有的无边界和无分别心的天下观念可能被重新启用，而其内涵可能远胜应此种世界性的变化而新出现的“全球化”这一概念。

在这个意义上，每个人都成为冷眼看世界的网络访客，每个人又是可以自由发表一己之见的网络评论员。在此意义上，网络空间把人与人在现实世界中分离开来，而在另外一个虚拟空间，则将更为广泛的群体中的个体紧密地联系在一起。这就是今天世界社会得以联结在一起的辩证法，即不断地在时空中转换、变动与分化，而又在另外的新的时间和空间中瞄准、固化与整合。这便是今日世界文化转型的核心逻辑所在，它赖以维系的基础在于各种媒介新物质的发明、创造与运用。就如传统时代人们对自然物质的依赖一般，自然的生态乃是他们安身立命的基础；而今天，新物

---

① 卡斯特. 网络社会的崛起. 夏铸九，王志弘，等译. 北京：社会科学文献出版社，2003：567-578.

质条件下的人造的生态①，乃是人们构建相互连接的纽带的物质基础，它不仅是真实的物质存在，还可能是虚拟的物质存在，总之，可以说它是对人及其生活产生持续影响力的具有真实存在意义的物质。

四、文化转型与文化的变动性

相对于中国社会学恢复重建的20世纪80年代而言，作为这门学科恢复重建的领军人物，费孝通在90年代更为注重对社会学和人类学学科的整体性反思和回顾。他对他的既有作品似乎都做了一番带有批评性的回顾，这些批评和反思都体现在他2003年发表的《试探扩展社会学的传统界限》这篇集大成的作品中。② 而这些批评与反思，可以追溯到1997年费孝通在北京大学社会学人类学研究所举办的第二届社会文化人类学高级研讨班上提出的“文化自觉”这一概念上。这一概念的基础是费孝通自己所切身意识到的一种带有世界性的文化大转型的来临，对此，费孝通有这样一段话可以作为佐证：

> 我认为文化转型是当前人类的共同问题，因为现代工业文明已经走上了自身毁灭的绝路，我们对地球上的资源，不惜竭泽而渔地消耗下去，不仅森林已遭难于恢复的破坏，提供能源的煤炭和石油不是也已在告急了么？后工业时期势必发生一个文化大转型。人类能否继续生存下去已经是个现实问题了。③

尽管这样的提法仅仅是针对研讨班中的两位学员的提问而给出的，但这个观点却是费孝通极长一段时间里学术观察和思考的结果。这个思考如果一直追踪下去，则应该是从他翻译马林诺夫斯基的《文化论》便开始了。那是一边在聆听马林诺夫斯基的高谈阔论，一边又在逐字逐句翻译马林诺夫斯基亲笔写下的英文文字而形成的一种对于文化究竟是什么的深

---

① 帕金．英国的当代人类学中存在一种新物质性吗?．赵旭东，译//二十一世纪：文化自觉与跨文化对话．北京：北京大学出版社，2001：257-272.

② 费孝通．试谈扩展社会学的传统界限．北京大学学报，2003（3）.

③ 费孝通．反思·对话·文化自觉//费孝通全集：第十六卷．呼和浩特：内蒙古人民出版社，2009：16．着重号为本书所后加。

度反思。这种反思最初是因马林诺夫斯基对西方文明的不满而产生的，而费孝通无意之间所写下的对于自己国家人民生活的描述，曾被这位遥远的他者看成“时感令人嫉妒”之事。在对自身的工作感到不满的状况下，马林诺夫斯基把西方的人类学概括为“好古、猎奇和不切实际”，人类学对于马林诺夫斯基而言，不过“是对我们过分标准化的文化的一种罗曼蒂克式的逃避”，那种对自己身处其中的文化的厌倦，已经由此短短数语表露无遗了。①

而费孝通一定是从这些带有自我批评性的表述中朦胧意识到了自己所应该有的位置，这个位置一定是要去文化的源头上寻求出路。在1997年初的一次仅仅针对北京大学校长的关于重点学科的汇报会上，费孝通作为旁听者做了一个讲话，在这次讲话中他的文化转型的观念得到了清晰表述：

> 通过我这60多年的经历，我深深体会到我们生活在有悠久历史的中国文化中，而对中国文化本身至今还缺乏实事求是的系统知识。我们的社会生活还处于“由之”的状态而还没有达到“知之”的境界。而同时我们的生活本身却已进入一个世界性的文化转型期，难免使人们陷入困惑的境地。其实不仅我们中国人是这样，这是面临21世纪的世界人类共同的危机。在多元文化中生活的人们还未能寻找到一个和平共处的共同秩序。②

费孝通的肺腑之言是一位耄耋学人对他的非同一般的对话者的真切期待。显而易见，在这篇针对北大校长的讲话里，费孝通一方面迫切地希望这个学校能够切实承担起在这种新的文化转型的时代里开一种新的学术风气的责任，另一方面他更为急切地告诫所有人，在今天，“一种世界性的文化转型”是不可避免的。这种文化转型可以说是在一种逼迫之中发生的，而这种逼迫来自西方的工业化文明所带来的世界生活方式的大转变以及这种转变所造成的全球性的恶果。在这篇讲话中，费孝通已经和盘将文化转

---

① 费孝通．反思·对话·文化自觉//费孝通全集：第十六卷．呼和浩特：内蒙古人民出版社，2009：16.

② 费孝通．开创学术新风气//费孝通全集：第十六卷．呼和浩特：内蒙古人民出版社，2009：4. 着重号为本书所后加。

型的观念提出来，并且还明确地指出，这种转型是真正具有世界性意义的。

正像费孝通在其晚年所一再指出的那样，文化的转型乃是世界性的，它是由西方文明自身存在的人与自然之间关系的困境以及对此困境的无法摆脱而引发的。这应该不是什么危言耸听之语，整个20世纪甚至之前的几个世纪，乃是由西方人的观念和物质文明支配的时代，而最终造成的后果便是“以时间或金钱为标志的文化”在欧洲的泛滥。① 与此同时，根深蒂固的西方殖民理念又使西方人要把这样一种文化及其价值传播到整个世界，在整个世界成为西方人要征服的地方时，那里固有的文化也渐渐因为这种浸染而消失殆尽。这些从远距离看去的“地方”，或者彻头彻尾地成为西方世界的殖民地，或者成为遭受西方工业化污染的全球化商品的生产基地。之所以有这样的殖民以及污染的发生，观念上的屈服以及在最低限度上的认可和接受，是最为基础的原因之一。在这屈服和接受之中，自我的文化觉知失去了；自我的可以操控和创造的文化价值被不断地颠覆。而它自身的文化竟由西方社会科学所创造的时间距离上的他者建构并被肢解为一种异文化的展演，在活灵活现的本土演员的背后是西方作家已经为之准备好的台词，不过是借本土优秀的演员之口大声地念出而已。

这种局面恰恰成为费孝通所描述的文化自觉的反面，它类似一种没有主体意识的文化的木偶表演，而随着虚拟化地勾连所有人的网络社会的出现，这会越来越多地影响人们的观念和当下的生活。在每个人都可以借助虚拟但绝对真实的世界而发出自己的声音的信息时代里，主体意识的增强，显然是一种不可阻挡的趋势，尽管世界绝大部分的地区都取消了不人道的殖民统治，但反殖民的运动以及在西方以外的世界中的殖民心态看起来相互矛盾却依旧是共同存在的。尽管今天的西方学者已经清楚地意识到文化并非他们原来想象的那么简单，但他们在将文化从宗教、民族的简单化维度上解救下来的同时，又将它定义为一种资本，并希望借助这样一种不同文化资本之间的往来互动的冒险而实现全球化的文化互动。② 但这议

---

① 李伯庚. 欧洲文化史：下册. 赵复三，译. 香港：明报出版社，2003：310-317.

② 多尔蒂. 用于全球冒险的文化资本//薛晓源，曹荣湘. 全球化与文化资本. 北京：社会科学文献出版社，2005：127-145.

题的初衷在我看来仍旧是西方学者的一厢情愿，本土人民的觉知似乎还完全处在一种模糊的状态之中，或者在这过程中被多如牛毛的中介物取代了。在这个意义上，反殖民的世界性的文化转型，其核心还在于不遗余力地对自己曾经遗忘的文化进行回忆、复制与再发明。这几年来自民间同时也是来自现代的民族国家的轰轰烈烈的“非遗”申报运动，多多少少说明了这种上上下下的努力①，这从另外一个方面也体现出一种以文化的集体记忆书写为借口的“文化自觉”的概念开始真正进入西方以外的世界，并在其新一轮的国家建设的整体框架中得以实现。

今天，重温费孝通的文化自觉的观念，我们有必要从文化的变动性上去切实地理解文化。文化因此就不只是留存于博物馆中的静态的物质遗产，它跟每个人都息息相关，因此它的变化便与人的需求和欲望极为密切地联系在一起。而其中无法否认的一个事实就是，我们处在人的需求和欲望多样化的世界之中，这种多样化的需求和欲望，跟我们的生活赖以维持的沟通媒介的变革有着极为密切的关联。我们显然不可能在此之外去构想现代世界。

相比曾经主导人们生活的石器时代、青铜时代，乃至铁器时代，我们今天显然生活在可以把世界上的人们——不分种族、肤色以及文化——都相互联结在一起的网络时代中。精神和物质之间的区分，因为网络的普及而变得越来越模糊，虚和实的辩证法不仅是古典哲学家的语录，更成为人们生活中的一种常识。而国家权力，也从对于物质的资源控制转向更多地去控制带有虚拟性的网络空间，这也是一种政治治理形态的转变。在此意义上，网络不仅具有沟通的功能，还具有政治的功能。换言之，在今天控制了网络，实际便控制了社会，进而控制了社会中的人。因此，我们不可能在网络之外去理解文化本身。这也构成了当下世界文化转型的一个重要的基础。

一方面，网络的存在，使得人们在感知文化差异的敏感性上变得越来越弱，不同的文化作为可以通过网络而呈现出来的表征，能超越时空的限

---

①　高丙中．非物质文化遗产：作为整合性的学术概念的成形//高丙中．日常生活的文化与政治——见证公民性的成长．北京：社会科学文献出版社，2012：193-200.

制而为不同文化背景的人所分享；与此同时，对文化的陌生感在逐渐消失，人们可以通过文化之间的互惠而融为一体，并由此创造出一些新的文化。网络空间意义上的文化重组，带来的是现实生活中的意义重构，并通过人们在网络中的虚拟漫游以及在现实中的真实旅游而去实现此种重构。网络的文化表达，因为旅游文化的物质呈现而得到一种互构，这种互构也带来了对人与现实社会存在的文化之间辩证关系的凸显，即文化真实的虚拟化以及虚拟文化表达的真实化。这种辩证关系构成了今天文化转型的一个最为核心的特征。同时，这种辩证关系，再一次映射出文化自身固有的变动性而非静态性的特征。

五、文化自觉、中国意识与文化转型

可以说，文化自觉观念引导下的中国意识的构建，成为当下中国文化转型的一个动力基础。费孝通在 20 世纪末提出了“文化自觉”的概念，从另外一层意义上来说，这可能是因应时代的变化而不得不提出的一个概念。这种变化，使西方世界以外的文化无法再依赖于传统的生计方式而继续生存下去。森林面积减少、农田被工业化项目占用、草场大面积退化和不断被细碎化地分割独占等，这些都使得狩猎、农耕与游牧的生活方式无法真正继续维持下去。这个时候，“要人”还是“要文化”这一具有实践紧迫性的问题被重新提出来，并倒逼着人类学家们对此做出回答。

在这一点上，费孝通接续了他的老师马林诺夫斯基在《文化论》中的看法，即强调文化是为人的需要而存在的。① 因此，在费孝通看来，在人和文化之间，人是第一位的。但费孝通并没有就此忽略掉文化的价值本身，他强调要在更高的层次上去重视文化。这种更高层次的文化强调，根本在于对自己所处文化的觉知，以此为基础放眼审视世界的文化，而这种世界的文化又是基于对本土文化中的“好的东西提炼”②，这种文化的提炼便是一种真正的文化自觉。而且，在笔者看来，这还将是一种文化主体

① 费孝通．反思·对话·文化自觉//费孝通．论人类学与文化自觉．北京：华夏出版社，2004：183.

② 费孝通．关于“文化自觉”的一些自白//费孝通．论人类学与文化自觉．北京：华夏出版社，2004：197.

性构建基础上的文化观念的转变，即从文化的由高向低的传播，乃至高等文化对低等文化的征服和毁灭，转变到各种不同的文化可以真正相互平等地去交流。这种情形，在既有的白人文化、英语文化占据主导地位的时代，在东方学意义上的西方话语霸权的时代，是难于想象的。而今天，伴随着世界范围内时间和空间意义上的文化转型，并且不论这种转型是主动的还是被动的，那种建立在个体自觉基础之上的集体性的文化自觉必然会不断地得到自我提升。

显然，中国在世界上快速崛起的同时，中国在世界经济格局中也不再是一个可有可无的变量。① 而与之相适应，中国文化也成为让世界理解中国的一个最为重要的软实力。它在影响或左右着外在于中国的其他人群如何理解中国及中国人。与此世界的文化处境及其参照格局形成反差的则是，尽管我们自己身处这个文化之中，但我们对这个文化却茫然无知。

如果说近百年来中国社会发生了巨变的话，那么在这一变化中，最为重要者就是在社会的构成要素中忽视、曲解乃至去除了文化这一构成要素，特别是那些经过数千年积淀而留存于我们生活中的文化表征，包括文字、象征符号以及一整套的文化实践。经过20世纪之初的新文化的启蒙，这些在我们日常生活中最终竟然行迹模糊乃至荡然无存。而在文化废墟之上的文化重建工作是在此之后很多年，甚至到了今天，才开始慢慢有一种文化自觉意识之上的文化重构。其中的文化逻辑竟然如此悖谬：我们曾经有的文化，重重地压在我们的身上，我们突然间感到一种无名的累赘，弃之如敝屣般快速将之丢弃；而当我们甩掉这些文化的包袱轻装上阵之时，我们又很快地发现，我们自己在路上行走会感到弱不禁风，没有了曾经的文化负重，反倒激起身心的沉重。也许，文化自觉恰是在这样的文化悖谬的处境中，在我们的文化遗忘中，逐渐恢复文化的记忆。

但文化这东西本来就很奇怪，那些浸润于文化之中的普通人，在不知

---

① 赛茨．中国——一个世界强国的复兴．许文敏，李卡宁，译．北京：国际文化出版公司，2007：296-304.

道文化是什么的时候，有着一种无言的文化；但是，当我们让他们开口说出他们的文化之时，他们似乎无法真正说出自己的文化是什么，只有我们作为外来人硬生生地给他们的表达附上一个文化的概念。因为他们吃饭，好像他们的文化就在舌尖上；因为他们起居坐卧，好像他们的文化就在建筑物上；因为他们刀耕火种，好像他们的文化就在自然那里。如此多向度地定义文化，反倒使得文化的定义模糊不清，无所依从了。

最后，究竟什么是文化？面对这样简单的问题时，人们一下子却不知如何回答了，只有那些不生活在某种文化里的人似乎会把文化定义得清清楚楚，但他们又有多少对于那一文化的真正的体验呢？即便有，这种体验又怎会仅凭语言就能表达和界定呢？这种莫衷一是的文化界定，并未使文化有一个更为良好的生存环境，而是使越来越多的看起来像某种文化的复制品、山寨品层出不穷。而现代工业化的大规模生产以及因这种生产而留存下来的那些所谓的新的文化产品，要么像厨余垃圾一样被人丢弃在垃圾箱中，要么变成无法处理的废弃物被堆放在一起，贴上过时的标签，不再有人理睬和关注。当然，更多的情况还是在有了所谓文化的自主观念后却把文化当成一盒午间的快餐，仅仅为了一时充饥，除此之外，不能让人有任何的回味与遐想。这样来反观苦行僧的生活，对比而言，苦行僧的日子，确实让旁人觉得可怜，但不是其中之人，谁又能真正体味到苦行僧心中的那份独享的快乐呢？

在这个集体狂欢的年代里，在从西方消费社会蔓延出来的世俗化的社会里①，文化转变成一种消费品，而不再是人们生活之中的必需品。在西方社会中，资本进入了文化领域，并因此将活的文化移入大大小小的博物馆中，我们也要步此后尘吗？退一步说，即便我们能这样去做，那么我们在耗费巨资修建起来的空荡荡的博物馆中，究竟又能摆放些什么呢？在这方面，我们实际上缺乏真正的自知之明。至于中国文化的深层意义以及未来的意义更鲜有人去花费时间探研。在今天，显然需要有一个更为宏大的计划，去探究在中国意识观念引导下的中国文化的构成及其在各个方面的

---

① Taylor. A Secular Age. Cambridge：The Belknap Press of Harvard University Press，2007：4-5.

多元变动的表达。缺少了这一储备的认知作为前提，我们的文化创造、表演以及展示，都只能是作秀。

因此，文化自觉的根本是一种文化比较观，即在文化价值比较的基础上形成的对一己文化特性之认识。而这一点，恰恰是人类学家研究的出发点。只有在此比较之中，我们才能够在既存的文化类型中注意到各自文化发展中的那些特征。而这些特征，应该是使这一文化得以延续的基础指标。费孝通晚年就曾经专门比较东西方文化之间的差异性。他是从自然与文化的对立这个特征出发去概括西方文化的，即天人两分的文化，这与我们传统中的天人合一的文化形成了一种明显的对照。①

记得 2011 年 12 月在香港中文大学新亚书院访问时，见书院靠海一侧山巅之上，专门有一建筑是为了体现该院创始人钱穆先生推崇备至的中国文化中的天人合一观念而设计的。那一建筑通过一池碧水很巧妙地把蓝天、海水以及大地在视觉上连接在一起，使得站立在此处之人，无法真切地感受到天地之间的分别，而只能体味到天、地、人三者之间的共存和一体。不过，据陪我同去的香港中文大学的一位教授说，设计者原本是该校建筑系的教师，即便有此精妙设计，最后亦难逃被解职的厄运，大约是此人的思想，不见容于校方那套严格的所谓科学评价规范体系吧。科学强调的是所谓人对外在自然的探索精神，因此人和自然之间被塑造成对立的、不相容的，也不能相互融通。这也是后来的结构主义人类学的立论基础，即把人为的事物都看成文化的、有秩序的，而把自然的存在，都看成与文化对立的，且是一个有待转化的无序的世界。② 美国人类学对文化观念的强调，差不多也是在这个意义上展开的，特别是在延续了结构主义的对于亲属关系的认识上，这种倾向更为明显。③ 在他们的思考中，社会中的一切构成都应该是文化上的构成，其他便都属于和人身处其中的文化相对立的自然存在，由此人无所畏惧地探索自然便成为一种理所应当之事，由此

---

① 费孝通. 文化论中人与自然关系的再认识//费孝通. 论人类学与文化自觉. 北京：华夏出版社，2004：225-234.

② Schneider. American Kinship：A Cultural Account. Englewood Cliffs，New Jersey：Prentice-Hall，Inc.，1968：1-18.

③ 赵旭东. 文化的表达——人类学的视野. 北京：中国人民大学出版社，2009：48.

而激发的是一个现代转型后的世界。

但是，人类共同居住的地球，是否能支撑起这样一种无所顾忌的转型呢？全球气候变化、不断的金融危机以及各种以暴易暴的世界范围内的大大小小的战争，都已经说明，这种自由地、毫无畏惧地对自然的探索显然是无法持续展开的。萨义德清楚指明的西方的东方学陷阱，是在文化层面上将异文化对象化以及自然化的一个典范说明；而所谓颠倒过来的东方学，又将这种自然的对象化的思维移植到西方以外的世界中去。① 由此而带来的不仅仅是西方以外的世界中文化主体性的丧失，更为重要的是，过去发挥作用的一整套文化观念，无法在现实的场景中找到真正与之相对应的位置。在我们完全接受了西方文化中的天人分离的理念之后，自我一己的观念内缩成西化意义上的被社会包围和服务的自我。原来的“克己”以成就社会秩序的“复礼”不见了。而实际上，文化转型便是在此意义上重新塑造出一种文化的主体性，并在价值重估的维度上去重新诠释自己文化中所留存的文化的固有价值。

六、媒介、新物质性与文化创意

文化创意产业是一个新名词，特别是在世界进入 21 世纪以来更加流行。显然，它与当下中国社会的文化转型息息相关，此一相关与承载文化的物质媒介的虚拟化又联系密切。文化因此不再是固化的和持久不变的，也不是必然要经由某种文化的革命才能够得到改变的。因为之前，文化乃是非常牢固地把持在所谓文化人的手中。在中国传统社会中，这自然是把握在了儒家知识分子的手中。至少，怎样去表达文化的核心技能牢固地握在作为读书人的精英士大夫的手中，而民间社会中的文化，更多是对此种被奉为至尊的精致文化进行修改和异化而已。②

但是，1919 年在中国发生的新文化运动，是一场名副其实的文化革命，这一革命不仅彻底疑古，而且用所谓的白话文这一新的书写形式取代

① 赵旭东．本土异域间——人类学研究中的自我、文化与他者．北京：北京大学出版社，2011：83-107.

② 王斯福．帝国的隐喻——中国民间宗教．赵旭东，译．南京：江苏人民出版社，2008：71-104.

了原有的文言文书写，它使被上层精英独占的文化表达技术得到了普及。而西方科学精神的引入，不仅使得原有的知识体系不再有自由生长的土壤，更为重要的是，以怀疑精神为基础的科学理念，使得所谓经典的教条成为不值一提的过去，从而被完全抛弃了。而所谓的权威，在其之上则必须添加一个“新”字，方可被认为是一种可信的知识来源。而“新”上总会有更新，在此旗帜之下，孜孜以求者有之，一味标新立异者亦有之，文化的观念发展到这里，不再是一种生活方式的传承，而是更多地和知识的创新极为紧密地联系在一起。而今日新媒体技术的发展，进一步增加了人们不断去修改某种文化内涵的可能性，使得今天的人在观念上天然地认为，文化便是要去不断翻新和改变的。文化创意产业的观念，显然是在这样的知识论的背景下获得其言说的合法性地位的。在这个意义上，文化不再是少数人的专利，而是以大众口味为导向的俗文化的相互比拼，其目标不是使文化进入某一种更高的境界，而是用各种类似市场营销的做法来使更多的人心满意足，拍手叫好。在这个意义上，也正像有些老派的学者所担忧的那样，文化不是进步了，反而可能是倒退了。① 今天看来，这种担忧并非没有道理。

与此同时，今天新媒体的普及，使得原有文化秩序中的时间与空间的意义发生了一种根本性的转变。回溯现代性的文化，它最为突出的一点就在于各种对立性关系的建立，这些很像结构主义的主张在当今文化上的一种表达。而其中最为关键的也最为人所熟知的便是强调人与自然之间的对立，因为有这样一种对立，人不再是融入自然中的一分子，而是成为要去发现、利用乃至征服自然的英雄。除此之外，还有传统与现代、落后与先进、工作与休闲、公共与私人、国家与社会等的观念上的对立。在霍布斯撰写《利维坦》之始，这些对立便已经得到清晰的表达，并有了一种论证的合法性作为其基础。而在此之后的世界，无一幸免地都伴随着西方强势话语的全球蔓延而不断地依照此种对立的关系结构来构建自身的社会与文化体系。而在其中成长起来的大众传媒，不过是此一构建中的重要一环而已。它通过文字和影像不断地改变着我们对于世界的认识，并形成我们

① 夏志清．人的文学．沈阳：辽宁教育出版社，1998：193.

现代的生活方式，其中最为明显的趋势是，我们的时间和空间被分割，由此公共和私人的领域才有了各自成长的历程。大众传播的媒介是由政府或者由资本所支持的公共机构掌控着，这些被认为体现了民意的公共产品在社会中不断传播，逐渐形成公与私之间的分界线。这些传统的媒体既可以制造出私人生活的意义，也能够把公共生活的价值传递并影响到每一家庭中的每一个人。通过舆论调查而形成的黄金时间的节目安排也在更多地影响着本来属于人们私人生活的时间和空间的安排。书籍、报刊、电视成为人们在工作之余处于私人的家庭空间中进行消遣的渠道。但是，随着以互联网为基础的新媒体的层出不穷以及更新换代的加速，现代社会中的这种公与私的对立性关系在逐渐地消失，人们可以在任何的空间里，不论是私人的还是公共的，通过各种电子网络接收和查看信息，也能够同时去给某个私人关系的对象或者公共的媒体发出信息。这无疑体现出时代的新的变化，那就是一种明确的社会空间和时间上的对立性的消失。为现代性所津津乐道的公共领域和私人领域也因此种现实而面临土崩瓦解的境遇。工作的时间因此完全可以转变成一种闲暇消遣的时间，而工作的环境可以因为网络的存在而顿时转变成类似家庭氛围的意义空间，传统的时空分割变成实际存在但是并不构成人们关注的对象的一个要素，人们可能对此置若罔闻。

在这种关系的转变中，虚拟的存在在逐渐地侵入人们真实的存在空间，人们会突然意识到，他们对于虚拟世界似乎更为熟悉，感觉更为真实，而对于实际存在的真实世界，却生发出陌生、不知所措以及无法从中找到自己存在的位置的感觉。信息、消息乃至私密的内容，理论上可能都不再需要国家的和公共机构的审查和监控，而可以由个人直接传播到网络之上。在这种所谓“社会电子商务”的背景下，所有的差异和对立都变成一些无足轻重的网络消息，区别无非就是今天和明天的不一样，此时和那时的不一样。每个人似乎都由此找到了一种自我存在的真实感受，人们可以不再依赖于报刊和电视为他们在特定的时间和空间中分别安排的阅读和欣赏的内容，而是在任何的地方，任何的时间里，都可以找寻他们真正想要阅读和收看的内容，一切都“放置”在网上，而不是在书刊、电视里。纸质媒体的衰落以及电视的衰落显然是现代媒体世界发展的大趋势，并且随着新媒体的出现和不断成熟，这种趋势将变得不可阻挡。由此，霍布斯的噩梦也许会再次出现，尽管不大可能再有他所预期的人人各自为政的混乱局面，但也不能否认，人们可以随心所欲地使自己的想法借助新媒体实现一种社会化传播。一个人的报纸、一个人的出版社、一个人的电视台，在今天的所谓新媒体的时代里，从理论上而言完全是可行的，这种变化让社会的区分不再依赖于国家与社会之间的区分，也不再依赖于各种在现代化时代里发挥作用的对立与差异，人们寻求一种把自我转化成公共，又把公共转化为自我的存在的不断变化着的连续的瞬间。

这种文化转型，首先就是对于自然世界的态度的转变，即从人对于自然无所畏惧的探索和利用，转变到以对自然的敬畏之心去思考人存在于天地之间的价值和意义，并在一些基本的观念上达成新的基本的共识。没有这一点作保证，文化的转型便是空洞的，也是没有什么真正意义可言的。文化在这个意义上无疑是为着人的需要而存在的，当人的需要发生改变之时，文化的转变也就是不可避免的，任何文化的倒退都没有实际的意义可言。

同时，文化的转型必然是在人心上做文章，即一种对人的心态的把握。在自我意识成为越来越多的人表达自身存在的一个价值尺度时，心与心之间如何沟通、如何在不同的人心之间形成一种同理心，这些都如一个社会的生态一样，其自身便构成了一种心态。这种心态就是一个人如何去感知这个世界，同时又是不同的感知方式如何凝聚而形成一种对外部世界存在的感知。在这里所触碰的依旧是人类学的基本问题，即“一”和“多”的问题，即作为“一”的整体的人类，会越来越多地觉知到自己与他人之间的相似性，越来越多地感受到人性的一致性。

在此前提下，文化趋同也必然会成为一种潮流，并没有什么力量能够完全对此加以阻挡。但与此相反的多元分化的趋势也同样明显。伴随着知识越来越多地进入人们日常生活中来，生活的选择性，使得多样性的生活成为人们评判自己和他人行动理性及其价值的重要依据，这样一个人便无须循规蹈矩地过一种大多数人的生活。而这首先就需要有一种生活价值观念上的彻底转变。在这个意义上，回到人本身的人类学上去，可能是人类未来要走的路。

第三章　对分离技术的逃避

伴随着权力支配方式的转变，文化形态亦在发生一种根本性的转变。它意味着一种跟各文化相关联的转型人类学的出现。这是以自我的文化体验为判断标准的一种文化内生的人类学，它的基础在于深度考察那些被西方现代理性切断联系的文化的逐步恢复与重塑。文化的转变需要人们认识到人不再是一种功能论式的理性的再生产模式的造物，它是一种能动的自我的生成机制，它为激情留有足够的空间，并使之与理性有一种最为完美的结合。那就是告别单纯的反思，直面多样性的文化表达，并在欣赏和培育文化情调中去拒绝一种无中生有的批评与嘲讽。文化是促进社会凝聚的黏合剂。文化的不转变，只能意味着文化自身的“化石化”。作为社会之灵的文化，其存在大多是隐而不显的。文化若不是以这样的方式存在，文化便难以成为其自身。

一、社会之灵与文化转型

世界悄然之间正在发生一种巨变，这种巨变必然是一种形态学意义上的转化，因此可以称为一次转型。这种转型一波强似一波，它首先在我们的精神层面上深度地影响着我们的思考以及相应的行动，这种影响从经济到政治、从政治到社会、从社会到文化，一步步逐渐展开，我们生活的方方面面，都会因此而发生一些带有根本性的转变，它也迫使我们必须对当下极为紧迫的社会现实变化给出一种自觉的选择。并且，这种经由选择而固定下来的生活，其本身又可能会成为下一次新的选择的开始，日常生活因此而成为一种不确定性的存在状态。[①]

时空坐落的现场感和确定性因此而消失殆尽，人们处在同一时间下的不同空间中的相互交流，随着电子通信技术的发达，而成为一种可能和必然。同样，在同一空间下的不同时间存在的展演，更成为我们今天看待过去和历史的一种方式，我们实际上无意之中把我们的生活安插和固定在一座博物馆之中；反过来，我们因此似乎也希望，我们自己的生活就是一座博物馆，总是期盼着现在要比过去更为进步，未来也要比今天更为先进，它的谱系的轨道便是一种博物馆隐喻的谱系。这同时也是我们今天经由某种选择而固定下来的价值观，它改变了我们时空存在的唯一性和确定性，并以波动性和不确定性的风险来对此加以取代。

与此同时，曾经依赖于某种再具体不过的时空坐落的人类学家的田野工作地点，在这个意义上转变成一种不断变化的田野地点，它可能在多个地方，可能在网络上，也可能在历史中，还可能在虚拟的海外世界中展开。总之，就是不在某一个具体时空坐落的点上。这逼迫我们不仅要像之前的人类学家一样去做一种极为静态的描述，还要注意到这静态之前的一系列动态的变化及其走向，并努力探究那种使人和物行动起来的文化力量究竟何在。

作为人类学家，我们因此变得既是一位历史学家，又是一位社会学家，更是一位深思熟虑的哲学家，同时还必须是一位有着敏锐感受性的艺术家。我们面对今天多变的世界，自然成为有着多个面相的人。

今天，在人们开始不断地拿文化来标榜这个时代的总体特征之时，实际上我们也会渐渐地发现，文化真正的意义可能恰恰迷失在了我们对于文化的不断界说和挪用之中。但这绝不意味着，我们现代人对文化有一种必然的忽视或淡忘。反过来，恰恰是由于我们过度看重文化本身，不断寻找自认为已经“迷失了的文化”，并使之成为我们意识的一部分，我们才对文化做了一种并非恰如其分的理解。

很多时候，我们也许并不清楚，文化实际上就是一种无法真正明确地

---

① 赵旭东. 从社会转型到文化转型——当代中国社会的特征及其转化. 中山大学学报（社会科学版），2013（2）.

加以界定的飘浮不定之物。如果你愿意，你完全可以像理解“灵”的概念一样去理解一种文化①，即文化自身所具有的灵动性，无法真正地为人所准确地捕捉到，而一旦被某人捕捉到了，那就像浮出水面的鱼一般，顿时失去了其在水中的那份灵动性，“灵”在这个意义上等同于“不可捉摸”或“不可言说”。

同时，这种“灵”还可以被看成一种社会之灵，它是在人所构成的社会中才会显现出其灵动性的那份灵性，没有了人的社会与没有了社会的人，实际上都无所谓这份“灵”的存在了。“灵”在这个意义上是为由人所构成的社会服务的，脱离了这一点，我们所有对于文化的理解实际上都是空洞而抽象的，也无法真正让文化这个“灵”有一个恰当的生存的氛围。

尽管西方的人类学家当中有许多人像怀特（L. A. White）那样，更乐于将文化等同于一种精神的科学，但那显然是一种过度功能论或机械论倾向的对精神的界定，即如怀特所声称的那样：

> 精神是心性活动过程，是有机体作为全体，作为一个密切关联的单元的反应活动（即与有机体中相对于其他部分的某些组织的反应活动不同）。精神是肉体的功能。精神的“器官”是作为一个单元而发挥作用的整个有机体。精神之于肉体，正如切割之于刀锯的关系一样。②

这种从功能论的角度去看待文化的倾向，自然会把精神固化为一种类似物的存在，并从物本身的机理去看待文化，其造就的未曾预料到的后果就是，将精神的东西还原为一种物质的存在。因此才有接下来怀特从物自身的维度去界定的文化的定义，即“存在着传统习俗、制度、工具、哲学

---

① 赵旭东.“灵”、顿悟与理性：知识创造的两种途径. 思想战线，2013（1）：17-21.

② 怀特. 文化的科学——人类与文明研究. 沈原，黄克克，黄玲伊，译. 济南：山东人民出版社，1988：53. 值得注意的是，怀特似乎认为，他从中国的无神论哲学家范缜那里找到了对于自己这一精神界定的一些印证。在上引的这段文字之后的注释 2 中，范缜《神灭论》中的这几句话经由胡适的《生存哲学》这本论文集的引用而得到了转引：“形者神之质，神者行之用，……神之于质，犹利之于刃。……未闻刃没而利存，岂容形亡而神在?”

和语言等现象，我们总的称之为文化”①。随后，怀特又补充道：“文化现象是高于或超越心理现象的人类行为决定因素。”②

这种努力把精神活动向物质本身靠拢，进而向自然科学的对象本身靠拢的文化科学，它本身也只能落入一种物质论的陷阱中去，因此，它不仅无法真正体现文化的独立价值，反而导致我们只能单向度地从物质的角度去寻找文化本身的意义，反过来再从物的自身构成上人为地安排出一种文化的意义。不仅像怀特曾经主张的那样，文化在决定着我们的行为，而且像物与物之间的机械纽带关系一样，行为反过来也牵制文化意义的生成。但是，文化恰恰就是这样一种不能够受机械牵制的灵动性的存在，说它是精神的，也并非勉强，但是，如果回到中国的汉语语境中来，我们会发现，它更应该被翻译为“灵”而非其他。

在汉语的语境中，“灵”这个字的含义是与一种变动性以及由此变动性而产生的效应紧密地联系在一起的，因此，它自身一定担当着西方社会理论中所谓“中介者”或“能动者”（agency）的角色。

在《辞海》这部具有权威性的工具书中，“灵”这个字的含义大多跟担当媒介性的中介者的角色有关联。③ 比如最初，在春秋战国时期的楚人社会中，“灵”用来专门指能够“跳舞降神的巫”，如《楚辞·九歌·东皇太一》中有“灵偃蹇兮姣服，芳菲菲兮满堂”；还用来专门指“神”的出现，如《楚辞·九歌·湘夫人》中有“灵之来兮如云”，曹植的《洛神赋》中有“于是洛灵感焉，徙倚彷徨”。在价值上，“灵”这个词大多是与好的事情联系在一起的，尽管“灵位”的“灵”也用这个词，但是中国文化里的死者为大的观念，也使这个词有了令人敬仰的意味。除此之外，其他词如“灵活”“灵巧”也是具有正面的意义的。而其中最为重要的便是“灵验”这个词。在这个词中，“灵”的含义体现的是一种反应，即潜伏的东西因为某种原因而浮现出来，这是古代人预测未来生活的最为直接的一种方法和观念的表达。司马迁甚至专门在《史记》中为从事卜筮活动的人写

---

① 怀特．文化的科学——人类与文明研究，1988：72．着重号为原文所有．

② 怀特．文化的科学——人类与文明研究，1988：72．着重号为本书所后加．

③ 辞海编辑委员会．辞海．上海：上海辞书出版社，1980：1066．

了《龟策列传》，足见这样的人在古代社会生活中的重要作用。

从这些上古文化对于“灵”的解释中，可以见到，“灵”这个字的意义还跟超越一般可见之物的存在的出现或者消失有着极为密切的关系。对于个人而言，它是人存在的一种证明，是人在场的一种标志；对于物本身而言，它则是物的拟人性的一种属性，是物拥有了人的生命的一种类比性的实现；而对于社会而言，它是社会诸多构成要素能够相互勾连在一起的介质，是社会能够发挥其作用的一个枢纽性的机关。①

在这个意义上，我们完全可以把“社会之灵”称为一种文化，而文化可以发挥其作用的基础就在于，其超越社会之上的把分散的个体或心灵勾连在一起的能力。这是一种具有很强的能动性作用的社会之灵，它的范围可大可小，可以在不同的个体之间进行传递，亦可以在不同的人群之间散播、传染，由此而达成一种共同意识。在这个意义上，作为社会之灵的文化，所具有的恰恰是弥合差异与凝聚分散的个体的作用。

我们在这里把文化定义为一种社会之灵，其核心的含义是在一种变异之中，社会中分散开来的力量得到统一和凝聚。如果缺少了这份特质，文化也就无法有其自身的存在价值了。社会在一定意义上指芸芸众生，因此，最初严复将西方的“社会学”（sociology）这个名词直接翻译成“群学”，自有其道理，在一定意义上，它更为切近中国社会本身。确实，对于中国社会乃至一般社会而言，它往往是一群原本分散开来的人的聚合，如果抛去人的自我组织的特意安排，自然状态的人则如羊群一般聚在一起。但由人所构成的这一群人，其独特之处恰恰在于，它为自身创造了一

---

① 这里的“灵”的观念是可以与建立在黑格尔哲学基础之上的“理性”的观念相提并论的。在马尔库塞对黑格尔哲学的再解释中，我们注意到，从无生命的物到有主体性生命观念的人之间的连续性和差异性。石头的理性在于反作用于其身上的一切事物，这些似乎使其发生了改变，但是石头并不自知；植物次之，它自身有生命却依旧不自知，它有自身存在的主体，但植物不能理解，即不能够借助理性而使其自身从潜在到存在，也就是它虽有生命的主体，却无法实现自身。而人才是真正有着自我决定能力的主体存在，不仅可以使潜在成为存在，还可以借助理解力和概念的知识来形成生命。这是以理性认识的自由为前提的，这种自由造就了理性可以把握知识的主观性理解，这是石头和植物都不具备的。（马尔库塞．理性与革命．程志民，等译．上海：上海世纪出版集团，2007：23-24.）

种彼此心照不宣的象征符号以及勾连差异的交流媒介，由此一种共同的心灵才能够得以凸显，并引导社会中的这一群人按照一种既定的轨道去行动。

每个人都如木偶一般，身上有一根似乎外在于人，却经由人自身而发挥作用的牵动木偶的线。社会中可能有许多条这样的线，但对它们的牵动，又完全出自某一种力量，正像前文所述，我们一般会把那种力量称为“灵”，那往往暗指我们作为认识能力有限的个人所无法完全掌握的一种力量。而文化，恰恰在这一点上与灵的观念有一种意义上的对等，那便是指社会自身需要由文化的要素来带动而非由其他，文化成为让社会这个有机体可以轻歌曼舞的一份牵动性的力量，它是木偶行动的操纵者。这就像隐藏在头脑中的理性，在深度地支配着我们的行为。我们确实很难想象，一个完全失去理智的人，他存在的状况究竟会是怎样的。对一个社会而言，其规模越是庞大，其力量越是强大，其“头脑”就应该越为发达并极为睿智，由此其所能牵动的人群范围，应该也最为广大且秩序井然。

也许一个不能否认的事实就是，社会的分散性的存在状态，因为作为社会之灵的文化而相互勾连在一起，社会转型在此意义上就不再是简单的社会本身的转变，而是这个作为灵的文化自身的转变。这种转变的基础，一定又隐藏于社会日常生活的诸多观念的转变之中。作为智人的人类，其行为一定不是毫无目的性可言的，其行为一定是一种自我的表达，尽管这种表达并非人们所愿，但它却是真实的表达本身。与此同时，这些能够表达出来的观念本身组合而成一套独特的文化，它离不开一个具体的生活场景和时代的场景。而我们的所有分析，显然需要从这一具体观念的转变入手而进行一种文化转型的考察。

今天述及一种文化转型的人类学，显然不能完全脱离文化、个人与社会，三者之间相互勾连而形成整体性世界图景的呈现。缺少三者中的任何一种，不仅此世界的图景残缺不全，且文化的转型亦不能有其真正意义上的展现。在这三者之中，作为一个整体的世界，中国的图景正在日益凸显①，其基础亦是这三者各自所发生的且又相互联系在一起的不同程度的

---

① 赵旭东. 中国意识与人类学研究的三个世界. 开放时代，2012 (11)：105-125.

改变。在此意义上，未来中国人类学的微观视野必然会在此三个向度上不断展开实地的田野研究，但在此之前，宏观的鸟瞰必然非常重要。换言之，我们需要对今日中国在世界图景下的文化转型的总态势有一个整体的宏观把握，之后才可能使我们在微观的探索上有一个更为明确的方向。①

二、可见的文化与不可见的暴力

今天的世界，伴随着权力支配方式的转变，文化的形态已在发生一种带有根本性的转变。这种改变对于既往的中国社会而言无疑是深厚且宽广的，同时还是极为彻底的，但总体又是无意识的。至少在我们一感受到它的存在之时，它便已经发生并在继续其进程，从发展的轨迹中无法找到真正的起点，也同样看不到自我截止或被终止的尽头。这里并不存在一种高调的思想上的启蒙，至少在人的意识层面上，这种启蒙是不必要发生的，一切都表现在对于社会结果的感同身受之上。因此，它不同于早期像五四运动那样的基于启蒙的文化转型。这里如果勉强还可以说有一种思想的启蒙，那也只是一种后觉的自我启蒙，是从结果去追溯原因的“事后诸葛亮”式的后自觉。而造成这样一种“后自觉”状况的缘由肯定不在人本身，而在通过文化而自我包装起来的权力的施展方式上，它无处不在，却又无法让人真切地感受到，或者身在其中，无法摆脱。简而言之，在这种文化的整体转变中，最为突出的一项便是权力施展方式从内容到形式的一种彻底的自我转变。

毋庸置疑，人首先是可以行走的动物，而且，在这行走之上，又附加另外一个重要的条件，那就是人自身的意识，即从人的大脑中所生成的意识或觉知，它在引导着我们向什么方向行动。但在这里无人能否认的一点就是，我们所谓自我的意识，它并非完全能由一个人真正把握。意识不仅会受到外部诸多因素的影响，同时，反过来它也能对外部的世界造成一定的影响。在此意义上，人是生活在一种社会的参照系中的，而这一参照系的核心便是一个一个他人的真实存在。在这参照系中，个人与他人的关系

---

① 赵旭东. 从社会转型到文化转型——当代中国社会的特征及其转化. 中山大学学报(社会科学版)，2013 (3)：111-124.

则完完全全是由文化来赋予的。

在此意义上，我们有必要把暴力这一变量重新纳入文化的范畴中来，它构成了文化从内容到形式谱系中更为靠近内容这一极的典范。可以想见，以赤裸的暴力来施展权力，这在人类的演进史上可能占据了很长的时间，但在此之后，暴力渐渐消失。特别是在今天的文明社会中，它的出现越来越稀少，尽管世界上并不缺乏战争，但它却越来越不为我们所亲历，而是为电视里的战争场景所取代。在暴力从成长到消失的过程中，文化修饰的观念同样的早熟，但它不是渐渐消失，而是愈加凸显并深刻地影响着我们未来的生活。这一点最早为葛兰西（Antonio Gramsci）所认识，他专门发明出“文化霸权”（hegemony）的概念以描述它的影响力。“文化霸权”的核心含义就是，它使具有装饰作用的文化形式的柔软的力量，渐渐取代其刚性的内容所体现出来的那种直接的暴力支配，而转变为间接的支配，人在不知不觉之中服从或依随一种教导或言说。①

在人类用文化取代暴力的过程中，人们创造了文字这种最具修饰性的文化表达方式，而且这是很久以前就已经发明出来的。这可以说是人类对其自身动物性存在的自然状态的一种自我否定，同时也构成人与人能够真正相互分离开来的第一步，文字和符号被赋予一种象征性的力量，以此来代替真实存在的人。这种力量的极端形式便是叙事的发达，今天叙事在影响着我们的生活，正像一位文学评论家所敏锐指出的，“叙述成为华美的暴力，它的成功是事物的死亡”②。而福柯在评论比利时画家马格利特（Rene Magritte，1898—1967）的画作时也曾指出，文字和各种指示取代了我们对于真实世界的把握，我们会更在乎画布上的那支烟斗，却不去触及真实存在的烟斗。同样，“我们看不见教师的手指，但它的无处不在起着支配作用，还有他正在清晰地发出的声音：‘这是一支烟斗。’”③ 不过，

---

① Gramsc. Letters from Prison：Antonio Gramsci. New York：Harper Colophon，1975：235. 转述自：Ritzer，Goodman. Sociological Theory：Sixth Edition. Boston：McGraw Hill，2003：270.

② 李敬泽. 总序：山上宁静的积雪，多么令我神往//马丽华. 马丽华走过西藏纪实：藏东红山脉. 北京：中国藏学出版社，2007：6.

③ 福柯. 这不是一只烟斗. 邢克超，译. 桂林：漓江出版社，2012：30.

这种否定本身，同时也带来了人自身文化的创造，即人创造出了自己的文化以遮蔽残酷的赤裸裸的暴力行为。但这绝不是一件一劳永逸的事情，人回到暴力的那一端的道路并非遥远和有太多的障碍。因为一念之差而使用暴力者，如现在世界上广泛存在的恐怖主义，显然就是这种原初的暴力倾向在人身上持久存在的一个佐证。但文化的创造却是对这种暴力的一种克服，它本身却一定又是非暴力的，至少形式上是非暴力的。或者更为确切地说，是对权力的极端形式暴力的一种转化、否定以及伪装。谁都会承认一种暴力的自然状态，这一点也许再没有人比霍布斯说得更为清晰与直白了。但霍布斯本人解决的方式，或者说整个西方世界为此而提出的解决方式，就是一种对于暴力的直接替代，即社会要求每个人都要让渡出个人行使暴力的权力，而共同委托另外一个大家都信服的机构去代替每一个个人行使权力，在其中，暴力得以直接、合法地施展。①

这种由每一个人让渡出来的暴力的行使权，在现代国家的建立和建设中，起到了至关重要的作用。这可能意味着一种国家观念的转型，即在西方世界表现明显的从神权政治向世俗政治的转变。这种转变所带来的不仅是思想上的启蒙，更为重要的还是世俗政治制度的建立，它极为强调普通民众的政治参与，同时强调超越个体的民族主义的支配。它的目标在于让国家之内各个角落里的民众都参与到国家一体的构建中来。在这个意义上，现代国家的构建必然是一种民族一体性的构建，而此构建的目标之一即消灭各种差异，而不是如过去传统国家时代那样对差异包容和覆盖。所谓城乡之间、族群之间、中心边缘之间、男女性别之间，乃至所有人与人之间的既有的差异，都成为现代国家构建真正要去瞄准的目标。在不断发明出来的高精度的瞄准镜下，这些差异性的存在一个个地遭到击破，并归于单一化与标准化。清除一个国家或社会内部的各种差别，因此就成为现代国家施展其暴力形式的最具合法性的理由之一。

因此，现代国家的去差异化的一体性的构造，从一开始便是它要付诸努力的目标。在消除了或取缔了神权、王权、皇权、绅权等社会中的有其

---

① 霍布斯. 利维坦. 黎思复，黎廷弼，译. 北京：商务印书馆，1985：133.

特殊性和优越感的权力占有之后，取而代之的是一种更具抽象性的，且不易看出有任何实质性差异存在的所谓的民权，这恰是今天所谓社会转型的基础，即普通的百姓可以无差别地参与到一种带有共同性的社会建设中去。这种转变，在西方世界大约经历了数百年的时间；而在中国，从辛亥革命算起亦不过一百余年。这种转型，更为明确的说法乃是政治的转型，并且在今天，人们依旧在不断地追求其实现。不过其在西方以外的世界里，却遭遇了各种不同的阻碍，故而这种转变越来越难以真正彻底地完成。

这既是一种顽固的保存其自身差异性的阻碍，也是一种以文化为理由的对无文化差异的理性同一性逻辑的彻底反抗与不合作，同时还是对西方哲学从古希腊开始的对于单一性的先验理性所追求的一致性与完整性的怀疑与抛弃，即人们已经认识到，靠着理性的寻求，无法真正掌握一种鲜活的经验。① 在此意义上，文化变成一种差异性存在的保护器，因此，凡是差异，都因文化这一概念的存在而保存了自身。费孝通在其学术生命的晚年更多地论及文化以及文化自觉的概念，而非 20 世纪 80 年代末那种一味进行文化反思的主张，其深意也就不言自明了。② 因为，只有重提几乎被人遗忘了的文化的观念，让人对文化有清晰的自觉，人的差异性和所谓的文化的多元存在才真正会有可能③，除此之外，似乎还没有什么力量可以真正成为现代性的一体化构建以及差异性灭绝的敌手。

三、权力转移与文化转型

相对于西方世界的民族国家下的政治转型，西方以外的世界，其所必然体现出来的是深度的文化转型，特别是在所谓西方的冲击下跟着走了一段路的非西方世界，这种文化转型就更为急迫与必要。而这同时也在迫使西方以外的世界的文化，从曾经被西方的他者观界定的静止与

---

① 成中英. 西方现代哲学的发展趋势//中国文化书院讲演录编委会. 中外文化比较研究. 北京：三联书店，1988：288.

② 费孝通. 费孝通在 2003：世纪学人遗稿. 北京：中国社会科学出版社，2005：165-201.

③ 赵旭东. 在文化对立与文化自觉之间. 探索与争鸣，2007 (3)：16-19.

不自觉的文化转变为动态与自觉的文化。这种努力也确实使非西方世界在逐渐脱离西方话语霸权的道路中迈出了方向并不十分明确的第一步，这实际上是一种自我挣脱束缚的努力，但也可能因此而迷失自我的方向。我是谁？要往哪里去？是否有什么便捷的路径可循？诸如此类的问题，都成为以文化为理据的转型的最初设问。并且，答案往往又不止一个。在此，一个长期而又带有冒险性的文化转型，便算是真正开始了。

这种文化的转型，同时也意味着一种跟各个文化关联在一起的转型人类学的必然出现。① 这是以自我的文化体验为标准的一种文化内生的人类学，它的基础在于深度考察那些被西方现代理性切断联系的文化的逐步恢复与重塑。在这个意义上，正像奥特纳（Sherry B. Ortner）指出的，文化在经历一种公共的、流动的新变化，也因此社会的转型便与文化的生产以及意义的制造紧密地联系在一起，也因此，社会转型便必然是文化的转型。②

未来学家托夫勒曾经把暴力、金钱和知识这三者看成现代权力的基础，更为重要的是，他还明确指出，现代的权力在逐渐向知识这一向度上进行转移。③ 在我看来，这一点发现极为重要。可以说，没有这样一种权力转移的存在，文化的转型便不能真正地发生。人的直接的暴力行为，尽管充斥在各类新闻报道之中，但它终究在变得越来越隐蔽，而金钱或资本，在代替暴力的运作上已经越来越广泛。这种代替，所依赖的乃是知识的创造，比如各类法律知识的创造。其结果就是使得更多的人，从原来更多依赖拳头和棍棒的赤裸裸的暴力管控转变为求助于法律规则和诉讼程序本身，暴力因此而变得更为隐蔽和文化化。在中国当下的基层社会中出现的为自己权利进行的抗争，不能不说是法律知识和法律意识开始深入人

---

① 赵旭东. 在一起：一种文化转型人类学的新视野. 云南民族大学学报（哲学社会科学版），2013（3）：24-35.

② Ortner. Anthropology and Social Theory：Culture，Power，and the Acting Subject. Durham and London：Duke University Press，2006：19.

③ 托夫勒. 权力的转移. 刘江，陈方明，张毅军，等译. 北京：中央党校出版社，1991：50-52.

心的具体表现。[①] 在这个意义上，各类的知识和信息在快速地进入我们的生活之中，并开始深度地影响人们的生活本身，人在不经意之中开始为这些知识所引领，当然同时也不知不觉地为这些知识所掌控。

一家大型搜索引擎网站的总部可能就设在某个人居住地的隔壁，这个人每天出门都可见到那家公司灯火通明的总部大楼。它原本是与这个人的生活没有什么直接联系的一个地方，它在空间上不过是一个企业的办公场所而已。但每天只要人们打开电脑，上网去搜索某一条信息，人们便不由自主地与这家并不冒烟的电子公司产生一种极为紧密的联系。说白了，原本不在这家公司上班的人们却都在为它打工，并乐在其中。我们点击的次数成为一种准确的工作记录，并转变为这个企业自身符号与实际资本积累中的一部分。在这工作中，我们自己并没有得到这份劳作的工资，但我们着实得到了信息或知识；而这家企业确实没有付给我们薪水，却得到了我们大家辛苦地夜以继日地点击带来的点击率。这是一个极大的并非面对面的虚拟交换的网络，谁也看不见谁，但我们今天的每一个人都会身处其中，并自我激励去为它而工作，除非我们对影响我们生活和思考的网络置之不理。

因此，所谓文化的转型，可以说是一种权力支配关系的大转变，大略而言，即从权力的直接的支配开始转换到间接的支配，从武力的征伐转变到象征性的支配，从精神的控制转变到沉溺于物质的消费，从对集体的他人的掌控，转变到对一个个实名化的个体的实时监控。我们大约可以归纳出以下这样十五种权力支配形态的转变（见表 3－1），它们影响着当下文化的形态及未来可能的走向。

表 3－1　　　　权力支配的形态的转型

序号	权力	状态甲	状态乙
1	支配	直接	间接
2	征服	武力	象征
3	控制	精神	物质

① 赵旭东，赵伦．中国乡村的冤民与法治秩序．二十一世纪：香港，2012（12）：68－77.

续前表

序号	权力	状态甲	状态乙
4	制度	集体	个体
5	排斥	他者	自我
6	文化	具体	虚拟
7	话语	意义	游戏
8	族群	定居	流动
9	关系	紧密	松散
10	历史	单一	多元
11	权威	持久	暂时
12	暴力	可见	隐蔽
13	技术	直观	抽象
14	生命	自然	医疗
15	信仰	实践	知识

对于表 3－1，我也许需要一点时间来对每一项权力的形态转变的趋势作一些具体的说明，以帮助大家理解。

首先是支配关系从直接转变为间接。这是跟权力的虚化以及不可见极为紧密地联系在一起的。我们人在摆脱自然的同时，实际上也是在摆脱权力的自然表现。举着鞭子让人臣服的奴隶主与卑微的奴隶的形象，已经越来越让人感到厌恶，且离人的社会也越来越遥远，人们开始接受并习惯于在一种融洽的关系中制约人或受制于人。不能否认，支配（dominion）的观念深嵌于西方对于自然的理解之中，在文艺复兴的时代里，一种生成变化的世界里存在着的自然是需要人们对此去做探索和研究的①，这种理解实际上先验地将自然与文化对立起来，并以人所创造的文化的秩序去支配杂乱无序的自然，这被看成一种再自然不过的事情。并且伴随着新教的出现，逐渐形成的是由个体本身承担起责任，让个人来独自理解和驾驭自然。② 而在其他的文化里，这样一种思维实际上并非真正存在。

① 杜布斯. 文艺复兴时期的人与自然. 陆建华，刘源，译. 吴忠，校. 杭州：浙江人民出版社，1988：47.

② MacCormack. Nature，Culture and Gender：A Critique//MacCormack，Strathern. Nature，Culture and Gender. Cambridge：Cambridge University，1980：6.

此时，征服也随之变成不见武力施展的支配，它转变为一种象征性的统治[①]，且不为人所清楚地觉察到，它就在我们身边，却像幽灵一般无处可寻。文化在这个意义上成为一种实践，在这种实践中，一种结合了当地文化特征的宰制力量得到强化，对于资本主义经济的发展而言，今天人们所关注的不是其经济结构，而是它如何与地方的社会诸要素紧密地结合而生长出一种新的文化，这是资本主义的一种新发展[②]，同时也可以说是征服观念的新发展。这是借助于映像技术而发生的一种转变，在这一点上，我们无法抗拒新异形象的刺激。

与此同时，一种社会控制反过来开始从专注于我们的精神世界，转变为面向我们所实际消费的物质生活本身。实际上，今天我们已经很难再把精神和物质这两者分得那样清楚，一部电视剧，你坐在沙发上一集接一集地观看，你很难说那电视节目是物质的还是精神的，可能二者都有，无法分得清楚，而权力要去控制的恰恰是这种半精神半物质的电视节目之呈现的内容和方式。

制度曾经是权力的一种最为具体化的表达，它可以通过一种规则而把尽可能多的人限定在一条轨道之上。因此，权力借助制度表达之初是带有集体性的，但是，随着规则的内化，这种制度开始在个体的层面上越来越多地发挥作用，并影响他们的行为。最为明显的例子也许就是心理治疗中的行为矫正技术，它让人经过一种制度性的认同转化，而使制度成为自己人生的指导。

就权力而言，它有一种排斥和社会区分的功能。这样就可以把自己与他人相互区分开来。但今天，这种在自己内部的通过权力的区分，已经变得更为琐碎，且不可见，并且，人们并不会为此排斥而感受到任何的不应该和不适应。

这显然又跟文化从具体到虚拟的转变有着更为直接的联系。所谓具体的文化，乃是一种可视的文化，体现在人们的衣食住行之上，但这种文化

① 布尔迪厄．言语意味着什么——语言交换的经济．褚思真，刘晖，译．北京：商务印书馆，2005.

② 黄应贵．反景入深林：人类学的观照、理论与实践．台北：三民书局，2008：282.

开始越来越离开人们生活的场景，逐渐转变为一种知识的储存与展示，因此而变得更为虚拟化。这种虚拟化又通过后工业的数字技术的高速发展与全面普及而得到一种自我的强化，纸质媒体在逐步地消失，与之相伴随的是借助虚拟网络空间而形成的超地方性的全球连接，大众传媒社会学家麦克卢汉（Marshall McLuhan）20 世纪 50 年代所提出的“地球村”观念①，今天大约已经是无法抗拒的文化事实。与此同时，对这种虚拟化的知识的掌握，又使得社会中人的区分变得更为细腻和没有感知。因此，宏观意义上的文化的全球化和微观意义上的文化的地方化，这两种力量同样强劲地存在着②，但虚拟化的抽象文化，在越来越多地吸引着更为广泛的世界族群。这种文化虚拟化的趋势，显然受到了电子化媒体对于传统的大众传媒的取代的深度影响，在这过程中，想象力（imagination）凸显而成为所谓现代主体性自我感受能力的核心构成要素。③ 而并非哈贝马斯的公共空间意义上的虚拟的公共空间，作为一种私人文化主体性展演的平台开始日益深入人心。④

在这一过程之中，话语开始脱离人们日常语言的场景，逐渐进入更为抽象的公共空间之中，它仍旧保持话语本身的变动性，但是已经转变为可以用来否定既有规范的方便之途。新的电子媒体的空间，使得话语生成及对其意义的理解具有更为便捷和随时更改的不确定性的特征，一种多元话语分析的模式也在进入社会学的分析领域之中。在这样的背景之下去理解语词的逻辑，它就不是单一的意义生成，而是在不同的场景下多元主义的意义生成，在今天的世界里，这种情形更为突出。⑤ 就像严复的翻译曾经

---

① Guindi. Visual Anthropology：Essential Method and Theory. Walnut Greek：Altamira Press，2004：11.

② 奥兹布敦，凯曼. 土耳其的文化全球化：行动者、论述、战略//亨廷顿，伯杰. 全球化的文化动力：当今世界的文化多样性. 康敬贻，林振熙，柯雄，译. 北京：新华出版社，2004：275.

③ Appadurai. Modernity at Large：Cultural Dimensions of Globalization. Minneapolis：University of Minnesota Press，1996：3.

④ Dean. Cybersalons and Civil Society：Rethinking the Public Sphere in Transnational Technoculture. Public Culture，2001（2）：243-265.

⑤ 谢立中. 走向多元话语分析——后现代思潮的社会学意涵. 北京：中国人民大学出版社，2009：279.

是一套专门的话语系统而潜在地引领着近代中国文化的转型一样①，新的话语亦在不断地生成之中，它可能不再完全属于善于书写的知识分子这个群体，而是任何有读写能力的新一代的普罗大众，都可以参与到这个多样性的话语系统的创造中来。“国色天香”这四个字是一种既有社会规范的表达，它的意义是可以确定的，但是到了街头餐馆的招牌上写着“锅色天香”时，原有的意义就是一种在饮食意义上的否定，这同时是一种模仿的创造，也是新的意义能够得到激发的灵感来源。这样的类似“山寨”版的意义创造遍布这个世界的各个角落，俯拾皆是。“山寨”版的逻辑不仅是当下社会的逻辑，也是今天话语生成的逻辑。我们因为模仿而否定，因为否定而创造，而所使用的工具就是变动不居的话语逻辑本身。随着表达工具的便捷，结构固化的语言在为灵动的话语所取代。

与此同时，族群的概念也是一样，它从来都是跟一种现代国家的权力联系在一起的，并无可避免地与现代种族与民族的观念联系在了一起。这是一种现代的发明，且为欧洲世界18世纪末掌握了对全球的经济控制权之后所必然衍生出来的一种带有侵略性的观念，如古迪（Jack Goody）所指出的那样，所谓的“他族”或者“异民族”，说白了就是“更少的民族”。而一整套的西方有关民族的知识，都不过是用来说明这样一种关系的正确无误而已。② 从个体灵魂的塑造到集体精神或表征的发明，这个过程体现出一种现代性，即对于自然状态的分散与混乱群体的驾驭与超越。找出一种共同的东西并去相信它，然后由它来控制一个群体的行为，这可以看成今天族群关系中的权力关系的一个基本特性。族群由此一体性而聚居在一起，保持一种相对具有整体性的支配。这便是一般民族学家所说的民族融合下的民族过程的一种文化表达。③ 但是，随着现代社会各种方便的道路以及交通设备的发明，这种族群的定居生活在被不断地打破，一种流动性的生活在渐渐取代定居的生活，族群认同的样貌也在这个过程中发

---

① 韩江洪. 严复话语系统与近代中国文化转型. 上海：上海译文出版社，2006：225-231.

② 古迪. 偷窃历史. 张正萍，译. 杭州：浙江大学出版社，2009：7.

③ 徐杰舜，徐桂兰. 边疆发展：中国民族关系发展大趋势视野中的思考//宋敏. 边疆发展中国论坛文集：2010：发展理念卷. 北京：中央民族大学出版社，2012：316.

生着一定形态的改变。而族群内部的人与人之间的关系，因为这种流动性的增加，也在从原来的面对面的紧密关系，转变为一种远距离以电子媒介为基础的松散联系，直接的族群控制已不见了踪迹，而虚拟化的族群问题以及自我创造的“假想敌”成为族群知识构建的思维与信仰的基础。而各执一端的对民族问题的理解和知识积累，使得原本便是被构建出来的民族认同变得更加扑朔迷离，人们无所适从而产生动摇感并随之使族群的文化得到一种重构。在这个过程中，族群内部的权力关系结构也在悄然发生着改变。

而伴随着文字书写的日益普及以及传播媒介的个体化，即自媒体技术的发达和普及，历史的叙述也开始从单一的历史叙述转化为多元的历史表述，即历史或者说世界的诸多面向都不再被看成一种直线的演进。[①] 这显然不同于狄尔泰在评述舍勒尔的方法论时所说的，把“先辈的世界”不当作“精神和心灵的故乡”，而是使之成为“历史的对象”。而这些在伽达默尔那里都属于去掉了“生活关联”，使之与自身的历史构成一种距离感，“而这种距离就能使历史成为对象”[②]。对待历史的以怀疑为基础的否定的逻辑，使得历史成为人们审视并最终抛弃的对象，而非像古代的人那样自己把现实融入历史之中并使历史永存。而今天那种曾经有的把西方的时间意识无端地强加在其他地方的历史上的所谓“偷窃”行为，或者说“世界历史需要欧洲提供一种简单的时空计量方式”的时代，已经一去不复返了。[③] 每一个人的生活史，都在成为一种被表述的对象而进入多元的叙事当中去，并作为一种自我疗愈的专门途径在发挥其独特的作用。在伯林（Isaiah Berlin，1909—1997）所谈论的狐狸与刺猬两种类型的人的隐喻中，我们开始从仅仅知道一个大问题的刺猬型的认知，逐渐地转变到像狐狸那样在纷繁复杂和多样的环境中生活，并尽可能多地去享受这样的复杂性和多样性。[④] 这很像一位出租车司机，他每天拉了多少客人，客人究竟长什么模样，并不为他所记忆和确知，但他确切知道自己拉了很多人，也

① 何传启. 东方复兴：现代化的三条道路. 北京：商务印书馆，2003：192-194.

② 伽达默尔. 真理与方法. 王才勇，译. 沈阳：辽宁人民出版社，1987：6-7.

③ 古迪. 偷窃历史. 张正萍，译. 杭州：浙江大学出版社，2009：348.

④ 赵旭东. 刺猬与狐狸. 读书，1995（2）：63-65.

知道在这个过程中认识了很多人，并经历了很多事情。

在这个意义上，权威的持久性也在因为受到这种场景与叙事的多样性的挑战而发生转变，今天已经没有贯穿于人的始终的永久性的权威的存在，衰老本身就是权威丧失的一个信号，而权力地位的不断变换，更使得这种权威越来越多地不再专门固定在某一个人的身上。伴随着新知识的不断创造，社会中旧有的权威，很容易就会被掌握新知识、技术和信息的专家取代。因此，持久的权威的概念在今天显然已经有些过时，代之而起的是权威的暂时性、流动性和不确定性及其在个人身上的附着。结果，一种竞争性的丛林法则开始在现代社会中发挥其真正的影响力。但不同于权力的原始形态，它一定是非暴力的。

而暴力在这种竞争之中不再显现了。权力之争体现为一种表面上的不争，似乎每一个人都有一个自己的位置，但这个位置一定是流动和变化的，因此，在不争之中又确实隐含着一种竞争。也许公共汽车的座位就是我们当下社会的一个缩影或隐喻。可以说，对于文明社会而言，公共汽车中站着的人与坐着的人之间并非没有真正的争抢，但这争抢一定隐藏在每一个人的心里，并且是看不见多少痕迹的，只有某个坐着的人站起来下车，我们才会看到这个位置变成大家哄抢的对象。但它同样又一定不是暴力的，而是非暴力的，“先来后到”的默契或行动逻辑，让就近站着的人最有可能抢到座位。因此，相互之间也就不会有暴力的冲突，但暴力却真正地隐藏在一个没有抢到座位的乘客的内心之中，且绝对无法让人直白地见到，而是深度地压抑到其内心世界中去。

就技术而言，它意味着一种由社会来加以认可的驾驭人的工具。最初，实际上是人在摆布和发明技术，最后则一定变成被发明出来的技术在摆布和安排人的各种活动，我们因此而依赖于技术本身。这就是一种现代社会中技术的辩证法，亦可说是技术拜物教所造成的一个不可预期的后果，但结果是人受制于技术本身，且技术逐渐复杂化到人无法直白地去理解这些技术本身。比如，一开始水利技术一定是直观可见、一目了然的；但到了今天的大型水电站，控制水和利用水的技术转变为极抽象的一整套知识，被归并到社会的一个专门的行业之中去。至于跟生命有关的生物技术，那就更加具有抽象性了。与此同时，医疗技术在日益侵入我们日常的医疗实践中来，并深度影响我们对于健康的认知。恰如伽达默尔所言，曾经服务于我们身体的治疗，转变成对我们身体的一种控制，更为重要的是，这种以借助技术来医治个体见长的医疗技术，又被毫不怀疑地应用在对社会与政治的治理之上。① 显然今天，还有什么能够比得上医疗技术对人本身的深度关怀？但换个角度看，我们的社会变得又有哪里不像现在的医生和病人的关系呢？

就生命本身而言，我们的生命乃是由身体这个有机体来承载的。它曾经有一个自然状态的存在，身体的机能依环境的供给而自然成长。但随着现代人身体观的转变，权力由外而内以及由内而外这两种力量的共同作用，使身体成为一种社会的幽灵要去直接控制的对象，同时也是自我的精神要去刻意控制的对象。身体因此不再被看成自然的一部分，而是努力要从自然中脱离的一部分。这又凸显出一种生命的辩证法，即本来一体的身体和灵魂，被人有意图地相互分离开来，然后再用一个去控制另外一个；但是反过来，观念的身体化又实实在在地影响着灵魂自身的表现形态。

最后则是信仰的问题。尽管信仰和宗教之间有着深度的联系，但是信仰并不必然等同于宗教。信仰曾经是人们的一种实践活动，即借助仪式或者日常的行动来表达自己内心的倾向性。如果我们对茶有一种信仰，这信仰就会具体地体现在我们喝茶的行为上，至于茶是什么，如何去种植和制作，这些都并非一个茶的信仰者必须或必定知道的，大多时候也是没有必要知道的。饮茶人可能只要付诸喝茶的实践即可，很多时候关于茶的知识并不能够促进对茶的信仰。请问，有几个研究茶的专家，真的热衷于饮茶呢？而反过来，又有几个醉心于茶之人，是茶的专家呢？但是，今天这种实践的信仰本身也在发生一种转变，其特征便是，我们了解的关于信仰的知识，显然多于对一种信仰的实践，我们知道信仰的内涵，甚至可以为这种内涵侃侃而谈，著书立说，却不一定会真正地去实践这种信仰，即我们对于这种信仰知道却不真正忠诚地发自内心地去付诸实践。换言

① Gadamer. The Enigma of Health: The Art of Healing in a Scientific Age//Gaiger, Walker, trans. Stanford: Stanford University Press, 1996: 6-18.

之，我们正进入一个某方面信仰的研究专家远远多于其信仰的实践者的时代。

综上所述，我们对于权力的理解，实际上更多是把权力看成在社会中施展力量的所有方式，而文化只不过是其中的一种更为隐蔽的方式而已。而权力施展方式的转变体现出一种转型，其归宿则在文化施展力量的方式上，它含有可见的与不可见的两个方面的特性。就文化的形态而言，它是可见的，那就是一种差异性的存在；但就其内涵而言，它却是不可见的，它在使用一种来遮盖另外一种，这实际又是一种独具匠心的文化修饰，需要对此一转化进行分析才能将其探究出来。因此，真正可见的是一种文化形态的改变，但是不可见的可能就是其背后的观念，这含有一种价值的选择。在从自然到文化的维度上，我们人类离自然的状态越遥远，文化这一维度就越会发展并发挥其实际的作用。

四、理性、自然与分离的技术

可以明确地说，没有自然，也就没有文化。自然是我们眼中的文化，文化则是概念化了的自然。当下的文化转型，在这里意味着一种带有根本性的权力施展方式的转化。人类学在这个意义上必须从固定化的文化观念以及僵化的描述中脱离出来，真正迈向对这种转变或转型的关注和理解。

文化的转型必然会伴随现代社会的出现而出现，或者它是滞后的，是在人们生活于现代社会之中而越来越多地感受到和遭遇了各种痛苦和冲突之后必然出现的。这是由于单一理性即人的理性对于全能的上帝的取代而出现的。显然，这是跟西方启蒙运动密切地联系在一起的，同时正像萨林斯（Marshall Sahlins）所言，亦跟康德的“敢于求知!”这一强有力的口号极为密切地联系在一起。①

现代理性的观念，正如韦伯所述，试图对人类生活世界的全部做出一种解释，但显然，这种解释未能完成就已经让人类的社会和文化变得千疮百孔

---

①　萨林斯．什么是人类学的启蒙？——20世纪的一些教训．赵旭东，译//马戎，周星．二十一世纪：文化自觉与跨文化对话．北京：北京大学出版社，2001：88-119.

了，人未来便不得已在一种理性的铁笼中生活。① 差不多同时，人类的诸种文明，在西方的文明开始无方向感地衰落下去之后，全部变得不知所措。② 人在开始用现代的理性去控制整个世界的时候，却发现自己也同样被其牢固地控制。他把非理性的那一面完全交给了制服它的恶魔，并将之沉入未来生机勃勃的生命的万丈深渊之中。③ 生活世界因此变得绝对有秩序、绝对整齐划一以及绝对一尘不染，在这样一个完全绝对的生活世界里，这根绷紧人们思想的理性之弦实际上是难于持久维系的，它一旦松弛下来，曾经有过的人类的一切恶行，就会一下子涌现出来。

今天似乎让人感觉不可思议的是，在文明发展达到巅峰的美国，我们看到了顽固存在的恐怖主义；同样是在美国，在纽约曼哈顿的华尔街出现了一场金融危机，并从 2008 年开始席卷全球。而在科技高度发达的日本，2011 年的日本大地震之后，出现了让人始料未及的福岛核泄漏。在中国，社会中一些匪夷所思的极端案件，在越来越多地引起社会和政府的恐慌，并且在触及人们生活的道德底线。今天的人们，一方面像病人一样，开始真正关心自己的疾病；一方面却又不知道如何去进行一种真正有价值和有意义的疗愈。因为社会中曾经有的卓有成效的疗愈方式，即能够让人的心灵得到自我调适的多种途径，随着现代思想的启蒙，而从与人的紧密连接

---

① 韦伯. 新教伦理与资本主义精神：修订版. 于晓，陈维刚，等译. 西安：陕西师范大学出版社，2006：106.

② Diamond. Collapse：How Societies Choose to Fail or Succeed. New York：Viking，2005：486-526.

③ 1943 年，一位名字叫张君劢的哲学家在给一位名字叫张东荪的哲学家写的书《思想与社会》撰写的序言中曾经指出西方思想中理性或其所谓的理智的局限，并试图以东方的“德”来对此加以补充和制衡，提出所谓“德性的理智主义”一说。此说为较早认识到西方理性主义自身困境并试图对此加以修正的中国思想，可将其说法抄录若干如下：“或曰理性与理智为缘，有理智之用矣，而害亦随之，如科学为理智之产物，既有生人之医药，与便人之交通，然杀人之武器亦由之而来，故一日有理智，即人类相争一日不止矣。吾则以为欧洲近代文化，起于开明时代与理性主义，此时代所注重者为思为知识，以知识之可靠与否为中心问题，其名曰理性，实即理智而已。……西方之论理与科学方法，上穷宇宙之大，下及电子之微，历史所未载，人事所未经，皆穷原竟委以说明之，岂我东方之恶智者（孟子所恶于智者为其凿也），所能望其项背哉。东方所谓道德，应置之于西方理智光镜之下而检验之；西方所谓理智，应浴之于东方道德甘露之中而和润之。然则合东西之长，熔于一炉，乃今后新文化必由之途辙，而此新文化之哲学原理，当不外吾所谓德智主义，或曰德性的理智主义。”（张君劢序//张东荪. 思想与社会. 沈阳：辽宁教育出版社，1988.）

中被去除了，并被毫不留情地投入无人居住的凄冷的荒漠之中。而当人真的有病了，他却又不知，这些疾病正是由这种简单的抛弃导致的。人们曾经天真地以为，健康就是没有疾病，因此只要有医院就可以有保障；但显然，一个最为普遍的道理就是，没有疾病绝不意味着就是健康，更何况奢谈幸福。正像印度传统医学中的阿输吠陀所认为的那样，“所谓健康，并非仅仅是远离疾病困苦，还应该进一步达到肉体、精神、灵魂的幸福与充实状态”①。

在此意义上，文明与文化之间，开始有实质性的分野。文化在今天大约成为许多人都想去抓住的一根救命稻草，人们希望未来的小康社会，一定是一个有文化的社会，而不是其他。人们仍旧为保护自己的文化做最后一搏，并试图使没有方向感的过度文明化的野马能够回到其奔跑的正常轨道中来。但要知道，这样做的难度就在于文化本身。显然，今日的文化已非昨日的文化可比，每种不同的文化，在逐渐被西方的理性观念浸染成近乎同样的底色。要逐渐地洗去这些过于浓郁的底色，同时涂上一种清新的色调，对于人类而言，是一件多么不容易的事情。在这一点上，我们需要重新拾起画笔，用自己独有的方式去绘画，但那显然是不仅需要自信还需要勇气的一件事。

就文化自身而言，如前所述，它处在一种转换或者转型之中，即从某种自然状态直接地转化过来。在这方面，自然赋予我们一个极为开放的空间，但我们并不清楚，今天的自然究竟有何途径向新的文化进行一种直接的转变。但我们却要知道、把握和理解这个转变的过程，我们需要从整体的人的观念去看待自然中的人和文化中的人，他们之间既有联系亦有差异。在此意义上，自然不再是一种独立的存在，它在日益转变为文化要去努力转化的一部分，它今天首先成为一种话语，然后才是一种支配。气候的变化也许就是一种自然的叙事②，而环境保护运动也仅仅越来越倾向于仪式化（ritualization）③，

① 廖育群．阿输吠陀——印度的传统医学．沈阳：辽宁教育出版社，2002：20.

② 赵旭东．以梦想取代噩梦——克服“吉登斯悖论”的一条出路．中国社会科学报，2010-07-20（11）.

③ Szerszynski．Ecological Rites：Ritual Action in Environmental Protest Events．Theory，Culture & Society：Explorations in Critical Social Science，2002（3）：51-70.

动物保护则又变成另外一种话语。实际上，它的预言都被现实的多变性和不确定性不断地打破。

现代性创造了使人与人分离开来的技术，它渗透在我们生活的方方面面，它使我们走向了自我与自我的分离，而它的全部基础就是马克思所说的人的异化①，就其形态而言，却比马克思生活的时代更为丰富。18世纪法国笛卡尔的理性主义哲学，创造出了一种“我思”（I think）的客体“我”（Me），它让世界开始围绕思的主体存在而被赋予一种专门的意义。在《谈谈方法》一书里，笛卡尔费尽笔墨谈论所谓一方面的人的心灵以及另外一方面的身体之间的分离，他确信“心灵和形体是确实有区别的”②。因此，作为人的分离性的思考的开始，自然、经济、政治乃至文化，这些都是我思的对象而不是相反。因此，它不再是传统文化中那种向外去寻求自我的外在化的存在。古代的人更多的是一种“我思故我在”（I am therefore I think），而今天的人持有的则是与之相反的认知逻辑。

无论有怎样的不同，现代性逻辑的基础在于我们自我的理性与情感之间的分离。在我们相信康德那句发人深省的“敢于求知”（Dare to know）的话之后，我们试图用人的理性去解释世界万物。在这一观念的引导之下，西方人抛弃了作为一体性存在的上帝，尼采的“上帝死了”便是这一超验的一体性存在的终结。西方人试图让“上帝之城”远去，而由世俗的恺撒来治理这个人间的社会，这是人神分离的开始。西方人在这种如光明一般的启蒙观念之下几乎将他们的社会、文化与个人都进行了一番从头到脚的彻底改造，并认为这个由上帝空出来的位置可以也必须由一个理性的人来填充。结果，政治转变为“利维坦”，它均值化地分布在我们的生活之中；经济则转变为“一只看不见的手”，它把市场看成隐形的上帝，但又确确实实从我们的口袋里任意地和方便地提取财富；社会转变成一个铁笼，一些人进去出不来，而一些人在外

---

① 马克思. 1844年经济学-哲学手稿. 刘丕坤，译. 北京：人民出版社，1979：44-45.

② 笛卡尔. 第一哲学沉思集. 庞景仁，译. 北京：商务印书馆，1986：95.

面，想进又进不去；它同时还是一种福柯意义上的“全景敞视主义”的监狱①，无一人不在这监狱的监视之中；个人成为一个由自我主宰的极端放大了的个体，他看起来强悍无比，实际却又无法抵抗哪怕一丁点儿的挫折。在追求到虚幻中的自我实现的巅峰体验之后，留下来的就只有一种走向衰落的空虚，持久的满足感变成一种追求的技术；还有人类学家，不再是一位聆听者和信仰者，而是成为一位作者（author），或者更具体地说是一位民族志学家（ethnographer）。他试图用一种全方位的上帝的视角去俯瞰人类的差异性存在，但差异之间又是联系在一起的。民族志学家乐于把一个群体想象成人类的全部，并用文字乃至图片这样的表征工具，将这种对于个人而言全景式的社会模式完完全全地呈现出来。这就使得不可见的社会与文化转变为可见的，部分和零碎则转变为整体和逻辑，由此我们生活在文学家的表述之中，而不是生活在真实发生的生活本身中。

我们曾经相信，无理性（non-rational），就意味着非理性（irrational），但实际的情况却并非完全如此。威廉·詹姆斯（William James）曾经专门指出，意识不过是像一条河流一样永不停息的意识流（stream of consciousness），而另外一位美国人约翰·杜威（John Dewey）则强调，我们的思维不过就是一种相信或信念，是瞬息之间反射性的回响。因此，不存在一种所谓正确与否的判断，正确也许只是一种偶然，而不正确恰是一种常态。②

五、“在一起”的哲学与文化转型

对于人而言，一个不能否认的前提便是，我们的世界乃是一个自然分化的世界。我们可以从宇宙中各自独立存在的星球一直追溯到基因这样微不可见的生命要素，更不用说那些已经被自然科学家研究透彻的同样微不可见的粒子的存在了。对有着认知能力的个人而言，这基本上是一个自明的事实，没有必要再有任何怀疑。

---

① 福柯．全景敞视主义//规训与惩罚——监狱的诞生．刘北城，杨远婴，译．北京：三联书店，1999：219-256.

② Dewey. How We Think：A Restatement of the Relation of Reflective Thinking to the Educative Process. New York：Standard Publications，Inc.，1933：17.

但在这里首先要明确的是，人类社会发展的自身逻辑，乃是与此自然的存在形态相背离而存在的，或者说二者所走的差不多是完全不同的发展路径。可以这样说，我们不大可能在自然之外去发现一个真空存在的社会，我们只能在自然之中去发现社会。因为，就像万有引力把地球上分散开来的物质都吸附到一起一样，社会自身也有类似的一种力，把社会中一些分散开来的个人凝聚在一起。在此意义上，所谓人类社会的社会学，就是一门研究如何把分散开来的个体存在结合在一起的方法学的探究，而人类学必然要去考虑，这些化分散为凝聚的方法学的多样性的存在及其差异性的比较。而这样的分工，目标只有一个，即要去发现并描画出使人与人共同在一起往来互动的社会演化的谱系。因为，至少就目前民族志的资料来看，尚未发现像笛福的小说中所虚构的只有鲁滨逊一个人存在的那样的孤岛世界。显然，两个人以上的社会存在成为人类社会存在的常态，而差异只在于人口数目的多寡而已。在涂尔干的社会学出现之前，欧洲世界的社会观念属于一种区分的哲学。不论是理性主义还是经验主义的哲学传统，经验之间的分离都像此前的欧洲哲学里人神之间的分离一样，凡是属于上帝的归了上帝，凡是属于恺撒的归了恺撒，似乎是井水不犯河水、泾渭分明的样态。

此种区分，在法国哲学家笛卡尔那里得到了最为清晰的表达，他的二元论的哲学在另外一个含义上可以称为一种分离的哲学，因为这一哲学的关键乃是朝向一种分离，即心身的分离、物我的分离，乃至人与自然的分离。① 而这些分离的基础即在于，人的理性的自我觉知或启蒙。这种觉知，使得一个极为清晰的自我形象得到了特别凸显。这个“我”不再是作为一个整体的人的一部分，而是被孤立出来成为身体的主宰、万物的主宰以及自然的主宰。有了这样一种理性自觉之后，人找到了一种他者的存在。这种他者是与内在化的自我相对而言的外在化的他者，是无法在绝对清晰、绝对明白、绝对不能怀疑的“我”的存在之外发现的一种他者的存

① 笛卡尔的心身分离的哲学建立在这样一种逻辑之上，即如其所言：“我们把一切物体都领会为是可分的，因为，事实上我们决不能领会半个灵魂，而我们却能够领会哪怕是最小的物体中的半个物体，因此物体和精神在性质上不仅不同，甚至在某种情况下相反。”（笛卡尔．第一哲学沉思集：反驳和答辩．庞景仁，译．北京：商务印书馆，1986：11.）

在，它成为不清晰的、不能让人明白的、绝对要投之以怀疑的目光的代名词。因为，其中充斥着“愚昧”“落后”与“不洁”。而理性的自我，所真正要做的便是，以某种精致的方法去甄别出那些愚昧、落后与不洁，并使之分离，从而成为理性认识可以把握的一个部分。这同时也成为西方世界构建自己的现代法律神话的思维定式，形成了一种明显带有西方意识的“白人的神话”。①

在这个意义上，也许可以与之作比照的便是中国的宋明理学。其在发展中面对的尽管不是西方的理性主义，但是印度的佛学恰在那个时候得到批判并创造性地融入中国传统的人与人之间不分离、物与物之间不分离、人与自然不分离的融合的理念之中。传入中国的佛学没有接受更多的纯正印度哲学的唯识论的影响，而是借助本土哲学观念而全面地融汇了禅宗的修养功夫，发展出像程颢的“天理”、朱熹的“天人关系”、陆九渊的“宇宙便是吾心，吾心即是宇宙”，以及王守仁的“心即天，言心则天地万物皆举之矣”等观念②，并影响到后来新儒家的思考方式，那就是天人一体、天人合一、知行合一等心物一体不分离的观念。这背后恰如李亦园的分析，乃是一种自然系统（天）、个体系统（人）以及人际关系（社会）之间相互依赖与保持和谐的宇宙观，即致中和。③

显然，由这种文化比较可以体悟到，人类学大约是在这样一种背景下被西方人创造出来的，即它的初始目标一定是去寻找一个在自信的、清晰的、不能有任何怀疑存在的自我之外与这些特质相对而言的那些特质的存在。而遥远的他者，自然成为印证此种他者存在的绝佳之地，人类学也因此而有了一个新的标签，那就是对于“他者”的研究。它不关注或不必关注自我本身，因为这个自我是完全不用去怀疑的，它所关注的是与自我相对的他者，那里充斥着与自我的各种完美属性完全相对的属性，并因此而人为地将这些属性归咎到人自身发展的早期阶段，以此证明这是人的理性

① Fitzpatrick. The Mythology of Modern Law. London and New York：Routledge，1992：87-91.

② 汤一介．从印度佛教传入中国看当今中国文化发展的若干问题//中国文化书院讲演录编委会．中外文化比较研究．北京：三联书店，1988：46.

③ 李亦园．李亦园自选集．上海：上海教育出版社，2002：262-266.

尚未发展成熟的阶段，它不在西方世界中，而在西方世界以外。[①] 人类学因此才有了自己的学科史的地位。

就人的自我而言，它可再细分为两种。其一便是以自我为中心的对于自我的追求，这是一种明确意识下的自我。一切都由这个自我加以衡判，包括人的知、情、意，也包括人的真、善、美。它的基础在于对确定性、准确性以及清晰性的不懈追求，它试图通过类似黑格尔所说的自我与对象之间的“不一致”，最终达致相互间的一致，由此而实现主客体之间的融合。[②] 因此，这是一种全部以自我为标准去看世界，并拥有这个世界的文化逻辑。在此意义上，人类学家似乎通过田野研究就可以发现什么，这个发现归根结底还是从自我追求这个向度去看一个世界。在人类学家凝视之下的参与观察，就是一种从自己身边移步到他者世界中去的自我征程。而他的发现，不过是主客体向主体自我的一种融合，它的实现是借助一种否定性的逻辑来完成的，即对曾经融合在一起的主客二元进行分化之后再融合，由此而有所谓民族志知识的出现与积累。

而另外的一种自我，大约是与上述带有“我执”的自我相对而言才具有意义的自我，即它是以他者为中心的，并不以自我主观的评判为最终的依据，甚至根本上要抛弃一个人自我的追求，在放下这种自我的同时，他者的客观存在恰恰得到了一种凸显。这在东方世界流行的禅宗了悟或证悟的思维中占据极为突出的地位。这种自我有其视觉感受性的注视和观察的存在，但这不在于去发现一种新知，而在于了悟我执的世界的单一化的存在，让万事万物的多样性和客观性以其自身的样貌存在并发展。因此其向外看的用意不在于主客之间的融合，而在于并不聚焦于某个中心，这实际上是一种放弃自我的自我观。因为一旦执着追求，便会以此而做一种衡判，这种衡判归结起来不过又是此时投射于我们脑中的表征或幻象而已，不足为一种确定性追求的根据。在此意义上，他者中心的民族志，应是一种放弃自我的民族志。

---

① 赵旭东. 本土异域间——人类学研究中的自我、文化与他者. 北京：北京大学出版社，2011：265-270.

② 张世英. 中西文化与自我. 北京：人民出版社，2011：19.

这种他者中心的民族志，也注定为人类学自身的反叛性格的养成埋下一颗优良的种子，只待时机成熟，便会真正发芽并茁壮地成长起来。这种反叛，乃是对自我自身存在的反叛，是对那个充满自信而又不可轻易怀疑的自我逐渐浮现的不信任与怀疑。笛卡尔精心论证并设计的对于这一绝对自我的保护和自信，在人类学家进入那些被界定为西方的自我的他者之地开展细致入微的实地考察之后，被瓦解了。对于这个以追求现代为目标的自我的自信以及对他者的怀疑都因此而颠倒了。由此，反思性不再是向外而是向内的，对他者的文化的研究也转而成为一种对于自己的文化的批评。这种批评乃是对于各种分离倾向的一种反动，目的是把曾经分离开来的、碎片化的存在重新结合起来，或者使被打散了的整体性的文化得到复原或者复位。

由此而有一种人类学的转向，即从纯粹对地方性知识的关怀而转变到更多受非理性的激情或情感支配的场景之中，这因此便是一种“在一起”的融合哲学，而非分离的哲学，是把视角转向了那些能够使人与人、人与物以及人与自然在一起的场景和途径。仪式、聚会以及往来交通的物品的流动，使更大范围的分散开来的区域文化得到了一种有益的连接。而这些都成为人类学要努力去解释的新方向，这是从分析到综合的一种转向，这是从批评到欣赏的一种转向，这还是从反思到表达的一种转向。而这些转向，其目的也只有一个，即让人与世界的完整性得到真正的呈现。这是人类学研究的初衷，自然也是其目的和未来之所在。①

可以说，我们人类是在一个极为偶然的机会里选择了文明，又在一个很偶然的机会里，这个文明了的“智人”（*Homo Sapiens*），又专门选择了理性作为文明向前不断演进的发动机。但这台发动机却在使这个智人变得越来越自我分裂，他不仅是一个“病人”，而且是一个无法找到真正有疗效的灵丹妙药的病人。因为，理性的基础恰恰决定了这个智人在界定文明时使用了“健康”这一概念，并且是一种“没有疾病的健康”②。但如

① 赵旭东. 在一起：一种文化转型人类学的新视野. 云南民族大学学报（哲学社会科学版）. 2013（3）：24-35.

② Giddens，Sutton. Sociology. Seventh Edition. Cambridge：Polity，2013：440.

上所述，健康绝不仅仅是没有疾病这样简单。在哲学家伽达默尔看来，所谓健康纯属一个“谜”（enigma），它处在自然和艺术之间。因为人作为一个整体相对于人类而言，是带有其独特性的。在此意义上，任何的知识都是有条件和背景的约束的，医疗的知识也是一样。可能一整套的健康标准，运用到具体的某个人身上，无法真正确切地知道一个人是否健康。① 在这中间，医生的作用也就日渐凸显出来。使得一个人不舒服的病痛，对这个人而言，那是确知无误的，但这似乎又无法真正可以被他人或借助医疗设备准确地探查到。医生的问询往往让这种探查有了实际的结果，这是一个自然的身体和医生的疗愈经验相互激荡并通过互动的过程而得出来的一个结果。但是，今天以理性为基础的科学和医疗，也许能够部分地解决疾病的问题，使之经由诊断、分类然后被祛除，但这并不能解决作为整体的人自我感受上的所谓健康问题。按照常理，疼痛在哪里，似乎病症就在哪里。但让人迷惑之处在于，即便病症消失，有些人依旧感受不到健康的存在，而另外的人可以明显地感受到。这究竟是自然的身体的恢复在起作用，还是医生一直在发挥着作用，不仅在伽达默尔那里是个谜，即便在普通人的世界中，这也是一个谜。

以分离为基础的文化，着实使我们生活于其中的空间有了一种分离：我们住在自己的房子里，过自己的生活；我们在自己的办公室里，写自己的文字；我们还在自己的知识领域中，发现自己的知识。但我们最终会发现，我们在不断地重复着一种盲人摸象的愚笨逻辑，我们因此而成为马尔库塞意义上的单向度的人。我们与他人的关系逐渐变成要么是去限制，要么就是被限制；要么是决定别人，要么就是被人决定。我们很难再有真正的与他人在一起的那份分享的自由，因为我们生活的全部都在通过个人的计算而与他人分离开来，其中包括我们自己的时间、空间、财产、荣誉、地位等。在这个意义上，我们原有的相互融合在一起的文化，实际上变成了一种不断创造出自我分离的文化。

而当下全部的文化转型，实际上都建立在一种对于由现代性造就的分

① Gadamer. The Enigma of Health: The Art of Healing in a Scientific Age. Gaiger, Walker, trans. Stanford: Stanford University Press, 1996: 107.

离的文化之上。这种分离的文化，因为过度集中于和关注于人的理性，而使得我们人的存在变成一种不完整和有缺陷的存在。由此而造成的后果就是，我们生活在现实之中，却无法真正接近现实；我们处在社会之中，却不能完全融入其中；我们是有情感的动物，到最后却发现，我们并不知道情感在哪里以及用什么方式对此做恰当的表达。这一切，都可以说是一种现代分离的文化造成的苦果，它跟传统社会各种关系扭结在一起，形成鲜明的对比，我们因此而需要一种转变，由此人的自我不再是一种功能论式的理性的再生产模式的造物，而是一种能动的自我的生成机制，它为激情留有足够的空间，并使之与理性有了最为完美的结合。在这个意义上，我们才需要一种明确的口号，那就是告别单纯的反思，直面多样性的文化的表达，并在欣赏和培育文化情调中拒绝无中生有的批评与嘲讽。

这个转型出来的文化，可能是一种真正融合的在一起的文化，即人与人、人与物以及人与自然在一起。它背后更多地彰显出人类学家对礼物研究的一种深度意旨，因为莫斯告诉我们，礼物是不同于商品的，它使人与人、人与物以及人与自然之间有着紧密的结合，而商品的发明却使这些反其道而行之。[①] 这是一种在一起的哲学的先导，在那里莫斯强调的是一种“礼物与回礼的责任”(gifts and the obligation to return gifts)，并且是在一种“整体性的呈现”的真正的“夸富宴”（potlatch）中得到了完整体现。[②] 而夸富宴恰恰是这种哲学的最为典范的文化表达。这种“在一起”的哲学，与人的异化形成对立，它的实践也不是深不可测，而更多是一种浅层的表达。它建立在今天人们对于幸福观念或者“共同的善”（the common good）的追求之上[③]，它是人的深度社会性的展现，并使所有的人都可以真正有机会参与其中，乐在其中，并在其中体味真正生活的乐

① 赵旭东. 礼物与商品——以中国乡村土地集体占有为例. 安徽师范大学学报（人文社会科学版），2007 (5)：395-404.

② Mauss. The Gift：Forms and Functions of Exchange in Archaic Societies. Cunnison，trans. London：Cohen & West Ltd.，1970：6-8.

③ Layard. Happiness：Lessons from a New Science. New York：The Penguin Press，2005：234.

趣，即一种切身的融入，是迎合而不是反抗，是欣赏而不是批判，是愉快而不是忧郁，是积极而不是消极，是和平而不是战争，是消费而不是积累。这些现代之后的口号的提出，在今天，显然有其特别的对于文化转型走向的启发性的价值。

现代之后的文化，在渐渐地走向一种融合的存在，这可以说是人的人文性（humanities）的回归。而“在一起”（being together）又成为一个极具号召力的主张，它曾经为现代人所遗忘或抛弃①，但现在却为大家所切实地体会到和把握住了。与此同时，网络技术使得这种随时随地“在一起”的理想的实现成为可能，即可以说：我们分离，但我们在一起，我们可以尽享自我存在的快乐，同时也可以体味到人人“在一起”的那份集体欢腾的热情和感染力。涂尔干的社会学在今天相比过去更具有一种切实的影响力。② 而且正像莫斯所提醒的，人类学曾经花大力气研究的所谓古代社会，它的存在形态一定不是断裂的或者在社会生活上是相互分离开来的，而恰恰是社会中的各个要素相互联结在一起的，即莫斯所总结的“整体的社会现象”。这里的“整体的”（total）即一种全部的在场，社会中所有制度的面向都有其即时性的表达，包括宗教、法律、道德以及经济等方面，并且是以一种美学的方式呈现在大家面前，相互融合与勾连而成为一种形态学的类型。③ 因为有这样一种缘故，我们大家可以在一起，从时间、空间、气味、声音到口味，这一切，让一种“在一起”的文化和情感呼之欲出，人类学家开始把文化的透镜瞄准了那些使人在一起的集体生活场景。在民间社会中，爱开始逐渐地走出个人的狭路，而转变为一种更为宽广的公共的慈善；积累走出私人的户头，在一种羡慕和欣赏中转变为公共的福利；财富开始从个人的自我炫耀，而走向世界共同享有。而这一切，却又是大家“在一起”这个轴向上不断向前延伸出去的一个中间阶段

① Maffesoli. The Shadow of Dionysus：A Contribution to the Sociology of the Orgy. Linse，Palmquist，trans. New York：State University of New York，1993：3.

② Durkheim. The Elementary Forms of Religious Life. Fields，trans. New York：The Free Press，1995：445.

③ Mauss. The Gift：Forms and Functions of Exchange in Archaic Societies. Cunnison，trans. London：Cohen & West Ltd.，1970：1.

而已，大家在一起之路必然永远开放，并且没有尽头，而分离一定不是今天文化转型的主流。

一种再直观不过的日常生活的观察就是，没有人告诉过我们大家在一起的方法，但我们却学会了在一起，即在一起吃饭，在一起喝酒，在一起唱歌，在一起舞蹈，在一起学习，在一起讨论，在一起工作，等等。可以说有数不尽的“在一起”，它们让我们感受到一种在一起的快感文化。实际上，人并没有在人们独处时的那份对人的可恶想象。孔夫子谓“君子慎独”，而孟子的“独乐乐，与人乐乐，孰乐?”的提问，在这个向度上发展了孔子的洞见，这不能不说是最早的对于没有能够体验到大家在一起的快乐的人在文化意义上的警告和宣言。

今天，在文化越来越多地为人们所觉知的时代里，文化必然会走向一种有着自觉意识的主体性的文化，它会对社会的各个方面施加一种影响，并使之有一种形态上的转变，使之能够变得更为顺畅且自如。显然，文化从来也不是社会发展的障碍，更不是令其痛苦不堪的沉重负担，除非我们毫无觉知地把文化一味地等同于一种僵化的物的存在。

文化同时必须重新担负起社会疗愈（social healing）的责任。可以肯定地说，任何时代，文化都是一种转化的力量，它会使人之赤裸裸的存在拥有美丽的包装，并为人及其社会所欣悦地接受。我们确实无法抗拒那些艺术作品在疗愈人及社会的疾苦中的特殊效果，但是当艺术品更多与市场和金钱有了直接的联系之后，这种疗效就会大为降低。也许，生活中的普通人很少去关心所谓转型的发生①，关于文化的转型，情形就更是如此。凡是可以给人们带来快乐的，文化都会在其中发挥一种作用，并且是无意识的，一旦它为我们所清楚地觉知，我们便无法真正体味文化的意义所在。就像两位恋人，一方必然是以感受到却无法或不能表述为其最佳状态，否则这就变成一种无趣的知识规则的恋情游戏。在这个意义上，人类学家曾经谈论文化，却是为了谈文化而谈文化，其实际的作用发挥

---

① 尽管美国耶鲁大学的社会学家伊万·塞勒尼（Ivan Szélenyi）期待着普通大众层次的社会转型，但显然正像他所评论的孙立平的研究那样，孙立平正确看到了这种转型的非意识性的实践后果。（塞勒尼．关于诸转型的一种理论．吕鹏，译//郭于华．清华社会学评论：面向社会转型的民族志．北京：社会科学文献出版社，2012：152.）

又恰恰是在不言之中。我们总会发现，人类学家所描写的文化是一回事，而实际的文化运行则可能又是另外一回事，二者之间并不能有完全的同一性存在。人类学家在此意义上显然是在摆弄一种彻头彻尾的文字游戏，并希望自己是一位独一无二的作者，即“他自己到了那个遥远的地方”的一份自恋，但他实际又不是去过那里的唯一之人，这必然会成为人类学家自身知识构建中永远都会遭遇的一种认识困境。在此意义上，我们需要再次明确，文化乃是一种体验，同时还是一种实践，是在一种实践中的体验，但它本身绝非如人类学的文字表述那么简单和直白。

显然，摆在人类学家面前的一个现状就是，今天的文化转型必须要解决社会、人口及文化之间的分离的问题。“在一起”就是群体有凝聚力的一个口号，但它本身也要求有实践来使之得到某种确切的体验。“在一起”的人的观念由仪式、聚会、团聚、友爱、慈善、分享、欢庆乃至热闹等方式加以实现。这种在一起，显然是一种差异性的在一起，是色彩缤纷的在一起，是各自得到舒展的在一起；但一定不是类别化的在一起，不是反思性的在一起，也不是漫无边际的批评性的在一起。可以设想，如果人们穿同样的衣服，那会有怎样的社会后效？这一定会隐含一种无法消除的结构化的社会分离，它让穿着另外一种颜色衣服的团体相互之间构成了结构性的对立。

今天意义上的空间已经不再是我们聚在一起的限制性的依据，它本身已经成为不同地方和文化里的个人的一种选择，时间也是一样。中国西部的神山信仰，不仅让当地人为之归附，而且可以吸引更多从世界各地赶来的信仰者和游客，大家由于对山的依恋和选择而从四面八方共同聚在了一起。在这一点上，聚会成为目的本身，而神山信仰也只是聚会的一个理由而已。一个雪域高原的珠穆朗玛公园，一年可以吸引近十万人去观光游览，这不能不说是一种特别的力量在使世界各地的人们聚在一起。而在消耗了我们的能量和激情之后，我们获得了一种实实在在的身心上的满足，而社会也因此种满足而归于平静。同样地，爱斯基摩人冬季聚在一起的集体表征，显然不必成为今天人们聚会的唯一的时间选择，我们完全可以选择我们认为更为适切的时间去举行聚会，并且，我们所要做的只是去安排我们自己的旅行，我们并不十分在乎聚会究竟要发生在冬天还是发生在夏天。

六、文化与重入幻境

今天我们对于文化会有一种自觉，在我们追求它的过程中无意识地得到一种体验，但我们无法看出文化转型的轨迹和方向，我们实际是在没有路的地方构建一种理想之路，它的形态一定会千姿百态，并布满人所居住的整个世界。因此，我们会高调地提出拒绝批评，因为任何的批评，包括文化批评在内，本身意味着它有意图地把我们引导到或推到某一条道路上去。这一点与社会学的新启蒙精神不谋而合，不仅要“脱魅”（disenchantment），而且要“重入幻境”（reenchantment）。[①] 这不仅是彻底的世俗化的结果，更是对批评态度的否定之后必然有的状态。但对由人构成的差异性社会而言，路永远是千差万别的，所有的人走一条路一定不是人类最初的选择，过去不是，现在更不是。

可以确切地说，文化从来都不是固定而不发生改变的。特别是在我们确切地觉知一种文化的存在之时，这种改变还会因此觉知而加速。在这个意义上，人类学家可能是最早觉知文化的社会行动者之一。对文化要素的特殊敏感性，让人类学这门学科必须不时地注意到文化自身的转变。这种转变在更多意义上是一种转型，因为它往往是指一种文化存在的形态的转变。而与之相应便有了一种转型人类学的发生，它所面对的乃是当下的社会场景的实际生活，乃是与承载着一种文化的人的生活密切相关的真实问题。

至少对今天的人而言，最为关键的一种文化的病症可能是，一种人的观念见之于社会安排的实践活动本身出了问题。这种实践活动带来了人对于生活的疏离感以及真实分离的增加，而这种构筑于人的理性认识之上的分离的机制使得社会存在的基础，即人与人之间的信任关系变得越来越抽象，由此而使得生活成为一种不可捉摸或捉摸不定的

---

① 成伯清. 走出现代性：当代西方社会学理论的重新定向. 北京：社会科学文献出版社，2005：261.

东西。

伴随着社会复杂性的逐步增加，社会分化机制也启动了，多元化的分离模式让断裂社会成为当下世界想象的主基调。但与此一社会分化机制相反而运行的文化创造，本身则在发挥一种黏合剂的作用。它可以使分散成为一种聚合，使对立转化为相互一致，使多元划分转变成一体的融合。这种转化绝非一种强制，而是一种感化，并真正经由人心而发挥其作用，它是一种从人心开始的新引力的创造，就如磁铁一般，分散开来和势不两立的铁屑可以在瞬间聚集在磁铁的周围，而这磁铁便是文化功用最为恰当的隐喻。文化在此意义上可以进行一种创造，且在社会的不同层次上被创造出来，并有不同层次之间的相互影响。更为重要的是，在任何一个社会里，文化又是必须要被创造出来的。汉语中一个“表”字最能体现此种创造的具体化和实践。所谓“表达”“表现”“表演”“表露”“表示”等词语，都体现出一种文化自身的创造和修正的过程。

文化乃是促进社会凝聚的一种黏合剂。古希腊人的智慧中亦不乏这样的观念，柏拉图在《法义》（*Les Lois*）中论及了会饮与合唱对人的重要意义，这些活动不仅使人知道该去爱什么、该去恨什么，还使人们学会了如何达成一种联合。因此在雅典人看来，大凡受过良好教育的人，都应该是“既善于跳舞又善于唱歌的人”①。而这背后说的是一种文化，它把分散开来的人凝聚在一起。同时应该清楚，文化的功用必然是要伴随时代的转换而发生转变的。文化不转变，只能意味着文化自身的“化石化”，即它不再是在人们日常生活中发挥作用、延展其功能以及表现其活力的能动性的力量。文化因此也不能有一种还原论的化约，即将其化约为经济、政治或宗教等。

文化即它自身而非其他，它既不是所谓“原生态式的”借助时间追溯的层层抽离，也不是文化遗产式的把各种各样的文化装进新概念中去的自我背负。可以说，文化是可以超越时空限度而又有其独立能动性的存在，它可以通过各种隐蔽的形式浸入人的生活之中，借助由下而上以及由上而

---

① 布舒奇.《法义》导读. 谭力铸，译. 北京：华夏出版社，2006：108.

下双重过程的协同努力，直接影响我们当下生活的样貌。而作为社会之灵的文化，其存在也大多是隐而不显的，我们一般不会特别感受到某种文化的存在，但恰恰又因此而浸润于一种文化之中。文化如果不再以这样的方式存在，便难以成为其自身了。

第四章　家庭、教育与分离的技术

家庭的核心曾经是在结合性这一维度上有意识形态的塑造。随着现代社会教育对人格独立性和唯一性的强调，个人与家庭之间的分离性趋势也在不断地增强。它一方面反映在社会的新物品对家庭生活以及家庭主妇角色的改造上，另一方面也反映在个别化的自我意识的培育以及随之而不断增强的家庭生活的解体上。这种局面是多种因素造成的，而非由教育或者家庭的某一个因素或某几个因素决定的。

一、教育、个别性与父母角色的衰落

今天日益普及的分离技术在造就形形色色的社会中的个别化生活，文化在这个意义上也在慢慢地因为我们周边物的环境的改变而发生改变。它深刻地反映在影响社会与文化构成的教育领域，特别是通过影响人，进而由人自身的能动性转化出新的种种社会关系与价值观念，这些又都投射到家庭结构的文化表达之上，使之发生认同上的改变，即一种跟教育以及家庭相关联的文化在悄然发生着转型，即渐进式的而带有根本性的背离。

首先，随着个别化观念的不断成长，它成了日常生活中普遍的社会常识。比如表现在我们的居住模式上，今天城市生活乃至乡村生活中，父母和子女的居住出现了非常明显的空间区隔。为了小孩子学习这一“头等大事”，“书房”不再是原来社会意义上有一定社会地位的“读书人”“士大夫”“文化人”“知识分子”所独占的空间，而是一个真正的小孩子从很小的时候起就要被迫进入的私密空间，家长希望借此专门设计出来的独立空间，顺应潮流培育适应现代生活的独立的个人或个体。但随着网络技术以及无线通信技术的普及和使用群体的年轻化，小孩子并没有因为新的单元房的空间隔离而自甘被隔离的处境，而是迅速通过掌握网络以及通信技术而在自己私密的空间里打开了与外界保持联系的一扇大门。可以说，这里便有了两扇大门：一扇门是紧紧关闭着的，是实实在在的房门，它同时也向着整个家庭关闭；另一扇门则是虚拟的，存在于网络空间里，它通过互联网联通技术的扩展而存在着，因为网络自身的开放性而向家庭以外的整个世界敞开着，在这个意义上甚至家庭也被转化为这个庞大的开放性网络体系的一部分。

在这个过程中，家庭之中母亲的角色转化是最为明显的。既有文化构建起来的母亲的宽容、接受的角色，被转化出来的新的对孩子的培养目标替代，母亲的温柔和保护者的形象被代之以命令式的父权的拒斥与压制。我们可以随口说出的洗衣机、电冰箱、电饭锅、煤气灶、抽油烟机、微波炉、电磁炉、洗碗机等现代厨具在家庭中开始普及，而在中国，随着城市家电大量普及之后的“家电下乡”，乡村里的家庭主妇离开厨房也不是太过遥远的事了。①

在此转型的过程中，母亲在家庭中的“主妇”地位随着新技术的引入而逐渐地丧失，而新的地位正在试图通过否定自身而建立。这种否定同时也可以说是一种自身角色认同的转换，即从原来家庭“主妇”的角色转换成寻求新的社会地位的角色，并通过成长中的子女来不断实现和强化这种角色的认同。它的行动策略就是完全的否定，即不承认父母各自角色在家庭中的权威性，而借用各种瓦解途径来鼓励自己生育的孩子最后一定不要走与父母一样的道路。这种否定通过母亲对于父亲角色的忽视、不以为然乃至排斥而尤显其效力。同时，在这个过程中，父亲自身也在疏离于这个家庭中的所谓“一家之主”的角色，并试图从外部世界获得更多的物质资

① 2009年开展全国范围内的“家电下乡”活动，据说当年向农村销售的家电就有3 400万件。据报道，有一个粗略的计算，2007年中国农村彩电普及率仅相当于城镇1996年的水平，而洗衣机普及率仅相当于城镇1985年的水平，空调普及率相当于城镇1995年的水平，但是在政府家电下乡的优惠政策带动下，城乡之间的差距会缩短十余年。（http://www.chinanews.com/cj/cj-cyzh/news/2009/12-25/2039697.shtml.）

源以支撑这个家庭的正常运转。至少对于一个农民家庭或工人家庭而言，母亲挂在嘴边的往往是“不要像你父亲一样，干活累个臭死也挣不了几个钱!”或者“孩子你要有出息，不要走我们的老路!”之类的话。日本的现代化发展可能比我们更早地经历了这种家庭中父母角色的否定性转变。日本的一位女社会学家上野千鹤子就极为敏锐地观察到，日本社会“由于近代化的速度异常地快，对孩子来说只有‘不成为父母那样的人’才意味着‘出人头地’，这是不幸的近代化被强迫进行的社会中的现象”①。

这种否定父母角色存在的逻辑，显然不是一个以家庭为核心的社会的正常逻辑，而是一种明显地带有打破家庭认同，去重构社会等级与身份认同的文化转型的逻辑。在这样的更多否定性而非欣赏性的话语引导之下，家庭中孩子个体的自我及其在社会中的不断提升变得极为重要，至于家长们在家庭中各自的位置和各自的功能发挥在这个过程中则似乎是可以被抛弃而无所顾忌的。在2014年春天北京街头的学雷锋活动的宣传标语中，我们看到了这个时代的一种自我意识在主导话语中的呈现，那标语很醒目地写着“学习雷锋，奉献他人，提升自我”。我画着重号的这最后一句话大概在毛主席提出“向雷锋同志学习”的20世纪60年代是无论如何也无法提出的，因为那个时候，任何明晰的自我意识都是要受单一性的教条压制的，而在今天，这种自我的意识变得极为强烈和突出，即今天的人不再做一种完全的自我奉献，而要有所获取，那就是这里“提升自我”的真实所指，并由官方的宣传标语中无意识地提出。在这倾全家乃至全社会之力去培育并实现“提升自我”的理想的奋斗过程中，家庭的作用和家庭角色的认同，特别是母亲角色的认同，发生着一些可以观察到的实质性的改变。

可以这样说，这是以前的社会未曾经历的一场巨变。传统的社会，一贯强调的都是一种“家”的观念的重要性和在意识形态上的稳固地位，从《颜氏家训》乃至明太祖的《圣训六谕》中可以体现。这种上层的、带有精英主义引导意味的家的观念又是基于乡间社会的共同体而存在的，即所

---

① 上野千鹤子. 近代家庭的形成和终结. 吴咏梅，译. 北京：商务印书馆，2004：189.

谓的乡约。这种传统到明以后的清朝同样有效，历朝皇帝都以颁布重视家庭伦理乡约的各种圣谕为能事。① 但是，随着今天各类新技术的变革，特别是诸多分离技术的激增式发展，我们的家庭观念却在发生着一种改变，与此同时，教育的观念更跟随这种技术的发展和自我创造而改变着自身发展的轨迹。

二、分离的技术与家庭功能的替代

技术或一般意义上的文明的核心是通过一些器物的发明而使人离开与之密不可分的周围世界，这种技术或文明在笔者看来实际上都是一种分离的技术或分离的文明。② 很简单，只要人开始想着盖一所房子，人与自然中的树木、森林、河流、山峦便分离开了。而哲学观念中的“天人合一”反映在建筑物上无非是在象征或形式的意义上希望使失去联系的人与自然有一种人为的结合，那可以说是一种实质上分离而存有一种感受性结合的状态或意境，后者对人而言很重要。也许人自掌握了工具之始便远离了自然界中的物以及社会中的他人，但人有感受性，他可以借此感受性而感觉不到实际的分离，而这可能才是他开始体会人生有快乐的一个最为重要的基础。但是，随着各类分离技术的快速成长，技术的复杂性和实用性使之再难以顾及人的这种感受性，因此技术开始脱离人所乐于感受到的人和人之间、人和自然之间、人和器物之间的结合性而孤立地发展着。此时的技术更多是跟现代的高科技紧密地联系在一起的，这些技术本身的运行原理，可能是专家以外的人所不能够真正理解的，对他们而言，这些技术的原理是一个穷其一生永远也不可能掌握的系统，比如我们今天所依赖的银行系统、汽车操作系统、航空飞行系统等。

---

① 有明一代极为重视教化已成常识，不必多言。《大明太祖高皇帝实录》（卷二十六）便有所谓“天下初定，所急者衣食，所重者教化”。到洪武三十年（1397 年）专门颁布《圣训六谕》，核心内容为：“孝顺父母，尊敬长上，和睦乡里，教训子孙，各安生理，毋作非为。”而有清一代，自顺治九年（1652 年）颁布《圣训六谕》，经过康熙的《圣谕十六条》、雍正的《圣谕广训》，再到光绪十七年（1891 年）的 239 年内，颁布此类关乎家庭伦理的谕旨多达 32 道。而强调家庭主体地位的孝道观念却没有一丝改变。

② 赵旭东. 在一起：一种文化转型人类学的新视野. 云南民族大学学报（哲学社会科学版），2013（3）：24-35.

反映在我们日常的生活里，这种分离技术对于生活中器物和功能的替代可以说是无处不在的。在一个传统的家庭里，离开母亲的生活也许是不可想象的。“又当爹又当妈”这句俗语塑造出的形象从来都是跟悲苦的家庭生活联系在一起的，特别用来形容没了母亲只有父亲的那种非正常的家庭，只要想想影响一代人的“白毛女”的典型故事，对这一点的体会就再明确不过了。因为在正常的家庭中，母亲的地位是无法取代的，除了哺育后代之外，她所承担的做饭、洗衣以及一般意义上的操持家务都是维持一个家庭必不可少的项目，她是家庭中凝聚信任的一个重要的来源，因为食物的制作更多是跟母亲这个角色紧密地联系在一起的①，而家庭中的男性很多时候是无法单独完成这些工作的。但是，今天的分离技术的核心就是把这样的家庭主妇从她们说了算的并可以支配的生活空间抽离出来，而用新的技术设施加以替代，上面提到的那些项目对应的家用电器无一不是对原来女性在这些工作中角色的替代。现在已经普及的电饭锅，不仅可以帮助我们随心所欲地做出可口的米饭，满足我们一天里任何时间都能吃热饭的需求，而且有炒菜的功能。这意味着家里无须有女人的存在，饭菜一样可以依赖机器的指引而顺利地做出。

在这个意义上，单身家庭的出现以及以这种家庭形态的存在为一种“快乐之事”就变得极为正常，显然这跟女性在维持家庭方面功能的丧失有着极为密切的关系。但很显然，虽然像洗衣机这样的分离技术使家庭主妇无须再亲自用手去洗衣服，但她们每周洗衣服的时间却显然并没有因此真正地减少。随着这种方便的洗衣机被引入家庭，洗衣的频次增加了，与此同时，人们的清洁观念也在不断地增强，因此妇女用于控制洗衣机的时间不减反增。原本固定时间的、可以外包乃至分摊的洗衣服工作不仅交给了家庭主妇，而且变成随时随地都可以处理的另一种负担，这进而影响到家庭主妇的日常作息，她原有的生活节奏因此而被任意地打乱了。在美国这样号称最为现代的社会中，“美国中产阶级的妻子们的‘主妇’称号只

---

① 赵旭东，王莎莎．食物的信任——中国社会的饮食观念及其转变．新华文摘，2013（12）：22-24.

是徒有虚名，事实上她们只不过是没有帮佣的专门从事家务的劳动者”①。我们今天能够看到的家庭主妇恰恰是一边看着电视连续剧或听着流行音乐，一边注意着洗衣机的运转，同时还要等着为电子炉具关掉开关，忙忙碌碌，不能真正静下心来，不过是各种电器的女主人而已。

现代家庭中的母亲通过购买电器而走出了厨房，这却是以一种高昂的代价换取来的，那就是把自己的全部身心都转化并分离出来，一股脑地用在了子女的教育上面。原本自然而然或共同认可的家庭教育乃至社会教育，通过人的进步和启蒙的观念而不断地得到提升，并从家庭和社会的空间中抽离出来，成为在专门的学校空间中进行专门化教育的一种实践。但这种教育制度在独立成长的过程中，也在不知不觉地发生着方向的改变，那就是通过这种制度来强力推进人与人的分离，即一方面基于个体人格的培养的现代理念，而另一方面则基于选拔社会所需要的合格人才，通过各种分等级的考试制度使人和人之间有了一种身份上的标示性的分别。在此意义上，一种偏离教育本身的“异化”开始出现，并逐步得到升级，于是造成了这样一种社会后果，即孩子们学习什么变得不是太过重要，重要的是学习这种东西如何能够使自己快速而高效地超越他人。这本来是学习的副产品，现在却成了学习的目的本身，并通过一种类似现代原教旨主义的教条的现代市场逻辑合法性②，进一步强化受教育者在这个场域之中不断竞争分出高下的行动策略的合法性。

由此，家庭，特别是近代以来构建起来的核心家庭，不再是基本的社会构成单元，而是因诸种分离技术对家庭领域的侵入而发生着一种深度转变。从法律层面而言，与这个过程相伴的是私人财产权的观念逐渐深入人心。由此一个围绕家庭生活的悖论开始形成并显现出来，即本来由现代法律所保障的以共同性为基础的合法性婚姻，开始走向一种事实中的婚姻因无法打造乃至破坏这种共同性而导致的夫妻真实生活中的分离或离婚。也许新的《婚姻法》中关于婚前财产登记的条文也在暗示，这种家庭中的分

① 上野千鹤子．近代家庭的形成和终结．吴咏梅，译．北京：商务印书馆，2004：164.

② Sim. Fundamentalist World: The New Dark Age of Dogma. Cambridge: Icon Books Ltd.，2004：223.

离得到了国家法律的认可，虽然婚后财产的共同所有是同样受到法律保护的，但是正像一些案例所显示的，这之间的分别在现实生活中实际是很难处理的，笔者在河北李村的调查显然可以说明这一点。① 而在 2011 年 8 月 23 日发布在网络上的一个来自浙江台州的案子，也许很好地说明了这种财产分离的现实复杂性②，我们把这个因处在困境中而求助律师的案例抄录如下：

> 本人于 2010 年经相亲认识一女子，短短几个月就订婚了。她父母说聘礼一分不收，要我放多点，有面子点，结果放了一百多万，被收了二十多万。次日就去领了结婚登记证去了外地，但是她第二天就提出感情不和，是被父母要求才嫁给我的，要求离婚。之后一直拒绝过夫妻生活，衣服不洗，饭不做，天天跟我闹，在过了二十多天以后就跑回娘家躲起了猫猫。她父母原来答应还我聘礼，后面只愿意还一半，并找各种借口诋毁我，说我性无能啊，家庭暴力，说只还我一半已经很好了。这不是摆明骗婚吗？我一气之下，决定打官司。在此咨询一下，现在新的《婚姻法》出台，说男女双方婚前财产归自己所有，这聘礼算不算（婚前财产）？可不可以通过打官司要回来？

很显然，在离婚案件中，彩礼归还或处置的问题是最难处理的。我们也看到回答这个人的问题的律师们，观点还是有差异的。有的很明确地说"算婚前财产"或"属于婚前个人财产"。有的则从法律取证的角度去回答，比如有律师说："你好！这种情况，建议委托律师处理。如何协议，如何取证，如何诉讼，是很专业的问题，需要一定的专业知识和技巧。有需要，可直接与我联系。"还有一个律师更为直接，说："您好，请问你给了二十万有没有证据能证明？如果您上面所讲的都能证明是事实，可以起诉把钱要回来。"显然这是不太懂民间规矩的一种询问，实际上在这个问题上要找到证据是非常困难的。看看另外一位律师的回答："分两种情况

---

① 赵旭东. 权力与公正——乡土社会的纠纷解决与权威多元. 天津：天津古籍出版社，2003：87-106.

② 法律快车.（2011-08-23）[2018-01-16]. http://www.lawtime.cn/ask/question_2082966.html.

分析。第一，如果你们登记结婚了，并按风俗举行了婚礼，视为已经同居生活，依照《婚姻法》司法解释二第十条规定，当事人请求返还按照习俗给付的彩礼的，如果查明属于以下情形，人民法院应当予以支持：（一）双方未办理结婚登记手续的；（二）双方办理结婚登记手续但确未共同生活的。基于上述规定，你可以要求对方返还。第二种情况，如果你们登记，并已经共同生活的话，法院很难支持你的（请你注意法律上什么是'共同生活'）。上述分析，我有台州中院的判决书来支持。祝你好运！"①很显然，这样复杂的程序要想把这个案件做一公正的判决应该是不可能的。最后的结果只可能是双方各执一词，自我表述。

在这种法律与现实的悖论和纠结之中，面对当下的家庭背景，我们更多观察到的是日常生活之中家庭生活的解体或形同虚设。比如伴随着各种方便食品在世界范围内的生产、运输和消费，个别化的生活倾向变得越来越明显，而"家庭味道"的主体性被社会中多样化的提供商提供的商品所取代，家庭聚餐开始越来越多地离开家庭的空间而进入公共的但又可能是半私密的领域，比如餐馆的包间、卡拉 OK 的包厢、旅馆的单间或套间等。与此同时，不定期的家庭聚餐成了更加仪式化的场景，且餐食逐渐从家庭主妇的手中脱离，外包给社会中蓬勃发展的各类形式的餐馆。结果，家庭中没有妻子或者母亲便不能聚餐的现象不再成为一种必然，妻子或者母亲可能因为工作之需缺席或早早离开聚会，专门由丈夫或父亲带着孩子聚餐，或者单独由丈夫或父亲招待自己的亲戚或客人聚餐，在今天这变得再普遍不过了。家中女主人的角色在这个意义上变成一种陪衬，而不是必需。在这个意义上，某家餐厅的包间可能就成为家庭在一起存在的临时性场所，餐厅的包间在这个意义上是对家庭的厨房和餐厅空间的替代。由此，家庭的观念进入了一个"闪"的时期，即一个家庭的成员约定要在一起吃饭，就通过互联网络或者手机查找去哪家饭店的哪个包间，通过手机来相互联系，确定吃饭的时间之后，同一个家庭的不同成员就可能从一个城市乃至多个城市（甚至乡村）的不同地方赶过来，吃上一个小时的饭之

---

① 法律快车.（2011-08-23）［2018-01-16.］http://www.lawtime.cn/ask/question_2082966.html. 着重号为本书笔者所后加。

后，大家又可能会各奔东西。比如母亲要带孩子去参加周末学习班，父亲则要在周末约谈一个客户，或者赶写一份稿子。在这个意义上，家庭生活的“闪存”成为一种无法否认的事实，特别是在城市空间中，相对便利、可迅速抵达的交通工具，又在促使这种“闪存”成为一个家庭不能不持续依赖的生活事实。

我印象很深的是有一年去日本大阪，在北京首都机场出港时，一对老年夫妇相互搀扶登上飞机，与我邻座。我问他们二老去日本干什么，他们说有一个女儿在美国读书留在美国工作，每年的假期很短，女儿要尽孝心，所以每年约老两口去世界某个地方旅游，今年去日本的大阪。女儿在美国为他们订好全部的飞机票，他们老两口不用操心任何事情，只是迈开腿离开自己的家打车去机场，然后在约定好的世界的某一个地方和女儿见面而已。这次当然就是在大阪了。老先生感慨地说：“女儿工作忙，也没时间回家，吃不上她母亲做的可口的饭菜。现在还能走得动，以后走不动，在家里见女儿就困难了。”在这个意义上，可以做一种对未来的推论：随着各种分离技术对家庭生活的侵蚀，家庭可能不再是大家聚合在一起共同承担风险的空间，而可能是老年人孤独地离开这个世界前的最后一站。甚至在他们还没有离开这个世界的时候，由于身体原因，比如老年痴呆，有些家庭已经不愿意承担照料这样的老年人的生活的风险，而毅然决然地把他们一个个抛弃了。社会中日益兴起的养老院也许是使得这种家庭的抛弃行为合情合理又合法并真正失去一种道德约束的社会力量。如果不是那样，年轻的家庭成员也会因日益膨胀的社会追求而被老人赡养问题压垮。古代的“六十生藏”的传说在今天看来并非虚构，只是如今明明白白地把老人转“藏”到家庭以外的养老机构而已。甚至对于得了严重疾病的小孩子，家庭的抛弃行为也是屡见不鲜的。这不是人的问题，更重要的是家庭结构的转变，家庭的结合力不足以支撑其面对各种突然出现的家庭风险。

三、家庭远离与角色转换

由此可以拓展出对于教育领域问题的思考。各种原本由家庭承担的教育功能首先会因为父母角色的解构及其在家庭中作用的实际丧失而被转移出去。教育的社会化而非家庭化，更非共同体化，即教育的成绩不再跟血缘的“名门”和地缘的“望族”紧密地联系在一起，成为今天教育文化的核心特征。

如果将其归结为一点，则可以说今天所有的教育实际在做的都是使受教育者成功地远离甚至彻底地抛弃自己的家庭。换言之，基于这样的教育文化的转变，社会中受过教育的每一个个体都会有这样一种潜质，即有一套技巧或知识在身，可以脱离自己出生的家庭而独立存在，这种独立性也不必然是跟着一个新家庭的产生而产生的，越来越多的“单身贵族”的自我炫耀以及社会先锋派的价值赋予，使得个体离开家庭而孤立发展的趋势成为一种可能和潮流。

由此，如果我们去考察一下今天一个人受教育空间的距离便会发现，个体受教育的半径远远超过了家庭生活所依赖的半径，即为了教育，人们远离了自己的家庭所在地。今天随着网络技术、交通工具、通信系统以及方便食品储存和供应的进步，人们可以离开自己的家庭，沿着从乡村到城市，从城市再到国外的移动轨迹而实现对家庭的一步步脱离。人们因此从很小的时候就可能离开自己的家乡，离开村落，离开大山，离开县城，离开小城市，离开自己的国家等，而迈向的方向一定是远离自己家庭的那个方向，整个的教育体系都为这个方向提供一种推动力。人们为了教育孩子而离开了自己的家庭，对家庭的认同也在这个过程中发生各种扭转。

当下在各个城市都存在的“学区房”的概念，核心就是在正常的家庭生活空间之外再建构起一个有着非正常生活的家庭。而这样做的最终目的又恰恰是通过一些制度化和非制度化的教育机构去教育自己的子女远离其家庭。而现代网络技术、轨道交通的快捷和高效，空中运输的平民化，使人们有清晰的途径去审视所谓分离技术在教育上的影响。这种分离显然不是观念上在意识里的分离，而是在潜意识里借助新技术而完成的一种分离实践。分离的基础在于对家庭生活中各种角色的逐步取代，原本家庭中各安其所的每一个人不再是一个完全意义上的家庭中人，而成为有着强烈自我意识的独立的个体，他可以借助各种技术而实现在无他人帮助场景下的生活自理。

很显然，一切如果都能从超市中购买的话，那么一个拥有足够金钱的人是无须与某一个家庭保持极为紧密的联系的。与此同时，电脑网络以及通信技术的普及，又使这种所谓天然的家庭依赖感遭受无以抵抗的瓦解。网上的远距离视频聊天，虽然使家人之间的联系频次和方便性得到强化，但人们因此而有的见面机会趋于减少，这也在深度影响着母亲的角色变化，即从子女的实时看护者的角色中脱离出去。换言之，可以联网的电脑或者智能手机从实质意义上取代了母亲在家庭中的角色，并使原有的母亲的角色发生了一种转变。如果从弗洛伊德的精神分析角度看，恋母仇父的俄狄浦斯情结在人的潜意识中发挥着特别的作用，那今天面对信息化的社会场景，它就可能发生一种功能性的转变。可以说，掌上电脑和智能手机作为集娱乐与社会生活需求于一身的现代最时髦的“玩具”，在快速地取代母亲的角色而成为人们依恋的对象，真实的母亲的角色可能因此而发生解体并被这活泼的“玩具”取代。因为母亲原本所具有的被依恋的功能在日益为新的技术和超市里五花八门的商品乃至社会中各种可以替代母亲的服务所取代。方便食品取代了母亲供给食物的功能，小时工取代了母亲整理房间保持其清洁的功能，洗衣机取代了母亲用双手洗衣服的功能，各种型号和品牌的服装则取代了母亲缝纫供给家人御寒的衣物的功能。还可以沿着这条线索不断地追溯下去，你会发现，传统母亲的角色实际上越来越难以建构和存在了。

而与此同时，我们看到另外一种替代性的趋势，那就是母亲对于父亲角色的替代，而父亲原有的角色也在被边缘化，甚至受到某种排挤而退出家庭生活的场域。这实际上是一种家庭成员角色及功能的转变。原来位于边缘的孩子不是通过自然的成长而位居家庭的中心，“一切为了孩子”“不能输在起跑线上”这些口号式的观点在不断提升孩子在家庭中的重要性，通过社会机构延伸至胚胎期的早期教育使得孩子变成家庭自然传递的核心。而原有的父母的角色在逐渐丧失或被某种新发明的分离技术替代，父母一同被边缘化。想一想试管婴儿生殖技术的普及，我们就能切身感受到父母角色的双重失落。而母亲原本的给孩子无条件接受和保护的角色转而成为父亲式的训斥和阻止的角色，以此督促孩子向着一个既定的成长方向迈进。这种转换带动了一种新的俄狄浦斯情结的转换，即由于电脑和手机之类的分离技术在越来越多且越来越普遍地成为新生一代孩子的依赖对象，同时母亲的角色中越来越多地渗入父亲的压制性角色内涵，因而，如果可以把这些吸引孩子们的器物简称为“机”器的话，那么一种弗洛伊德意义上的“恋母仇父”情结必然会转化为“恋机仇母”或“恋机仇父”情结。这里父与母已经角色同质化了，二者并无所谓功能上的分别。这样的看法绝非危言耸听，网络上有许多因为孩子沉迷于网络而伤害母亲或父亲的极端例子，这不能不说是“恋机仇母”或“恋机仇父”情结的映射。①

四、教育人类学与文化转型人类学

如果教育人类学声称是研究不同文化下的教育行为的，那么面对世界范围内的文化转型，我们就必须在人类学的文化相对主义维度之上加上文化的批评维度。有了这种批评，才能有一种真正意义上的文化自觉；没有文化批评，文化自觉是难以真正实现的。但这种文化批评不再是传统意义上的文化研究，而是就发生在身边且就在当下的诸多文化形态中的一种，它无形之中引导着我们的生活的全部。它借助器物或人造物而体现自身，这便是分离技术在现代社会中的自我成长和对我们生活的支配。

毋庸置疑，技术是造就某种器物的基础。从最简单的打磨石器的技术，到今天极为复杂抽象的微电子技术，目的可能都只有一个，即使人类的生活发生一些改变，并使之趋向一种好的生活。但这里存在着结构主义人类学家列维-斯特劳斯所谓“冷”的社会与“热”的社会之间的结构性转变。② 可以这样说，打磨石器的技术属于“冷”的社会的一部分，它可

---

① 这样的案例实在太多，网络上到处都是，且形式多样，随机举下面几个发生在2013年的例子作为说明。香港的一个初中二年级的男孩在考试之前还玩游戏不止，玩到半夜母亲训斥了他，并强行关掉电脑。该男孩十分不满，和母亲扭打，伤及母亲。家人让这男孩道歉，该男孩很嚣张，拒绝道歉。家人没有办法，只能报警了事。（http://www.ali213.net/news/html/2013-1/65826.html.）另外一个例子则是，广东省坦洲镇的一位母亲看到28岁的儿子天天无所事事，沉迷于网络游戏，于是喝农药自杀，儿子在其身边若无其事，邻居报警才救了其母亲性命。（http://game.163.com/13/0926/19/99NK490O00314K8H.html.）因玩游戏而与父亲发生争执的案件同样屡有报道。比如江西省吉水县一名18岁王姓男子拿刀追砍阻止其玩游戏的父亲，随后又去追砍前来阻止其伤害父亲的当地民警，后被民警制服。（http://game.163.com/13/0909/20/98BTVC1300314K8H.html.）

② 赵旭东. 本土异域间——人类学研究中的自我、文化与他者. 北京：北京大学出版社，2011：48.

以在一个相对封闭的社会中存在几个乃至十几个世纪也不会发生什么改变。农民手中的锄头跟三千年前铁器时代的锄头似乎并没有什么两样。这种不那么快改变的技术融入人们的日常生活之中，成为生活中不可分离的一部分。但是微电子技术下的各类应用性的器物显然是一种高速变化着的“热”的社会的表现物，它内部有着一种张力，必须向封闭的社会以外去做快速的传递，离开这种传递，它的存在便无意义可言，因为新涌现出的知识和技术很快会将无法传递出去的知识和技术扼杀。而这些“热”的技术实际上都不会和人的生活有一种真正持久的密切结合，更多的情况则是技术进入了生活并对生活加以分离，然后再离开生活本身，随之会有更新的技术接续进入我们的生活之中，以填补这一分离的空缺。这就是“技术的进步”的核心意旨，它更多是与对我们生活的彻底改造紧密地联系在一起的。比如电视技术使我们更为清晰地了解世界的变化，而今天的网络技术不仅完全可以代替传统的电视的功能，还可以使我们动态而随意地了解世界的变化以及知识领域的更新。但是我们却因此类技术深入各个家庭之中而越来越远离家庭本身并远离生活中真实的周围世界。所有的新闻都发生在电视屏幕上，我们身处其中的现实社会却抛给我们一副冰冷的面孔，似乎一切都没有发生，而且我们也确实看不到真正发生了什么。

在这个意义上，我们必须去重新面对当下的文化及其根本性的转变①，这种转变无疑是由技术空间向生活空间不断扩张造成的。② 我们没有必要去相信核心家庭的神话，同时更没有必要去相信在我们的文化里，扩大的家庭依然故我地存在着，我们只要相信我们的感受是真实存在的，那么家庭的模式就因为与各类技术的碰撞而发生各种各样的变化。也许在三十年前，中国还没有明确的同性恋家庭的观念，今天它却是很多人默许或不得不承认的一种存在方式。③ 而一只宠物狗被社区里的一位老大娘牵

---

① 赵旭东. 从社会转型到文化转型——当代中国社会的特征及其转化. 中山大学学报（社会科学版），2013（3）：111-124.

② 赵旭东. 在一起：一种文化转型人类学的新视野. 云南民族大学学报（哲学社会科学版），2013（3）：24-35.

③ 富晓星. 空间·文化·表演——东北A市男同性恋群体的人类学观察. 北京：光明日报出版社，2012：139-166.

引着，她不停地管这只狗叫“儿子”，并且在行为上还真的像对待自己的亲生儿子一样百般呵护。你要去问她，她就会说：“一个人生活，烦闷得很，儿子都在国外，这只狗也就是家庭里的一分子。”她甚至还会补充说，如果狗先于她而死，她肯定是要为其准备葬礼的。这位老夫人和这只作为非人类的“儿子狗”构成的关系，在今天动物爱好者的眼中也许可以被认可为一种新的家庭模式吧？显然在今天，这种类型的家庭也是一种存在，是不应该被排斥在家庭分类之外的。

确实，教育在今天扮演着一种分离家庭成员的分离技术的角色。寄托于子女身上的家庭与社会的厚望，使子女的地位在家庭中得到了真正的提升。但是现代教育，却使这些子女不再回归出生并成长的家庭。除此之外，他们也因为精准地掌握了学校或社会提供的新技术知识而无法真正回归自己的家庭。与此同时，家庭空间中的各类器物不断被新的分离技术替代也导致了家庭空间的转变，每个家庭在一种完备的社会市场服务体系的支撑下变得越来越个别化，一个单元房里的每个房间都成为一个人孤立且完备的生活空间。至于包括家人在内的他者的存在，那只能是另外一个孤立的个体存在，他们之间不会再有更为深入和持久的关联，特别是在家庭危机来临之时，每个人单独应对风险的概率远远大于一个家庭集体应对的概率。因为所有在教育中培育的技术，实际上都是从根本上训练各种类型的小孩子如何从在娘胎里开始就要学会独立，如何有知识，如何早早脱离家庭的羁绊，如何在社会中占据第一的位置，即所谓不能输在起跑线上。教育就是成功，就是占据制高点，就是一场战争，这在今天的学生中已经成为一种不言而喻的行动策略。令我印象很深的一个硕士生，她在准备报考北大的博士时，专门准备了一个备考资料集，还煞有介事地将资料集命名为“北大攻略”，当然她最后考上了北大。但我经常想，这样一种心态和境界，是教育最初始的目的吗？显然不是。

教育在这个意义上难以真正与历史上的教育理念连接为一个线性的可以追溯的发展脉络，教育在今天发生了一种基于社会转型的根本性的文化转型或者说是一种没有顺利转向的文化扭曲。结果就是，好像人们必须否定自己出身的家庭，才能真正超越他们的家庭本身。当然，依照这样的认识逻辑，家庭中的父母角色是一定需要去超越的，超越父母被看成一种获得社会与家庭荣耀的方式。人们因此可以有从胎教开始到博士乃至所谓博士后的各类证书和成果的证明，却很难凭此回到自己的家庭世界，与家人保持一种真正正常意义上的交流。为了一种知识的获得与超越，将人生活的全部以及家庭生活的全部完全抛弃似乎是不假思索就可以做出的一种选择。人们也不会再将情感专门集中地投注到自己的家庭空间中，而是会将这种情感知识化为一种被社会感召出来的社会贡献。有些人开始关心微博、微信中发布的苦难而可怜的老人，甚于关心身边看护自己成长的同样需要被看护的父母；有些人倾向于用被媒体和社会的权威机构塑造出来的带有建构性的“公民”概念去展示自己赢得社会赞许的社会关怀与爱心，却不大肯将这份情感分出哪怕十分之一给自己孤独居住的父母；有些人可以因为求学、进修以及务商的目的而远离自己的家人，却不肯因为家人生病乃至病重而放弃自己的追求。还有许多这样的排比，这不是文学家咬文嚼字的修辞，而是真实发生在我们周边的社会事实。而如何对此做出一种恰如其分的公允的评价，目前似乎还无解。

而以上这些，在我看来，都跟分离技术的发明及其在我们生活中的不断应用有着极为密切的联系。我们的文化必然也会随着这些技术的发展而发生转变，并且凭借文化的创造力一定会转化出一些新的文化形式，以使人们生活的意义能够重新被找到，或者使人有一种幡然醒悟式的再发现。教育人类学家的研究真正要做的恰好就是引领同好向着这一发现之旅不断迈进。

第五章　后文化自觉时代的物质观

在我们清醒地意识到文化自觉的存在之时，我们却一下子面对着后文化自觉时代的物质世界。这个世界不断地被分离技术所操控，并开始日益深入我们的生活世界之中。现代世界不仅跟理性的观念紧密地联系在一起，更为重要的是跟技术的生产以及对于生活世界的分离紧密地联系在一起，它使得一种融通的共同性的生活日益失去存在的空间。人被技术分离成一个一个独立存在的个体，并借助虚拟的空间而得以实现，这些便是后文化自觉时代的物质观所面临的一个真实处境。

一、技术与现代世界

在我们渐渐明白了人类学不再只是对相对于作为整体的西方文化而言的异文化的描摹与解释之后，人类学家需要重新思考自己的学科定位，并在此基础上理解自己的文化与其他所有文化生成与转化的历程和价值，特别是在一种日益明显的新物质观即新媒体技术影响之下，现代世界的文化转型。没有这样一种对新的世界产生的新的物质观上的自我觉悟，人类学只能是在漫无边际的区域经验之中不断地靠经验来积累经验，却不知道这些积攒起来的经验，本身就淤积在一条原本水流通畅的河道里，而想要在这河道里通过的后来者，极难再有一条顺畅的通行之路。这样一种河道的隐喻，对于今天的人类学家理解自身以及未来的知识创造是有启示作用的。

可以肯定地说，人类学在其发轫之时并不是他者关怀取向的，这一点稍有西方人类学史知识的人类学家都会同意。早期的人类学更关心作为整体的人类自身，因此人类学从本质上而言可算是一门寻求人类自觉的学问，它在对作为整体的人类社会与文化生活的理解中，会以寻求圆满的解释为一种自觉的开始。这一点同时也可能是有自我反思能力的人类独具的，其他的物种，应该很难有这样一种自觉意识。反倒应该说，随遇而安的对外部的依赖，是人以外的动物的基本生存模式，即对外部的顺从与适应，进而寻求一些必要的生物学意义上的进化或演进。

从一定的意义上说，人首先有了这种自觉的意识，然后才开始真正在意识的层面上与这个外部世界的存在形成一种对照性的关系。我们由此开始非常明确地去看世界，并知道有一个我们心目中能够回想起来的世界存在在那里，并等待着我们去认识和理解。这个世界就是我们的生活世界，我们生活于其中，为其所形塑，同时反过来，我们自己的一言一行也在形塑着这个世界。也许在一个相对封闭的社会中，这种形塑的过程是很缓慢的，信息的有限性决定着既有的社会结构的稳定性，由此而使得社会形态的转变变得极为困难。人们固守自己的社会角色，终其一生鲜有改变，社会的主体结构在这些不变的角色簇拥下维持一种自身存在的稳定性。

但是，现代世界的最为重要的特征就是其自身的开放性，借助一种民主政治的社会契约，在社会的上层结构与下层结构之间就有了一种融通；借助不断扩张的跨越了区域共同体的贸易体系，一个有着自身边界的社会随同贸易的扩张而不断地向外拓殖，由此传统社会内外之间的相互隔离在瓦解，内外相互嵌入；而人际传播技术在近代以来的迅猛发展，使得信息的生产、保存、传递变得越来越容易，同时信息也越来越广泛地为个人所方便易行地掌握。由此而形成的个人与个人之间、个人与社会之间以及社会与社会之间的信息、知识以及生活方式的同质化在不断地得到加强。与社会隔离开来的个体化的生活方式，因为传播技术的发达而变得越来越有可能，而面对面的交流由此退居第二位。现代世界由此而在全球化的观念下做着一种极为有效率的整合，不论是资源还是信息，乃至劳动力，所有原本是地域性的社会存在，都转而在一种全球化旋风的鼓动之下，在世界范围内传播、分布以及再生产。贝尔在20世纪70年代所预测的后工业社会的来临①，今天相比过去更容易看得清楚。很显然，世界的多样性的文明有一种趋于一致的可能，而“世界性”这一观念已经不再仅仅是一些理论家在工作坊里谈论的主题②，随着近年来互联网的迅猛发展及其在发展中国家的日益普及，这个世界一体的观念，越来越清晰地逼近人们日常生活的现实实践。

面对现代世界的这种发展，今天的人类学需要对整个世界及其诸多文明自身的走向有一种明晰的把握。由此而对传统的看重“文野之别”的诸多对立性的范式逐一予以审视并抛弃，这种抛弃在一定意义上也是一种自我更新，以此而去应对一个日益变化、晦暗不明、“居无定所”的现实世界。在经历了自工业革命以来一个半世纪的世界历史样貌的改变之后，一种明显的前后一致、首尾连贯并持续线性发展的趋势是易于为我们所观察到的。这种现代世界发展的易见性，可以很容易地在分离技术的日益精致化以及普及化影响之下的生活世界的改变中切身地感受到，而关于这一改变所带来的价值观念以及物质观念上的转变成为本书需要详细讨论的核心。

人类学在很长的时间里专门把巫术与技术看成相互对立的两极，似乎有一种逻辑能很清晰地为我们所把握，即其中的一种发展，则另外一种必然衰落。但实际上，巫术与技术的发展从来都是循着自己的路径向前迈进的，并以自己的方式处置以及解决自身所面临的各种问题。对于巫术与技术之间的关系这一问题，恰当的理解应该是，它们各自在不同的空间场域中所发挥的特有的支配力有所不同。③ 就像人类学家从来也不会忽视巫术在社会中所起的作用，并相信它会持续地影响人类社会一样，今天，当技术越来越深地影响我们的生活世界，并改变我们个人的自我构成时，我们需要重新看待跟文明一起成长起来的技术自身的发展以及它对于人类社会改变的影响。没有这样的一种看重，技术将不会成为人类学家眼中新的

---

① 贝尔. 后工业社会的来临——对社会预测的一项探索. 高铦，王宏周，魏章玲，译. 高铦，校. 北京：商务印书馆，1984：129-137.

② 赵旭东. 世界性、四海一家、天下大同. 读书，2003（12）：24-30.

③ Beattie. On Understanding Ritual//Wilson. Rationality. Oxford：Basil Blackwell，1970：249.

“他者”而为其所真正全面地认知。

在这个意义上，技术与巫术之间没有什么根本性的分别。技术的存在虽然是为大家所熟知且从来也不去反思的，但是随着数字化技术以及生命基因技术的发展，我们越来越不清楚技术是如何“神奇地”在发挥作用了，它越来越抽象化，由此而远离了我们日常生活所能理解的范围。我们可能只知道那一串串的技术名称，却越来越不知道这些名称背后的真正含义究竟为何。可以猜想，对于一个不谙自动取款机原理的“原始人”，他看到一个人把银行卡塞进机器里钱就出来了，一定会惊诧不已。在他的内心之中，这就如他所熟悉的巫术一般充满神奇的魅力。在这个意义上，就像原始人更为关注巫术的结果而并不太了解巫术本身一样，我们今天对各类神秘技术的了解可能更是少之又少，而且未来还会更少。

二、分离技术与生活世界

如果我们从技术史的角度去看待技术的发明跟人类社会与文化之间的关系，就会变得非常有趣。这一历史进程，不仅跟物质性的器物发明紧密地联系在一起，更为重要的是，一旦某种技术和器具被发明出来，并进入人们的日常生活之中，它就会直接却无意识地对人类的行为模式产生一种深度的影响。这种影响绝不同于一般巫术的那种影响，巫术在试图对人加以控制，这种控制所借助的途径就是由人的想象力构想出来的世界，这个世界一旦被构想出来，人与它之间就紧密地联系在一起了，不能分离。比如鬼的观念出现后，人受其控制，并通过巫师的表演使得鬼的存在活灵活现，人因此要向它祭拜，并服从它的指示。年复一年的驱鬼与祭拜，实际从社会的功能角度而言，不过是在强化人鬼之间不能分离的观念而已。

而技术的含义却与此大为不同。它的核心是不仅对人进行全面控制，而且在这个控制的过程中对人类社会做出一种分离。人类社会因此而被分化为一个个独立的个体，而技术所真正在意的是那一个个的个体本身。说白了，现代技术就是要对被技术分离出来的个体进行全方位的控制。对人而言，所谓的技术，特别是现代的技术，不过就是一种分离的技术。因为技术的载体，或者其表现形式，是一种实实在在物化了的形式。因为这物化的形式存在，人们才开始有了对技术加以占有和操弄的可能。人们掌握了技术实际就是占有了技术，由此原本由他人或自然承担的角色，就因为这技术的发明和应用而被让度出来，交由掌握了这门技术的人管理和使用。技术从他者手中交出的过程，实际意味着一种技术分离的开始，即谁掌握了技术，谁就跟由这技术替代的原本由社会中的其他人来担当的角色分离开来。今日世界极为普及的手机的技术便是一个最为明显的例子。自从手机被发明出来，并进入我们的日常生活中，便开始了真正意义上的技术对社会生活的分离过程，即我们的对话对象转变成某个人的手机，而不再是具体的面对面交流的他人。所有的信息通过信号模拟而即时地传输出去，手机替代了听我们说话的他人，借此我们可以与他人处在分离空间之中而有信息的沟通和交流，但这交流的本质仍旧是一种由现代的分离技术带来的直接的社会后果。

实际上，技术针对某一个人的孤立存在是没有什么意义可言的，技术的存在一定首先是社会的，技术一定是在保证社会更为有效地运转这个前提之下而不断地被发明出来的。可想而知，对于孤身一人飘落到一座荒岛之上的鲁滨逊而言，任何技术实际上都是没有什么存在价值的。我们确实很难想象，饥饿的鲁滨逊会想着去发明转基因的食物来改善自己的生活。他只想着能够风调雨顺，靠着自然来过一种动物般的生活。但有了人和人共在的社会出现，情形就大不一样了。很显然，在这个过程中，有一套文化的逻辑开始变得越来越清晰，即我们先有了一种社会的观念之后，再在此基础之上逐渐地发展出各种技术，以利于社会的良性运转。换言之，我们应该相信是先有了人类社会，并由这个社会创造出各种技术，进而人因为这些技术的获得，相互之间带有原始意味的直接面对面的合作才有了一种逐渐降低的效用。

比如，我们可以去想象，原始状态的人在其生活的一开始，就像客居荒岛的鲁滨逊一样，没有所谓固定的居所，随处躲避风雨，到处采集狩猎；而自从最初的建筑房屋的技术被发明出来，不论是干栏式的建筑、夯土式的建筑，还是富丽堂皇的大理石建筑，人跟自然状态之间的分离就开始了。并且，人类的智力总会使自己的这种分离变得更为精致化，因此技术的成长跟文明的成长是紧密地联系在一起的。没有一个社会能够离开技术的发明而构建起其自身的文明发展的谱系。

因此，当把这种技术的发展放置在文明进步的尺度上去审视的时候，也许可以将其想象成一种螺旋形的发展。其开始绕的弯子很大，发展也很缓慢，但是，一旦人们开始有清晰的对于未来世界形态的构想且深信不疑，并通过高效率的技术而使之逐步实现，这种发展就会近于一种直线式的高速发展了。此时人和人之间的分离就达到了极大，当然在相互分离的精致性上自然也达到了极大。今天一家一户的单元房的生活，一定不是最初人的生活样态，看看爱斯基摩人随着季节的变化而构筑起来的冬天里的长屋，我们就会明白这一点。

今天，有似打印机打印出来的世界各个城市过度同质化的高层住宅楼，恰可以用来说明这种高速直线发展的样板和极致。我们今天去各个地方旅行，特别是在那些被标榜为世界大都市的城市，很少能见到有哪个地方的建筑不是近乎同一样式的。而那些为了满足怀旧的情绪而接二连三开发出来的复古建筑，只能被看成对这样的同质而无差异性的建筑的一种无意识的抵抗，但终究也不会成为当下世界中建筑学的主流。因为随着现代建筑技术的发展，人们已经接受并实际构筑着钢筋混凝土技术所铸造出来的封闭和分离的空间，并以此而与从小就被训练出来的独立自足的个体性的成长形成一一对应的互构关系。显然，今天到处都存在的单元房不是一种偶然的技术发明，它是一个社会预先接受了个体至上的价值观之后的必然产物。可以想见，在一个强调家庭完整，并且会不断分出支脉的类似宗法制的社会中，单元房的观念以及与之相应的分离技术是无法被发明出来的，即便有这种观念和技术，也一定会受到这个宗族共同体的极大排斥，而无法实质性地进入社会的建筑实践中。因此，在一个没有分离观念的社会中进行一种分离技术的发明，这显然是不大可能发生的事情；反之也一样，在一个明确的分离观念成为主导的社会中，分离技术不仅会应运而生，而且会在社会生活中得到普及。

因此，这里所谓的分离技术这个概念，一定是相对于人生活于其中的世界而言的。这个世界乃是由人创造，并由人来加以适应，以求得一种生命无限延续的空间。这同时还是一个集多样性和不确定性于一体，并由人勉力使之常规化的生活空间。而人不过是存在于其中的具有活动及沟通能力的一分子而已。这一生活世界，必以人的融入性为其存在的前提。所谓

"混沌"未分，便是其存在状态的最佳写照，即社会中所有的社会构成相互扭结在一起。由于生活上的对于血缘和地缘的依赖，人和人之间实际上无法真正地分离开来；而同样由于对生态环境的依赖，人和自然之间也无法真正分离开来；还有，由于对祖先的记忆的依赖，活着的人和死去的人之间也无法真正分离。这种不分离构成一个传统的生活世界，在那里分离的技术并不能发挥其作用。

那样的有别于现代世界的所谓"原初的社会"，便是一种混沌未开的世界。那个世界的形态似乎更近于卢梭对于"原始共产主义"的构想，并且要清楚，这里的"共产"（commune）也许并不是一个最佳的翻译，而应当稍显啰唆地翻译为"共同的无法相互分离开的占有"。那种社会，也绝非霍布斯着力描绘的"所有人跟所有人的战争"的状态，战争只是人性中对占有的一种自私性的觉悟，人为此付诸强力的行动，以使之最为迅捷地实现。恰如卢梭所说，从人在地上画了一个圈说"这是我的"开始①，争夺私人占有的战争才频繁地在人类社会中出现，而在此之前，战争不过就是一种分离技术的展现，显然构不成一个社会的基础，更谈不上有什么"原始的文化"建立在其上并发展为假设或神话。②

三、融入性工具与分离性技术

但先于文化演进时间轴上的物种演进是必然存在的，否则我们便无法去解释因时间的流逝而发生的各种文化类型的存在与转变。但要清楚的是，这变化只是因某种偶然性的选择而发生，并无法真正从前后之间的因果关系上分辨出来。所谓世界上有文化等级上的差异性，这只可能是现象层面的不同，人们无法真正判定这些不同在价值乃至道德意义上的等级关系。即便可能有这样的判定，虚构的成分往往也会大于实存的

---

① 卢梭．论人类不平等的起源和基础．李常山，译．北京：商务印书馆，1962：111.

② 夏诺（Napoleon A. Chagnon）所不断深描的亚马逊雨林中的亚诺玛米人（Yanomamö），背后的文明发展的假设无意之中跟这样一个主题联系在一起。当然对于夏诺的批评也多是以此假设而起。参见其民族志及其最新传记：Chagnon. Yanomamö：The Fierce People. Fort Worth：Holt，Rinehart and Winston，1983. Chagnon. Noble Savages：My Life Among Two Dangerous Tribes—The Yanomamö and the Anthropologists. New York：Simon and Schuster，2013.

成分。甚至可以这样说，所有违背这一前提的对于不同文化等级的分类和判断，可能无一例外地隐含福柯谱系学意义上的知识与权力之间的关系转化。① 这是我们在分析文化的问题之时，需要时时留心，并尽可能去避免的。

但我们并不会否认这样一种判断，即断裂和不连续一定是曾经发生的社会事实。老子关于混沌世界的构想，乃是以人的“七窍”的贯通为隐喻，而预示着在人类社会发展的某一个时期，断裂和不连续有了其开端。这种断裂和不连续毋庸置疑是跟人的自觉意识的出现紧密地联系在一起的。确实，远古的传说一方面具有一种神话传说的意义，另一方面也具有极强的隐喻意味，以此而向我们暗示对人而言的生活世界的转变，这种改变首先就跟人对自己身体的自觉意识紧密地联系在一起。人们不仅有了身体，还把“灵魂”加入这一物质化的身体之中，使之有了一种自觉的意识。

因此，对于人类社会的研究中，人的身体构成的演化就成为一项迷人的研究课题，它紧密地跟物质性的存在联系在一起。可以这样去做一种预先的判断，即一定是先有某种身体上的以及围绕着这个身体而发生的物质性的改变，其余的改变才可能接续而来。观看世界族群分布的地图，我们看到了从几乎赤身裸体的布西曼（Bushman）族群，到只有鼻孔和眼睛露在外面的爱斯基摩人的族群谱系，其服饰的变化之大，并非因为他们从心里愿意这样穿戴，而是周围生态环境的巨大差异所致。人对自然的适应使人必须依赖环境而生存，今天不仅布西曼人穿上了现代的服饰，北极地区的爱斯基摩人也学会了用电来取暖，穿的衣服至少在房间里已经远少于寒冷环境下的祖先，乃至他们的体形都在随着生活环境的改变而发生改变。人们所依赖的生态环境本身也许没有什么大的改变，而真正改变的只是人们所依赖的对象本身。换言之，今天的人们越来越少地依赖身处其中的纯粹的自然环境，而是依赖由人自己专门制造出来的人造环境，由此而寻求一种社会生活恒定的安全感，这因此而被称为“现代”。至少对曾经完全依赖自然生态的族群来说，气候变化的不确定性，使得他们的

① 福柯．规训与惩罚——监狱的诞生．刘北城，杨远婴，译．北京：三联书店，1999.

生活难以有一种真正的安全感存在。他们身体装束形态的变化清楚地体现出这一点。当今世界，放眼望去，更多女性在烈日炎炎的季节里喜欢穿着牛仔短裤。这除了是对传统用以遮掩身体敏感部位服饰的一种抛弃，更多的则是从自身的感受出发来理解服饰本身的功能，进而通过个体穿戴的选择，而使自己感觉更为凉爽，这可以被称为现代人的个体的自觉。

但在这样一种个体主义的解释的背后，更为重要的或者更具有文化意义的恰恰是，人们这样做也许是在努力表现出对社会本身的不融入。过度裸露的服饰，并不会使个体感觉自己可能会陷入因为他人邪恶的欲望而遭受伤害的陷阱之中，而是作为一种自我欣赏的“展示出来的美”被路人的目光消费掉。今天的女孩子们不依赖外部环境的塑造，开始专心修整自己的身体形态，她们不必害怕因社会的不安全而自陷险境，由此在对自我身体的形态塑造上更加趋向个体化，并使之更为适合大众的审美旨趣。正是在类似言语体系的表演与观众的欣赏的相互构建之中，牛仔短裤被一种流行的观念把握并被固化，成为在时尚女性群体中得到广泛认可并通过众人模仿而不断被传播开来的一种夏日流行服饰。依据以上的分析，社会身体的逻辑，也许隐含着有似心理学家威廉·詹姆斯在讨论情绪问题时的那种缠饶。他说，见到熊，我们是因为奔跑而害怕，不是因为害怕而奔跑。①我们似乎也可以照此来创造一个类似的逻辑，即可能不是因为天热而穿短裤，而是穿了短裤，人们才真正感受到天气的炎热。

这种人所依赖对象的改变，其基础还是技术本身，特别是具有强大分离能力的现代技术，否则，依赖于传统技术的自然、工具和人三者有机地融合在一起的生活世界的存在状态是不会有什么根本的改变的。语言学家曾经从语言造词的角度去考察一个社会物品之间的分化，这对于理解今天世界的物品的分类也有一定的启示意义。比如罗常培早年就注意到昆明近郊被称为俅子（今属彝族）的社会中，麻布、衣服和被子都用一个词来指称，没有分化，在社会生活中也是一样，即质料上是麻布，披在身上就是

① 舒尔茨. 现代心理学史. 杨立能，陈大柔，李汉松，等译. 陈泽川，沈德灿，统校. 北京：人民教育出版社，1981：148.

衣服，晚上盖在身上就是被子了。① 这显然是一个没有过度分化的社会才会有的一种语言现象。但无疑，随着技术对人们生活的深度介入，分离技术一定会借助语言在日常生活中的分化而表现出来。我们今天对纸的分类就有数十种，这是我们从在卫生间和在餐桌共用的卫生纸中分化出专门用在卫生间以及专门用在餐桌上的纸的一种结果，背后虽然看不到具体的分离技术的应用，但很显然，文明和洁净的观念在各类洁净技术于文明化的实践中的应用，才是我们将一般不分类的笼统的纸分离开来的观念基础。可以这样说，现代技术对于现代人的生活本身而言就是一种实现分离的技术，即我这里所说的分离技术，它让人与人之间分离、人与自然之间分离，乃至最后人与人自己分离。前两者在我们今天的生活世界中已经是司空见惯的事情，而后一种也日益通过生物技术对我们身体的侵入而深度地实现了。显然，不太考虑个人感受和情感的现代医学，在一定意义上实践着一种身心分离的技术。

实际上，对人而言，这些改变的基础是人有意识地去发明并使用工具。这既是生存能力有限的个人延伸自身能力施展范围的强有力的帮手，也是人开始自觉地使自身与周围世界分离开来的一种最为重要的途径。很显然，从人开始把树枝和茅草结扎捆绑起来建造一座可以临时遮挡风雨的原始干栏式建筑之日起，人和他周围世界的分离也就真正有了一个开端。但这并不意味着只要人发明出工具，人便与他周围的世界彻底地分离开来了。实际上这里有一个分离产生的前提，即对某种类型技术的依赖，这种技术在其自身的发展史上处在前后两个阶段明显的裂痕之处。

如果简单地进行归类，大体上有连接人与自然的工具与使之分离的技术之间的分别。因此就人类社会而言，在现代分离技术出现之前的那些技术，实质上仅仅是把人和自然有机地联系并融合在一起的工具而已，它们存在的价值就在于帮助人更为便利和有效率地依赖自然生活，但它们存在的前提绝不是替代自然，而是使人借助工具更具融入性地去接近自然。比如农耕文明中的犁铧，它借助人力，并直接接触土地，但在农业社会中，人力、犁铧的工具之力以及自然的土地三者之间是不能分离开来的，缺一不

① 罗常培. 语言与文化：注释本. 胡双宝，注. 北京：北京大学出版社，2009：14.

可。“一方水土养一方人”的观念也只有在农业社会中才具有能指和所指之间的一一对应关系，因为只有在这样的社会中，人跟土地的形态才会有一种极为密切的联系。我们今天所谓的黄土文明、黑土文明以及红土文明之类的称谓，也只有在这样的人和土地不能分离的社会中才是真正成立的。对于这一点，费孝通在著名的《乡土中国》这本小册子的开篇已经说得很清楚了，他在指称传统中国的特征时，借用的就是这种人和土地不曾分离的表征意象，即“乡土本色”。如其所言：“从基层上看去，中国社会是乡土性的。我说中国社会是乡土性的，那是因为我考虑到从这基层上曾长出一层比较上和乡土基层不完全相同的社会，而且在近百年来更在东西接触边线上产生了一种很特殊的社会。我们说乡下人土气，虽则似乎带着几分藐视的意味，但这个土字却用得很好。土字的基本意义是指泥土。乡下人离不了泥土，因为在乡下住，种地是最普通的谋生办法。这片大陆上最大多数的人是拖泥带水下田讨生活的了。”①

但是，很显然，正像费孝通所指出的，这种人和泥土不能分离开来的乡土社会在近百年来的“东西接触边线上产生了一种很特殊的社会”，即现代世界所造就的现代农业社会。应该说，它的核心特征是借助农业技术的发展，而使人真正地离开土地。看看现代的大型农具，这一点就最清楚不过了。比如现在的播种机是人所发明的工具，它的发明使人跟土地分离，坐在播种机驾驶室里的人显然不需要直接接触土地，而播种机的动力也无须人力维持，只要人轻轻地按动键盘上的按钮开关即可。人待在播种机的驾驶室里，显然跟待在高楼大厦里摆弄计算机的员工没有根本性的区别。相比于传统的犁铧，播种机就是一种分离的技术，而播种机和犁铧之间的关系在技术与工具对立发展的意义上就成为一种断裂的关系。此外，越来越多的转基因技术在农业生产中的应用，使得技术的应用跟农民自身的劳作之间再也没有一种直接的联系。不论气候如何，不论土壤如何，理论上而言，有了转基因技术影响下的种子，这些外在的生态因素似乎都不值一提了。在这个意义上，从事农业生产的人离开了土地，并且不再可能回归土地。再去想一个例子也很有趣。我调查过的华北李村，人们的记忆

① 费孝通．乡土中国．上海：观察社，1948：1．着重号为本书所后加。

中，井台是生活的中心，过往的外村人也会在井台上与人交往，沟通信息。但是后来自来水管进入每家每户，在家庭生活变得方便的同时，村里人的聚集地点也不再以井台为中心了，过去为儿子找媳妇的妇女在井台上的“闲扯”也不见了，这些事情越来越成为各家各户的私事，而不再是谁都知道的村里的公事。随着今天网络的入户，传统的在井台上介绍对象的方式早已不见了，网恋以及网上婚介则进入了寻常百姓之家。

在对文明史的考察中，如果要在纷乱复杂、如云和雨一般变幻不定的历史中，确认一条带箭头的演进路线，那么，散点式的历史遗迹分布中有一条粗线是比较容易画出来的（见图5-1）。这线条便意味着从使人和自然融合的工具这一端到使人和外在的自然世界分离开来的现代分离技术这一端的演进，这个演进的历程一定是遵循着从简单到复杂、从具体到抽象以及从融入到分离的路径而逐渐发展来的。而且，如果我们在工具与技术这两端之间画出一条直线，如图5-1所示的那样，那结果就是越是靠近工具这一端的，其对生活世界的融入性特征便表现得越强烈，而分离性特征表现得越微弱。反之，在靠近技术这一端，随着其抽象性、断裂性以及复杂性的发展，分离性的特征表现逐渐达到极端。或许，在此意义上来理解分离的技术和融入性的工具的差异和前后的断裂，就变得较为容易，且更为直白。

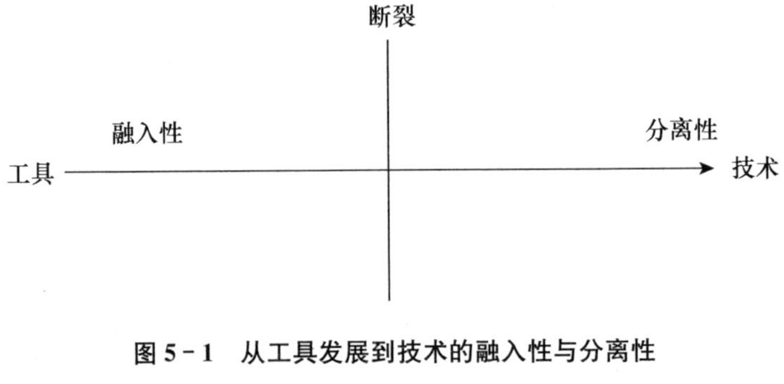

图5-1　从工具发展到技术的融入性与分离性

四、分离技术的场域

随着现代世界的发展，特别是由于更为深入我们生活实践的数字化技术的发达，当下的技术形态实际上更多的是朝向分离技术一端而不是融入性的工具一端。在前一端，一项新技术的“技术含量”的核心意义就在于，它使更多过去为常人所方便理解的常识性的知识逐渐淡出人们的视野，而使过多复杂而抽象的知识，且是依据常识无法真正理解的知识，经过一种所谓的“高科技”的转化，而越来越多地融入人们的日常生活之中。但是人们在生活实际之中接受这些技术时，并不真正懂得或者没有必要懂得这些技术背后的知识意涵。真正需要懂得的，或者需要学习和掌握的，只是用各种文字书写清楚的物品或装置使用说明书。在此基础上，像福特生产线上的工人一样，每个人都会极为准确地像按钮操作那样做出不断重复的机械动作。很多生活在这种分离技术世界里的人会以为，一旦控制了键盘，那就一定控制了自己所要控制的对象或世界。但是实际结果却不是这样，也许正相反，这种控制带来了更多难以控制的东西，进而要求有更为先进的技术来实现对于变幻莫测的生活世界的控制。而在此过程中，人本身的个体性的和集体性的表达，则宿命般地被抛掷在一旁。

比如，在文字生产领域，人们会越来越多地依赖数码打印机，这可能是这个时代最为典型的分离技术的应用。一份文字稿或者图像，在过去是通过印刷术而实现批量复制。印刷术一经发明，便成为一种可以基于信息交流而不断复制文本的技术，它实际上是我们普通人能够理解的机械复制的工具。但是，今天已经极为普及的数码打印机却不是一般的工具，至少在我们普通人不清楚数码打印机是以怎样的机理而将我们的敲击转化为个人电脑中的文字的前提下，这神奇的机器就已经把文稿一份份地打印出来了。这似乎跟巫术有一种相似性，我们只要按动电脑控制的键盘，执行运行程序给出的简明的提示，像复制、粘贴以及打印预览之类的操作，最后再轻松地点击一下打印键，即可由打印机来打印文件了。当然数码打印机的技术预先保证了人们不需要提前做出整体的打印计划安排，很“人性化地”确保当事人随时随地想打印就打印，想打印多少就打印多少。人不需要亲自做很多事，只是轻松地按动按钮，需要的材料就被打印机准确无误地打印出来。在这个意义上，印刷工人面对数码打印机就只能意味着被替代和象征性的死亡，当然这个过程会很漫长。

数码打印机不同于一般机械印刷术之处就是，印刷术的制版会有所损耗。在机械印刷术占统治地位的时代里，一流的藏书家总会千方百计地寻找第一次出版并且第一次印刷（一版一印）的那个版本，因为就机械制版的磨损程度而言，这个版本的文字和图片会更为清晰准确。但是，今天尽管图书的版权页上还会写印数和印次，但那已经不再具有真正的前后版次上的认定作用，因为数码打印机所要求的只是打印机墨盒中有足够的墨粉存在。只要墨粉充足，打印出来的文字材料，即便是上亿份，从理论上而言，也一定会一模一样，不会发生前后版次上的差异。这可能就是数码复制时代跟机械复制时代的根本区别所在。

而且，在今天数码技术极为普及的时代里，这个世界的文化逻辑也就多少有些像数码打印机的逻辑而非印刷术的逻辑，即真正的千篇一律，不同版次之间不是相似但有差异，而是绝对一样。可以说，印刷术的逻辑的基础还是建立在层级分明、前后有所分别以及体现出一种前后差别的历史感的特征上。而且，在印刷术的时代里，人和印刷品是能够相互融汇而不分离的。在印刷术的时代，书籍以及书中的内容是实实在在地跟读书人在一起的，否则书就无法阅读。因此，书房乃至图书馆的概念在印刷术的时代是一种物质性的文化观念，即它们真正属于我们生活的一部分。但今天存储在电脑中的虚拟书房或网络图书馆，虽然也实实在在地影响着我们的生活，却无法真正成为我们生活中的一个有机的组成部分。因为随着个人电脑以及互联网的普及，在世界变得越来越平的同时①，书房和图书馆在逐渐地被数码化的虚拟生活挤出我们真实的生活场景。今天的书房和图书馆纯粹变成一个过时的概念，它们只属于过去而不属于未来。而且，读书者可以随时随地看到不属于自己的某一本书，只是它不具体地存在于书房之中，而是存在于虚拟的网络之上。换言之，依赖网络而生活的人，只有打开个人的电脑，并借助眼睛的凝视，才能得到自己的所谓“书房”或者“图书馆”，而属于某一个人的某一本书存在与否，却变得越来越不重要了。这就是今天读书人必然面对的一种物质生活的改变：我们在虚拟之中构建现实，又要在现实之中充实虚拟的空间。

---

① Friedman. Hot, Flat, and Crowded: Why We Need a Green Revolution and How It Can Renew America. New York: Farrar, Strauss and Giroux, 2008: 29-31.

因此，上文所说的分离的技术，说白了就是人凭借一种自觉意识，并借助各种分离的途径使自身作为一个个体而被分离出来的各种努力和创造。分离技术在使人及人群的自我意识不断增强的同时，也在使个体之间的相互独立性而非依赖性不断地增强。当然，反过来看，这种独立性又是依赖于其所发明并融入生活细节中的分离技术的存在及其功能的可持续发挥的。在这个意义上，如果诺伯特·埃利亚斯（Norbert Elias）意义上从过去一直延伸到未来的“文明化进程”（civilizing process）的形成过程（*figurations*）真实存在的话[①]，那么，对于分离技术的发明史而言，这个进程一定是人自身不断发展出各种形式的大多隐含分离趋势的工具，并使之融入人们的日常生活实践中，成为一种主基调。与此同时，人类也一直为工具和技术的分离能力所困，而不断想着要向最初使其分离开来的那个原点回归。显然，从马克思到韦伯，再到涂尔干，古典的社会理论家无一例外都对这种分离及分离的回归有所分析和追溯。

马克思的“异化劳动”与共产主义、韦伯的铁笼社会与理解的社会学，以及涂尔干的劳动分工和集体欢腾，这些相互对立的概念，一方面揭示出现代世界分离技术单向度的不可回归性，另一方面表达了对人及其生活的世界保持交融共处状态的渴求。如果说基于生活实践的智慧创造了一个相互依赖、相互融入的大家“在一起”的世界[②]，那么，现代世界工具理性的极端发展则使人的生活的方方面面都被卷入被各种抽象的技术完全替代的境遇中。这种替代同时也是一种不能使人回归原初知识状态的彻底的分离，即人凭借对人所创造的知识的掌握和运用而相互分离开来，而由这些知识转化的技术又进一步使人与人之间的分离程度进一步增强，使分离手段进一步增多，它的箭头朝向分离，而不再有回归人与自然的融合的任何可能。

今天已经成为常规性知识探索领域的电子与生物技术，无一例外是由分离技术把控的，并且其目标也是创造出更多的从一个完整的生物体上的

---

① Elias. The Civilizing Process: Sociogenetic and Psychogenetic Investigations. New York: Pantheon, 1978: 131.

② 赵旭东. 人类学与文化转型——对分离技术的逃避与“在一起”哲学的回归. 广西民族大学学报（哲学社会科学版），2014 (2)：32-48.

分离，任何被界定为不适合在某一个身体中存在的器官、组织乃至细胞，都会在这种生物学意义的分离技术存在的前提下被切割、摘除以及移植。开始逐渐向人体内部的细胞层级进军的现代生命科学，其核心价值已经完全逸出了原来使工具和人的生活世界融为一体的自然循环的轨道，它通过不断更新的生物技术，取代之前分离技术发挥作用的场域。当基因组测序的技术臻于成熟之时，我们的生命价值，实际上已经不再单单由个人的阅历和生命体验来决定，转而由这些基因筛查技术的结果来左右。对普通人而言，一个人如果鼻子感觉不舒服，并不一定对应着罹患鼻咽癌；但是，当科学家在世界顶尖级的杂志上通过基因组测序以及基因成像的专业技术画出鼻咽癌的全基因组景观图的时候，比如新加坡国立大学的癌症研究小组最近所发表的科学研究①，那谁还能真正有勇气去拒斥对鼻腔的各种手术切除处理呢？或者，如若某一个体的身体，通过年度例行的体检，被预先测查出身体的某些特征可能跟某种恶性的疾病有关联，那他又能做什么呢？只能听从医生的建议去做各种治疗。个人在这个意义上也同样没有可能去做一种完全独立的决定，从而保护这个本属于他自己的身体，使其免受任何测查结果建议的影响。而各种医疗测查仪器的精准化以及极为便利的仪器获得途径，外加现代科技带动下的手术经验的逐渐积累和各种高难手术趋于常规化，使得对于人的身体健康程度的判断准确度，更多地跟这些技术发展水平的高低紧密地联系在一起，人最终没有能力保护身体的任何一个器官，使其不被负面的医生判断影响。至于某一个小的病灶，比如自娘胎中带来的黑痣或色斑，未来是否真的会发展为恶性的、致命的肿瘤，或者其他什么不可救治的疾病，实际最多也只是一种概率问题。但因为此类手术技术的发达，借助使人的身体更有健康保障的观念以及各种分离技术，原本属于某一个身体的器官或组织最终只能离一个人的身体而去。很显然，在这些技术发明之前，人的作为一个整体的身体是不能真正与构成它的各个器官相分离的，而在今天，随着器官移植技术的发展和成熟，这种分离也不过是一次常规性手术的

---

① 关于这项研究的报道可参阅下列网站：http://genome.cn/portal.php?mod=view&aid=516.

常规性结果而已。

而在日常生活的领域，分离技术对原本相互融合的社会生活的侵入，也在使这种融合变得不可持续。很显然，这首先是由追求家庭生活的自动控制技术在社会中的大范围使用引起的。当这些外来的技术进入家庭生活的领域中，它便使家庭的形态发生了改变，不再是融合而是分离的家庭生活，越来越成为现代社会生活的主导。家里人因此越来越少地在一起工作、闲聊以及吃饭，而这些原本专属于家庭正常生活的功能因新的通信技术以及电子设备的发明而被取代了。现代工业化的工厂以及公司运行的模式，在使家庭的共同劳动变得越来越不可能和没有必要，人们走出家庭寻求工作的机会，家庭是一个可以不断回归的场所，但它已经不再是社会的一个基本经济核算单位。尽管从道义上，人们维系着稳定的家庭生活，但是社会分工的机制，使得一个人不再依赖家庭而生活成为一种可能。反倒家庭的维持却真正需要有家庭以外的各种资源的补给，否则家庭将难于维持下去。家庭中的闲聊则被越来越繁忙的家庭以外的工作所挤压。同时伴随着电子通信技术的发展，这种闲聊虽然没有消失，但是已经变成家庭成员之间间接而非直接的对谈。而且，闲聊的内容也一再地被压缩，变成内容很狭窄的就事论事的信息发布和接收；而超出信息之外的内容，特别是情感的交流，越来越难在家庭之中实现，转而成为很多心理和社会工作者的服务内容。还有一点需要指出，对于亚洲社会而言，电饭锅应该是最为“残酷的”对家庭主妇角色的替代，且这个过程并不为当事人所清楚地意识到。很显然，在今天的世界中，家庭聚餐的功能，不仅不会因为像电饭锅这样使做饭轻松容易的新技术的发明和应用而特别地增加，相反这种家庭成员融合在一起的聚餐在今天变得越来越稀少。原因也很简单，很多的家庭功能被社会机构取代，如餐馆、食堂等。

毋庸置疑，电饭锅在发明之初显然是对传统炉灶的革命性替代，而传统炉灶也是人的一种工具性的发明，但它近于上文图 5-1 所示的工具的融入性这一端，而远离技术的分离性那一端。这种融入性的特征，核心便是人的此时此刻的存在感，即传统的炉灶要求人对炉灶本身做出守候的姿态和围绕其劳作。对于早期的人类而言，火这种由人驯化的保障家庭蒸煮食物之用的能源，在现代电子控制系统发明之前是不可以任意控制的，它的持续存在需要人的时时看护。若没有这一点作为前提，人所发明的炉灶是不能发挥其真正作用的。因此，在传统社会当中，人、火、炉灶以及辛勤的劳作的意象是紧密地联系在一起的。一家人围灶而居，显示了灶的重要，而更为重要的乃是要确保灶膛中的火种不致熄灭，否则对人而言，那跟家庭即将可能遭受灭顶之灾没有什么两样，因为灶在人们日常生活世界中的功能发挥的基础就是家庭中的德高望重之人对火种的看护和守候。在这个意义上，灶成为一个家庭存在并延续的一种强有力的集体表征，人们以灶来间接表明家的存在与延续。

但自从人们不依赖于对灶膛中的明火的看护来获取持续供应的能源，转而依靠发电厂的电力供应之后，家家户户的灶台消失了，代之而起的便是电饭锅。这不仅使一家人围绕灶台而生活的传统归于覆灭，也使人在这个象征家庭存在和兴旺的灶台的覆灭过程中远离了厨房，并且再没有回归的可能。从文化的意义上而言，在经历了这样的覆灭之后，在家庭中生活的人们可能就不再围绕着灶台而展开富有人情味的生活世界的意义构造，转而在如何能够使自身从生活世界中分离形成完全独立的个体上做更多的努力。这样一种家庭分离的观念之所以能够深入人心，显然是以理想观念的彻底世俗化为前提的，即对束缚人的生活的各种清规戒律，或卢梭意义上的社会"枷锁"的去除，而换来的是人人平等、人人自由的理想观念。只有此类观念出现和定型，并深植于人们的精神生活以及制度化地体现于真实发生的生活世界之中，世俗化的力量才真正有可能完全替代古典时代对于神圣生活的追求。

五、神圣性与世俗化

也许看一下餐饮习惯的进化史，这一点就很清楚了。神圣性的众人共食的习俗一定起源于古代社会，并逐渐转变为或者进化到今日世界由个人选择自己所偏好的与饥饿或者生理需求密切联系在一起的完全世俗化的进食方式。餐前的祈祷显然不是烦琐的仪式，而是古代一种体现神人共在的进食方式；而今天，世俗化了的餐饮，不再是古典时代神人共在的那种集体性狂欢，而是转变为满是个体化表达的味蕾之需，并求得对果腹这一个体生物性的需求的满足。除此之外，便没有其他含义可以体现出来了。

但只要我们有机会去翻阅任何一本描写西方世界以外的世界的民族志作品，就会发现，集体性娱神的狂欢以及通宵达旦的共同饮酒和进食，都是最为壮观地代表以及体现这个群体集体性存在的场景。而在这背后，没有人会去质疑，这些食物是否为神的恩赐。反过来大家因为有一种由神赐予的幸福而更加感觉到集体狂欢的重要和这个弥足珍贵的时刻对个人而言的神圣意味。

尽管这一场景中的每一个人在后来都会清楚地意识到，自己平日里的辛勤汗水和劳作如何造就了粮食的丰产，但这世俗化了的劳作，在古代人的世界中都是不值一提的。很显然，在一种神圣性的意识存在之下，这种世俗化的劳动的意识必然退居次要的位置。因为一种神圣性的存在实际上往往会跟纯洁、崇高、无与伦比以及独一无二等形容词极为紧密地联系在一起，没有这样的属性，神圣性就极难被激发出来。而对这种神圣性的追求，同样是人界定自身何以存在的一种方式，即坚持从人格特质的稀缺性上去界定，并强调在这背后道德的神圣性，而非强调物质需求的稀缺性。甚至，现实生活中物质的稀缺性恰恰可能是造就人的存在的神圣性的必要途径。

这种神圣性一定又是每个人所向往并试图去获取的，每个人往往会以此来标定自己人生的轨迹。而且，这神圣性的存在不是一个有多少的问题，而是全或无的问题。对神圣性而言，它要么纯洁，否则就是污浊，要么崇高，否则就是卑贱，很难有游于其间的模棱两可的存在状态。反过来，世俗性的特征，恰会在这两极间存在多种可能性，比如有人富有，有人贫穷，但在富有和贫穷之间，却存在多个中间的不容易辨识的状态，而相互的嫉恨与仇视也会因这些不同状态之间的比较和攀比而产生。

另外的一个重要性即在于，神圣性自身存在的独特性和超乎寻常，决定了它不可能完全与辛勤的劳动画等号。换言之，二者之间不存在一种交换的关系，它只能是在这些日常劳作基础之上的偶然性的光临，对于某一个具体的个体而言，神圣性的获得必然就是一种幸运，它体现出神圣性的荣耀，并通过某个人的身体来表达。因此，对普通人而言，神圣性的获得只能是一种渴求，社会借此人所渴求的文化塑造而去强调其自身的社会之道，特别是强调道德维度的社会之道。反过来遵守此道的众人所渴求的恰恰就是幸运的神恩，希望它能够时时降临在作为凡人的自己的身上。如任何社会中都存在的向神而做的各种跪拜和祈祷，就是在这样一种观念之下被制造出来的仪式性的行为。韦伯在分析新教伦理之时，恰恰注意到了对于这种神圣性的渴望变相带来的人辛苦劳作的动力的增强，这对一个社会而言是一种可能而非必然的联系，而恰是这种偶然而非必然的联系，才是人在日常生活中乐于做出坚定地追求神圣性的行为的基础。人因为对神圣性的追求而发狂，反过来发狂的状态又会使人感到真正有可能接近神圣性。

显然，对于社会中的普通人而言，永生之人难于真正以肉眼见到，但这却是每个凡人都勉力追求的目标。为此，人们甚至可以义无反顾地放弃对财富本身的追求和占有。显然对一个社会而言，若没有这样一种意识的存在，今日世界的慈善事业不可能真正出现，它背后无法言说的实践理性，恰是这神圣性对于可能的永生的一种潜意识的追求。因此，恰是在不能却又特别渴望的驱力之下，人构造出一种人存在并相互意识到各自存在的共同性意识。没有这样一种共同性的构建和觉知，人在共同体意识上的聚合不仅是不可能的，也是没有什么真正意义可言的。而现代世界的世俗性所带来的一个必然的结果就是互动的增加，人们在一种平等观念下实现频繁的往来互动，这样做的目的之一便是要去体现和彰显个人存在的价值。

这一点自启蒙观念深入人心并使现代世界逐渐成形以来便被放置到集体观念之上，即迪蒙所谓“现代意识将价值优先赋予个体”①。在这一点上，个体不仅是存在的，而且需要有主体性的表达以证明其作为独立个体的存在价值；反过来，一切的社会安排，又在个体这个行动的主轴上进行各种各样的展开，以促成一种个体化价值的顺利实现。私有产权，实际上不过是一种在现代世界出现之后才逐渐形成并服务于预先就已成型的个体主义观念的模式。与此同时，社会中的制度和行动也就匹配着

① 迪蒙．论个体主义：对现代意识形态的人类学观点．上海：上海人民出版社，2003：207.

这种个体优先观念的成长而日益成熟起来，并支配着一个作为整体价值而存在的社会。

六、后文化自觉的物质观

上述这些，似乎都可以在我这里所提出的“分离技术”这个概念之下得以归类与分析。我们今天的世界不仅存在工具与技术的两分，而且有着从社会融入性的工具一端向社会分离性的技术一端转变的趋势，其结果展现了受权力支配的新关系的文化转型，即分离技术对于手艺型的工具的全面统治。不论是在社会分层上，还是在价值的塑造上，技术的优越性都在当下得到了最为充分的文化表达，科技的进步被摆在了人类社会发展的最高位阶上，至高无上的神圣道德被赶下神坛，取而代之的则是现代技术的发明者、拥有者以及传播者。结果，我们生活世界的诸多方面，都因为受到某一种分离技术的侵蚀而发生了根本性的改观，这是文化发生转型的物质前提。

但就人的社会生活而言，这些分离技术的引入实际上并未使个体的痛苦有真正意义上的消解，人们并没有因为对于这些分离技术的掌握而有全面的满足感和幸福感。被隔离开来的一个个的卡拉 OK 小房间便有了现代生活的全部象征意义，即独自或少数人的自我表白与宣泄取代了群体共同观看舞台上表演的那种集体的愉悦与狂欢。独自一人享用的随身听，也是一种真正现代人的现代发明，它的出现代替了华丽的歌剧院为现场观众准备的独具匠心的表演。而现实生活中，伴随着有节律的节日而涌动的狂欢与消费的人群在今天逐渐销声匿迹，代之而起的则是躲在一个私人空间里享受送货上门服务的个体。

凡此种种，背后所折射出来的乃是人群聚集在一起的社会疗愈功能被人们完全忽视和抛弃。分离技术的普及使得人们越来越少有在一个真实场景中的社会参与，其所带来的直接的后果就是人“宅”在家中，并通过平面化的网络虚拟形式而与外部世界保持一种虚拟的联系，原本真实世界的往来互动转变成一种虚拟的意见表达、信息传递以及不在场的发声。显然，在今天的世界里，人们更多的时间可以虚拟地在一起，但相互之间却极端隔离。人们因此即便在真实他人存在的场景下依旧会“我行我素”，甚至只保持跟虚拟世界之间的紧密联系而不踏入真实世界半步。最近关于日本御宅族的研究，真实地告诉我们，这些都正在发生，它们间接地反映出在这样的处境中人们真实的生活和思考的样态。

在这样的空间里，一个非常明显的特征已经逐渐地显露出来，原有的社会中的生产和消费出现了秩序和空间安排上的彻底混淆，即在这个世界里，人们确实是在消费，但又需要主动去做点什么以便再生产出些什么。看看各大超市的会员卡，你就会明白这一点。你若是会员，你一定要做点什么，比如第一次要消费一定的数额，或者交纳一定数目的会员费，那些可能并不是你真正的消费需要，而是你的生产，是消费的附带品，是消费的准备活动。因为这附带品的出现，因为有这准备活动，你做了超出你消费欲望的行为。那多余的行为，不是消费，而是生产，即替商家而做的生产。你则变得不得已而消费，那才是一种名副其实的生产，即通过你自己的生产来使你自己去消费。但因这消费性的生产，你获得了一个只属于自己的额外的身份，即所谓的“会员”资格。你因此而从所谓的普通消费者群体中“脱颖而出”，成为被这个强调分离技术的社会塑造的有着不同于他人的行动能力的个体。你当然也因此被人看重，从而有了一个新的称号，不妨称它为 VIP，它变相意味着“你成了你自己”，这成了现代人潜意识里生活的目标。

人类学者所研究的“文化”曾经跟“集体”或“模式”这两个字紧密地联系在一起。它因此而被印上一种模版式的性格，进而与现代民族国家（nation-state）的“民族”（nation）无法再分离开来。而文化自觉在既有的含义上就是指作为一个整体的民族的集体性的或模板化的自觉或自我意识的出现。很显然，这种自觉的极端形式在现代世界的历史中，必然会转化为一种民族主义的文化自觉，它借此而成为一种富有凝聚性的力量，使分散开来的个人能够聚集在一起形成一种合力，从而避免因为相互分离受其他民族的欺压。从这个意义上看，民族主义的文化自觉同样是一种凝聚性的力量，曾经并且仍在担当着使得族群内部各自分散开来的个体有着一种向心力的回归，并为此而生产出一种新的有着极为强劲的凝聚力的民族认同文化。

也许，除了像犹太人那样迫不得已在世界各地散居，大多数的民族或族群都会因为某一种共同性文化要素而聚居在一起，形成地域性的族群文化。但很显然，现代世界日趋发达的分离技术，使得这种原本自然形成的集体性或模板化的文化自觉变得越来越不可能。人们在寻找和强调个体自我认同和表达的同时，也在逐渐忘记曾经附着在自己身上的那个被不断灌输和实践的集体文化的自我。尽管一些文化创造的新机制在帮助人们去回忆这种集体的自我，比如作为传统发明的各种文化遗产的塑造与展示，但是，在人人开始把个体的价值放在优于社会价值的位置上去的个体自觉的现代世界里，这种集体的以及模板化自我的回忆和塑造变得与真实生活世界里的人的世俗情感相去甚远。

而与上述这种情况正相反，一种社会中的自我的隔离技术在逐渐地取代文化模式意义上的群体性的或族群性的聚集与生长，结果出现并具有影响力的，特别是在各类新媒体技术广泛应用的21世纪，便是一种极端个体的而非集体的文化自觉。新媒体也极为密切地与这种自觉联系在一起，甚至给它一个名字叫“自媒体”，即由个体自己来掌控信息制作与发布的平台。而这些存在的背后都会附着一种新的价值观念，即强调个体全方位能力的成长。与此同时，社会中的文化也在发生一种转型①，由此而特别强调在社会场景之中自我价值的完善与实现，即一种社会转型同时发生，在这种转型之后，社会中的一切又围绕着个体的价值而重新设计与安排。这种个体文化的自觉通过从小到大的教育、品位与自我欣赏能力的养成，自我愉悦以及个体健康的周到细致的滋养等多种个体、社会与文化的生活实践，潜移默化地将社会转变为个体自我取向的社会结构的同时，也将一种集体性的文化敲碎了，打破了，并且借助外来的新的无本土根基的强势的文化元素，将它们一股脑地填入现代意义上的个人素质的构成中，它们就像缀连起来的衣服一样，看起来争奇斗艳，实际却是没有什么实质意义的文化碎片的大拼接，但每个具体的人却深知此中意味，并乐此不疲。

当下的有着文化自觉的个体，试图从多样性的以及完全超越了时空界

---

① 赵旭东. 从社会转型到文化转型——当代中国社会的特征及其转化. 中山大学学报（社会科学版），2013（3）：111-124.

限的文化来源之处追寻任何形式的个体文化构成的要素，以此来形成并充实一个极为强劲且保持亢奋状态的有着自我认同文化自觉的个体，进而去适应分离技术在真实的生活空间中的日益普及以及由此而引发的各类新的社会安排。可以设想，城市地铁闸机的设计既是机器对人控制的胜利，同时也在使人的性情变得外在平和而内心躁动，你必须规规矩矩地掏出地铁卡，等待非人的机器的检验，在检验成功之后，你必须非常快速地通过闸机，否则将受到关闭闸机的惩罚。在机器设定的极为短暂的时间里必须要通过一个人，这一个人既是档案记录的通过人数的基础，也是机器基本的功能保障之一。但在长期的磨合过程中，人机之间有了一种默契，人迅速通过，机器准时关闭，一开一关之间实现了人和物的新的交流，以及各种新的规则出现并有效地支配人的行为的可能。

可以这样说，上述这些方面便可能意味着当下世界正在发生的后文化自觉的存在状态。很显然，这样的状态存在的前提就是，它必然要将个人的或者纯粹个体的感受放置在一个十分优越的位置上，即个体自觉具有优先性，并借助对诸多新出现的分离技术举双手欢迎而对此做一种全盘的接受。同时，借助各种新媒体的文化表达的新机制，人活在了媒体里，并借此打造出一种全新的所谓后文化自觉的物质观。这种物质观实际上必然是在“实”和“虚”两个维度上不断地延展开来的。这里的“实”就是在各种新物质的发明和应用的基础上的“实”，如在我们生活中手机、网络、电饭锅、微波炉、高铁、风力发电机等的广泛应用；而所谓的“虚”则是今天世界在面临各种文化形态逐渐消失的过程中由失落感而引发的一种“虚”，这种“虚”并非完全空无，而是将各种空泛的观念填入其中，如原生态、绿色食品、碳汇、乡愁、御宅族等。这种一体两面的新物质观，反过来又恰恰是当下的人类学家真正要去关注和研究的，因为世界的文化在实和虚这两个向度上都在发生一场实质性的深刻转型。而借助今天快速的通信与传播技术，世界文化的同质化也在悄然发生，而这同时也预示了文化的转型。显然，我们没有什么理由要去回避这种转型，但我们必须要弄清楚这种转型带来的可能的文化后果究竟会是什么，以及各个不同的文化区域的差异究竟又是怎样的。

没有这方面的理解，任何在既有的“他者文化”研究范式下的文化理解以及文化自觉，与今天的社会现实都一定是相去甚远的。因为，从西方的启蒙运动到互联网世界的出现与迅速普及乃至占据主导地位，真正或最终觉悟起来的将会是一个个的有着行动能力的个体，而不是某一个被赋予集体意义和符号的群体。而在借助人类学家的透视镜所积累下来的有关群体的文化知识不断积累的同时，关乎个体的知识和自我意识也在不断地累加，并明显地影响着一个人自我认同的构造。

一个群体的文化知识再也不会是简单的同质化的某种集体人的文化，其内部有着异彩纷呈的多样性的表达和差异性的呈现。今天我们大约不能简单地用“努尔人”或者“努尔人的宗教”这样过于概括化的说法去界定一个人群的文化特质，而需要呈现这个群体的内部的差异性以及外部世界的多样性的影响。这使得我们所观照的对象发生了从宏观到微观的转变，尽管人类学家从来都不缺乏微观的观察，但实际上，今天的微观与昨日的微观有着一种实质性的差异存在。但无论如何我们要清楚，今天的微观是我们并不能简单地聚焦于一点而做观察，而要去追溯各种事件发生的线索。这就要求民族志视野从聚焦转向追溯，真正找到事件的来龙去脉以及极为细微的诸要素之间扭结在一起的复杂而不确定的关系。精巧地呈现这种复杂性就是呈现了文化自身，而这种文化便是一种文化自觉之后的文化。

如果没能预先做这样一种努力，我们的理解就只可能是带有刻板印象的理解。因此，这种对现代世界的复杂性和不确定性的认识，可能才是全部文化自觉之后我们对他者的理解所必须要去应对的，这同时也是面对今天世界后文化自觉状况的人类学家不得不做出的一种认识论姿态上的转变，它同时也会成为我们新的有关人类学知识创造的来源。在不能否认文化是一种流变的文化的前提之下，我们当然也不会否认，在对文化有了一种意识之后今天的新文化处境的形成。而没有这种文化观，对新文化的理解一定是不完善的。因此，今天的人类学知识既存在原有范式的危机，因为其对象已经发生解体；但同时，也存在着某种新的研究范式产生并全部涌现的潜在的可能性。

第六章　原生态、现代世界与文化自觉之后

在人类学从生态关怀转变到心态关怀上之后，原生态的问题重新进入人类学家的反思视野之中。在个体自觉的现代世界，我们需要注意文化自觉之后涌现的诸多新特质，它们引领着我们去思考这个世界。没有归来的未来曾经是人类学文化呈现的一个主题，今天有必要在文化多元的视角下重新注意这种世界观的独特价值。原生态在这个意义上只可能是一种不断寻找的观念而非某种现实的客观存在，因为它已经丢失了。

一、从生态到心态

人类学骨子里的文化保守主义姿态使其在面对现实问题时总会止步，甚至宁愿委身于历史学或者考据学，在寻求一种学问上的孤芳自赏之外，更希求一种研究上的自在与不受现实抨击的安稳角色。但今天现实世界自身发展的紧迫性又不能不使个人的自觉性有一种空前的展开，无法躲闪，直面而来。而面对现代世界发展中越来越可能危及每一个人的“原生态”环境的消失，或者人们无法追根溯源地对此消失的过去不懈追求，现代世界作为一个整体，其自身便有了一种文化上的自觉，它使文化这个为人类学家所熟知并经常使用的概念，再一次成为可以暂时用来表达一种大家在内心世界可能共同拥有的忧虑甚至恐惧的工具。在这个意义上，似乎除了概念意义上的文化之外，我们无法让生态自身现出原形，也无法让人们的心态更为接近一种原生态。

1992 年，社会学家费孝通在《读书》杂志第十期上发表了一篇文章，

题目就是《孔林片思》，这是基于他在这一年 6 月 21 日在北京大学社会学系成立十周年纪念会上的讲话整理而成。在这篇文章中，费先生注意到一个事实，即今天的世界越来越明显地有一种扭转的力量在产生，这种力量使人们开始从单一性的对于周围环境的生态的关注，转换为对个人心态的关注。虽然对于费先生而言，“心态”这个关键词不及“文化自觉”这个词在后来流传广泛，但很显然，这两个词有一种一脉相承的关系。关于现代世界的变化，费先生有这样一段话：

> 海湾战争之后人们已经注意到战争造成了环境污染，认识到了人与地球的关系。这是生态问题，地球上是否还能养活这么多人，现在已经成了大家不能不关心的问题了。这是人与地的生态关系，但最终还是要牵连到人与人的关系上来，反映在人与人之间怎样相处，国与国之间怎样相处的问题。这才是第一位的问题。这个问题现在还没有很好地提出来研究，看来人类在这个问题上还没有足够的觉醒。①

作为一位世纪老人，在其八十几岁的暮年，他所经历的世纪沧桑使他切身地感受到了这个世界带有根本性的一些变化。这些变化跟人极为密切地联系在一起，同时，人们之间究竟该如何相处，解决这个问题在今天比过去变得更为急迫。年长者的话一般要么因渐行衰老而产生翻来覆去的语义重复，要么凭借其人生的智慧而生发出真正发人深省的启示，我想费先生上述这段话一定属于后者而非前者。如果是这样，我们对费先生的这篇文章似乎就不能简单地一读而过，不能仅仅当作一种消遣，实际更为重要的是我们要领会这些文字背后更为深远的启示性意义，特别是面对迅猛发展的当今世界，这种阅读变得尤为重要。

在我个人的阅读感受中，也许我们可以把费孝通后来有关文化自觉的诸多讨论一直回溯到他最早有关心态问题的讨论上去。费先生从他所熟悉的人和土地关系的讨论转变到他同样熟悉但未曾自觉关注的人和人之间关系的讨论上来，并且坚定地认为，人和人之间的关系可能才是现在这个

---

① 费孝通. 论文化与文化自觉. 北京：群言出版社，2005：112-113. 着重号为本书所后加。

世界上所有问题的根本。换言之，心态相比于生态是高一层的问题，即资源如何合理地利用和管理，相比于人和人之间如何更好地相处，是一件容易做的事情，但人与人很好地相处却是难以真正实现的，并非随着物质资源的丰富人与人之间的关系就必然有所改善。因此，生态的问题解决的是大家如何共存的问题，而心态的问题则是努力解决大家如何在一起更好地以及更为体面且有尊严地生活的问题。

在费先生的晚年，一方面中国自身经历十几年的改革开放物质生活逐步富足；另一方面世界范围内国家与国家之间、民族与民族之间以及区域与区域之间有各种动荡的局势，在争夺对现代世界而言至关重要的石油资源的过程中，区域性战争可谓层出不穷。即便今天，这种情形也不仅没有什么根本的改观，反而有愈演愈烈之势。上述两方面人类现实世界的生活处境对每一个中国人而言都是客观存在的。为了能够重温费先生当年思考的问题，我们有必要把费先生当年说的话抄录一段在这里，供我们对照今天的现实，以领略费先生提出这种心态关系的思考时所具有的一种前瞻性视角。他的原话是这样的：

> 我们这个时代，冲突倍出。海湾战争背后有宗教、民族的冲突：东欧和原苏联都在发生民族斗争，炮火不断。这是当前的历史事实，在我看来这不只是个生态失调，而已暴露出严重的心态矛盾。我在孔林里反复地思考，看来当前人类正需要一个新时代的孔子了。新的孔子必须是不仅懂得本民族的人，同时又懂得其他民族、宗教的人。他要从高一层的心态关系去理解民族与民族、宗教与宗教和国与国之间的关系。目前导致大混乱的民族和宗教冲突充分反映了一个心态失调的局面。我们需要一种新的自觉。考虑到世界上不同文化、不同历史、不同心态的人今后必须和平共处，在这个地球上，我们不能不为已不能再关门自扫门前雪的人们，找到一条共同生活下去的出路。①

实际上，借助抄录在这里的一大段原文，我们能够清楚地了解，文化

① 费孝通．论文化与文化自觉．北京：群言出版社，2005：114-115．着重号为本书所后加。

自觉的概念显然不是随便提出来的，而是在费先生认识到对人的研究已经开始“从生态的层次进入了心态的层次”① 这一背景下提出的。而心态层次的研究要求的一种新自觉是文化意义上的，即相互联系在一起的人们究竟该如何共存共荣的问题。而今天已经深入人心的为许多学科所关注的“原生态”观念，表面上似乎在强调费先生所谓的生态这一层面，但实际上要清楚，原生态这一在中国社会经历了快速发展之后自然而然出现并逐渐流行起来的概念，其背后不是单指一种生态本身，而是指那个已经失去的使人们其乐融融共存于其中的生态环境。实际上其更深层的含义可能是我们再也找不到的那个本真存在的（故谓之“原”，即一种原初的存在）生态，它是今天一直萦绕于我们心中的“乡愁”的一部分。因此，它实际上是一种每个人想象出来的不断加以构建的生态，而非一种真实的存在。在这个意义上，原生态便可以说是一种想象的自然的存在，是人们希望从此地的现实中离开而逃往之所，有似陶渊明笔下那个半虚幻意味的桃花源。

原生态在这个意义上虽不单指心态本身，却是由今天人们的心态折射出来的一种对人和自然关系的想象和在此基础之上的不断建构。除此之外，便不存在任何唯一的、具象的、真实世界里的原生态了。而所有以原生态作为修辞的描述，都试图使人们想象出的各种可能的原生态样貌得到一种具象化的把握，但人们所能做的这些，只不过是近似原生态，而非原生态本身。这是概念和现实之间不可磨灭的差异所在，也是对未来不断追求的动力所在。

二、没有归来的未来

在今天原生态观念的背后，所反映出的是人们实践中感受到的最为紧迫的问题。就像在人最为饥渴的时候，首先想到的可能是一眼泉水；当生态变得饥渴的时候，我们也一样，首先想到的是那个透露着一丝凉意的原生态本身。面对各种生态环境日益遭到破坏的现实，如果以人作比喻，那今天的生态，相比过去任何时候，都让人感觉到一种极度的“饥渴”。因此

① 费孝通．论文化与文化自觉．北京：群言出版社，2005：115．

我们每个人会不由自主地从内心世界呼唤“原生态”，形成一种有关原生态的观念或意象，进而将其构想成一种人的生命的真正归宿。

从社会演进的意义上，古代世界所寻求的根本上是一种能够不断回归的未来，即时间不是建立在一种直线的隐喻之上，而是建立在一种螺旋式的循环往复的隐喻之上。也就是说，一切远去的事物，最后都会有一个归宿，这个归宿往往是经过某种转化而实现的。也许人的生死问题最能表达这样一种时间观念。古代的人认为人的死去不是身体和精神的覆灭，而是身体通过埋入泥土而化为土的营养要素，人的身体的归宿因此被认为在土地之中。而精神则不然，古代的人坚信，人的灵魂永远不会死亡，它离开了可以腐烂的身体，而进入或转世到另外的活着的生命体之中。因此，灵魂不灭是古代人和原始人的一种信仰，而灵魂的不断循环与转化被看成是使人类文明不断延伸和传递的根本要素。

但很显然，自达尔文的不可逆的生物进化理论被提出并影响现代人的观念之后，不可逆的世界也在逐渐变成社会现实。在我们抛开文化上的繁文缛节，摒弃各种灵魂存在的学说，开始大踏步地向着不断延伸却没有归路的未来行进之时，一种有归来的未来的循环历史观和时间观就此而终结了。达尔文的不可逆的生物进化理论，核心强调的乃是“偶然的变异”（foutuious variation），即所谓的偶然进化（tychastic evolution）。但在美国实用主义哲学家皮尔士看来，达尔文似乎根本未能解释人的“心灵的进化”，而对人而言有着重要意味的心灵的进化，在皮尔士看来，其所依赖的乃是爱和善意的行动，而非惨烈的物竞天择，由此，皮尔士把它专门命名为“爱的进化”（agapastic evolution）。因此，达尔文“自然选择”或“物竞天择”的观念在皮尔士看来，绝对不是人类社会占统治地位的一种合理的证明。他为此在1892年写下这样一句话：“正如达尔文在其书题名页上所写的，那是一种生存斗争；他本该加上他的以下座右铭：争先恐后，落后者遭殃！”（Every individual for himself, and the Devil take the hindmost!）① 显然，皮尔士最早批评了达尔文的进化论。

实际上，曾经或现在可能依旧是我们国家发展座右铭的“落后就要挨

① 布伦特．皮尔士传：增订版．邵强进，译．上海：上海人民出版社，2008：82.

打”，显然是这种达尔文式的“物竞天择”“争先恐后，落后者遭殃”观念的中国意识的表达。但在经过三十几年的高速发展之后，我们开始寻求放慢脚步的做法，对于快速而惨烈丢失的原生态的重新渴求似乎是变相地呼唤“落后”的回归，似乎原生态只可能包含在“落后”之中。这种近乎悖论的让人头晕目眩的社会发展现实，使我们不能不重新质疑达尔文理论在社会发展上的价值。

似乎在今天，我们只有远离达尔文的这种生物进化理论，未来才可能变得有一些希望。换言之，自然选择的社会发展理论不能完全解释人类对生命意义追索的那种冲动，它也不是对人类社会占据统治地位的最为合理的说明。如果还是沿着一条没有回归的道路发展下去，我们已经越来越感受到的对乡愁的热情就会更为高涨，当然，一种因无法得到而出现的失落感，也会因此而不断地增强。换言之，如果我们不能给人类找到一条可以回归的道路，那发展的可持续性将变得极为不可能，它给人类自身造成的后果就必然是一种“没有归来的未来”。

三、原生态与现代世界

无疑，现代世界是一种观念，它使我们从认识上有了分别之心，即传统与现代的分别。这种分别背后隐含着一种否定的逻辑，即凡是非现代或无法归为现代的东西，都因此而有了一个共同的名字——传统。并且，相对于现代而言，传统的存在一定含有负面的意义。

在现代论者的眼中，传统的等同于旧的，进而等同于可以废弃的。如果是建筑物，不论是怎样的形态，面对一个现代论者，其命运都是被拆除，最多是保留外部面貌，而内部彻底改造。[①] 它所体现的是一种掩人耳目的“谢绝参观”式的现代拆除逻辑。这是对传统加以界定的现代论者的思维，即把对象物本身圈定，使其不再是日常生活中自然构成的一部分，而是从理性上成为人们目光审视的一部分。就像风景画一般，自然在意义上为画框所框定，有了所谓的边界，然后通过摹写自然而呈现或表现自然，这个自然就成为被隔离开来的“自然”，同时还成为被观光客审视的

---

① 赵旭东．拆北京：记忆与遗忘．社会科学，2006（1）：115-125．

自然。传统在这个意义上就是被审视者凝视并设定意义边界的一种被抽离出来的原本具有丰富性的自然的存在。

这种自然的存在作为现象世界的一部分曾经试图为一种现代理性所把握。它的结果有似哥白尼革命之前人围绕着自然的存在而无分离地运转，比如人从情感上天真而坚定地认为太阳围绕着地球运转。但现代世界则将这种意识在哥白尼手上来了一个从下到上的大翻转，即自然存在的地球不再被认为是世界的中心，就如现象的世界不再被看成人的生活世界的中心一样。在人的意识层面上，康德的"纯粹理性批判"为现代人的思考做了一个从外到里的大翻转，即康德试图把理性摆在人为事务的核心位置，而自然则是人在观念层次上而不是自然存在本身的层次上认识的对象。

此时的自然成为一种对象化的观念，原生态的观念因此而得以显现。即自然生态难以真正得到保持和维护，取而代之的则是在观念层次上对假想的"失落的"现代生态之前的生态环境——原生态——的追溯。但它全然不是一种现象层面上的存在，而是一种观念层面上的自我界定，是对一种理想的生态环境的纯粹观念上的想象和构建。在此意义上，也许再没有什么比纯粹原生态的观念的存在更使人感觉虚无缥缈了。

实际上，可以说，原生态的概念自身解决不了原生态背后的自然存在是什么的"物自体"问题。原生态的概念更多是从人的精神与灵魂的归宿意义上展开论述的。而自然的存在在今天则背离了原生态追求的精神，转而成为我们生活的各种关联中一而再再而三地被种种分离的技术分离出去并需要人们认识、利用以及改造的对象。

这是以人和自然相互分离而非相互融入为前提的自然观。因为这一前提，作为自然的生态反倒远离人而去，人们因此而以发现者或探险者的姿态到处寻找一个原本属于人类但后来不幸失落的自然。那个自然被赋予了一个新的名称，即原生态。这是诗人海涅在论及德国哲学中有关灵魂与肉体关系的问题时所谓的为一个人类制造的机器安上一个灵魂，一样阴森可怖。因为那个灵魂总是形影不离地跟随于这个身体，使其不能有片刻的安宁。① 而这一逻辑的根基就像人造自然一样，人给自然一个"身体"，却

---

① 海涅. 论德国宗教和哲学的历史. 海安，译. 北京：商务印书馆，1974：99-100.

忘了或者也不能够给它安上一个“灵魂”，只能任由灵魂四处游荡，由此而带来一种自然存在的恐怖。

当然，反过来的理解似乎也是一样的。当原生态的观念被塑造出来之后，它作为一个幽灵在强烈地要求有一个可以依托的身体。但很显然，要实现作为精神的灵魂与作为物质的身体的和谐共生，在今天相比过去会有更多的困难存在。这样一种状况跟今日世界里的个体与文化的双重自觉紧密地联系在一起。

四、个体自觉与文化自觉

正像英国的社会学家吉登斯（Anthony Giddens）曾经指出的那样，现代社会的晚期在政治生活方面经历着一种深度转型，即逐渐从“解放政治”向“生活政治”转变。借桑多·罗扎克（Theodore Roszak）的表述，吉登斯指出了这种新的生活政治的兴起，即“我们生活在这样一个时代，个人认同的找寻及个人命运定向的私人体验本身，都变成一种主要的颠覆性政治力量”①。换言之，在吉登斯看来，“自我成长的精神风貌显示的是在整个晚期现代性中的主要社会转型”，这种转型的焦点落在了个体身上，并通过“正在萌发的制度化反思性、由抽象系统带来的社会关系的抽离化以及当地性和全球化之间的相互渗透”② 来使之发生。

在这种个体的反思性，也就是个人觉悟或个体自觉日益成长的今天，社会因为这种觉悟或自觉而在其自身的结构安排上有所改变。群体性乃至共同体的意识在逐渐地为个体性的自我存在感所取代。而在文化上，它也从一种群体性的或集体（民族）性的文化自觉走向个体自身对于生活方式选择的自觉以及在社会中的独立表达。个体在逃避一种集体的责任之时，社会似乎也在一定程度上强化了这种逃避的可能性，而实现这种强化的途径之一便是各种现代分离技术的发明、生产和应用。在把个体当成社会存在的一个可以分离出来的计算单元之后，我们的社会也就成为一个地地道

① 吉登斯. 现代性与自我认同. 赵旭东，方文，译. 北京：三联书店，1998：246. 着重号为本书所后加。

② 同①.

道的个体化的社会，而与之相适应的个体化的文化也在逐渐地生长出来。

很显然，这不是一种自由的个体性的成长，而是被社会安排的一种现代性的成长在个体身上的体现。二者之间的核心差别在于，一种自由状态的个体性的成长是试图通过自己的努力而脱离一个社会；而被安排出来的个体性则是把整个人生硬塞进一个空间之中，大家虽聚在一起却相互分离，并尽可能减少面对面的往来，实际却清楚地知道彼此的存在和感受。

个体化的世界通过各种物的个体化制造而实现。就现代世界而言，这首先体现于金融服务业体系完全准确而高效的个体化金融服务上。产品的数字化以及相互联系在一起的网络，便是这种社会功能顺利实现的前提条件。而更为重要的则是，实现这一步所需要的基于个体的信息确认以及个体存在的唯一性，得到了社会的肯定和强调。也就是说，一个人，不仅是社会中的一个存在，在属性上应该是独一无二的，而且作为在社会中存在的表征，它的存在也一定是具有唯一性的。由此，社会中原有的制造混乱的重名重姓以及财物由他人或多人掌管成为一种不可能。由此，在社会中原本多样性的存在，被一张以个人信息作保证的银行卡，特别是普遍流行的信用卡所取代，并由属于某一个人的签名或密码来保证其独立和安全的私人财产权利。在此意义上，信用卡成为使社会分离并转变成个体化社会的基础。在此意义上，信用卡的大量生产和普及，以及安全可靠的防止出差错的银行运行体系，在保证一种让每个人似乎都有觉知的个体化世界的形成。信用卡在当今世界中便可以说是一种效用极高的分离技术，并为人在日常生活中所使用，它甚至在逐渐取代各种可能的面对面的交流和沟通的渠道。

作为个体化理论代表人物之一的鲍曼（Zygmunt Bauman），他的传记作者丹尼斯·史密斯（Dennis Smith）曾用一个“笼中人的神话”来解说他的个体化观念。在史密斯看来，“现代性是一座城市，它快乐的居民没有被限制在洞穴里，但是被放置在以人类工程学方法设计好的笼子里”①。这个神

① 史密斯. 后现代性的预言家：齐格蒙特·鲍曼传. 萧韶，译. 南京：江苏人民出版社，2002：19.

话可能会继续演绎下去，即有一些人走出了笼子，却走入一个自由而不确定的世界，“走出笼子的居住者绝望地遗失了他们宝贵的生活指南”，因此他们面临的悲惨命运就是“找不到回去的道路”。①

显然，按照史密斯诠释的神话逻辑，待在笼中之人便有了一份如何做好笼中人的生活指南。但是，仔细地留意一下今日世界在笼中生活之人，他们实际上同样没有所谓的生活指南，而只可能有一种真实的觉知，即按照社会布局周密的生活路径去行动。这个路径是切实能够感受到的物质性的存在，它最为突出之处在于科技的应用。这样生活的意义似乎也会在行动中产生。因此，人们在今天会做出许多无意义的行动，会相信意义便在此无意义的行动中自然产生。很显然，到最后由此所能获得的真正意义恰是一种无意义行动的有意义化。换言之，人可以有行动自由，或者说在现代世界中人的行动从来都是自由的，就像天上浮动的云彩一般自由。但社会的框子是确定无疑的，而且变得越来越像一座走时精准的钟，由此原本自由的人，或者从社会的枷锁中被解放出来的人，变得一点也不自由了。②

在此意义上，自由本身便是一种意识形态，人们所能觉醒的不过是这有关自由的意识形态而已。除此之外，便无其他任何觉醒。但很明显，这种觉醒对具体的个人而言已经是一种自我解放了，因此，他不能随便被人抛掷，更不能被任意地宣布不存在。而在现代之前的时代里，上述那些做法可能就司空见惯了。因此，今天的世界，不再有强迫性的道德准则可以加诸个体身上，但道德的准则依旧是存在的，只是变成碎片化的规则展示，并供每一个人去做自己的独立的选择。

① 史密斯．后现代性的预言家：齐格蒙特·鲍曼传．萧韶，译．南京：江苏人民出版社，2002：20.

② 卡尔·波普尔1965年4月21日在华盛顿大学以“关于云和钟——对理性问题与人类自由的探讨”为题做过一次演讲，其中以云和钟这两个意象来代表自由和理性。他的最初论述如下：“我打算用云表示这样的物理系统，它像各种气体一样，是非常不规则、毫无秩序而又有点难以预测的。假设在我们面前摆有图式或排列，把非常紊乱的云放在其左边，而在我们所安排的另一端即右边，我们可以放一个非常可靠的摆钟，一个精确的钟，用以表示这样的物理系统：它的行为是规则的、有秩序的和高度可预测的。”（波普尔．客观知识——一个进化论的研究．舒炜光，卓如飞，周柏乔，等译．上海：上海译文出版社，1987：218-219.）

五、文化自觉之后

文化自觉若指人和人之间如何相处而不单单是对文化是什么的一种空洞的界定，那么这里就牵涉到不同的文化之间会怎样相互理解的问题。因此，我们不仅要看文化接触的结果，更要看文化接触何以可能。可以说，文化在今天正变得日益个体化，即文化开始极为便利地在个体层次上获得之后，我们便会清楚，在这种转变中的文化存在的新形式以及这些新形式得以产生的新的物质基础是什么。也就是关注一种新的文化转型的发生及其背后新的物质的文化表现形态。没有这样的新关注，在当今的世界中，人类学自然缺少用武之地。因为我们曾经有的或者由我们来界定的跟我们没有什么接触的那些文化行将消失，所以人类学作为曾经的文化霸主失去了其固有的封地，它在今天必然要以一种平民的姿态去关注曾经与那些高高在上的人类学家共同生存在这个世界上的不同区域、属于不同族群的人们的文化，它们在今天开始日益为每一个个体所掌握，而且同样的，每个个体也在用自己的行为不断地生产着各自不同种类的文化。

也许，再也没有比今天这个时代更适宜做文化考察的了，也再没有比今天这个时代文化之间的接触更为频繁和密集的了。而且，如果说有一种文化自觉的存在，那再也没有比今天这个时代更容易观察到实际的文化自觉现象的发生的了。如果说在过去，文化为社会中的少数人群所独占，并借此而有一种对文化的支配，那么在今天，文化虽然依旧被掌握在一部分生产和消费文化的人手中，但无疑文化的大门已经不得已而向所有人打开了。这是一个文化狂欢的时代，人们借对文化的拥有而有了一种自觉，并借助这种自觉而有了作为社会中有尊严的存在所必需的权利。在此意义上，文化自觉本身又是一种行动的自觉，即新一代的人类学理论的关怀成为其次，田野变成实践一种态度的行动之旅，对所谓的当地人知识的追问与系统化变成并非第一重要的追求。而如何借助行动者的实践而设身处地地宽容一种跟我们一般人——生活在过度标准化的文化中的人们——有所不同的生活方式和文化观念，在今天变得越来越重要，也越来越急迫了。

显然，我们是在这个意义上去理解原生态的，即我们的生活世界在被各种新技术以及新观念殖民，原有的各种关系也都因此而改变。任何文化的独特性在这种殖民面前都是软弱无力且不堪一击的。因为，这种殖民背后的主张并不那么可憎，并且它会声称最后的受益者是芸芸众生。但在此新的殖民过程中，文化却失去了其本真的意义，并被一下子从其生长的适宜的土壤中连根拔起，放置到一个被观光者凝视的位置上，变得标本化。

热火朝天的非物质文化遗产的申报，也许它的显性功能是保护一种文化，但其隐含的对文化的破坏力量则可以说是史无前例的。它体现了在国际文化霸权框架内对文化的知识匮乏以及骨子里对文化的蔑视，它们以“文化保护”为伪装的口号而搅动起一场“文化的战争”，或者一场为了所谓的“文化的身份”而展开的资源争夺。这个文化霸权的框架预先构建了一个假想敌，那就是有一个或多个文化的破坏者存在。这种以国际认可为借口的外来的文化霸权却完全不相信文化自身的成长与转型能力，只是凭借一己的偏好和文化专断的界定，一味地用金钱的逻辑去做一种让所谓的文化精英阶层乐此不疲的没有输者的文化交易。其结果就是，一大批自认为是人类学、民俗学以及民族学研究者的人改头换面，不再是民间文化的专一搜集者和讲述者，而是像文化公司的老板一样突然改弦更张并歇斯底里地要去保护一种在他们眼中是文化的东西，随之因为这种保护而给予这个文化的某一个拥有者金钱来加以收买，但出钱购买者不知道文化从来都不是可以由私人产权来衡量和界定的。想来本身在世界性的社会转型的大潮之下已经开始凋敝的一个个村落，被外来者的目光无端地加上一个“古”字，大家就想当然地认为，这村落里的一砖一瓦、一草一木都不能再有任意的变动，作为外来者的他们俨然是文化的主人，实际他们却不是，但最终他们还是这样去做了。然后，就像现代电视剧里扶助穷人的慈善家一般装扮自己。那些本来与这些有着慈善家面目的人生活在同一个时代里的人，却被说成是真正的远古的遗存，甚至是原模原样被固化下来的“化石”，保护者进而从逻辑上而不是从本质上将他们及他们生活的村落如文物一般保护起来，供他们吃喝，保护他们的生活样态。但真正的问题是，这些人实际想要过的却是他们自己的那种生活，而非既僵化又不是他们原本需要的那种所谓非物质文化遗产的生活。文化局的干部在保护古村落上可谓呕心沥血，他们作为这场闹剧的实际执行者，所能够想到的也仅仅是如何让那些木房子能够像士兵听从命令一般保持统一的姿态。但当地的老百姓想要住上的却可能是钢筋混凝土的新式房子，或者他们觉得理想的房子，那样在村子里既会有面子又会有一种实际生活里经济上的节约。但官方的一刀切和百姓的多样选择之间的矛盾无疑是不可化解的。

特别是以非物质文化遗产代言人自居的民俗爱好者和搜集者，他们的文化浪漫情怀酿造出一杯一杯使当地百姓感觉苦不堪言的生活苦酒。在这个过程中，当地人的生活被搅动起来，他们没有了自己的自主性，只能去接受并固化一种他们熟悉的文化而不能对它们有任何的改动。“传承人”的“传承”二字既是一种命名，又是一种命令，任何的文化创造在这个意义上都被无端地忽视和扼杀了。而在这些民俗学爱好者和搜集者的眼中，把这一切都保存下来便是一种功绩。但从文化自身发展的路径而言，这哪里是功绩？这可以说是现代国家力量与各类专家学者共谋的典范之作。

因此，在今天更为重要的文化自觉乃是一种对关系的自觉。在没有一种明确的本该有的关系认知的前提下，所有看起来合理的行动和认知，都可能是对文化最为深度的破坏的开始。这种关系的自觉的前提则是一种合理的社会安排，它紧密地依赖于某种文化究竟掌握在哪些人的手中。

很显然，文化一开始是为社会上层的少数人即被称为贵族的一批人所掌握的，因此可称之为贵族文化的时代。他们独占文化，并借文化的意义来使贵族以外的人群受到感染，并由此而使之服从。在这个时代，文化是有着非常明确的边界的，没有人敢于僭越。而接下来一个时代，一定是超越贵族文化边界的精英文化的时代。在这个时代里，贵族文化尽管依旧存在，但显然已经穷途末路，式微的征象是随处可见的。孔夫子对于礼乐的维护以及春秋战国时期对于礼乐边界的践踏，无疑是这种贵族文化边界崩溃的正反两方面的表现。代之而起的就是精英文化的时代，在这个时代的文化中，对于中国文化史而言，孔夫子是一个关键性的人物，因为尽管其表面上是贵族文化的守护者和阐扬者，但是他真正的身份今天看来应该是文化精英。他不以创造某种文化为第一要务，而是强调以“克己复礼”去维持既有的贵族文化，但同时又真正开始借助这种文化而对贵族和精英以外的大众进行教化，所谓“有教无类”，意图以此来吸纳更多的人但不是全部的人进入社会精英的阶层，并对无法变成精英的民众进行更为精细的统治。这种精英文化借助教育的社会功能而在历史上占据了非常长的时间，一直到今天都存在并发挥其制造社会精英的作用。但另外一种文化也从20世纪后期以来有着蓬勃发展的趋势，并在社会中逐渐上升，有日渐取代精英文化跃居社会主流地位的态势，这就是大众文化，这个时代就是大众文化的时代。在这个时代里，社会中有着严格自我文化边界的贵族以及试图扩展自己文化边界的精英都在逐渐退出社会统治的大舞台，取而代之的则是社会中的芸芸众生，即其中的每一个人都有机会借助各种形式去创造以及表现自己的文化，无一人是在文化之外的，也无一人是会被这个文化排斥和抛弃的，只要你愿意，你可以以任何的方式来加入，你也可以以任何的方式来获取文化。而尽情狂欢以及不分彼此的认同则是这个文化的明显特色，聚集、嘈杂以及自娱自乐体现了这种文化的核心特质。

而如果处在当今每个人都可以参与其中的大众文化的时代，那关系的自觉就变得不同于贵族和精英的时代。在大众文化的时代里，人和人之间的关系变成相互独立的，而且相互之间的依附和集团意识也变得不再可能。社会中越来越普及的各种分离技术的影响会使这种个体的独立性存在变得更容易实现。而与此同时，大众文化得以表达的新渠道更为普及和有吸引力，过去的电视以及今天的网络媒体都是大众文化得以产生和流行的物质载体，没有这种通信传播技术的发达，大众文化不可能产生。反过来也可以说，大众文化的底蕴在孕育和促生着承载即时传播大众文化的新物质媒介，比如卫星、光缆以及智能手机等。我们需要重新看待在新的物质载体出现并为社会所普遍使用的前提下，人和人之间、人和物之间以及物和物之间关系的新形式。显然，没有这种考察，单单凭借过去贵族的文化时代以及精英的文化时代所积累的分析框架，我们可能会受到一定的历史知识的启示，却无济于今天的社会现实。而且，那些框架在时间和空间上一定都是抽象的，并不能真正一一对应于现实的大众社会。

六、文化自觉之后的生存状况

显然，文化自觉必然跟现代世界的形态及其转变有着一种极为密切的联系。我们今天所面对的世界又必然是从这个现代世界转变而来的。对于现代世界，也许我们可以有许多定义，但从结果上综合去看待现代世界留存给我们的一些特征，即从与传统社会的比较中看出现代世界的特殊性也许是一种有益的分类方式。即便如此，其分类可能又会有多种，因此我们有必要对此界定有所限定，即我们可以完全从文化的视角做一种考察，去看现代世界的文化在其成长、传播以及支配性上有什么特质留给我们去把握。

首先，就文化自身的成长而言，一种线性社会的发展特质是比较容易看到的。今天的世界相比传统的世界而言，时间的箭头在不断朝一个方向进步的理念似乎是极为深入人心的，它成为今天人们的世界观的一个重要组成部分。这显然是建立在达尔文的生物进化论以及社会形态要不断更新的理念之上的，文化在这个意义上就变成一种不断进步的线性的发展。其他的观念因此而被否定，不能有一个比较正常的成长空间。

其次，文化在传播中表现出对同质性空间的覆盖。尽管世界的差异性随处可见，但同质性空间的发展却更为迅速。我们所能够看到的差异近乎现象层面的，而我们所感受到的同质性空间的覆盖却是实质性的。四通八达的高速公路，使得我们注意不到小路存在的意义。宾馆格调和服务的统一，使得我们无法真正体味异地生活的差异。味精浸润下的各类食品让我们从味蕾上失去了辨别差异的能力，我们可能只会觉得吃了不同的东西，但获得的却是一样的味道；到处可见的国际连锁快餐店，更加使我们的口味从小就被培养得一致。凡此种种说明，现代世界留给我们唯一的感受就是世界生活的趋于一致，从物质到精神，人们在同一个时间里不同的地方可能过着同样的生活。而且，从理性上我们也在排斥各种差异性的观念，包括在生与死问题上重要的差异性的观念和存在，这些在现代的理性面前似乎都变得异乎寻常地不可容忍。我们在无条件地接受各种标准化的程序，直到将我们所有的生活送入标准化的轨道，没有人对此持有异议，即便有也不能成为社会的主流，而是这个社会中要被不断抛弃的另类。

随着这种标准化在人的日常生活中的全面展开，同时伴随着对人加以控制的技术的全面发展和实际应用，文化作为一种支配性的力量在更加隐秘地控制人的行为，文化的支配力在经过了多种伪装之后照常发挥着影响力。文化与人格学派所强调的那种文化的印刻已经变得更为流动和不确定，人们受到文化的约制，但是真实感受到的却不是文化自身的影响，而是经过了各种转化之后的其他事物的影响。其中就有在现代世界中极为明显的器物的生产、消费和再生产，它们在深度影响着我们的行为选择和认知取向。设计精良并为大众所反复使用的地铁闸机告诉我们生活中应该有的节奏；手中的信用卡则提醒我们财富占有的方式；基因技术不断向我们灌输的是身体的疾病可以通过生物技术手段来加以控制；电饭锅的流行暗示我们即便没有传统家庭生活中的某个具体的人，热腾腾的米饭也能被蒸煮出来。还有，今天临床医疗中手术技术的应用近乎无所不能，甚至以前根本不可能去设想的“变脸”这样高难度的整容手术，在今天也已经变得寻常，整容甚至成为一个世界性的产业。任何一个人，只要愿意，花费一定的钱，就可以使自己的面貌有所改观，长相上的美丑不再跟某种命运联系在一起，而是跟能否付得起世界价格体系里的手术费联系在一起。

文化自觉的时代之后，可能让人感受最深的一个明显特征就是其所具有的各种新的特质。如果说文化自觉有部分含义是指对自身旧有文化的觉知，那么文化自觉之后的时代明显地是跟各种“新”联系在一起的。新物质、新观念、新关系，乃至新的生活方式，到处充斥着日新月异的让人感受到一种躁动的新特质。这正像《既热且平又挤》一书的作者托马斯·弗里曼（Thomas L. Friedman）所注意到的现代世界的新的特性所铸就的一些新特质，即可用“热”“平”“挤”三个字来代表。所谓“热”（*hot*），专门指气候变暖以及跟这种变化相关联的温室气体排放及其效应。所谓“平”（*flat*），指世界范围内电脑的发展以及网络的普及，它们不仅使得世界各个地方都相互联系在一起，而且使在不同空间里的人们可以即时地一起做一种工作。我们所生活的这个世界，信息过多，人们不知所指，有无所依从之感。而所谓“挤”（*crowded*），一方面指人口数量的剧增，目前世界人口有67亿，而到21世纪中期预计会达90亿，与之相伴随的则是借工业化而推动的城市化，由此向城市而非城市以外集中大量的人口。随着城市吸引了越来越多的人口，拥挤就成为在城市生活的人们心中占据支配地位的意象。①

而被“新”不断熏染的现代世界，不再是一个维持传统生活方式的“冷”的社会，而是不断涌现出躁动以创造新意的一个复杂而不确定的“热”的世界。我们无法用单因素决定论的逻辑去看待当下的世界，它为诸多因素所影响而越来越复杂。这同时还是一个“复不了位的世界”。在这个世界中原本安置好的东西，当我们借助某种理念而将其挪开，要想使其复位就变得越来越困难了。在这个意义上，所谓的原生态不过是一种观念上的追求，并通过不断地寻找相似物而得到一种体验上的满足，仅此而已。实际上，现代世界给人的承诺向来都以美好为其最终的目标，即一个令人向往的未来。它的前提就是让所有人都按照既定的轨道去行进，如此这般，这个未来就能够实现。但这样的许诺似乎大部分没有兑现，我们并没有因为某些生活条件的改善而使我们的精神和物质存在状态获得最大的满足感。我们今天确实有了丰富的食品，但我们却患上了厌食症；我们确实有了舒适的汽车，可以去遥远的地方旅行，但是我们因此而背负的是雾霾天气重压下的恐惧症；我们确实有了舒适的住房，但是大家挤在一起的状态，却是心灵无法真正沟通的自闭症的前兆；我们确实不会再与邻人大动干戈，但是我们却感受到无处不受他人监视的忧虑。还有，今天似乎每一个人都感觉到一种心灵上的饥渴以及生活里的不自在，正如上文所讲的，各种东西似乎都不在各自的位置上，挪了位，却复不了位。这就是今天由生态的丧失而引发的心态上的失落感，它是乡愁萌发的前提。

面对这样一个文化上的新时代，我们确实有必要寻求一种跨越族群与地域边界的新的文化自觉，文化因此是一种共同拥有或“在一起”，它在强调关系的和谐而非分离。在今天新媒体社会化之后，我们正在面临一种

---

① Friedman. Hot, Flat, and Crowded: Why We Need a Green Revolution and How It Can Renew America. New York: Farrar, Strauss and Giroux, 2008: 27-33.

生活方式的选择与文化的转型。这样一种选择和转型的前提条件就是一种社会哲学的转变，即社会的价值体系上，人们开始越来越多地将个体的价值置于社会群体价值之上，在曾经讲究个人对集体的完全奉献的背景下，我们的文化里出现并塑造了“雷锋精神”，那是一种完全忘我不讲求一点私利的对社会的彻底奉献，但在我们最近看到的纪念雷锋精神的新标语中出现了一种个体化观念并为官方宣传所认可，那就是“学习雷锋，奉献他人，提升自己”，这条标语的最后四个字所表达的显然是今天这个强调个体化的时代里才会出现的话语，并且它是在官方正式的宣传标语之中直接呈现出来的。

可以肯定地说，文化自觉之后所面临的一定是一个新时代。它在向我们生活的各个方面提出挑战，并逼迫我们每一个人对此挑战做出积极的反应。实际上，文化自觉使我们有了至少两种意识：一种是回归的意识，一种是不断怀疑与不断试错的意识。前一种意识最为突出的解说范例是中国人喜欢讲述的桃花源的传奇故事，而后一种意识则是最具西方现代性表征的并体现在文艺复兴时期的大画家达·芬奇《最后的晚餐》这幅作品中的那种意识。

可以这样说，对于今天的人而言，前一种意识所能给予我们的是因为逃避和偶然性而获得的生活的乐趣和希望，让我们有“柳暗花明又一村”的强烈追求。而后一种意识，则可能是为了寻求一种确定性的钟摆的秩序而遭受一种不断怀疑又不断出错的对生活的绝望。通过耶稣之口说出来的“你们当中总有一个人会出卖我！”的提醒，实际上是一种知识论的预设，它排斥生活世界中的偶然性和不确定性，通过一种怀疑精神去体现真理的存在，但世界恰是在经过了五百年的轮回之后，似乎又渐渐显露出其混乱、复杂与不确定性的本真。在这个意义上，前一种自觉较之后一种自觉更为接近当下的时代精神。人类学需要在前一种自觉上有更多的觉悟和付诸实践的努力。

七、人类学的新时代

原生态概念的提出使曾经以“原始”为自己封地的文化“霸主”即人类学家失去了自己的地盘。因为，似乎今天所有人都认为那个“原始”已经不存在了，至于“原始文化”，就更无处可以寻迹了。但具有讽刺意味的是，当下世界的人们似乎确实需要一种原始的文化作为对自己未来归处的想象，并不惜一切代价为此而开始一场寻找原始及原始文化的旅程。在这个意义上，又可以反过来说，再也没有比今天这个时代更适宜人们去讨论人类学与文化的问题的了。实际上，今天谁都可以是人类学家，只要你有了旅行，有了对自己之外的世界的观察；但谁也不是人类学家，如果你还沉迷于对他者的想象，沉迷于一种文化的隔离，而不能对自己与他者的共同存在和相互往来有一种深刻的理解。而且，从西方人类学的产生背景看，那是一个不断向外殖民从而带来关于他者的知识增长的历史，我们今天心目中的“原生态”，在现代西方世界与其他世界接触之始便已经不复存在了，因为这种殖民从来不是强调互不影响的相互往来，而是一种被界定为优越的文明对世界上其他劣势的文明的征服。因此，看起来秉持西方近代以来科学精神的各个有助于殖民的学科，虽然各自创造出了在细节观察上完备的知识，但这些知识后来都被证明具有一种东方学想象的意味，因此而构筑的知识共同体则必然是一个想象的共同体。

曾经有一段时间，在世界文明占据支配地位的这个文明，义无反顾地从生物不断进化的角度去看待人所构成的世界，人的未来和归宿似乎就是一种不断地向着先进的现代或现代化的进化。但自 20 世纪末期以来，这一切都从观念上开始有了一个翻转，正像弗里曼所指出的那样，人们开始日益感受到世界的“热”以及世界的“挤”。换言之，可能是这个由人构成的世界自身出现了问题，而我们对这个世界的理解似乎不再可能依据那个由古典人类学不断建构出来的“原始的印象”来完全获得。反之，现实的紧迫感在催促我们必须拿出精力和勇气来理解当下发生的一切，这是人类学家面对一种世界范围内的文化转型必然要做出的抉择。因此，对于今天的人类学家而言，尽管他们看到的仍旧是一个缤纷的世界，但这个世界的意义显然不能再无端地添加“原始”这样的修饰语。换言之，现实的转变和新的世界形态逼迫着曾经庇荫于西方殖民话语的人类学家做一种本土的自我反思，这种反思可以引导我们不再去寻找一种相对于现代的原始，而是揭示并呈现一个我们未来可以逃往的桃花源。面对一种紧迫的现实，我们已经失去不断重复的那种被格尔兹（Clifford Geertz）以后的人类学家误解和庸俗化的“深描”（thick description）①，而要让一种地方性的知识像鲜花盛开一样，真正使民间的智慧可以任情地表达和自我重生。我们不再简单地强调文化的相对性，而是把不同的文化真正放置于人自身存在的意义上去重新界定，借此考量在这一脉络之下各自的价值与存在的意义。我们不再抱有单单描述集体文化模式的那种自觉，而要更多地从文化黏合性的意义上重新看待今天世界面对着文化转型带来的一种真正的个体自觉之后的文化意识的自我表达形态。

人类学的核心在于人这个主题，在越来越被各种分离技术覆盖的同质化的世界里，人的意义也被车裂了，似乎把人的整体性作为第一要务加以思考的学科也只剩下人类学了。人类学从一开始就关心人的来源问题，但这个问题仍旧是一个未解之谜，甚至相比于最初提出的问题现在的问题更为复杂。这吸引着很多不同领域的学者参与研究，人类学自然也不例外。但与此同时，人类学似乎更关注人的归宿问题。对一个人而言，生与死构成了生命的两端，生是一种开始，而死是一种回归，在很多文化里都有这样一种生命轮回的观念。而在现代世界背后的未来观却完全忽视了“死的回归”这一点，把人看成“单向度的人”的同时，人的归宿问题也就因此而一笔勾销了。人因此变得没有了归处，只是一味地朝前看，面向永远无法企及的未来。只有当他生病了、颓废了以及活动不了了，他才认真去寻找那个已经逝去的归处，但这种寻找似乎变得不再可能了。在这个意义上，人类学家呈现的各种文化里“有归来的未来”的世界观，还有在那样的世界观里人们为自己的未来设定的边界，保证了人们可以有所归依。如果不是这样，而是没有界限地发展，那就像今天一样，对人类而言，一切似乎只能以黯淡的未来作为终结。

在上述意义上，原生态只可能是“能够让人回归”并能让人寻找到归来之路的诸多线索，而非什么具化了的“本真客观”的存在。它们能给我们以生活的启示，并引导着我们富有意义的实际生活。今天的原生态观念所能产生的应该是一种人居环境中多元文化共生的融洽环境，由此而在

① Geertz. The Interpretation of Cultures: Selected Essays. New York: BasicBooks, 1973: 3-30.

人、物和自然之间建立起一种相对和谐的关系。这些可能是今天的中国人类学乃至世界人类学都应该去面对的现实。

在2014年夏天我访问过的黔东南苗族侗族自治州政府所在地凯里市，我曾经住过的酒店边上有一大片气势恢宏的楼盘，叫“未来城”。从酒店的窗户望过去，特别是在漆黑的夜晚，看到那片尚无人居住的几十层的高楼，联想起当地人告诉我的信息：据说在这个城市里居住的居民，即便每个家庭再多买一套房，那凯里市的楼房依旧卖不掉。一种忧郁之情促使我下了这样一个判断，即这个“未来城”似乎没有什么未来！当然，这里的原因很简单，人的欲望显然并不是不受任何限制而能任意发展的。换言之，面对这样的建筑物，我们可以问一个非常实际的问题，即所有的建筑真的有一种可持续的未来吗？想一想，这里的生态环境能够支撑起这样“高级”的社区吗？显然，那么多的钢筋混凝土结构预示着它真的没有未来，晚上那么多黑洞洞的单元楼也预示着它没有真正的未来。但从另外一个意义上而言，它可能又会有自己的未来，那就是一切都以一个方向、一条路径、一个标准以及一个速度，向着未来的不确定世界狂奔。结果可想而知。吉登斯曾将此一世界命名为“失控的世界”（runaway world）①，这虽令人恐惧，却不能不说是一种真实。人类学家有必要在这条路上做一个阻跑者，阻跑不一定都是反抗的行为，更多意义上它是人的自觉之后文化自觉所凝聚起来的真实力量。

① Giddens. Runaway World: How Globalisation is Reshaping Our Lives. London: Profile Books, 2002.

第七章　灾难、艺术品与反讽

汶川大地震的发生使得“猪坚强”和“猪刚强”这一“坚”一“刚”两个文化符号进入我们的生活之中而影响了艺术家的创作。两头很普通的猪，也因此而脱离其卑贱的家畜身份，通过这种人为的命名方式进入人的社会生活中，这是借助艺术本身而实现的人类自我存在的文化表达。在这里文化等同于艺术，艺术也一样等同于文化。在这方面，行为艺术家担当了一半人类学家的角色，而另一半当然希望由有自知之明的人类学家去完成。人们显然并不是逃避与反抗的艺术家。这必然赋予艺术一种类似权力的力量，借此否定人存在的卑微与柔弱，并在困苦和灾难面前寻求一种积极的生活。因此，“弱者的武器”实际不过是“弱者的艺术”而已。

一、灾难、“猪坚强”的命名与博物馆收藏

2008 年 5 月 12 日下午 2 时 28 分，在中国西南的四川省汶川县发生了一场强度超过八级的大地震。整个世界的目光一瞬间集中到中国，聚焦到汶川这片开阔的土地上。在那些令人十分焦灼的日子里，新闻的关注点也全部聚集到“汶川”这个原本令许多中国人感到极为陌生的县城的名字上，人们实际上也确实因为这场突如其来的地震而永远记住了这个西南通往康巴藏区的重镇。甚至可以说，在那个时候，因为抗震救灾，整个国家似乎都被这场灾难感染了，无一人、无

一机构能够真正置身事外，作为一个旁观者而不为各种有关灾区的新闻、消息、传言、流言，以及各种不断变动的伤亡数字所左右。许多人在情感上深陷其中，并为有画面的新闻报道中种种惨烈的伤亡场面所震动，甚至亲赴救灾现场，来自全国各地的志愿者自愿组织起来援助灾民。这一年被民间标定为“中国志愿者元年”，即中国的志愿者精神从这一年启动。总之，2008 年对中国来说并非一个寻常的年份，那一年不仅有地震，还有举世瞩目的北京奥运会，甚至那一年的股市、楼市都处在极度低迷的状态之中。当然，人们整体性的情绪也处在一种摇摆不定的恐慌之中。

但是，就在 2008 年 6 月 17 日，也就是地震发生之后的第 36 天，一个先从网络发起后为中央电视台所报道的新闻，一下子打破了因为地震这一天灾而造成的日常生活的沉闷与压抑。人们的情绪似乎在这一瞬间有了 180 度的大转弯。这个新闻的主角就是后来名声大振的“猪坚强”，即地震发生之后被掩埋达 36 天之久而最终奇迹般地存活下来的一头猪。人们不忍它像其他的猪一样受屠夫一刀，然后被人吃掉。网民们群发无数的帖子，呼吁大家保留这头非同一般的猪的性命①，网民们甚至将它命名为“猪坚强”，准备送它去博物馆“养老”。而且，据救出它的成都军区某飞行学院的解放军战士称，这头猪实际上仅靠吃一些木炭便神奇地存活下来，这一事迹更体现了这头神奇的猪生命力背后的坚强意志。后来，收藏这头猪的位于四川省大邑县的剑川博物馆，还特别将现场发现的一些剩余木炭连同奋勇救出“猪坚强”的解放军战士的签名军服一起收集起来，放在博物馆中贴上文字标签向游人展示。

显然，这头白色公猪的名字“猪坚强”，借助网络、电视、报纸

---

① 从百度新闻里我们看到，很多网友当时颇为振奋，为这头被救出的猪的坚强所感动，呼吁要留住这头猪的性命。比如广州的网友就说：“这样坚强富有生命力的猪，让它自然终老吧。”昆明的网友表示：“别杀它吧，如有需要，我出钱认养它。”陕西的网友说：“猪界的英雄！这头猪应该留着，好好养起来。”甚至猪的主人万兴明也回忆起这头猪的一些神异性的表现来，比如那天把猪救出来的时候，因为怕它突然见光不适应，就专门用木板把它遮住。后来万兴明的妻子去给这头猪喂食，竟然看到它，即被称为“猪坚强”的这头猪，“流下两行泪水”。万兴明和老伴都认为，这头猪好像通人性。他们很感动，也舍不得杀，但没能力把猪养下去，后来就卖给了剑川博物馆，由博物馆为这头猪养老送终。

等各种传播渠道而一下子传遍了整个中国，乃至传遍了全世界的华人圈子。人们此时因为这场地震中数以万计的人突然离去，另外还因低迷的楼市和股市，而陷入难以名状的极度悲愤之中，却因为“猪坚强”这个真正来自民间社会的名字的发明、传播以及富有象征意义的故事编造，而有了一种情绪或情感上过山车一般的大转变。人们抗震救灾之余单调的闲暇生活里，除了喜闻乐见的打麻将和打牌之外，似乎又多了一种有趣的可以使自己在一瞬间亢奋的谈资。

在另外一个意义上，灾难似乎也带来了所有中国人自我创造的新动力。在国家一下子拿出 4 万亿元高调投入抗震救灾的同时，民间社会也活跃起来并开始涌动一股全社会自我励志的力量。此时的“猪坚强”不仅成为一个家喻户晓的名字，而且也成了人们通过网络创作各种形式的励志艺术品的一个传播甚广的表征的来源。在四川以敏锐地收藏地震文物著称的剑川博物馆的馆长樊剑川先生，甚至专门跑去“猪坚强”的发现地，即成都彭州市龙门山镇团山村村民万兴明家，用 3 008 元的购猪款以及 10 000 元的恢复生产生活款，把这头名为“猪坚强”的硕大的白色公猪买回来，在网民给起的“猪坚强”这个大名之外，又为其起了一个小名“36 娃儿”，把它专门放在剑川博物馆的一个角落里，供游人观瞧。① 在此意义上，“猪坚强”从一头极为普通的猪转换身份而成为一头“名猪”。

与“猪坚强”的名字相关的励志歌曲②、玩笑式的段子③、写给“猪

---

① 到 2014 年，“猪坚强”已经在剑川博物馆长到 7 岁，体重 300 千克。为了它的健康，饲养员甚至给它喂食鱼肝油之类的营养品。

② 一首以“猪坚强”为主角而谱写的歌曲《猪坚强之歌》迅速传遍网络，歌词为：“我说我的名字叫坚强。坚强地梦，坚强地爱，坚强地歌唱。在地动山摇的时刻，我以生命展示着顽强。活着啊！活着！活着就有希望，哪怕废墟掩埋，我也顽强地爬向光亮。虽然我是一只小猪，也有弱者的坚强，也有弱者的希望。啊！希望！我说我的名字叫坚强，坚强地活，坚强地走，坚强地向上。在平平淡淡的岁月，我以生命支撑着理想。前进啊！前进！理想就在远方，哪怕吃着粗粮，我也保持着高贵的梦想。虽然我是一只小猪，也有小猪的尊严，小猪的理想。啊！理想！”

③ 比如在 2008 年 9 月 17 日“猪坚强”的博客里有这样一段记者和“猪坚强”的“对话”：“问：你被困了 36 天，现在被救出来，你觉得你是幸运的吗？答：幸运个屁，猪油都涨价了，我却瘦成这样了！问：你为什么吃木炭呢？（好有水平的记者）答：你以为我不想吃地瓜啊！问：你被救出来的时候，你知道你在下面被埋了多少天了吗？答：你这猪头，明明知道我是猪了还问，我哪里会算啊！问：你还有亲人吗？答：几个兄弟姐妹在地震前被卖到屠宰场了，不知道隔壁家的母猪还在不？”（http://zhujianqiangvip.blog.sohu.com/.）

坚强”的书信，以及以“猪坚强”为主角的儿童文学作品[1]也随之相继出现。似乎一下子网民真正关心的重点已经不再是灾区民众的生活本身，而是转换为对这头被网民命名的猪的关心。人们似乎因这头猪的出现而一下子有了一种驱动力。人们甚至为它设置了一个专门的网上博客[2]，还会不厌其烦地以“猪坚强”为主角编撰许多有趣的励志或自嘲的故事。且有很多人沉迷其中，思考着这头猪每天应该怎样生活。最后，在一片对“猪坚强”的鼎沸的呼声中，“猪坚强”以一头猪的名义荣获了由广大网民评选出来的2008年感动中国十大动物的“总冠军”。[3] 在这个意义上，通过普通民众的命名，再通过民间博物馆出人意料的收藏，一头默默无名的猪便做了一次超乎寻常的华丽转身，日常生活中不断遭人贬斥的猪一下子成为万人景仰的“猪坚强”。

二、作为艺术家的张洹与作为艺术品的“猪刚强”

而就在“猪坚强”被发现之后的第13天，也就是地震之后的第49天，或者说在中国人习惯的“七七”祭奠亡灵的时间里，又一条最先在网络发布，然后通过各种形式的社交媒体而广泛散播的消息，震撼了全中国人的心，尽管它没有“猪坚强”被救出的消息来得猛烈，但就像汶川地震的余震一样，它再一次让全体中国人的心为之一颤。这就是在汶川地震之后49天仍旧得以存活的另一头白色公猪，它在2008年6月29日被人发现并成功救出。而此时工作室位于上海的一位艺术家张洹专门跑去汶川映秀这头猪的主人家里，从主人刘新明手里用三千多元购猪款以及数万元修

---

① 2009年3月，笔名“霞子”的北京作家在中国少年儿童出版社出版了名为《我叫猪坚强》的童话作品。在这部童话中，“猪坚强”的故事被进一步拟人化，“猪坚强”由此变成一个善良乐观、敢于和灾难做斗争的可爱的小猪的形象。这本书强调了“猪坚强”的“快乐”天性，这是从它的妈妈遗传来的。它把这份快乐播向四方，获得了幸福。而地震在书中被描述为一个“大妖怪”，当它来临时，许多动物成功逃脱，“猪坚强”却被困在猪圈之中。但是“猪坚强”的快乐天性使它熬过了灾难，克服了绝望，跟地震这个“大妖怪”殊死搏斗，最终得到营救。

② http://zhujianqiangvip.blog.sohu.com/.

③ 写给“猪坚强”的2008年感动中国十大动物颁奖词是：“八戒，为师对不住你，没想到你比悟空还能承压。你生动地诠释了‘不抛弃不放弃’的精神，并成为中国企业家们渡过经济寒冬时，争先恐后高举的一面旗帜。”

缮房屋的钱买下了这头猪。据说他曾经为先前失去购买“猪坚强”的机会而惋惜不已，这次他则对这头被救出来的猪心怀百分之百的期待，志在必得。付款之后，由欣喜万分的猪的原主人刘新明一路护送这头猪落户上海张洹的工作室。大概因为这头新发现的猪被埋时间更久，也因为其在“猪坚强”这个名字出现之后而出现，因而它被冠以“猪刚强”的名字，并在网络上同样获得了“一夜成名”的殊荣。这恰如我国台湾学者林徐达所指出的：“‘猪刚强’从一只受难动物荒谬地转变为家喻户晓的耀眼明星。”①

或许按照中国人起名字的习惯，这一前一后两头白色公猪，俨然可以看成同族的“猪氏兄弟”了，它们就像中国传统族谱中的兄弟排序一样有了自己专有的名字，并有了中国人姓名中显示同辈的“强”这个字作为标记。它们与普通的猪有所不同，不仅由于它们各自有了一个人类才会有的名字，更为重要的是，它们有了一种象征性的超越生死轮回的能力，再不会像普通的猪一样，长到一定重量或者一定时间就会被送去屠宰场，经过一道道的宰杀、分割以及运输程序而进入人们的餐食当中。这两头奇异的猪恰恰可以因此名声而享受似乎只有人才有的通过对身体的小心翼翼地照顾而寻求一种健康“不死”的特殊待遇，即它们不用等待被人屠宰以及分而食之的厄运。

这一“坚”一“刚”两头猪也由此可以脱离其卑贱的家畜身份，通过人为命名的方式而进入人的社会生活中，不仅与人相伴，而且与人为伍，甚至可以有高高在上的超人的待遇。这一对“猪氏兄弟”便因此而有了其独有的社会生活，它们真正活到了人的生活中来，并影响着人的生活及意识。这里可以拿“猪坚强”跟生活在中国社会中的另一种动物做一比较，这种动物就是同样出产于中国西南茂密山林之中的大熊猫。在中国，熊猫这种动物的社会生活带有一种浓郁的官方色彩，它是被专门供养起来的，住在由国家命名和投资的动物园的高级保温房里，并成为现代国家的一种象征，即由于国家存在的主权边界的独一无二性，因而标明其存在的象征

---

① 林徐达．诠释人类学——民族志阅读与书写的交互评注．台北：桂冠图书股份有限公司，2015：122．

物也应该是世界上独一无二的。而这一民族性的独具特色的现代民族国家的表征，跟传统中华帝国时代在观念上一统天下而并无所谓真正边界的“龙”这种虚构的象征性动物，所具有的社会生活俨然是判若两样的。可以这样说，龙的形象，代表着传统时代中国人对于整个世界宇宙的想象，它绝非一种现代世界偏安一隅的某一国或者某一地方的用以表征其存在的象征物，它借一种来源的不明或者纯粹的超时空的创造而体现其存在的非地方性，并借其象征的模糊性而体现其可以超越所有生灵而存在的独一无二性，即它相对于整个世界而言的代表性。在此意义上，龙在时空范围上已经是现代熊猫形象所能代表的时空有限的范围所无法真正比拟的。而与熊猫这种“国宝”级的动物的社会生活形成另外一种鲜明对照的乃是，“猪坚强”和“猪刚强”的社会生活可能完全是来自民间、反映民间并存活于民间的，它们因为民间广泛使用的互联网而声名大振，它们被民间社会命名，并为民间的机构所收藏。而这一切实际又是为民间所极力维护以成就其自身底层文化认同的社会生活的写照。

在这个意义上，这种生活也就很难再说是一种詹姆斯·斯科特(James Scott)意义上的“弱者的武器”①，因为人们借此所要表达的并非蓄意跟国家的对立，更不是通过一种逃避技巧的训练以及各种另类经验的积累而形成某种模式化的逃离各种国家约束的抵抗的艺术。而恰恰由于这种民间带有普遍性的对人的生命存在的反讽式的表达，借人的生活之中最为卑贱的猪所具有的或者说被人赋予的“坚强”与“刚强”的意志，真正体现了人之存在的真实困境，即作为人类整体的人自身卑微生命的脆弱，以及由社会与道德的激励可能带来的对于人性中与生俱来的不足的强力扭转。这就像千千万万的小人物靠着自己的努力向上攀爬之后获得了一种成功的喜悦一般。这显然不是一种仅仅针对国家的对抗性的逃避的艺术，而是借助艺术本身而实现的人类整体自我存在价值反思或自觉的一种文化表达。在这里，文化等同于艺术，艺术也一样等同于文化。只是艺术不过是一种类似文化的可以清楚表现文化的具体而微的模型，而文化不过就是艺术的一种无意识的存在而已。在艺术与文化之间，艺术家不仅得以存

① 斯科特．弱者的武器．郑广怀，张敏，何江穗，译．南京：译林出版社，2007.

在，且通过其对文化、社会以及个人生活诸多要素的抽取、删除、隔离、唤醒与重新排列组合所创造的艺术品，使文化与艺术之间有了一种极为天然的关联。

在此意义上，艺术品本身便有了一种人类学的民族志的意义。它实际上可以说凝缩性地使一种本不可以清晰言说的社会整体性的生活得以集中再现和表达，这一点特别突出地体现在现代中国艺术家的作品之中。这些作品也在艺术层面把中国社会以及这个社会中所存在的人的生活的真实图像彻底地呈现出来，通过操弄人的感受性，特别是那些最为普通、无力拥有自觉意识来反省其自身存在的人的感受性，进而吸引更多这样的人去观看的方式。社会中每一个普通人都从中找寻到一种所谓的小人物的“自我”。这便是现代行为艺术或者装置艺术存在的价值，也是它与普通人的社会和文化能够产生联结、造就共鸣之处。

在这方面，出生于 1965 年，2008 年恰好 43 岁的有着世界影响的中国艺术家张洹便是一位典范。他以行为艺术而著称于世。1994 年他曾身处北京东村一个 12 平方米的低矮潮湿的公厕，做了一场在世界艺术圈里声名远扬的行为艺术表演。他自己端坐在那间公厕中，浑身涂满了蜂蜜和从鱼肚中流出来的液体，由此吸引无数苍蝇落在其赤裸的身体之上。他将这一图景拍成照片，摆放在华丽的展览大厅之中供人观瞧，由此引起的观看者的厌恶或者恶心是不言自明的。但与此同时，底层小人物生活中的心声以及最为深层的压抑感却通过这样令人生厌的人体姿态与周围环境而尽显无遗。① 也许，艺术家已把古典民族志所追求的让人惊讶的文化震撼（cultural shock）悄然带入其作品之中。但无疑，作为一件艺术品，这个民族志作品让我们在没有离自己很远的地方近距离地看到了一种自我存在和认同。生活之中卑微的个人一下子在这幅图片面前产生心灵上的共振，艺术家的民族志作品在这个意义上实现了其价值。

---

① 张洹的这幅名为《十二平方米》的彩色照片，在 2005 年 5 月 1 日香港金钟港岛香格里拉酒店 2005 春季艺术品拍卖会上以 216 240 元的成交价被拍卖。

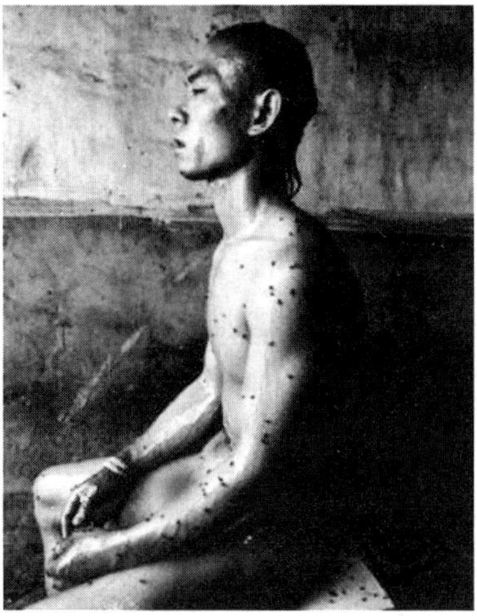

图 7-1　张洹 1994 年的行为艺术图片《十二平方米》

这正像张洹自己所一再表述的，当时买下“猪刚强”这头猪原因就是他认为这头劫后余生的猪的命运，似乎和自己所要刻意表现的社会中小人物的那种不屈不挠的刚强意志是血脉相通的。显然，作为一名有着世界声誉的行为艺术家，他要用这头具有并不断被强化其符号意义的猪来做自己行为艺术作品中的又一个主角。他确实这样做了，他成为“猪坚强”以及“猪刚强”故事的制造者及其艺术形象最为强劲的创造者，并使这样的形象在中国之外的世界文化空间里得到广泛传播。

在 2009 年 9 月初，也就是在汶川地震一年多之后，张洹又在这头被誉为比之前救出的“猪坚强”还要刚强的“猪刚强”身上做了一次文化观念唤起与再造的跨国家以及跨文化边界的艺术实验。他筹划在英国伦敦举办一次展览，地点就在著名的白立方美术馆（White Cube Gallery），这家美术馆向来是以标新立异而著称于世的。但由于当时海关动物检疫的困难，外加 2007 年前后英国大闹猪的口蹄疫疾病，结果邀请“猪刚强”赴英国巡展的设想未能实现。在无可奈何之中，张洹这位行为艺术家又突发奇想，在英国本土找到一头母猪，给它也专门起了一个名字，叫“牛金花”，然后编织出二者网恋的故事而把两头跨国的猪婚配。故事之中甚至还有这样一个情节：“牛金花”在跟“猪刚强”认识之前有一个私生女，但是这私生女后来被孩子的父亲抛弃了。故事背后体现出一种文化接触的忧虑，即英国文化里成长起来的“牛金花”担心深受中国传统文化熏陶的“猪刚强”会对并不“贞洁”的自己心怀芥蒂。显然“猪刚强”是没有这份脑筋去想贞洁不贞洁的问题的，或者它生长的文化里这层贞洁文化的意义早就被抹去了。总之作为中国的“猪刚强”，它“彻底”接受了身处异国他乡的英国媳妇“牛金花”。由此，“牛金花”就正式作为“猪刚强”的妻子代替远在中国的老公尽情地在白立方美术馆进行各种公开的展演，在人造的室内草坪上，在以洋房为背景的花园里，到处都可见“牛金花”的影子。与此同时，从展厅的大屏幕上，观看者还可以看到张洹用24小时录像设备拍摄的“猪刚强”在上海的工作室中全天的生活状况。此外，张洹还用他擅长的香灰作画，以“猪刚强”为主角画了许多幅香灰画，并在白立方美术馆的地下室里举办了一个主题为“死亡、重生与博爱”的画展，集中展现了“猪刚强”的刚强性格以及对死亡的无所畏惧。画展中一面墙上是由香灰画的骷髅头，而对面的墙上则是同样用香灰画出来的“猪刚强”的肖像画。在这空间的对比之中，生与死的对抗显然已经让观看者一目了然了。此时猪氏兄弟的名气已经不再局限于国内，而是一步跨越国界，即它们在艺术家张洹的独特观念的带领之下，名震海外，让世界真正认识了2008年汶川地震之后被民众“发明”出来的这一神奇动物所昭示的精神和文化的意义。而在此之后，猪氏兄弟的社会生活叙事也就一下子转变成一种带有国际意义的励志宣传符号。

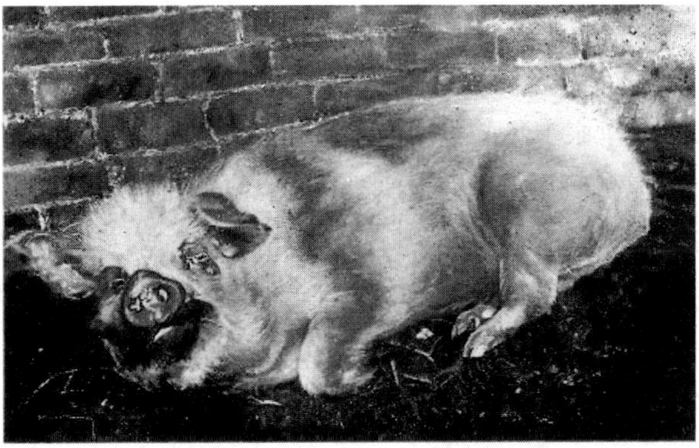

图7－2　作为艺术品的“猪刚强”

由此，因地震而造成的灾难得到一种人对自身生命存在意义的升华。

借此种整体性的坚强或者刚强形象的塑造，瞬时之间对整个中国社会的生存处境及其文化意义的思考被一股脑地带动起来。没有人不借此而反思；也没有人不为此油然而生一种自我表达的欣悦；更没有人会放过此一人与猪地位颠倒过来的瞬间，借此反讽叙事的强烈效果，做一种由心底向外迸发的精神狂欢。这对那个时期的中国人而言可谓一剂精神上的兴奋剂。不论是考场失利的学生，还是股市赔了钱的股民，抑或是官场上不断失意的各级小官僚，所有人似乎都因此而有一种带有共同体意义的人人“在一起”自我宣泄般的疯癫①。本来虚置的艺术，却通过其特殊的文化启动的激发效应，而转变成一种对当下社会生活的映射和真实表达，并由此而为参与者和旁观者所真切地感受到。在这个意义上，小人物的非同一般的生命意识得到了展现和表达。人们也在一种自认为卑微的生命自觉之中找寻到了可以“坚强”地以及“刚强”地活着并一直活下去的勇气。

三、人类学有关猪的社会生活的两种叙事

最后可以说，至少从人类学民族志的意义上，我们有关猪的社会生活的理解实际上经历了两种叙事类型的改变。其中之一便是人类学家努力要把猪作为一个整体放到人所生存的世界中，使其具有一种文化解释的意义，由此而被赋予一种社会生活，也就是通过人类学家书写的文化而使猪有了文化自觉意义上的文化表达。

1942年，费孝通先生住在云南昆明乡下，曾专门写过一篇不太长的文章，题目也是漫谈式的，即《说养猪与吃肉》。文中叙述了在一个作为外来者的知识分子眼中猪的生活的外在性，也就是他们这些外来人对猪的不卫生心存芥蒂，可谓发自内心地不喜欢。显然对于一般的外来者而言，猪也不被看成人类生活中内在固有的一部分。但是，作为人类学家的费孝通那时却猛然意识到了这个问题的重要，发现对于一个农业社会而言，猪的存在可谓中国农民生活中一种最为合理的选择，因为猪这种动物并不与人争地，而人们每天随便剩下来的食物都可以成为猪的美食，

---

① 赵旭东. 在一起：一种文化转型人类学的新视野. 云南民族大学学报（哲学社会科学版），2013（3）：24-35.

而且也不需要像养牛马羊那样专辟出一大片草场来放牧。养猪不过就是农业社会里的人自己发明的一种极为合理的选择，养猪的人家实际不用费太大的力气便可以拥有蛋白质的供应，这是单靠农业的物产不能够完全提供的。①

这可谓一种基于功能分析的理解。除此之外，这种理解也试图对社会事实给予一种意义表征的表达。这种表达的核心在于，其试图有一种真实性的镜像互映，即借助人类学家作为参与观察者所注意并书写出来的文化真实，意图反映一个世界本真的存在。比如在费孝通先生的这篇文章里，我们还看到在昆明乡下的社会中苍蝇存在的一种新意义。可能对城里人而言，苍蝇总不大可能是一种干净的生物；而对乡下的农民而言，到处飞舞的苍蝇这种意象或者表征，恰恰是年景好的一种征兆。因此，他们坚持认为，“要是没有苍蝇，准是荒年来临”②。无疑，在这方面人类学家各种形式的文本的制作，在功能论的分析基础之上似乎在证明或者强化这样一种社会事实与文化表征之间的一一对应关系。我们看到许多民族志书写在强调猪与现实生活世界对应的相互联系在一起的整体性的社会功能。猪在这个意义上仅仅作为社会整体的一部分而存在，而人类学家在这种叙事之中，尚未构建起一种以“猪”为中心来思考的文化理解，这并非人类的“猪”，不过是他们思考的对象而已，这种强烈的人与家畜之间的分类，绝不会自然生发出一种从猪的角度去思考的思维转换。人类学家试图这样去做，但并不是每一位人类学家都能做到这一点。

换言之，持第一种叙事类型的人类学家关心猪的生活，其目的抑或其出发点便是真正觉悟到猪实际上参与了社会生活以及文化意义的构造。在社会与文化整体观当中是不能够排除猪这种非人的存在物的，否则社会的世界将是不完整的。由此而造成的一种表述格局就转变为，所有当地人都可能因为生产、生活乃至生态的原因而去喜欢猪，而但凡不喜欢者必是带着一种偏见的外来人。这当中自然也就包括人类学家自己。人类学家最后

① 费孝通．说养猪与吃肉//费孝通全集：第三卷（1942—1945）．呼和浩特：内蒙古人民出版社，2009：213-217.

② 同①213.

会通过一种人类学田野工作的自我反省而有一种真正意义上的文化自觉，当地人的文化的意义由此而得到一种顺理成章的阐述、解释和表达。但如果人类学的整体论做到了对当地文化的包容与整全性的理解，那这种理解又如何去真正实现对于这个文化里的不宽容的理解和吸纳呢？换言之，具体而言，由此我们将会如何面对实际生活中人们对这种或者他种卑微动物的谩骂、诅咒和不屑一顾呢？人们是在对猪发泄不满还是对由猪所代表的他人给予抨击呢？其中的界限究竟在哪里呢？很显然，猪是不可能有与人一样的思维和情感的，人以猪作为一种思维上的转换，实际在暗示某种类型的社会人，物在这个意义上体现了人的关怀，它可以是积极的、建设性的，亦可以是消极的、破坏性的。总之是为了文化的表达，人以及人以外的物的世界才被调动起来为人所利用。在物的世界里，人才能去真正表达自己的存在意义。

这实际就牵涉到猪的社会生活的另外一种转化，即来自内在和外在的互动而偶然或者经由某种不确定性而转化出的文化表达的逻辑。很可怜的是，猪这种家畜除了被人类大量饲养并在日常生活中大量地吃掉之外，它们还会作为人类仪式生活中不可或缺的祭品而存在。给神和祖先贡献生猪或者猪的身体的某个部位，这在许多文化之中都是存在的。猪由此而跟我们的仪式行为以及我们与周围环境的互动紧密地联系在一起。因此，在讨论仪式的问题时，对于猪的关注也是很多民族志乐于去叙说的。

那么，作为某种行为模式的仪式，纯粹是社会之中一个封闭起来的环境中的一种行为，还是由此而对外部世界或者周围环境造成一些实际影响的行为呢？宗教人类学家有一种很强烈的观点，认为仪式的功能只是借助“做些什么”使人对于无法控制的自然环境有一种压制性的舒缓，使人减少因为此类不确定性而产生的焦虑、恐惧和不安全感。对此，社会学家霍曼斯曾有过这样一段表述：

> 仪式的行动并不能对外部世界产生一种实际的效果——这便是我们称它们为仪式的原因。但是做出这样一种陈述，并不是说仪式没有其功能。它的功能并不是把外部的世界与社会连接在一起，而是跟社会的内部构成连接在一起。它给予成员信心，排解他们的焦虑，它

使得他们的社会组织有纪律。①

但这实际就像拉波特（Roy A. Rappaport）这位人类学家在《献给祖先的猪》一书中所注意到的新几内亚人养猪的行为，除了和“为祖先献祭”有密切的联系之外，还与周围的生态环境紧密联系。他因此而给出了不同于霍曼斯的解释，那就是：“在某些情形之下，仪式的行动确实造就了一种‘对于外部世界的实际的结果’。”或者说，“在某些情形下，仪式的‘功能’是把‘外部的世界跟社会连接在一起’。”② 换言之，仪式实际上是跟人的行动紧密地联系在一起的，进而与开放的外部世界是紧密地联系在一起的，人的一举一动因此必然会造成某种环境的改变。比如进行一项仪式要砍一棵树，之后环境便受了影响。而每年要是有很多人参加节庆宴席，就需要去耕种更多的田地，准备更多的食物，猎取更多的野兽，采摘更多的野菜等，这些都使环境发生了改变。③ 换言之，猪既是一种自然的存在物，又是一种社会的存在物。它可以自然地生长，却不能够自然地存活，人在对其生命加以控制。需要的时候，拉猪到社会之中，物质上将其作为人们肉食或身体中蛋白质的来源，精神上将其作为人们宣泄和排遣胸中愤懑的对象。但如果某一头猪超出了这种自然与社会之间借人而实现的辩证，脱离“人为刀俎，我为鱼肉”的命定论的循环而成为可以不死或者象征意义上不死的猪，那它在人的社会生活中实际就有了另外一种样子，即人可能因为这头猪的存在而感到一种无上的荣耀。“猪坚强”和“猪刚强”的例子便可以说是一个超出了这一世俗循环的例证，它们不再会死于刀俎之下，而是会与人同寿。

而就我们这里所处理的“猪氏兄弟”一夜成名的案例而言，这原本是因地震而引发的灾难，经由仪式性的意义转化而影响了这个外在世界本

---

① Homans. Anxiety and Ritual：The Theories of Malinowski and Radcliffe-Brown. American Anthropologist，1941（43）：172. 转引自：Rappaport. Pigs for the Ancestors：Ritual in the Ecology of a New Guinea People. New Haven and London：Yale University Press，1968：2.

② Rappaport. Pigs for the Ancestors：Ritual in the Ecology of a New Guinea People. New Haven and London：Yale University Press，1968：3. 着重号为原文所有。

③ 同②.

身。对猪的命名、艺术品的制作以及仪式性互动的布展，这些都把猪内部的在人看来是牲畜的生活转化为一种实际更大范围的社会生活的表述。关注这个主题事件的中国人，借助网络、各种新式的社交媒体以及行为艺术的诸多展演形式，所实现的不仅是自己内心世界的精神宣泄，更为重要的是由此能够实现人类自身存在的“卑微”与“强大”的带有互构性反讽意味的集体狂欢。

由于“猪坚强”和“猪刚强”超乎生命存在限度的奇迹般或神迹般的存在，人们会在孤寂、伤感以及恐惧之中，通过操弄一些无法自主的仪式性的行为，不论这种行为是以战胜灾难、艺术品创作还是以反讽自嘲式的夸张形式出现，都无意识地期待着与之相反的一种情绪状态的出现，即对现实境遇的一种逃避。他们真正想要去把握的乃是经由仪式性的操弄而从社会之中产生的符号新异性本身，而非真实发生了的社会事实本身。因为就一种社会事实而言，猪在地震之后，不论其被埋多少天而被人成功解救，它仍旧是在人看来身份极为卑微的猪的群体中的一员，而不能由此超越一般性的人和动物的分类而转化为人类群体之中的一员。

但是另一方面，对人而言，猪被埋36天或者49天，又确确实实属于一种超乎寻常的神迹的体现。是“它是一头坚强的猪”或者“它是一头刚强的猪”的符号意义，而非它是一头在猪圈之中被埋了36天或49天之久依旧活着的猪的社会事实，真正被人从潜意识中捕捉，并迅速升华为对于人的自我存在脆弱性的反向认同意识的一种表征“易感染性”的传播①，由此而形成一种“弱者”转为“强者”，甚至转为“刚强者”的想象的共同体的文化表达或寓言式的阐述。在此意义上，人类学在过去可能把更多的注意力用在了整体论的叙事上，强调封闭行为系统的猪的社会功能分析，注重对社会事实的描述与社会生活的存在之间的一一对应以及相互映射。但是人类学还可以关注另外一种叙事，那就是从对社会事实本身的文化表达意义的挖掘之中看到人和物、人和整个世界的更为广阔意义上的互动与交流。这不是传统意义上点的静态的场所民族志所能涵盖的，而需要在对人的诸多行为所形成的种种蛛丝马迹的追溯之中加以体会，并在一

① 赵旭东．民俗的易感染性．民俗研究，2005（2）：5-28.

种具有动态性特征的所谓“线索民族志”的方向上加倍努力。①

四、反讽与艺术的政治化

地震造成一种灾难，灾难造成一种反社会的情绪而使人们处在极度抑郁之中。但人作为一种有着认知能力的行动者②，他们为自己以及自己所生活于其中的社会创造出或发明出抵抗这种灾难的表征意象，并使之在人群之中尽可能迅速而广泛地传播。人们借此相互鼓励，由此而实现一种自我价值的升华。这可谓社会中人创造“猪氏兄弟”的整体形象的一种集体动力所在。但在这里，我们实际上还看不到真正的人类学家的影子，更看不到人类学家对这一带有反讽甚至荒谬意味的场景的文化书写或者观察。他们“在田野之中”忙于做灾害效果的调查和评估之时，可能完全忘记了那样一个庞大的网民群体也在用自己的双眼“注视”着地震灾害，同时也在用大脑做一种深度的思考，由此而联想到自己作为普通人生命的卑微。那些并非人类学家的网民，与参与灾难研究的人类学家一样，既是参与者，又是旁观者。他们借助一种多少带有反讽意味的形象制造而使卑微的自己现身。

但在此时，向来有着保持矜持风范的知识分子影子的人类学家却再一次隐身。他们对意义如此丰富的反讽式的政治艺术不仅无法自觉，更无法自知，留下大片空间给艺术家们，艺术家们则通过艺术品创作而完成一种类似人类学的有关猪的社会生活的具体的民族志书写。这一艺术自身含有人类学的一种命定的天赋观念，即对差异性表达的极度敏感；同时，它又把制造文化表达的动态过程实实在在地展演出来，影响后来更大范围的社会与自然环境。它因此便留下了人类学参与民族志制作的一种文化书写，尽管人类学家本身并没有真正参与其中。借助一种观念的交感作用或者“心灵感应”，艺术家的灵魂装置了人类学家思考的范型，而人类学自身的表达力则由于其教条化地关注那个可能已经僵死了的文化，而陷于职业上

① 赵旭东. 线索民族志：民族志叙事的新范式. 民族研究，2015（1）：47-57.

② Giddens. Central Problems in Social Theory：Action，Structure and Contradiction in Social Analysis. Berkeley and Los Angeles：University of California Press，1979：22.

的过度自责和谦逊，极度贬损自我能力，由此最具活力的人类学家的强大力量或者权力不断地消耗而渐成颓势，最终失去其存在的价值。

很显然，在人们的心目中，“猪”这种动物并非不可以诅咒、谩骂和评头论足。但那些对人而言带有一种神奇或神迹表现的猪，人们则要另眼看待。不论人心目中对这种动物的原始分类究竟如何，只要它是与众不同的，显露出超越生命力的神奇征兆，它自然就会被赋予一种特殊的意义，并由人自身对其进行书写、记忆、塑造，或表现此种神圣的征兆对人的意义。由此我们才能看到在一个多神的世界里，人、动物和神杂居一处，形成丰富多样相互依存的格局。神圣事物的记录者、制造者以及传播者，可能是某种神迹的当事人或者当地人，自然也可能是神迹的旁观者或者外来者。

总之，在当下这个时代，因为 2008 年汶川地震这一灾难，我们亲身经历的借助网络而实现的“猪氏兄弟”由“凡”成“圣”的故事编纂和事件制造的过程，似乎给我们很多启示，至少可以这样认为：凡是能够使一种奇异的社会事实获得符号意义，并能使之成为一种可传递的文化的表达者的个体，他们作为灵动的有着认知能力的社会行动者，都可进入“书写文化”的写手之列，而非只有人类学家才能胜任书写文化的工作。至少在今天，这样一种局面是确定无疑的。我们可以看看乡村或者城市社会之中，有多少文化事项的表述显然超出人类学家的描写框架，而这些表述的发明和呈现显然并不是自视为文化写手的人类学家所为。由此社会不再是现代性所塑造的相互隔离的一种职业分化，即人类学家只干人类学家的事情，而艺术家也只不过是画板前的描摹者。这里出现了一种转变，即人类学开始思考何为艺术的问题，而艺术家则借助社会与文化意义的表达来展现自身的价值表达。这些都体现出现代性之后的一种文化存在形态以及社会书写形态的大转型。

在这方面，对现代性从来都持不信任态度的行为艺术家这个群体，作为社会之中的新角色而担当了人类学家曾经担当的一半的角色，而另一半的角色则当然希望由那些有着自知之明的人类学家去担当。今天，这种自知之明要求人类学家要真正学会从文字映照现实的“自然之镜”的思考框架中跳将出来，看到那些被所有人特别是千千万万普通人创造出来的符号的意义和文化表达的过程，以及在此过程之中权力对于意义制造的掌控及其新的表现形式。

在这一点上，我们应该清醒：人们显然并不是有着逃避现实与反抗社会的艺术的政治家。事实可能恰恰是反过来的，芸芸众生中的一些自我觉知者，必然要使他们可以创造和把握的那些艺术品本身被浇筑或者被赋予一种有似神力的政治性的力量。人因此才像亚里士多德所言变成一个“政治人”，并凭借这样一种掌握权力或力量的政治人性，试图否定人自身存在的卑微、渺小与柔弱，借助这种自我认同所焕发出的神奇的创造力，而在困苦和灾难面前努力寻求和发现一种积极的生活。这种生活可能来自自我的感悟，亦可来自艺术家们的启示，而这可能才是生命存在的另一种实实在在的本质，它在很长时间内被那些只看到“弱者”握有粗鲁的“武器”的社会科学家彻底忽视乃至遗忘了。在这个意义上，曾经影响过政治人类学家对象表述的“弱者的武器”的惯常表述，应该改写为“弱者的艺术”的表述，这样才更贴近社会中人真实的生活本身。

第八章 启蒙、秩序与发展综合征

近世欧洲的启蒙，可以说带来了一种世界性的变革。以法律文化去维护一种社会整体的道德秩序，转而成为对个体行为的控制，这是启蒙的一个未曾预料的后果。一种对于启蒙的热情，引致一种发展的综合征，它完整地体现在我们当下社会秩序的构建以及未来现代性规划的日常生活实践之中。中国的文化和社会必须在这高速发展之中有一种文化的自觉，并找到自己可以稳妥前行的适切之路。

一、启蒙与法律的理性

一种由近世欧洲发起的启蒙，到今天一直没有真正停歇过，由此而带来的世界不仅不再是相互分离的各个大陆板块，而且世界的各个角落都相互联系在一起，真正变成了社会学意义上的世界体系。并且，由此引发了产生深远影响的变革。首先是社会制度为之一变，并逐渐为一种世界趋同的力量所把握，相互之间在地方性的差异性上变得并不十分明显，尽管这种差异性从来未曾真正消失过，并且，还在不断地被重新创造出来，但趋势仍是一种趋同。随之而来的，更为重要的便是一场天翻地覆的革命，它在形态上是技术性的，但本质上却是文化的，即各种传统观念在一波又一波的启蒙与亲启蒙的话语之下，似乎都变得极为苍白无力并最终归于消失，由此而一扫世界各个地方经数千年文化成长积淀而成的、基于自然本身的那种雍容恬静的自信与自足。无疑，这种转变乃是一种近代启蒙的长时段结果，或者至少与启蒙的话语密不可分。这一结果除了造就一种以人的理性为基础的现代社会秩序，还带动了对未来人的生活及世界加以规划与安排的观念深入人心，并深度影响着人们的生活方式和价值观念的改变。而最为明显的是，人们因对这种发展规划和道路设定的过度依赖，在不知不觉中罹患了“发展综合征”，它虽不是绝症，却可能是难以医治之症。而这必定使那些世界发展的思考者，即关注是否有真正造福人类社会的发展模式的那些思考者，需要反思，并切实消除此一发展综合征；或从发展的后果中产生警醒和自觉，寻求一种新的基于文化自觉的发展思路。

毋庸置疑，今天，改革和变革这两个词已经成为使这个被启蒙的世界存在并有所发展的关键词，中国借助以改革与变革为核心的社会启蒙创造了一个在体制上完全不同于传统帝国的共和国体制。社会大众及社会精英阶层开始把这两个关键词作为社会建设思考的起点，并试图以此解决生活中及社会上的诸多问题。随着这两个新观念在社会中的普及，由启蒙话语支撑的社会改革与变革，自然会依照对“启蒙”这个译介词的汉语理解，逐步在现代中国的各种社会制度层面落实和实施。而法律的变革，必然又是在这一现代国家的框架之下逐步展开的。

作为现代法律建构的现代民族国家，它强调的是以个人权利为基础的共和之治。① 而在伯尔曼的“法律与革命”的解释框架中，这代表着从欧洲封建中世纪向资本主义的个人权利迈进的第一次革命。② 而从另一个意义上说，这又是民权开始逐渐兴盛的时代，即由人民推举出他们的代表，并由这代表选举出大家共同认可的首领，最后，再由首领代替人民大众行使军事与司法权力。根据契约精神，首领执政要以保护人民的福祉为出发点以及施政的终极目标。这便是今天世界所谓宪政理念的基础，而启蒙所能启示的恰恰也在这一点上，或者说它的追求就在这一点上。最为重要的

① 中国近代思想的启蒙者之一康有为 1917 年 12 月专门撰写过长文《共和平议》。文中将西方乃至南北美洲的民主共和制度与刚刚成立六年的中华民国的民主共和制度进行比较，并且否定了后者的共和，认为它不仅没有实现共和，反而得了一个袁世凯的帝制，不仅没有求得共和，反倒得了一个专制的制度，共和的结果是“递演争乱复行专制如法革命之初”。还有，中华民国追求共和，由此而设立政府，以图保护人民，使之有和平、安宁、幸福、权利、生命、财产等的保障。结果，不到六年的建设，情况恰恰相反，人民的生命、财产、权利、安宁等皆不能得到真正的保障，更为重要的是无法实现民主意愿的上下通达。（康有为．康有为政论集：下册．汤志钧，编．北京：中华书局，1981：1018-1023.）

② 伯尔曼．法律的革命——西方法律传统的形成．贺卫方，张志铭，高鸿钧，等译．北京：中国大百科全书出版社，1993：35.

是，这种观念已经为世界上大部分国家及其文化所接受，尽管形式上的差异性会非常大。至少，中华人民共和国的成立，其政治合法性观念是依赖这样一种宪政观念的，并因这种观念而有了一种新的共和国体制的出现。

简而言之，启蒙无一例外是人的某种觉悟，它促使人自身切实感受到一种自愿，且不得不以某种新的生活观念去替代旧有的生活观念。在中国，这种觉悟最开始的形式就是唤醒，即把沉睡中的人唤醒。民国时期曾经为广州中山纪念堂绘画的高其风，受邀专门画了一幅中国画中少见的狮子放在纪念堂中。这是一只睁眼看世界的狮子，它的寓意据说就是要唤醒这个沉睡的国家及其大众。① 显而易见，这种觉悟就社会自身的形态而言，是一种转型，即寻求从传统社会形态向现代社会形态的转变；而就历史自身的进程而言，它所体现出来的乃是线性的发展观，即区分起始和改变之后对未来理想的不懈追求，也就是比照开端最终希望有所改变的一种追求。此一追求，因启蒙者自身的呼唤而成为一种社会构建的共同性准则和行动纲领，它也成为未来一切社会改造的原始动力或驱力。

在启蒙以后的时代里，皇权时代的“朕即国家”以及那个时代天命神授的观念，都被彻底地取代，由此转变成“民族即国家”②，而在另外一层隐含的意义上，“民族亦是民主”，即以民来当家做主。尽管在皇权时代有对专制权力的反思和抵抗的早期启蒙，比如明末清初的黄宗羲，他的“为万民非为一姓”③ 的主张，着实符合现代的共和精神，但那根本是逃不

① 费约翰．唤醒中国：国民革命中的政治、文化与阶级．李恭忠，李里峰，李霞，等译．刘平，校．北京：三联书店，2004：6.

② 一个最为有意义的事件发生在17世纪中叶的法国。那时宫廷的菜谱被大众模仿，在1651年极具影响的《法国烹饪》（*Le Cuisinier François*）出版。这是第一本用“法国”冠名的烹饪菜谱，更为重要的是，这也表明了法国社会中以国家观念逐渐取代宫廷观念的新派烹饪的开始，随后法国饮食文化开始逐渐为世界所接受。编者皮埃尔（Francois Pierre）盗用法国国王路易十四的祖父亨利四世的私人厨师拉瓦莱纳（La Varenne）的名字，出版了这本具有现代意味的食谱。这是一种偷梁换柱的做法，一个隐喻性的转换变成了生活的现实，即自此开始，宫廷对于食物的等级上的垄断宣告结束，老百姓在街头巷尾也能品尝到皇家的宫廷御膳了。（Quellier. The Fabrication of the Renowned French Cuisine in the 17th and 18th Centuries//Cheung，Hing-wah. Internation Conference on Foodways and Heritage：A Perspective of Safeguarding the Intangible Cultural Heritage. Hong Kong：Leisure and Cultural Services Department，2013：267－269.）

③ 黄宗羲．明夷待访录：原臣//侯外庐．侯外庐史学论文选集：下．中国社会科学院历史研究所中国思想史研究室，编．北京：人民出版社，1988：193.

出皇权“治乱”模式的。黄梨洲所企盼的实际是在世间能够访问到一位贤明的君主，期其对社会的乱象再一次进行治理。因此，在他的眼中，权力仍旧是由上而下产生的。但真正具有现代意义的启蒙，恰恰要将权力交回人民的手里，由人民自己来掌握和判断，而不再依赖皇权或者神权的赐予。权力因此也不再被设想为外在神力的直接赐予，而是转换为由全体人民或他们的代表通过投票选举而获得的。由此，以人民为中心构建生活的秩序观念，便成为现代民族国家中任何政治权力施展的最为根本的诉求和努力方向。

在此意义上，带有蓝图意义的整体周密的规划，便是民族国家展现自身行动理性的一种方式。此一理性又通过对社会秩序的强力安排而体现出自身存在的价值，它背后所能调动的便是与国家同等的民族热情。显然，谁也不会否认，出自1956年毛主席的《水调歌头·游泳》的“高峡出平湖”，在新中国成立之初，乃至后来很长一段时间里，作为一种强有力的公共表征，持续支撑着人们借三峡水利工程修建的构想而对水库或水利建设产生的巨大热情，并深度影响着今日中国的水库和水利建设的布局规划。从哲学的意义上去理解，这种现代水利的布局和规划，让本来自然的江河无端被套上了一个“自然资源利用”的框子，命定地要按照这个思路去发展。就像哲学家海德格尔慨叹莱茵河的水电站一样，“此河现在便仅是一个水电站，其源自于发电厂的本质”①。

这里首先需要清楚的是，现代民族国家自身所隐含的一个悖论是，民族和国家之间并非完全对应的，因为一个很简单的事实就是，世界上有约2 000个民族，但是以此为基础而形成的国家只有190多个。② 因此，实际的民族国家多借助国家的名义，外加国家与民族共同性的构建，即超越民族之上的抽象的民族共同体的构建。这也成为现代国家凝聚更多人进行统治的一个共同准则。现代中国在第一个民族国家建立之初，便曾围绕“中华民族”这个新概念的营造而展开大范围的争论和建构，权力精英试

① Heidegger. Basic Writtings. Krell, ed. London: Routledge & Kegan Paul, 1978: 297; Tester. The Life and Times of Post-Modernity. London and New York: Routledge, 1993: 94.

② 星野昭吉. 全球政治学——全球化进程中的变动、冲突、治理与和平. 刘小林，张胜军，译. 北京：新华出版社，2000：73.

图借此涵盖并包容汉族、满族、蒙古族、回族、藏族这五个民族，并止于这五个民族。①

但无论这个由“多”而“一”的过程如何曲折②，一种民族国家一体性构建的价值理念，却无一例外地得到了世界范围的认可，并已最大限度地将此理念借助民族主义和爱国主义而在全球付诸实践，在这一点上中国自然也没有例外。而且，这种价值理念又通过法律观念和法律条文的日益完善，而得到更为具体和操作化的落实。打个比方来说，这个过程就像原本没有什么直线，而由人硬画出来一条直线一般。照此，原本也无真正意义上的秩序可言，而法学家这个群体却可以借助自身的法理逻辑从混乱一团之中理出一种秩序，或构想出一套规则。那结果便是，一方面有专门的法律学家在制造看起来自成体系的法律规则；而另一方面，当然也有靠现代契约观念而构筑起来的强大的国家机器，来专门对这些规则的实施加以监督和管理。今天，大约不会再有什么人否认，某种法律在秩序建构中拥有不可替代的核心地位。今天，如果某人否认法律的作用，他必定会被认为是社会中的怪人，或者被看成是“法盲”，进而被排斥于社会之外，严重者还会因此而被追究“法律的责任”。但很显然，此种单一法律观念下的秩序建构，使得秩序构建的多种可能性没有了立足的空间，而尊重少数人权益的法律多元更容易受到忽视。

并且，在现代法律的秩序构建模式之下，法律一跃成为社会秩序建构中最具合法性，且为民族国家所完全接受，全面在社会人群中推广的一种秩序构建理念。而其他秩序建构的规则和逻辑，都只能被界定为次要的或者一种补充，最多属于国家法之外的风俗习惯，有些非法律的规则或规范，甚至完全被置入异端的行列中。比如，由民间信仰构造出来的生活秩序，显然就在此过程中被重新类分，一下子归属到异端的范围之内，受到了特别挤压和排斥。尽管今天民间社会看起来似乎有着新的民间宗教的复兴，但这并不意味着此种民间秩序的真正复兴。从国家角

---

① 郑大华．中国近代民族主义与中华民族自我意识的觉醒．民族研究，2013（3）：1-14.

② 赵旭东．一体多元的族群关系论要——基于费孝通“中华民族多元一体格局”构想的再思考．社会科学，2012（4）：51-62.

度而言，这乃是将其列入某种可控的文化秩序的范畴中，它因此而被赋予了一种新的意义。除此之外，社会中一般意义上的道德和宗教，乃至约定俗成的规则，都属于社会中次要的和附属的秩序理念，因此而受到忽视乃至排挤，尽管国家会不时为了某种政治需要而注意并提倡这些附属理念。

可以说，以法律为基础的秩序乃是一种理性的秩序，它的基础是规则，即它以规则的形式体现自身，它建立在人有能力对自身的行为给予一定的控制的基础上，并以不伤及他人的利益和存在为基本的准则，这同时也是现代法律观念的基础。因此，法律一定不是给理想中的某位圣人预备的，而是给社会中的普通大众准备的。它因此也是生活于现代社会中的人所必须遵守的基本的行为准则，但它一定不是任何社会中都存在的最高标准的行为规范。因此，法律在任何社会中都肯定是作为秩序构建的最后一道防线而存在的。当它转而成为社会中秩序维持的第一道防线之时，即一个社会中越来越多的人自觉要诉诸法律去解决日常生活中的秩序问题的时候，这个社会尽管还不能说已经进入法制社会，但它首先一定是一个世俗化了的社会。这实际就是以普通人的最为基本的行为规则作为社会构成的基本规则。而真正超越其上的道德或伦理的诉求，都因这种世俗化而走向社会的边缘。这也完全符合盖尔纳对工业化社会的论述，即在这样的社会之中，没有什么突出的价值可以作为社会的楷模，社会逐渐走向一种趋同化的社会熵化（social entropy），即均质化。①

同时，在这样的社会中，仅以法律为皈依的个体法律意识的增强，也就成为普遍的趋势，且是一种不可避免的趋势。这从另外一层意义上而言，即森尼特（Richard Sennett）所谓的因向着个体主义的退缩而出现的“一种公共人的衰落”（the fall of public man），一种由美国人首先倡导的个体主义对整体性的社会性存在的蛀蚀，即“日益增加的亲密接触以及日益减少的社会能力”（increse intimate contact and you decrease sociability）。②

① Gellner. Nations and Nationalism. Oxford：Blackwell Publishers，2006：62－84.

② Sennett. The Fall of Public Man. New York：Vintage Books，1976：15.

因此，在现代民族国家的建构之中，法律的秩序以及由此而有的法律的发展，所构建的或者其目标所指向的，乃是一个以个体权利为基础的社会。[①] 在这样的社会构建中，不仅个体权利不断地有自觉性的增强，而且，法律在维护和保障此种权利的获得和持有上也不遗余力。因为，在民族国家的秩序框架中，国土疆域内没有一个公民是可以或应该被此种权利忽视的。上至国家最高领导人，下至平民百姓，他们至少在法理上是平等的，即所谓的“法律面前人人平等”。而这句话的另外一层含义当然就是，他们共同享有法律意义上人人平等的权利。尽管这种平等在概念上和实际体现上还存在一定的距离，但这种观念上的平等却是极为重要的，而这恰恰是启蒙思想的核心所在，即如卢梭所言：“人生而自由，却无往而不在枷锁之中。”[②] 因此，这在另外一个面向上注定了启蒙者自身的悲剧意识的诞生，即他们清楚地知道，由人构成的社会，从来都是不平等的，或至少不是以平等为第一诉求的，而平等或没有枷锁的自由，也只能存在于人们的观念之中，并引领人们去做一种“不切实际”的追求。

这同时也使被启蒙者启蒙后的社会，本身一定是充满张力的。这张力便源于观念和现实之间的不一致。纯粹心理学意义上的平等观念，可能一直是启蒙者试图以一种浪漫派的姿态去改造永远不大会令人满意的现实的原始动力所在。由此，对秩序的寻求转变为社会改造的冲动。而现代法律，必然要在其中扮演仲裁者的角色。似乎任何的冲突或混乱，

① 在《阶序人》一书中，杜蒙（又译“迪蒙”）曾经对传统社会与现代社会的差异做过一种清晰的比较。在他看来，如果传统社会的重点是整体，是集体的人；那么，现代社会正好与之相反，即“‘人’被视为无法分割的基本的人，既是生物体又是会思考的主体。在一定意义上，每一个个别的人都是整个人类的化身。他是万物的准绳（在一种全面性的新颖的意义上如此）”。（杜蒙．阶序人 I：卡斯特体系及衍生现象．王志明，译．台北：远流出版事业股份有限公司，1992：64.）

② 卢梭．社会契约论．何兆武，译．北京：商务印书馆，1980：8．由于汉语本身的限制，原文的时间性不易翻译出，迪蒙提供了此句的英文翻译：“Man *was* born free，and everywhere he is in chains.”句中斜体为迪蒙后加，他意在提醒人们卢梭在表达此句话时的时间性。因此不揣冒昧，该句准确的汉语翻译可能是：“人生下来曾经是自由的，但是现在无处不在枷锁之中。”（Dumont．Homo Hierarchicus：The Caste System and its Implications．Sainsbury，Dumont，Gulati，trans．Chicago：The University of Chicago Press，1980：11.）

至少诱导着人们去相信，只要有法律出场，最后便可以带来公正无误的解决，而西方的法律恰以此为自己合法性的基础。在此意义上，中文词汇中确实缺少表达此种公正观念的词语，而英文“justice”便包含这个作为公正的法律的含义。更为重要的是，用中文的“法律”二字来对应英文的“law”这个单词，其核心的含义可能恰恰在“律”而不在“法”，即其最终寻求的可能是社会的节律或韵律上的和谐，或者有所谓可以把握的规律可循。① 因此，正像英国的汉学家鲁惟一（Michael Loewe）所指出的，中国秦律和汉律，不是受某种神启而产生的，更不是哪个英雄人物赐予的，它们就是为实实在在地处理人际冲突而制定的规则。它们基本上体现了两个原则：一个就是强调宇宙运行的和谐，另一个便是对犯罪行为施以报复或惩罚。而这两点与“查士丁尼法律”（Justinian's laws）、“教会法律”（cannon law）或者“美国法律”（United States law）在含义上完全没有什么共同之处。② 而对这一点的认识和把握，可能恰恰是中西方法律文化比较明显的差异所在，即便从字面含义上看，差异都是极为明显的，更不用说其实质性的内涵了。这一点往往又为法律的移植论者所明显忽视了。

二、法律、秩序与对个体行为的控制

法律从维护社会整体的道德秩序，转而成为对个体行为的控制，这应该是启蒙者未曾预料到的后果。而此一未曾预料的后果的核心便是：由对个人自由、平等的高调追求，转变成对个人行为最为严密且使人无处可逃的一种监视或者监控。由此，曾经生活上的自由、涣散乃至倦怠的状态，也因为这样一种监视而变得不再可能。比如，一种女性个人生育的自然权利，在今天显然比过去更受到限制。传统的村落共同体的生

---

① 依据刘禾对汉语外来词的词源学的追溯，西文“law”一词最初由耶稣会传教士艾儒略在1623年翻译成“法律”这个汉语词。古汉语中有也有相应的词，如《庄子·徐无鬼》中的“法律之士广治”。《管子》也有“夫法者，所以兴功惧暴也。律者，所以定分止争也。令者，所以令人知事也。法律政令者，吏民规矩绳墨也”。[刘禾. 跨语际实践——文学、民族文化与被译介的现代性（中国，1900—1937）. 宋伟杰，等译. 北京：三联书店，2002：379.]

② Nylan，Loewe. China's Early Empires：A Re-appraisal. Cambridge：Cambridge University Press，2010：253.

活基于人跟资源的对抗性矛盾而形成了一些节制生育的习俗，它们是在可见的熟人社会层面的集体性的自觉和自我管控，可以促进共同体自身更为长久、可持续地发展，或更为确切地说，借此而有家族或族群生命的延续。①

而今日之节制生育的观念，并非来自熟人社会真实可见的共同体生活，而是直接来自知识阶层本身，特别是以马尔萨斯为代表的那些以启蒙为自身追求的早期的人口学家。他们所构想及真实面对的，乃是他们可能从未谋面的广大普通民众。他们对人口增长表示担忧或者不满，也像马尔萨斯那样去思考中国的贫困问题②，不经意间就为我们普通人构建了一个基于人口膨胀或爆炸的危机意识而有的所谓超社区的想象的共同体，并使得每一个人都信以为真；经由立法机构的不懈努力，这一现代知识阶层的共同体的想象，转变成一种平民大众的生活实践和思考逻辑；国家代这些学者承诺，人口的控制以及人口数量的下降，将可使下一代人生活在某种幸福之中。但显然，未曾预料到的关于人口领域的新问题，在日益压过人口膨胀或爆炸所带来的旧问题，当这些经过计划生育政策的筛选而养育出来的孩子长大成人，他们所面临的问题也许不再是人口过多、经济贫困，但各种问题依旧环绕着他们，只是已经转变为房价持续高涨、社会与公共服务资源分配不均、专业不对口就业、大学毕业找不到合适的工作等新问题，这些当然也是同样难以解决的实际社会问题。这些孩子的父母辈曾经接受了精英教育的理念，希望把他们收入的全部都用在子女的教育上，甚至大多数人甘愿为此而牺牲自己安逸的生活。因此，这些人极端地希望，他们的教育投资，能使子女有体面且学有所用的工作而得到一些必要的回报。但是发展带来新的社会问题，大部分的家长只能对此表示失望，这种失望显然是由他们自身对子女的高期望不能得到满足带来的。

---

① 比如瑶族因土地的限制，在费孝通、王同惠调查的20世纪30年代，当地人便知道避孕或堕胎的办法，这是共同体生活的家族制度所要求的。而据说凡是不会这套办法的妇女生了孩子，当地人就会用看不起人的字眼“笨老婆”来形容她们。（费孝通．六上瑶山．北京：中央民族大学出版社，2006：58.）

② 李中清，王丰．人类的四分之一：马尔萨斯的神话与中国的现实（1700—2000）．北京：三联书店，2000：20-23.

许多在作为国策的计划生育政策出台之后成长起来的人，进入大学或研究生阶段所学的专业不能与他们的工作有基本的匹配。新一代人拥有高学历却在做着技工之类的工作，这已经成为新一代的年轻人即所谓的八零后中非常普遍的现象。他们的境遇大略堪比美国在 20 世纪 60 年代中期到 70 年代中期（1965—1975）出生的所谓“失落的一代”（Generation X）的遭遇。①

如果现实是这样的话，那也许真的应验了那个现代性破产的预言，即所有由现代国家意图推进的发展规划，最终都会以某种失败而告终，或者说在某地偶然地成功了，而在其他地方却都失败了。② 作为一个负责任的研究者，这个深思熟虑的预言绝不像诺查丹玛斯的预言那么荒诞，但其结论却是极为相似的。这样的发展观，即建立在想象的共同体基础之上的现代国家建设，尽管在秩序构建的法制规范上有了切实的发展，但很显然，法律的秩序构建，并没有自然而然地导向真正有道德意义的社会生存方式的构建。

德·索托（Hernando de Soto）在强调产权制度在西方的大获全胜时，与强调个体主义理性的微观经济学家有着共同的论调，即此类经济学家总喜欢拿“公地的悲剧”做自己的保护伞。如果对实际存在于非西方社会文化里的公地意义有些许人类学田野知识，他们就不会做这样一种空洞的猜想，即“设想有一块由村民共有的草地，每个村民可以自由地在草地上放牧”③。因为对于共同体社会中的农民或者牧民而言，这几乎是不可能有的一种自由，因此这样的“公地的悲剧”也不会在西方个体主义舞台之外的任何地方真正上演。它真正发生是在这样的共同体意识被打破后，是在外来的国家力量对传统习俗从根本上蔑视和剿灭后。实际上，在国家

① Ortner. Generation X：Anthropology in a Media-Saturated World//Ortner. Anthropology and Social Theory：Culture，Power，and the Acting Subject. Durham and London：Duke University Press，2006：80-106.

② 德·索托曾经在《资本的秘密》一书中指出资本或资本主义在西方世界胜利而在其他地方失败的原因，那就是其有法律所保障的财产权，而跟文化似乎没有直接的关系。（Soto. The Mystery of Capital：Why Capitalism Triumphs in the West and Fails Everywhere Else. New York：Basic Books，2000：218-223.）

③ 张维迎. 信息、信任与法律. 北京：三联书店，2003：131.

的大力推动之下，地方性共同体的生活在逐渐消失，社会中道德的和超验的约束力在远离人们的日常生活，而曾经作为生存底线的法律，被神化为现实生活中第一位的人生选择，而这本身却是远离共同体社会构建的必然结果。

三、安全感与自然隔离的发展观

尽管不能否认传统社会的“无讼”观念只不过是一种理想型的存在①，但很显然，今天诉讼案件年度性成倍攀升及其跟GDP（国内生产总值）增长率之间的强相关性②，不能不说跟现代法律意识的提升有着极为密切的联系。在我们把法律尊奉为社会秩序构建中唯一可以信赖的途径之时，借助此种法律观念，我们也很自然地或者必然地引入了自启蒙以来便逐渐占据我们意识核心的发展观。在这里，一种知识接受的逻辑也许是这样的，即法律被认为可以保障某一种秩序，这种秩序承诺，让人们可以得到公平的对待，并生活在相对安全的氛围之中，而不至于像霍布斯在《利维坦》一书中所构想的那样，处在一种相互为敌的恐惧状态之中，更可以以此来摆脱霍布斯主观构想出来的人在自然状态中的苦难。这种观念的核心建立在人的自然能力平等这一认识之上，由此而编织出来的人类自然状态的故事范本就是：“任何两个人，如果想要取得同一东西又不能同时享用，彼此就会成为仇敌。”③ 而为了实现人类的幸福，对非自然的公平与安全的设计就变得极为重要，这同样是西方启蒙思想里极为重要的构成要素之一。

显然，这种对公平与安全的保障，不仅诱惑了以胆小著称的霍布斯

---

① 最近关于此一问题的讨论可参阅下列文献：范愉．诉讼社会与无讼社会的辨析和启示——纠纷解决机制中的国家与社会．法学家，2013（1）：1-14.

② 从统计的数字来看，1979—1997年这18年是法律诉讼案件快速增长期，之后增长减缓，但是维持在每年500多万件的高位，是改革开放之初的10倍还多。具体的数据和分析可参阅下列文献：朱景文．中国法律发展报告：数据库和指标体系．北京：中国人民大学出版社，2007．截至2006年底的诉讼案件数目统计可以从下面的网址获得：http://www.law.ruc.edu.cn/fazhan/ShowArticle.asp? ArticleID=22325.

③ 霍布斯．利维坦．黎思复，黎廷弼，译．杨昌裕，校．北京：商务印书馆，1985：93.

本人，也诱惑了同样胆小的现代人。他们首先都不喜欢人和自然的直接结合，更不喜欢似乎让整个人类都深感蒙羞的人同自然的合二为一，即一种所谓的自然的自然观。这种区分的意识构成了西方现代认同的根本，借助近似神话的对我们与他们、文化与自然、先进与落后、文明与野蛮等的区分，进步的观念得以引入其中，这种意识还试图在时间上为空间上的考古遗迹寻求文明先后的排序。尽管人类学家一再告诫世人，这种排列几乎是不可能涵盖所有特例的，但人们还是一如既往地相信此种进步神话的特殊功效①，因为无论排序如何改变，西方人都会被安排在这个文明序列的顶端。当然，在这中间，西方的现代法律作为一个专门用来比较的标杆，同样难逃此种神话学般的叙事逻辑。② 人类沿着苏格拉底所定义的“理性人”轨道行进，离自然的距离越来越远。人类试图自己对自己的行为做出应答，而不再听命于自然的召唤，或者像卡西尔所解释的，“人成为一个‘有责任的’（responsible）存在物，成为一个道德主体”③。德国启蒙思想家席勒便极为清醒地看到了这一点，并把今天人和自然分离开来的带有讽刺意味的感伤性诗歌，与古代人和自然紧密结合的素朴的诗歌特别地加以区分。④ 而到了启蒙哲学家托马斯·里德那里，正义的自然观彻底被打破，那个时代的思想家们开始强调这样一种看法，即“正义不是一个自然的德性，而是一个人为的德性”，这同时也是对哲学家休谟看法的完全接受。⑤

很自然地，这种区分便是现代启蒙意识的开始。靠法律而构建出一种不同于自然状态的社会秩序，成为今天人们的日常追求，人们由此创

① 在《种族与历史》这篇文章中，法国人类学家列维-斯特劳斯对这一点有如下评论：“史前史和考古方面认识的深化，趋向于把文明的形式‘在空间上展开’，而我们却倾向于想象它们在‘时间上分段进行’。这意味着两点：首先‘进步’不是必然的，也非连续的；其次，它是跳跃式地进行的，或正如生物学家所言，以突变方式进行。”（列维-斯特劳斯．种族与历史/种族与文化．于秀英，译．北京：中国人民大学出版社，2006：27．）

② Fitzpatrick. The Mythology of Modern Law. London and New York: Routledge, 1992: ix.

③ 卡西尔．人论．结构群，审译．台北：结构群，1989：10．

④ 席勒．论素朴的诗与感伤的诗//古典文艺理论译丛编辑委员会．古典文艺理论译丛：第二册．北京：人民文学出版社，1961：1-49．

⑤ 里德．论人的行动能力．丁三东，译．杭州：浙江大学出版社，2011：409-410．

造出一种围绕着法律而建构的新的世界秩序。人们开始不再相信自然的神造的秩序，而是如笛卡尔那样，完全相信人的理性本身。在这个意义上，“人首先是一个理性的存在”，并且，“人的理性，即人的本质，已经成为唯一能够给予人价值的东西”①。包括婚姻在内的诸多社会生活，都因此而不再被看成是自然的，或由神赐予的，而是被看作由外在的人所创设的法律赋予的。这显然是卢梭所说的人放弃自然状态以寻求一种社会契约。② 由此，男女之间结合的婚姻，不会再像过去那样被看成是由上天或上帝恩赐的，而被看作是由人造的法律给予的，并由此一法律本身予以保障。

由这种关系衍生出的各种关系的背后，实际都隐藏着一个虚拟化的监督人，那就是法律本身。它也许在一定意义上取代了尼采所说的死去的上帝的位置，却又比上帝更为严厉而细密地实时监控着人们日常的生活。人们因此不能偷懒，不能侥幸，不能溜号，也奢谈开小差，更不能偷偷地改宗他信。当然，最一般意义上的，就是人们不能做违背由人自身制定的法律的事情，即人造的法律本身成了人所崇拜的对象。这与马克思所发现的现代资本主义社会的“商品拜物教”有着异曲同工之妙，同时也被看成资本主义在西欧取胜的原因，即德·索托所谓所有权使资本“更加友好”（property laws make capital “mind friendly”）。③

与此同时，人们对法律投以的信任，以及依靠法律而构建起来的国家对全体人民订立的使人们有安定和安全生活的契约，让人们可以在自然之外，且不依赖自然的直接供给而安稳地生存。要实现这一点，显然有赖于对自然本身的索取，并平均地，至少从法理上平均地将索取来的资源分配到由全体人民构建的国家的每一位公民手中。在真实的世界中，这种公平的分配可能从未真正实现过，否则也不会有今天这样多的关于社会问题的

① 维塞尔．启蒙运动的内在问题——莱辛思想再释．贺志刚，译．北京：华夏出版社，2007：78.

② MacCormack. Nature, Culture, and Gender: A Critique// MacCormack, Strathern. Nature, Culture and Gender. Cambridge: Cambridge University Press, 1980: 1.

③ Soto. The Mystery of Capital: Why Capitalism Triumphs in the West and Fails Everywhere Else. New York: Basic Books, 2000: 218.

报道，而其中大部分又跟公平的现代观念不能实现有着最为直接的关联。① 尽管对马克思的“异化”（alienation）概念，在不同的场景中人们也许会有极为不同的理解，但在人与自然的关系这一点上，马克思提出的“异化”概念，强调的恰是人与自然分离而造成的社会生活的改变。这种改变的核心在于深度借助技术理性而使人们远离真实存在的自然，并借助新技术和新知识手段的发明，而使自然虚拟化，并使二者的分离进一步真实化和社会化。② 一组数据可能足以说明这种远离自然的步伐之快。人口学家的数据告诉我们，1978 年到 2012 年中国这三十几年间的现代化发展中，通过向自然索取而快速城镇化，使人们快速地远离了自然。我们有越来越多的人不自觉地住进了钢筋混凝土的楼房中。在这段时间的高速发展中，钢材的消耗量爆发式增长，增加了 42.3 倍；其次是水泥，增加了 32.9 倍；再次是粗钢，增加了 21.8 倍。③

科学活动本身因为有为追求安定生活而设立的法律作为保障，所以它的知识生产的唯一合法性身份得到不断加强。这一点在现代社会中非常有吸引力，人们对此也有一种坚定的信仰，它深入普通大众的心中。而其背后强有力的意识形态，恰如阿尔温·托夫勒（Alvin Toffler）这位未来学家所总结的，“300 年来，西方科学把世界描绘成由已知动因导致可知结果的巨型时钟或庞大机器。它以宿命的观点看待宇宙，认为宇宙井然有序，一俟启动，其后的步步进程都能未卜先知”④。

很显然，这个庞大的机器世界被想当然地看成是环环相扣、因果关联

---

① 有关这一主题，在梁治平编辑的《转型期的社会公正：问题与前景》一书中有专门的学术性的讨论。文集中的研究者从不同的角度，如从教育、农民工、城市住房、林权改革、环境问题、医疗体制改革、健康权以及收入差距等诸多方面，讨论当下中国的社会不公正现象。（梁治平. 转型期的社会公正：问题与前景. 北京：三联书店，2010.）

② 尽管马克思是在讨论异化劳动时提出“异化”概念的，但马克思无疑更想表明的是人在当下跟自己为敌的存在状况。一方面是劳动者跟自己生产的产品之间的异己或者分离，而另外一方面就是人的日常活动跟生产和工作中的活动之间的异己和分离，是一种“自我异化”，“就是掉转头来反对他自身的、不依赖于他的、不属于他的活动”。（马克思. 1844 年经济学-哲学手稿，刘丕坤，译. 北京：人民出版社，1979：48.）

③ 田雪原. 警惕城镇化虚张风险. 中国延安干部学院学报，2014（1）：127.

④ 托夫勒. 权力的转移. 刘江，陈方明，张毅军，等译. 北京：中央党校出版社，1991：485.

的，但实际上，人类为此付出的代价，并不比科学家们构想这一庞大的机器所付出的代价小。这一科学发展的过程，使我们数代传承下来的生活规范，都在被这科学知识逐步取代，最终全部被贴上了科学实验结果的标签，这构成了拉宾诺（Paul Rabinow）所说的晚期现代性中“技术世界主义”（techno-cosmopolitanism）的核心。① 确实，在今天我们的生活中，衣食住行之中又有哪一项活动不是经过科学探索之后留下的所谓科学理性的痕迹呢？换言之，我们在不断地抛弃以前只有一个家族或者一个村庄才会有的并得到相互理解的共同体的生活，而逐渐接受更为一般化的以及更为抽象化的知识。这些知识最初可能就来自某个大学的实验室，或者来自某个研究机构的专项研究，但有一点可以确认，即它们肯定不会再像科学初始时期那样，来自当地社会。② 知识因此不再来自当地社会，而只能来自外部世界。

在人所居住的地球上，人脱离自然的速度可以由采集狩猎人口近百年来急剧减少的数字来判定。可以说，在已经极少的采集狩猎人口中③，每年还会有越来越多的人，他们的生存资料不再直接依赖于从自然中获取，他们因此无形之中与自然相互隔离开来，过上一种看起来不依赖于自然的生活。这个过程应该不是自然进化的必然结果，而是跟西方近代文明的传播极为密切地联系在一起。人类学家汉尼斯对美国平原印第安人养马历史的考察就特别注意到，在以圣菲（Sante Fé）为中心的那个区域，迟至公

① Rabinow. Essays on the Anthropology of Reason. Princeton，New Jersey：Princeton University Press，1996：59－79.

② 具有讽刺意味的是，欧洲文艺复兴带动了科学的成长，但是其创新性的科学研究最初又是来自民间社会的，不仅包括培根、笛卡尔、伽利略、牛顿等在内的文艺复兴时期的思想家都有神秘主义的影子，而且炼金术一直是支撑早期实验科学研究的基础。而且，相比经院学派的唯亚里士多德、盖伦是瞻的情形，那些早期的科学研究完全是在由他们看来僵化、可疑的经院学派研究之外展开的，即早先的科学院和学者的地方群体在这项工作中扮演着更为重要的角色。（杜布斯. 文艺复兴时期的人与自然. 陆建华，刘源，译. 吴忠，校. 杭州：浙江人民出版社，1988：173.）

③ 据人类学家估算，大约公元前 10000 年的时候有采集狩猎人口 1 000 万，100％都是营采集狩猎的生活；而到了公元 1500 年前后，世界上的人口约有 3.5 亿，其中只有 1％是营采集狩猎生活的；而到了公元 2000 年，世界的人口增加到了 60 亿，但是其中只有 0.001％的人，即十万分之一的人是营狩猎采集生活的。（Giddens，Sutton. Sociology：Seventh Edition. Cambridge：Polity，2013：114.）

元1600年尚没有养马的习俗；而在跟西班牙白人接触之后，此地才渐有此风俗，但其发展一直很缓慢，大约经过半个世纪，尚未出现一个养马的部落。① 而托马斯这位英国的历史学家，曾极为深入地研究了英国人自然观念的转变，他告诉我们一个事实就是，对于自然的破坏，西方人的原罪是无法被抹去的。那些殖民者眼中的印第安原住民，被西方人教化去疯狂地猎杀狼群，其动力来自殖民者会拿一头牛去换印第安人手中的八匹狼。确实如托马斯所指出的，这种交换绝对不是一种简单的交换，“这个交换清晰地表现出他们认为应该如何利用自然”②，此教化之策逐步落实，目的便得以实现，即最后让这些原住民服膺于基督教的教义③，并使之无意识中接受这背后高高在上的西方人所谓人可以制服自然的价值观。无论如何，人类在差不多11 000年前就开始了粮食的生产，人类与自然的分离也可以说是从自己生产或者别人生产的粮食的稳定供给中开始的。因为确实正像戴蒙德所指出的，“从间接的意义说，粮食生产是枪炮、病菌和钢铁发展的一个先决条件”④。

而从另一方面讲，人类在技术上的发明，特别是西方人对于现代技术的迷恋和不懈追求，使人的生活走向便捷的同时，也使人们越来越有可能脱离自然的束缚而有一种被隔离开的独立的生活。比如，建筑技术的发展，使得人们不用像野兽一般，随时要去躲避来自各个方面的攻击，此种焦虑的降低，使人们日常生活的安全感逐步增强。今天，他或她完全可以躺在舒适的床榻上睡个安稳觉，但它的基础是我们的生活中有牢固的锁头、坚实的房屋，更为重要的，是我们相信有由完善的法律来保障的社会秩序的存在。而以耕种为标志的农业社会的出现，则是使人类过上一种有安全感的生活的开始。确实，驯化野生作物的耕种的发明，让人每天都可以依照一种固定的节律来进食，而遇到饥荒的时候，亦可以借助储粮

---

① Haines. Where did the Plains Indians Get Their Horses? //Jennings，Hoebel. Readings in Anthropology：2d edition. New York：McGraw-Hill Book Company，1966：184.

② 托马斯．人类与自然世界：1500—1800年间英国观念的变化．宋丽丽，译．南京：译林出版社，2008：19-20.

③ 同②20.

④ 戴蒙德．枪炮、病菌与钢铁——人类社会的命运．谢延光，译．上海：上海译文出版社，2006：64.

仓里积存的粮食度过生活中自然出现的各种危机。在这一点上，达尔文的解释并不过时，即人类经历了一个从漫无边际地采集野生果实到逐渐将其中的一种或几种固定下来并人工种植的过程。因此，谷类成为人类饭桌上的粮食是自然选择的结果。①

而由于人们有了稳定的住所，人们的迁徙便有了方向，即不断地从外向着作为原点的家园回归。② 这就使越来越多的人聚拢而居住在一起，并相互组织起来，形成庞大的地域性的联合，甚至形成有攻击和自卫能力的武装组织。已经成为世界文化遗产的闽南漳州南靖县的各种形状的土楼，都曾经是某一个宗族的聚居空间。同一姓氏的宗族，居住在围拢在一起的土楼之中，既安全又利于相互照顾和提供社会支持。特别是有着大量的共同财富的大宗族，情况更是如此。③

而这大约是农业社会中社会组织的一般特征，在工业文明出现之前，这是人类发明的一种相对稳定的社会形态。它与自然世界之间维持的是半接触和半依赖的关系。这样的社会，存在的前提就是，人们为了摆脱动物在自然状态的焦虑心理而选择对自然进行驯化，但这绝对不是全部和彻底的驯化，而是半驯化，即以化解生存的不稳定以及不安全状态为其驯化的底线。这注定了以农业为基础的生活，一方面要在不过分的水准上维持一个家庭乃至一个家族更为持久的存续；而另一方面，这样的生活又不会离自然界太过遥远。费孝通笔下所描绘的乡土中国的图景，便可以说是这样一种农业社会的典范，即人为土地所束缚的乡土社会。其中人和土地极为密切地联系在一起，人生于斯，长于斯，最后又会终老于斯。这里“斯”

---

① 达尔文．动物和植物在家养下的变异：第一卷．方宗熙，叶晓，译．北京：科学出版社，1957/1963：226.

② 赵旭东．远去与归来——一种跨越乡土社会的田野民族志方法论．西北民族研究，2009（1）：131-142.

③ 弗里德曼在他的有关华南宗族组织的讨论中，特别注意了这种基于共同财富的聚族而居的社会互助体系是如何间接地有利于贫苦人的生活维系的。他指出，由于有聚族而居的宗族的大量共同财富的存在，“其贫穷成员与贫穷宗族的同类相比，景况还是要好得多，因为面对外部世界，他们更为安全，拥有更高的声望，至少存在这种希望，也就是说，他以及他的后代更能够及时地接近控制利益的中心位置”。（弗里德曼．中国东南的宗族组织．刘晓春，译．王铭铭，校．上海：上海人民出版社，2000：162-163.）

之所指，当然是包括土地在内的大自然了。①

四、工业化与生活世界的改造

紧跟农业社会而在西方首先出现的工业化，带来的不仅是机器和工厂，更为重要的是一种权力，它把权力引入对机器操作和运行的安排中去②，它让人不再与土地保有直接的联系。工业化的基础是技术对我们生活的替代。在这一点上，海德格尔没有错，他提示我们，传统的技术是自然作用于技术使之运动，而现代工业化的技术则是技术让自然运动起来。③ 因此，这种以现代技术为基础的工业化所引导的生活方式在日益打破人和自然之间的相对平衡，特别是人对土地的眷恋或崇拜几乎在这个社会中丧失殆尽；而大批量的工业生产以及持续不断的能源供给，使得生活在这样的社会中的人们有着或被塑造出一种无所顾忌地消费和工作的热情。可以这样说，对最为发达的国家而言，社会服务中最重要的工作之一便是处理大量的各种类型的垃圾。而刻度时间的发明，使人们不必再按照自然的太阳升落去安排生活及劳作的节律，而这在传统的农业社会中是一种不容怀疑的生活节奏，所谓“日出而作，日入而息，帝力于我何有哉”，也正像埃里亚斯在讨论时间的社会学结尾之时所发出的感慨：“但是，也许人们要记住月亮——其作为一种计时工具，几乎从工业化的民族国家的城市化公民的生活中消失不见了，他们承受着不理解时间的痛苦——曾经是一位传递口信的人，这样才可以使人们在一个或多或少固定的间隔里，让他们的社会生活得到喘息的空间。”④

人们开始按照现代人发明的抽象时间去做一种并无真实自然指涉的生活与工作安排。一秒钟对于传统社会中的人而言，是可以忽略不计的；但是我们进入机器的时代，“秒”成为人们生活里一个最基本的计时单位，

---

① 费孝通．乡土中国．北京：三联书店，1985：1-7.

② Borsodi. This Ugly Civilization. New York：Simon and Schuster，1929：8.

③ Heidegger. Basic Writtings. London：Routledge & Kegan Paul，1978：296.（Tester. The Life and Times of Post-Modernity. London and New York：Routledge，1993：93.）

④ Elias. Time：An Essay. Jephcott，trans. Oxford：Blackwell Publishers，1992：200.

人可能因为工作到最后一秒钟而被压垮。“新感觉派”小说家穆时英的《夜总会里的五个人》就是借小说的故事情节描述一秒钟对于现代人的意义。小说中的五个人物最后都“被‘一秒钟’这种机械的时间计量单位打垮，‘秒’这一时间单位，仿佛成了决定其命运必然性的上帝之手”①。而另外一位文学家则很真实地记录了中国乡村中原有的“半年辛苦半年闲”的时间节奏如何因为此种现代的钟表时间而改变。20世纪50年代至70年代，一场兴修水利的运动，使鄱阳湖水域的农民彻底失去了传统上保留下来的“半年闲”的乡村生活，而逐渐融入一种现代碎片化的刻度时间的区分中。② 实际上，借助这一安排，人们生活与工作的时间与空间都发生了相应的改变，也许他们由此而得到了一种由固定的时间和空间作保障的生活，并通过法律使这种保障进一步加强和完善。人们把本来随意性很强的日常生活严格地区分为休闲与工作两部分，人们因此可以安心地去工作，然后积攒资本去尽情地休闲。二者相互加强，形成了18世纪哲学家拉·梅特里所谓的“人是机器”（L'homme-Machine）一般的单调的生活节奏。③ 而在日常生活之中，越过常规的行为似乎变得越来越稀少，与此同时，社会中犯罪的文明化程度也越来越高，且越来越不易在公共场合被人观察到。甚至在我们的生活中，超出常规的行为方式也变得越来越少了，从体型到服饰，再到饮食，乃至说话的腔调，都可以见到趋同的现象。而尼采曾经描述的那个千人一面的“一代比一代傻”的“末人”时代，则是这种世界趋同现象的另外一种表述。④

当社会中越来越多的人接受人为的法律秩序而排斥自然的秩序时，社会便从神造的世界中脱缰，它本身成了一个特立独行的人造世界，而由法律所引导的人造秩序在其中占据着核心和主导的地位。不论是此前的私人生活，还是带有地方性特点的公共生活，都一股脑地卷入这一人造的世界中，人再一次回到古希腊时代才有的自我中心的地位，即回到了以人的生

---

① 韩毓海. 天下：包纳四夷的中国. 北京：九州出版社，2011：300.

② 张柠. 土地的黄昏：中国乡村经验的微观权力分析：修订版. 北京：中国人民大学出版社，2013：26.

③ 梅特里. 人是机器. 顾寿观，译. 王太庆，校. 北京：商务印书馆，1959.

④ 同①301.

活和思考为中心的地位。有机会看看法国罗丹的雕塑，我们也许可以很清楚地感受到人的力量的凸显：人而非神，普通人而非上帝，成为衡量善恶美丑的尺度，这是一个有意脱离自然的人造世界之所以可能的基础。人也因此不再是上帝的奴仆，进而也不再受到自然的役使。人们发现了人所能驾驭的知识创造的力量。"知识改变一切"成为现代社会中普通人的一种新信仰。社会亦在通过教育系统传输并实践这样一种新的对知识的信仰，甚至可以说是一种崇拜。而这些都在一波接续一波的西潮影响之下，进入中国的公共话语体系并植入其公共文化之中。

与此同时，知识的类型也逐渐地从对神学经典的细密注解，转换为对新知识及新见解的接纳、批评与再创造。而西方世界的法律知识体系本身，亦是在这样的思想氛围中产生的。一种由法律保障的社会秩序，开始让人自身的个体性欲望极度膨胀起来，它在刺激社会的理性，并进一步以此为基础去统领整个社会乃至整个世界，使之完全可以依此模式复制而得到改变和发展。似乎在激情看不到希望的地方，社会中活跃的强大的理性在向人们的生活世界抛出橄榄枝。社会向我们每一个人做出承诺，即靠专家系统的知识创造，不仅人的容貌方面，还有人的健康方面，乃至生活中的一切，都不会存在克服不了的困难。这方面我们无须寻找太多的证据去支撑，只要看看每天各种媒体中铺天盖地的广告就能知道，这样一种社会拯救计划，在实实在在地发挥其影响力。这也恰如阿帕杜莱所指出的，实际上是"一种启蒙的规划"（the project of the Enlightenment），它在努力地打造着一个时代的一群人，他们渴望自己的生活在未来变得更为现代化。①

由此，一个庞大的人类生活改造计划便应运而生了，并对今天世界的发展产生持续的影响。这是一个看起来可能随意、漫不经心、无结构的发展规划，就像蔓延的火苗一般，梯度性地从这一计划的中心地带西欧扩展至世界各个角落，并加速蔓延。所谓构筑于世界体系之上的发展观，类似雕塑家雕塑模型的世界巡展，这模型的姿态在游走各处的信心百倍的巡展

① Appadurai. Modernity at Large: Cultural Dimensions of Globalization. Minneapolis: University of Minnesota Press, 1996: 1.

中，深度地影响着当地人的自信及其对世界本来面目的看法。在当地经由“理论旅行”而实现的对于西来的启蒙观念的模仿和固化①，也实实在在地发生着，并会进一步影响当地社会结构的转变。

在此意义上，整个世界都开始经历这种转变，此种转变也让民族国家观念自身有了长足的发展。因此，民族主义的观念在18世纪的欧洲被发明出来就不能不说跟这样的工业化发展模式有内在的联系，它激励人们团结在一起向非工业化的世界进发，并对此一世界中的一切进行改造乃至征服。而这背后，现代法律的构建是一个强有力的支柱，“法律面前人人平等”的理念使社会的普通大众得到最广泛的动员。在这里，现代法律所投射出的资本主义精神在有意地对平等观念加以神秘化，认为只有依赖于那只“看不见的手”，平等和效率才能够真正向所有人张开双臂。在此过程中，借助于对效率的经济学的强调，公平这一现代国家统治中最具合法性的核心诉求被搁置或被忽视。而与之相映照的乃是，传统的结构性的约束关系，至少从理念上而言，已经摇摇欲坠、弱不禁风了。它只能通过以追求公平为己任的现代法律的保护来苟延残喘，并有意使自身成为现代人眼中的观照对象，即一堆的习惯法原则下的展览品。

就工业化引起的社会变革而言，它不仅是一种革命性的变革，而且是一种地毯式革命的变革，即它是全面而不会留下死角的转变。尽管它在西方以外的世界里都遭遇了程度不同的抵抗，并集中体现在有关后殖民主义的话语表述之中②，但这样的进程无疑从来未曾真正停止过。可能最初的形式停止了，但换个形式又开始了其进程。这个进程便被普遍地称为现代化，其形式有早期的也有晚期的，而背后能够支持它行动的理念便是所谓的现代性。这是难以用一句话完整地加以界定的，它呈现出多面性的特

---

① “理论旅行”的观念最初是赛义德（又译“萨义德”）提出的，他指出了一种关于东方的观念如何在19世纪初期传入欧洲，而欧洲的社会思想又如何在19世纪晚期通过翻译而传入东方社会。在此一过程中，“理论和观念从一种文化向另一种文化移动”，并在这个过程中形成了性质的转变，原来是批评的观念，转而可能成为保守的捍卫；原本是锐利的理论武器，经过这种旅行而转化成文化的教条。（赛义德．赛义德自选集．谢少波，韩刚，等译．北京：中国社会科学出版社，1999：138-159.）

② 朱耀伟．当代西方批评论述的中国图像．北京：中国人民大学出版社，2006：59-80.

征，是一种自启蒙运动以来大行其道的社会观念。① 它的核心大约可以用“简洁”两个字来概括，并可借此标准去衡量某种现代性发展的程度高低。这种现代性之下的简洁并非不复杂，而是它将传统时代修饰性的附属之物以及杂乱的堆积之物全部处理干净，不留一点为现代理性所不能容忍的地方。它因此而有了许多同义词，如我们现代社会里常说的“方便”“清晰”“直接”“明白”“统一”“效率”等，当然，也包括“法律”与“发展”这样的专门术语在内。

因此而造成的结果有许多。在国家治理上，各种发展的指标更加清晰，对人的控制更为直接。在个人生活上，生活的准则更为明白和有条理，没有含混的观念杂糅其中；方便成为生活的主调，由此我们的食品可以从超市中方便而便宜地买到，一日三餐也可以不需自己动手便在快餐店解决；生活的节奏变得更为统一，并且靠细分到秒的刻度时间，让此种统一的生活可以在全球范围内实现；统一的生活又进一步使时间成为人们要去管理和经营的对象，生活不再是消磨和打发时间，而是由人自觉地去过一种讲求效率的分秒必争的生活。除此之外我们还可以列举许多，它们不在遥远的他处，而恰恰就在我们的身边。

五、规划、现代性与发展综合征

特别应该指出的是，在这个席卷全球的现代化进程中，法律开始从最初的社会边缘位置而移至社会的核心位置。法律不仅符合现代性所要求的简洁原则，而且用它可以省时省力地统治或驾驭尽可能多的人口。当然，法律更为重要的意义是，它提供给所有人一种对于公平追求的渴望，这是从霍布斯到罗尔斯的正义理论背后的理性主义一直追求和不断拓展的，它试图让历史等同于未来，又让未来寄希望于历史理性的发现。② 正因为如

---

① 詹姆逊为现代性这个时髦的概念专门设定了四条准则：首先是指一种断代；其次是指一种叙事类型；再次是现代性有着多种场景；最后是现代性要去处理后现代或者与现代性之间出现断裂的问题。这可以看成他的一家之言，但他说得很清楚，关于现代性，不同的语境会有不同的表述。（詹姆逊．单一的现代性．王逢振，王丽亚，译．天津：天津人民出版社，2005：65.）

② 何怀宏．契约伦理与社会正义：罗尔斯正义论中的历史与理性主义．北京：中国人民大学出版社，1993：269-281.

此，人们才会对现代的法律投以专门的信任，因此可以说，法律是现代人获得平等与公平感的最为重要的、可以凭靠的想象基础。尽管现实未曾实现过真正持久和普遍的公平，但人们还是把全部的秩序建构的希望寄托在各种可能的法律法规的出台上。我们在相信这样的法律之前，并没有深究西方社会从基督教神学观念里“不听训诫而致原罪”向一种“至善至美”的人的社会构建，并由此而拿理性去替代上帝的那种思想史的演变①，而是对这样一种演变的社会结果，即法律的社会构建，采取了一种完全照搬的模仿姿态。因为在人们眼中，似乎有那么一个西方成功的榜样就伫立在那里。由此，一种建立在法律秩序模式上的理性规划的观念便开始越来越深入人心，并影响着现代民族国家的各项工作的规划。通过各种发展规划的实施，人们学会了在一种有发展的规划中求生存，而非漫无目的地生活和工作。生活因此如现代国家的事业发展模式一样，都成为宏大计划的一部分，并通过各种社会保险事业而使这些规划所遭遇的损失可以得到某种补偿或修复。这样自然就使规划的理念在任何社会中都表现得大胆、自信，畅行无阻。

在这一点上，法律绝对提供了一个让受到启蒙理性鼓动的现代人不能不模仿和追求的典范。它所塑造出来的理性规则的逻辑，在现代人看来，不仅可以在混乱之中生发出一种奇妙的秩序，更为重要的是，它也为人们未来的想象提供了一种可能性的希望。否则真的很难想象，启蒙思想家为何都希望在国王缺失的位置上安插一个僵化的法律并向它顶礼膜拜。但法律终究是一种抽象物，甚至比上帝的存在还要抽象。人们需要具体的行动纲领来作为指引，就像如果不规定早上八点准时上班，人们便不知究竟该哪个时间走出家门一样，没有具体指引，人们便心神不安。

人们在细致入微地规划自己生活的同时，实际上也使极为原始的心理焦虑借此而有真正的缓解，从而使内心安定下来。实际上，人最初离开自然的怀抱之时，他的生活规划能力就伴随着一种骄躁之心的降低而衰退

① 维塞尔. 启蒙运动的内在问题——莱辛思想再释. 贺志刚，译. 北京：华夏出版社，2007：82-87.

了。人们把生活规划的能力逐渐地交付给生活中的其他人，这是涂尔干所分析的由分工引起的有机团结的基础。[①] 这种假手他人的生活安排，随着社会分工的专业化的完成而得以真正实现。而在一个相对简单的社会中，人们依赖自己更多，而依赖外在的他人会更少，因此，也很难有真正意义上的社会分工，在这个意义上原始人相对而言可谓是全能型的。毋庸置疑，原始的社会是一个相互帮助的社会，但人们却尽可能少地寻求这种帮助，即便他们之间并不缺乏此种帮助。他们在社会化过程中获得的诸多能力可以使他们应付生活中的很多事情，除非遇到靠自己的双手不能完全解决的事情，寻求帮助才是不可避免的。这就使得简单社会的文化逻辑不是个体之间的竞争，而是各自发挥各自的能力，并不会因为某一个人的工作失误而影响整个社会的秩序。

而在现代社会中，说白了，就是事情越来越多地开始以金钱来计算的社会中，人一方面有了可拆分的独立性的存在，此种类似“光杆司令”（the single naked individual）的独立性[②]，体现出现代个体主义所追求的本质，并在法律上得到切实的保障；另一方面，他也就无须因为莫斯所谓礼物往来造成的不断再分配经济[③]，而使自己陷入社会关系的各种纠葛之中。他在成为一个有着独立权利的个体的同时，也有了独立安排自己生活的自由，即选择的自由[④]，进而通过对其所得收入的支配来行使支配个人生活的独占的权力。但显然，他的这一权力又绝对不是无限的，而应该说非常有限。他确实可以排他性地去支配他口袋里的金钱，但他绝对无法去支配社会提供给他的产品或服务的真与假、多与少、有和无等，他只能再一次将此权力让渡给社会中不断被制造出来的法律，并希望借此外在于自己的强制性的力量而使产品的生产或服务，乃至一般社会必需品的供给，有一个真实而非虚假的意义内涵。这显然是由社会分工带来的一种人与人

---

① 涂尔干．社会分工论．渠东，译．北京：三联书店，2000：92．

② Freedman. The Republic of Choice：Law，Authority，and Culture. Cambridge，Massachusatts：Harvard University Press，1990：24.

③ Mauss. The Gift：Forms and Functions of Exchange in Archaic Societies. Cunnison，trans. London：Cohen & West Ltd.，1970：6-8.

④ Freedman. The Republic of Choice：Law，Authority，and Culture. Cambridge，Massachusatts：Harvard University Press，1990：23.

的分离。马克思和恩格斯在讨论这种分离之时，虽然他们的笔墨更多着力于从父权制到奴隶制、等级、阶级等各种生产关系的转变①，但今天看来，他们所提出的因为分工而造成的人与人之间的各种相互分离才是其论述中最具启发性的。

同时要清楚的是，分工还是一种让渡，即把自己把握自己的权力让渡给社会中的他者。而恰是人的这一逐渐养成的让渡习性，使得各种国家意义上的发展规划真正成为可能。当个人从假手他人的工作中开始发现欺诈因而不满时，他只能去求助外在于他的法律。他因此也就不再可能会用他的拳头以一种纯粹“原始的抵抗”形式②，去攻击他所不喜欢的或者被他觉知有欺骗行为的某家公司、某家食品店、某家电影院，或者某家超市。他只能去求助由他自己同意，并让渡出自己权力的共同的法律本身，并希望他所委托的这一法律能够公正地规划出一种相应的措施，以求对令人不满的现状持续不断地做出改变。这可能是经过现代启蒙之后的国家在其发展的历程中必然留下的一种后遗症。正像吉登斯所指出的那样，在启蒙哲学家们看来，我们的理性越能理解这个世界，我们便越能够以我们自身的意图来形塑历史，我们因此而要抛弃一切旧有的习惯和偏见，去直接把握未来。③

这不仅是持续发展需求的开始，而且将是一个永无止境的在不满与社会改进之间的递进式的循环。当现实发展的实践不再能满足人们对完美的需求之时，进一步改进和发展的要求，就有可能是下一次不满的前奏。这背后体现出来的是一种乐观的发展观，即相信人性或人类的痛苦会随着某种环境或者外在力量的介入而得到改变。④ 可以说，人相信“未来会更加美

---

① 马克思，恩格斯. 德意志意识形态. 北京：人民出版社，1961：14-21.

② 霍布斯邦（Eric J. Hobsbawm，又译“霍布斯鲍姆”）曾在《原始的叛乱》一书中细致描述了欧洲在19世纪到20世纪的来自底层的社会运动形式，比如绿林好汉、黑手党、千禧年运动等。他以“原始的抵抗”（primitive rebels）这个术语来统称这一类社会运动，此术语也可以翻译为“原始的叛乱”，但对于一般的民众的抵抗而言，“叛乱”这个译语的含义有些过于强烈，不能达意，故用“抵抗”一语代之。（霍布斯邦. 原始的叛乱——十九至二十世纪社会运动的古朴形式. 杨德睿，译. 台北：麦田出版有限公司，1999：4-21.）

③ Giddens. Runaway World：How Globalisation is Reshaping Our Lives. London：Profile Books，2002：2.

④ 伯瑞. 进步的观念. 范祥涛，译. 上海：上海三联书店，2005：240.

好”的渴望，让这一发展的悲剧在类似马克思所说的“虚假意识”的支撑下不断地公演下去，人们无法对此有一种自我觉悟，进而使之戛然而止。即便那样做了，由此引来的麻烦也将更为严重，即可能使人类社会仅存的一点希望归于覆灭。如果一种不断重复的发展的悲剧，让现代社会出现了一种令人忧郁而又不可自拔的发展综合征，且大多数的人又相信，这种症状可以通过因进一步的发展而制造出来的某种良药予以暂时缓解，乃至永久治愈；那么，停止此种戏剧的上演，不仅会引起观众整体的哗然，更为糟糕的是，它也可能直接带来戏迷们的“集体自杀”。当然这并不是真实意义的自杀，而是一种象征意义上的自杀，即为一种发展观念的破灭所象征性地杀害，或者说人被自己创造出来的各种虚假意识扼杀。

显然，现代性以发展自身为唯一的追求，以进步为一种终极的价值，由此而反映到日常的生活之中，便是一种不考虑自身资源与环境状况的对发展与进步理念的执着。其背后无所畏惧地对人的理性的自信与过度使用，成为现代人之现代性特征的一个重要方面。持续而不停歇的进步实践，所凭靠的是对人的理性的过度肯定以及对其非理性的过度忽视①，而想当然地将人构想为一台永远不会倦怠的机器。但人显然不是一台机器，无论物质条件如何改进，机械性能如何良好，倦怠都是人的最为基本的心理属性之一，对此人无法抗拒，它同时还是人们生病乃至衰老的前兆，这是不言而喻的。

就发展理念而言，当它借一种意识形态的宣传而深入人们的生活实践，并融入社会生活的各种制度安排中的时候，它同样会引起人的倦怠，进而引发各种让人不适的疾病。这种疾病并非那样病灶清晰，让人可以知晓或把握。它是周身亢奋之后残余的倦怠，表现为：不思进取，却空喊进取的口号；不求发展，却高调提出发展的目标；自己因钱而富

---

① 显然自哲学家尼采讨论到人类的非理性对人而言的重要性之后，西方的社会理论思潮中，特别是在法国的思想界，近三十年来一直涌动着一种对于自启蒙以来过度强调理性价值的反思倾向，布尔迪厄（Pierre Bourdieu）的实践理论算是一种，而马菲索利（Michel Maffesoli）的狂欢的社会学的再诠释则是另外一种。（Bourdieu. Outlinc of a Theory of Practice. Cambridge：Cambridge University Press，1977：22－30；Maffesoli. The Shadow of Dionysus：A Contribution to the Sociology of the Orgy. Linse，Palmquist，trans. New York：State University of New York，1993：2－11.）

有，便以为天下所有人，都会或应该因此而富有。而富有的含义，在这些人的眼中，也不过只此一种而已，跟任何超越性的体验没有一点关系。实际的生活中，情况却并非如此。但作为一个发展主义者，他绝对不能容忍一种没有改变的生活，即便是自然地成长，也都要被纳入一种非自然的发展规划中，即发展规划代替了自然的生活，目的在于使其有一种可操控的转变，即向着预先规定好的所谓"人的完美"目标不惜代价地发展。

也许，中国的城市化发展为这个目标的实现提供了一个样板，这个样板在扭转改革开放之前的逆资本主义发展模式，即寻求独立自主的发展模式方面为世界树立了一个标杆，它不失时机地使自己借助成长的力量而毫不扭捏地融入所谓全球都市化的建设浪潮中。在这方面，一项在"珠三角"地区完成的有关城市规划的研究提醒我们，一种国家主导的、完全由上而下的命令式的规划模式，一方面无法得到来自基层政府的全力支持；另一方面在它的潜功能之中，显露出诸多非规划意义的政治力量的角力，同时又借助规划的强制话语，而去转移真实的社会中对于原本由都市化引起的各种实际冲突的关注。由此，看起来初衷在于借规划而产生的一种空间管制技术，即目的在于为普通大众提供更多公共空间以及有效控制过度开发的努力，在那些规划的潜功能一再借助权势来突出表现自己的能量之时，先前的公益的愿望就不得已而成为次要性的关注，并被掺了水的城镇规划挤压而边缘化了。①

但这个世界，即我们生活在其中的世界，也许没有了冷战时期的那种国与国之间的敌对，但它却使国家内部与国家间的风险或危险与日俱增。它并没有按照原先理性认识所预期的那个运行轨道去发展，反而按下葫芦浮起瓢，世界越来越频繁地为此起彼伏的社会、宗教乃至文化问题所缠绕，世界不仅因诸多的越轨而失控，而且变成名副其实的"一个脱驭的世界"(a runaway world)。② 尽管知识的不确定性观念在社会科学的领域并非大音

---

① 柏兰芝. 空间规划和论述的政治：对珠江三角洲城市化战略的反思. 台湾社会研究季刊，2008 (70)：121-161，143.

② Giddens. Runaway World：How Globalisation is Reshaping Our Lives. London：Profile Books，2002：2.

希声，恰如沃勒斯坦所断言的，“人类社会本质上具有不确定性”①，但这一论断似乎并没有阻挡人们对社会知识本身的不懈追求。人们试图把发展的理念变成未来社会的构建基础，这里似乎有一种不言自明的逻辑论证，那就是相信未来的所有问题都可以依靠发展的知识来解决。因此，在今天世界大范围接受了发展的理念之后，发展理念自身也就成为人类发展强迫症的一个重要的病因。它的病理学便是：先有一种对发展幻象的好奇，随之对其产生顺从的依赖，进而想去摆脱却又无法真正摆脱，最后也只能是无可奈何。结果，摆在面前的事情不能不做，但做又并非出于本愿。这样一种复杂的交织在一起的人的生存状况，我们完全可以给它一个独特的名字，我乐于称它为发展综合征。

基于前文的论述，很显然，这种发展综合征的核心在于人类历史的进步观，此一进步观与现代启蒙意识的基调一致，即一切要靠作为“光杆司令”的个人自身的能力来解决，其他外在或内在的力量则都属于非根本之力，必须剔除，并将人的一切发展和可能性都归之于理性的不断增长，非此而不能有人类的未来。而知识创造则被看成工业化革命之后的又一场革命，但就像我们对工业化的效果本身缺乏严苛的评估一样，我们对于知识革命的无意间的社会影响更加缺少真正的衡判。在一片欢呼雀跃声中，少数几个唱反调之人的声音，无论如何都显得微不足道了。这种实践恰恰因应着拉宾诺所指出的“现代时代的合法化”（the legitimacy of the modern age）的那些实践②，但对于什么是知识创新的危机，却并无真正深入的以及带有审慎批判的研究和判断。

在此意义上，我们生活浸润于其中的文化也自然会为之一变。从强调有节律的周而复始的生活文化，即强调一种礼仪秩序的文化，转变为强调有法制的规范性的生活文化。人们在不能去做法律所禁止的行为的同时，也接受了生活轨迹可以预期的规划观念，即生活变成一种严密的规划，它背后乃是一种生活不断走向文明和进步的理念，并相信好的法律可以真正

---

① 沃勒斯坦. 知识的不确定性. 王昺，等译. 郝名玮，校. 济南：山东大学出版社，2006：12.

② Rabinow. Essays on the Anthropology of Reason. Princeton，New Jersey：Princeton University Press，1996：7.

保障此一规划的逐步落实。传统时代生活的世俗与神圣的两分开始变得日趋模糊，而由于规划观念的引导，生活世界中新的区分方式开始大量涌现，而这些区分所依赖者，便是一种极为明确且为所有人所接受的规划的发展观。

在这里，一种新的含义不再是某种不同，而是一种比较而言的先进或发展，它与新的知识的创造紧密地联系在一起，它们共同存在于社会的各个角落，如大学、研究机构以及社会生活中的其他各类机构。生活所依赖的是社会中新的观念的创造以及新产品的应用。由于这个过程中隐含一种创造性的行为，因此也就总隐含着一种不确定性的存在，并成为科学界普遍认可的发现逻辑，而一种持续且稳定的信仰的践行则在此发现之旅中逐渐式微。并不是科学家没有信仰，只是他们的信仰就是不断地挑战自我和他人。这种观念的普及所带来的细微变化就是人类学家之眼要去做细致观察，至少人类学家会明显地注意到，今天的人们越来越多地对自己的生活细节变得极为敏感，各种不愉快的情绪不再通过日常闲聊、无目的的交谈而得以宣泄，而是通过更新的技术手段假手他人解决。而伴随着现代社会而兴起的各类设计，从广告到电视节目，从服饰到日用百货，从健康知识到医疗器械乃至无数“包治百病”的药物，从食品包装到家用电器，进而再到汽车、住宅等，无一不是通过现代各类设计以及随之而有的大量生产而获得普及的。正像法国社会学家第亚尼（Marco Diani）所指出的，就像波德莱尔认为这是“一个由假象和伪造支撑的时代”一样，设计专家们也不得不“将设计定义为一个‘伪造’领域”，换言之，“我们正在从一个讲究良好的形式和功能的文化转向一个非物质的和多元再现的文化”，而它的基础就在于当下时代的“严密的逻辑原则的衰败”①。由此，与现代大量的消费相伴随的消费主义观念得到了普及，消费主义本身也成为一种文化，这种文化会使世界上的一切都成为消费的对象，这当中可能就包括意义、真理和知识的传统。② 这是结构主义人类学家列维-斯特劳斯所指

---

① 第亚尼．非物质社会——后工业世界的设计、文化与技术．滕守尧，译．成都：四川人民出版社，1998：13.

② 成伯清．走出现代性：当代西方社会学理论的重新定向．北京：社会科学文献出版社，2005：148.

出的今日世界以书写文字为基础的“过度交流”（over-communication）的必然结果，即“我们现在受到了仅仅作为消费者的这一前景的威胁，我们能够消费来自世界任何一个地方的以及每个文化里的任何东西，但它们全部失去了来源地”①。

当然，现代垃圾的观念也因此而得以产生。但凡阅读过的、打印过的、印刷过的、不时髦的、过了期的，等等，都会被当作某种垃圾来处理掉。尽管现代社会创造了垃圾回收的观念，但那也只是指对成为垃圾的东西的一种再处理，这种经过处理的东西仍旧是未来垃圾的前身。垃圾回收其实不过是使某种垃圾通过物理或化学的转化机制而以焕然一新的形式重新进入我们的生活世界中，而未来它们在被人使用乃至于仅仅陈旧之后，又会成为新的垃圾，进入新一轮的循环当中。而作为社会精英的规划者，在其规划之初，一定不会首先想到此类垃圾的生产和转化，这里的垃圾生产和再处理的过程，完全可以看作叶启政所谓的芸芸众生应对精英话语的现代性“阵地战”而生发出来的一种“游击战”的必然产物②，但无论怎样富有想象力，最后还必须要由社会的整体规划者来自食其未曾想到的、偶然结出的这些体现为垃圾的苦果。

也可以这样去预期，在我们的生活越来越多地依赖某种自以为完善的发展规划之时，我们实际上被塑造出一种对未来的希望，并迫不得已试图将此希望转变为某种行动的力量，即相信通过改造而有进步或文明的发展，它的特点是依照现代社会既有价值的不断提高，来达到一种先进。因此，核电站、水电站、生物工程、农业的高科技、工业化的尖端技术等等，在现代国家之中都得到毫无阻碍的发展。与此同时，社会中的贫困户、弱势群体、女性、残疾人、艾滋病患者、农民工、农村留守人员等，这些被研究者专门指认出来的群体，都接连不断地被现代国家纳入被规划以及被发展的行列中，而这种实践的核心目的就是要使现代性所不能容忍的现象发生一些转变，最好的结果就是它们不存在，以实现社会中落后变

① Lévi-Strauss. Myth and Meaning. London: Routledge & Kegan Paul Ltd., 1978: 20.

② 叶启政. 期待黎明：传统与现代的搓揉. 上海：上海人民出版社，2005：159.

为先进的现代性。

但似乎谁也不能因此而保证，这样一种发展的规划能够不带来某种未曾预料到的后果，事实证明，这一切已经发生了。核电站造成了核泄漏，水电站造成了流域生态环境的破坏，农业的高产带来了农产品的不安全。还有，对于贫困的问题，旧的贫困状况可能因为大量的政府投入和扶贫政策的出台而有了明显的改变，但谁也不能否认，今天，新的贫困形式纷纷产生，并且在程度和解决难度上不亚于先前的贫困问题。确实，中国从1978年的2.5亿贫困人口减少到1999年的3 400万贫困人口，是经济高速增长间接带来的贫困人口数量的下降。但是谁也无法因此而否认，在这个国家里，不公平也同样在高速地发展①，社会中的相对贫困开始逐渐取代绝对贫困而成为新的贫困的来源，而这一点又绝对不是改革规划设计之初所预料到的。

凡此种种，西方世界依旧试图寻找某种新的法律的观念去构建一个新的世界规划的蓝图。在全球治理观念影响下出现的全球正义的观念②，也许便是其中之一。但对这种新观念的提倡所可能有的后果，并无人去做一种较为冷静的基于文化比较的效果评估。在新一轮全球规划的制定中，主宰权似乎回到了曾经以殖民者姿态出现的西方人的手中，但实际上，在高喊“全球正义”的空洞口号之时，最先应该问的大约还是麦金太尔（Alasdair Macintyre）之前所问的“谁之正义”的问题。③ 否则，我们仍旧会一直在既有的西方话语主导的发展框架中不断地维持着业已习得并顽固存在的一种“发展综合征”，任何的补救措施都不能使其有真正的缓解。因为它根本的解决在于跳出既有思维来获得一种全新的思维，特别是对对人生存的意义的追求和探寻有着极大憧憬的现代人而言，这一点就显得更为重要了。在这一点上，在西方工业化兴起之初，尼采有关“悲剧的诞生”的提醒，即便在今天重新阅读，依旧有其深意，即我们需要借助对

① Giddens. Runaway World：How Globalisation is Reshaping Our Lives. London：Profile Books，2002：xxviii.

② 博格. 康德、罗尔斯与全球正义. 徐向东，等译. 上海：上海译文出版社，2010.

③ 麦金太尔. 谁之正义？何种合理性?. 万俊人，吴海针，王今一，译. 万俊人，校. 北京：当代中国出版社，1996：1-16.

一种日神理性的摆脱去重塑人的存在的价值和意义。①

六、包容而非分离的天下观

也许，对人而言，未来的思考是带有根本性的，或者更准确地说，是带有革命性的。它绝对不是修修补补式的，更不是从谦卑地自称为本土文化的中国传统中找到一些不同于西方的文化要素或观念，并以此去消除由西方启蒙带来的理性主义、科学主义以及个体主义的流弊，以为这样就能解决未来将要面对的所有问题，其实那可能是一种对世界发展的极不负责任的乐天想法。先入为主地认为某种文化自身天然就有那样一种强劲的力量，它可以借用其中的一种去摧毁另外一种，这种认识看起来想要倡导文化启蒙②，但实际上可能恰是对文化的弱项的暗自鼓动，最终只可能使文化自取灭亡。我们今天需要从整体上去看待有着长久历史绵延的文化的核心价值：它究竟会在哪里？它的核心特征是什么？它的存在能否真正构成对西方启蒙所造成的社会未曾预期的后果这一顽疾的彻底治愈？可能对人而言，药本无所谓好与坏，关键的是对症下药；当然，制度同样无所谓好与坏，核心在于制度的实施能够使一个社会有其自身符合人本的良性运转与构建。③

我们自身所处的中国文化里曾经有一种思维，它同样是全球范围内的一种思考，但它又不同于今天由西方或英语世界主导的全球化的思维，它可能完全是另类的思考，它的特征是天下主义的，它的核心就是“天下无

---

① 在一段描述中，尼采为我们转述了德国中世纪酒神精神的激荡：“还在德国的中世纪，受酒神的同一强力驱使，人们聚集成群，结成歌队，载歌载舞，巡游各地。”接下来他还讽刺了那些害怕欢愉的激情会破坏他们健康之人的类似现代人的行为做作：“有一些人，由于缺乏体验或感官迟钝，自满自得于自己的健康，嘲讽地或怜悯地避开这些现象，犹如避开一种‘民间病’。这些可怜虫当然料想不到，当酒神歌队的炽热生活在他们身边沸腾之时，他们的‘健康’会怎样地惨如尸色，恍如幽灵。”（尼采. 悲剧的诞生——尼采美学文选. 周国平，译. 北京：三联书店，1985：5.）

② 关于文化启蒙的最新讨论可参阅下列文献：刘悦笛. 从“大启蒙思想”到“新文化启蒙”——反思当今中国思想与文化的整合之路. 探索与争鸣，2013（2）：73 77.

③ 关于这一点康有为在差不多一百年前就有高论，即他在《共和平议》中所说的“夫政治犹药方也，药无美恶，惟愈病之是求，政无美恶，惟治安之为尚”。（康有为. 康有为政论集：下册. 汤志钧，编. 北京：中华书局，1981：1019.）

外”的思维，进而可能就是“思想无外”。① 同时，“这个‘天下’的概念应该是包容全人类的”②，如果以人作比喻，那么他的胸怀便是完全包容的，即彻底地将差异囊括于其中，并且没有任何先入为主的先进与落后之间的等级性区分。这种思维即便在中世纪的意大利诗人但丁高喊的“帝国时代”里也没有在西方人的认识中得到确认。因为在但丁所追求的“世界帝国”中，有着明显的对中心和边缘的区分，它是一个以罗马帝国为中心的世界构建，但丁以诗人的浪漫高调呼喊“罗马民族是最高贵的民族”，因此，在他看来，“罗马人建立帝国，对世上一切人加以一元化的统治是合乎公理的，而不是篡权行为”③。据这样一种主张，我们便能够准确地预测西方的“世界帝国”构建中深层次的种族中心主义的种子了。而“天下”的观念却不是这种思维，它是一种海纳百川的包容，并且追求的是一个无差异性区分的大同世界。由此而衍生出来的夷夏之别以及内部的中心与边缘的差异性的存在，却不是天下观念最初含义中所固有的，而是一种观念异化的产物，这是在运用天下观念去理解今天的世界之前最需要加以厘清的。因此，从根本上而言，这种包容差异的天下思维在今天是在全球范围内特别值得提倡的，它曾经是人类社会中有意去创造少冲突而多和谐时代的一种智慧的留存。这种智慧明确地包含差异，并极大地容忍各种差异。它从来不会不切实际地去变差异为某种出奇制胜又隐而不显的社会性的区分，不会借助含有强烈的自我中心偏好的、高调的或者自己创造出自己的敌人的方式来主张消除种种区分，不会声称通过某种形式的社会改造，可以使这种种差别消失，或者使得社会的差异趋同而成一致。④ 今天，没有一个人或一个团体会向社会做出保证：借助这样的改变，留存在

① 赵汀阳. 天下体系——世界制度哲学导论. 南京：江苏教育出版社，2005：14.

② 赵旭东. 本土异域间——人类学研究中的自我、文化与他者. 北京：北京大学出版社，2011：349.

③ 但丁. 论世界帝国. 朱虹，译. 台北：台湾商务印书馆，2000：45.

④ 任柯安（Andrew B. Kipnis）对山东的城镇化建设的研究注意到了这种国家构建（nantion-building）中差异性消解的趋同性（commonality）。在教育的标准化、相互模仿的城市空间以及网络的共同性的构建等领域，这种趋同日渐明显。[Kipnis. Constrcting Commonality: Standardization and Modernization in Chinese Nation-Building. The Journal of Asian Studies，2012 (8)：731-755.]

现代人身上的发展综合征会得以真正消失。在我们观察者眼中真正看到的是因此变革和改变而造成新的社会区分的出现，以及基于未来发展而渴望的加速度的成长。

泛言之，今天的世界更需要在人心上达成理解和宽恕，即如钱穆在对人的生命认识基础之上而对世界未来所做出的断言："人类决不当由机器来领导，而终必以人道为领导。"① 显然，秩序构建只有把遵守法律的规则看成人生活的最后一道防线而非第一道防线之时，人们才可能有真正体面与祥和的生活，它才能唤醒人性的另外一面，即理性规则之外的人所具有的激情和非理性，否则在不同层次上的基于理性辩明而起的争端就可能是未来社会生活的常态。对人类社会而言，争端必不可少，有时战争似乎不可避免，但它一定不是人类社会生活的本质所在。在今天文化正在发生一种重大转型的世界里，我们更加有必要在一种文化比较的视野中广泛吸收不同文化中人类秩序构建的智慧，以使每一种文化转型都能够顺利地展开，并由此而创造出一种更加自觉、更加贴近人性以及更加可以信赖的现时代的中国法律文化和相应的制度。

在此基础之上，我们也要对社会中持久存在的发展综合征有深切的关注，并在一种反启蒙的新启蒙意识之下，让社会发展的轨道变成人生意义获得的轨道，至少它是有可能提供这样的人生存在意义的一个重要轨道。我们曾经依赖现代理性和科技真正要找寻的乃是人作为一个群体的生存的意义。从古至今，即从人开启智慧以来，便在这条路上不停地打转，它并非意味着没有解答，显然有着多种解答，而不是单单一种答案。在这一点上，只有一种答案的考试绝对不是古代人的发明，而是现代人对自己理性的偏执的自然表达。对此问题，面对着不同的文化，也许就有完全不同的解答；不同的时代，同样也有不同的解答。因此，这就需要有对人自身创造出来的多种生活方式的宽容与理解，而不这样做，那只可能是一种无休止的争端及对此争端暂时缓解的应对之策。

争执与仇恨显然是造成人类社会文化之间战争的一种野蛮驱力，自古至今都存在，但它已经不是今日文明应该努力去追求的目标所在。显而易

---

① 钱穆. 晚学盲言：上卷. 北京：三联书店，2010：12.

见，社会中的个人与个人之间、群体与群体之间以及群体与个人之间的诸种争执与仇恨，到目前为止，并不能因为某种清晰规范的制定和出台而得到些许减轻，却可以因为某一方的宽容和理解乃至让步而冰释。这正像战争史学家巴兰尼（Geoffrey Blainey）睿智地提醒我们的："可以没有战争的存在，除非至少要有两个国家，相比和平而言，它们更喜欢战争。"① 这与中国老子《道德经》第三十一章中所谓"夫兵者，不祥之器，物或恶之，故有道者不处"不谋而合。在此意义上，文明的核心不在于相互冲突，而是相互理解，没有这种理解，人类创造的全部文明不可能多样性地存在于今天的世界之中。虽然这种存在并非完美无缺、毫无瑕疵，但它属于全部文明的一部分，不能轻易舍弃掉。

因此，在我们今天，最需要的乃是一种自我的改变，这种改变所朝向的是让奉献而非一味的索取成为人们生活中爱的教育的一部分，由此一种集体与社会性的回归才能使人不至分崩离析，而是紧密地结合"在一起"。② 我们是"天人合一"观念的发明国，但我们无意之中形成的发展综合征，让我们离这样一条古训越来越远。看看我们不论自然的还是历史上人造环境的日益衰败，理解上述这一点就不是很难了。

因此，一种对于启蒙的热情，引致一种发展的综合征，它完整地体现在我们当下由社会秩序的构建以及未来现代性规划的日常生活实践之中。如果我们不能认识到这种社会的疾患及其在我们的日常生活之中和在每一个人身上的具体体现，并且尝试着去寻求一种本土文化的疗愈，那么我们所有的发展都只可能是一种暂时的辉煌，我们为此付出的代价转过来会使这种辉煌黯然失色。法律在现代世界委身于发展而成为其安全运行的保障，但发展自身的不安全或风险，又使得这份保障几乎成为一张空头支票。如果今天我们还不能意识到这种发展的不安全，并试图用注意力转移而使得这种症状减轻，那么我们的发展综合征这一顽疾不仅永远无法得到医治，而且未来会因为没有了方向感或方向摇摆不定，而出现发展上的一

---

① Blainey. The Causes of War. New York：Free Press，1988.

② 赵旭东. 在一起：一种文化转型人类学的新视野. 云南民族大学学报（哲学社会科学版），2013（3）：24-35.

种彻底的失控。也许，更为糟糕的是，它还会使人类因为找不出办法让这种失控真正停止，而一不小心走向自我毁灭。从目前的世界发展的经验上来看，这绝非什么危言耸听之语，中国的文化和社会必须在这高速发展之中有一种自觉，并找到自己可以稳妥前行的适切之路，非此，大同之梦就只能停留在梦境的阶段。

第九章　“拆”北京：记忆与遗忘①

首都北京正经历着一种巨变，这巨变可以在一个非常流行的象征符号“拆”上得到具体的体现与表达。“拆”是一个象征符号，暗指什么要被拆毁。“拆”是一种媒介，由此某些背景中被遗忘的事情可以被唤醒而进入记忆或者前景之中。其遵从一种“逆遗忘恢复”的原则。北京的“拆”恰恰是作为对最近的或者遥远的过去的逆遗忘恢复而呈现的。“非此非彼”以及“处于中间”而非“对立”可以看作传统性与现代性之间关系的一个核心特征。表面上，通过“拆”，某种东西要被拆毁而其他东西要被记忆。从更深层的意义上来讲，这也是在中国文化背景下的一种再界定的过程，或者更为一般性地也可以说成是统治与服从之间的一种循环的游戏。

一、模棱两可的“拆”

到过北京以及住在北京的人很容易注意到，在即将拆迁的老住宅区可

---

① 此章的写作受到 the Urban China Research Network New Faculty Small Grant Program，Urban China Research Network，Mumford Center for Comparative Urban and Regional Research，University at Albany 的资助。本章部分内容曾经在 2003 年 12 月 12—14 日在香港浸会大学召开的“中国的城市：下一代的城市研究研讨会”上宣读（“Cities in China：The Next Generation of Urban Research，Continued.” An Hong Kong Baptist University，Kowloon，December 13-14th，2003.），以及在 2005 年 6 月 8—12 日在新加坡国立大学社会学系举办的“第六届国际社会理论论坛”（The 6th Annual Conference of the International Social Theory Consortium）上以《拆：后改革中国的一个关键词》为题宣读。此章部分内容 2005 年 10 月 28 日在中央民族大学“人类学沙龙”上宣读，感谢王建民教授的评议以及所有研究生的提问。

以很清楚地看到墙壁上面往往有用白灰书写的大大的“拆”字，这个字还特别用一个圆圈圈着，非常类似于领导干部在办公文件上的签阅和批示。这个文字符号不单单是一种指示，指涉一处旧的建筑物即将被拆除，这个汉字本身在我看来还极具象征意义，它非常可能是当下中国人心理倾向性的一种投射。在下文中，我将借助自己实际调查的经验来呈现这个字在不同背景下的多重意义。在结论部分我会着重强调这个字的深层意义，其着实反映了社会建构的逻辑，这种逻辑建立在瓦解或者拆毁又或者是遗忘的基础之上。

无疑，在汉语中“拆”是一个地道的本土词语，但是后来的发展，特别是近代中国的现代化过程使其承载了许许多多的现代意义。在某种意义上，中国的现代史可以被看成一个“拆”的历史。在20世纪之初，中国人的命运跟一系列的事件紧密地联系在一起，这些事件隐含一种共同特征，那就是“拆”。“新”与“旧”之间的自然差异被转化为伦理价值上的等级差异，即刻这种等级差异就被运用到社会领域中拆迁行为的合法性上。“拆”的潜在逻辑是，新的东西一旦出现，任何旧的东西都应该被瓦解或者拆除。在此背景下，“拆”指涉的恰恰是一种“取代”，甚至还指涉一种“进步”。

在现代，正如恩斯特·格尔纳（Ernest Gellner）所指出的，在人们观念中，“进步”取代了“上帝”，并成为一位新的上帝，换言之，“上帝就是进步”①。我这里将要讨论的问题，即现代意义上的进步概念，在中国的语境中能够通过拆迁的活动或者“拆”这个字来代表。在此意义上，拆除旧的东西的行动本身也就意味着重新创造出其相反的一面来，也就是创造出新的东西来。在当代中国的大众哲学中，“拆”的逻辑在意识形态上曾经被表达为“破”与“立”之间的二元对立。并且在近现代革命运动当中，这样一种哲学意义上的二元对立被转述为马克思主义辩证法的一种形式。某些本土发明的术语，诸如“破旧立新”以及“不破不立”已经快速地转化为人们日常生活的俗语的一部分了。

---

① Gellner. Anthropology and Politics：Revolutions in the Sacred Grove. Oxford：Blackwell Publishers Ltd.，1995：94.

依照精神分析的解释，遗忘不是真正彻底的遗忘，而是意识暂时受到压抑并永久转化到无意识状态中。个体推理的原则也能够应用于集体的记忆与遗忘，它是以一种独特的方式在一个社会中起作用的。依据这样的理解，“拆”这个文字符号即刻与遗忘的心理学搭上关系。作为公共表征（public representation），它是集体主义年代，也就是“文革”时代的存留，由此一个单独个体对此公共表征觉知时能够唤醒受到深度压抑的记忆。如果借用法国人类学家丹·司波博（Dan Sperber）的术语，那么这一过程可以被想象为一种转化的过程，在此过程中作为公共表征的“拆”这个符号即刻就通过个体的认知过程而转化为某个人的心理表征（mental representation）。①

首先应该指出的是，“拆”这个字可以被看作一种传统的发明。作为对一幢旧的建筑物进行拆除活动的标示符号，其本身也肯定会唤醒一种对过去革命时代，特别是“文革”时代拆除以及损毁旧东西的狂热记忆。在那个年代里，一种破坏的愉悦会根植于以饱满的政治激情参与大众运动的人们的心里，并在人们再次遭遇类似的拆除以及损毁活动的时候而得到情景性的唤醒。“拆”这个遍布城市拆迁工地的象征符号便是这样一种情景，由此而唤醒人们对于过去的记忆。西格蒙德·弗洛伊德喜欢使用“死的本能”（death instinct）去说明人性中的一般性破坏倾向。依据他的洞见，破坏乃是以一种无意识的方式对于愉悦或者快乐的隐含性的表达。② 这会留下长期的后效，由于长期的参与，这种参与使得参与者内心深处都会留下一种乡愁的情结（a nostalgic complex），这种情结导致的是对于过去所经历的刻骨铭心时代的无力抵制，尽管记忆中仍然存有对其批判的意识。③ 照此来看，“拆”作为一种象征符号承载着浓郁的记忆，这种记忆是跟过去的年代紧密地联系在一起的。“拆”的默会之知的意义可以说是

① Sperber. Explaining Culture：A Naturalistic Approach. Oxford：Blackwell Publishers Ltd.，1996：23-24.

② Freud. The Standard Edition of the Complete Psychological Works of Sigmund Freud. London：Hogarth Press，1966.

③ Feuchtwang. Popular Religion in China：The Imperial Metaphor. London：Curzon Press，2001：222-231.

一种革命时代的主旋律。那个时代的革命，其信仰和合法性是建立在“拆掉一个旧的世界”这样的理念基础之上的。当把这个“拆”字公开地写在城市拆迁工地的围墙上的时候，它即刻会被观看者知觉为一种抽象出来的图式或者一种凝缩了的有关那个革命时代的心理表征，借助这一心理表征，一种乡愁即刻得到唤醒。

作为一种公共表征，“拆”会被个体知觉为一种心理表征，这实际上也隐含着一种认同的过程，通过这一过程，一种跟记忆或者跟过去经验的紧密联系得到了建构。心理学家赫布（Hebb）曾经强调，一种“确认的能力”（identifiability）就意味着依赖于“一种延宕的经验”的“一种可记忆的差异”（a rememberable difference）。[①] 在此意义上，知觉最好被看成依赖于过去可记忆的差异的一种认知过程。由他的结论自然可以推论，象征符号“拆”本身可能隐含着一种可记忆的差异，由此一种革命时代的乡愁情感能够自然而然地得到唤醒。

作为一种符号，“拆”隐含着一种公开宣告的“正式命令”的意义。这是一种恰如其分的技能，由此记忆即刻转化为模糊不清以及模棱两可或者说某种短暂的遗忘。作为一种现代性，对于过去记忆的挪用或者修改常常会在现在与过去之间引起一种非此非彼的模糊效果。王斯福在另外一种场景下也指出了这一点，并将其称为“一种重复抹去的过程”（a repeated progress of erasure）。[②] 通过这种抹去的手段，过去很容易被修改并转化为现在，或者更为抽象地说是由传统性转变为现代性。

表面上，北京作为一个大都市，正在面对的恰恰是这样一种模棱两可的境遇，这是在不断寻求现代性的过程中引起的。关于这一点，已经有许多社会理论家给予关注，例如鲍曼（Bauman）[③] 以及斯马特（Smart）[④]。在我的有关北京城市变迁的个案研究中，这种模棱两可经常

---

① Hebb. Organization of Behavior. New York：John Wiley & Sons，Inc.，1949：26－28.

② Feuchtwang. Popular Religion in China：The Imperial Metaphor. London：Curzon Press，2001：21.

③ Bauman. Modernity and Ambivalence. London：Polity Press，1991.

④ Smart. Facing Modernity：Ambivalence，Reflexivity and Morality. London：Sage，1999.

会由一种对过去的怀念而引发，并将其挪用为对当下的理解，而这些又都能够在“拆”这个符号之下得到体现。这是一种对于正式命令的象征化表达，在这个意义高度凝缩的“拆”字之下，所有旧的楼房、平房、服装，甚至旧的生活方式都被界定为“拆”除的对象。“拆”这个字在这里还意味着对过去的记忆应该被遗忘并转变为无名或者匿名，结果也正如王斯福所指出的，其等待着的是一种获得拯救的未来。①

二、北京：一个充满公共表征与心理表征的地方

当我们描述一个社会中的一种变迁或者差异的时候，大多数时候，我们乐于去描述其表面的变化，比如房屋、衣服、交通等方面的变化。这些描述，正如大多数社会学有关社会变迁的描述那样，所指涉的都不过是一种表面上的变化，而某些实质性的转型并不能够自然而然地从这些粗略的印象中推论出来。两个半世纪以前，一位名字叫钱德明②的法国神父对清王朝时代的北京城曾经有过极为详尽的描述，随便抽取几句话来读，那似曾相识的感觉依然是不错的：

> 对于一位欧洲人而言，北京城让人看上去新奇……有些人走路，有些人乘着马车，而还有其他的人骑在马背上或者乘着轿子。有些人背着东西，有些人大声地吆喝着他们要卖的东西。拥挤超乎想象，然而平和的统治随处可见……我没有提到这座都城的壮观、四郊的广袤、城墙的优美、围墙的宽阔、公共建筑物的多种多样、大道的笔直、宫殿的聚集，等等。③

---

① Feuchtwang. Popular Religion in China: The Imperial Metaphor. London: Curzon Press，2001：24.

② 钱德明（Jean Joseph Marie Amiot），字若瑟，为1750被派到中国的法国传教士，先居澳门，后至北京。满汉文均通晓，深受乾隆皇帝欣赏和信任。在北京居住四十二年。其著作最为著名的就是下面要引述的在1776年至1814年之间发表的十六卷本《北京传教士关于中国历史、科学、艺术、风俗、习惯录》（*Memoires concernant l' Histoire, les Sciences, les Arts, les Moeurs, les Usages, etc. des Chinois: Parles Missionnaires de Pékin*），中国社会科学院近代史研究所翻译室，1981：10。

③ Elvin. Introduction//Elvin，Skinner. The Chinese City Between Two Worlds. Stanford: Stanford University Press，1974：1-2.

钱德明神父两百五十年前所描述的北京跟当下的北京又有什么根本性的差异呢？正如马克·埃尔文（Mark Elvin）自己在引述这段文字之后所写的评论一样，我们似乎很难找出什么根本性的差异，特别是在公共福利以及身处暗处的控制方面。① 我借用上面一段话是做方法论层面的讨论，而非如马克·埃尔文那样做制度性的比较。

就方法论而言，如果一位研究者仅仅把他的描述集中在某种表面的印象上，那么对一个社会的理解往往可能是空洞的，尽管你可能费了许多工夫，依据长期的田野工作积累了大量民族志的材料，也是枉然，因为中间缺少了“理解”这一灵魂。显而易见，我们的生活世界一定是多种多样、异彩纷呈的，不论是在过去还是在现在。依据常识性的理解，把研究者的注意力集中在一个社会表面上的变迁、表面上的变化，肯定是一种浪费时间而又不得要领的策略。这里最为重要的事情就是，在撰写民族志时要有意地去描述从一种状态到另外一种状态的转型或者转换的过程。

对于转型研究，已经有许多社会学者在此方面用力，积累了大量的有关社会结构转型的探讨，这些都可以归在一种结构主义的方法论名下来进行探讨，也就是所抓到的是社会结构的转变。但是结构主义者的致命弱点恰如司波博所指出的，所解释的不能出其解释的范围，即它是一种循环的解释。② 换言之，如果我们接受司波博的批评，那么，结构主义的分析仅仅是把自己局限在心理表征的分类上面而忽略了明显不同于前者的公共表征。相反，解释学的解释则落入另外一个极端，在其中心理表征常常以某种方式被忽略掉。依照司波博自己的解释理论，这里的核心观点就是，文化的意义如果没有转化为一个个体的心理表征，那么这个公共表征对于此个体而言就是没有意义的。司波博试图借此进一步发展出一种新的解释模型，这种模型对从公共表征到心理表征或者反过来的过程都试图给予更多的关注。他使用了一个新的术语来标定他的理论，即“表征的传染病学”（epidemiology of representations）。对这样一种新的视角，司波博

① Elvin. Introduction//Elvin，Skinner. The Chinese City Between Two Worlds. Stanford：Stanford University Press，1974：2.

② Sperber. Explaining Culture：A Naturalistic Approach. Oxford：Blackwell Publishers Ltd.，1996：46.

给出了如下解释：

> 一种表征的流行病学就是一项因果链条的研究，其中包括这些心理的与公共的表征：心理表征的建构与提取能够引发个体改变他们的物理环境——比如形成一种公共的表征。这些对环境的改变可以引发其他的个体去建构他们自己的表征；这些新的表征可以储存并被再提取出来，而这反过来会引起掌握这些表征的个体改变环境等。①

在这里，司波博所强调的是解释文化上的一种转换过程。依照他的理论，公共表征或者叙事都是通过因果链条而跟心理表征或者故事联系在一起的。在此种情况下，一种文化无非就是由某种心理的或者公共的表征的不同版本组成的，也就是“每一个心理的版本都源自对一种公共表征的解释，被看成一种心理表征的表达”②。

司波博的文化解释的自然主义模型对我们理解从传统性到现代性的转换过程应该是极为有帮助的。今天的北京无疑要比其他的时代更为快速地经历着从传统性到现代性的社会转型。在此转型过程中，各种各样新的现象都会涌现出来。与此同时，所有旧的东西，也就是在我们的认知里被视为旧的公共表征，在经历着通过个体的心理表征而转换为新的公共表征的过程。在此转换过程中，有些旧的记忆遭到瓦解，而其他的公共表征的新形式则得到了再生产。这样的转换与再生产可以说每时每刻都在发生。换言之，北京城作为一个地方，充斥着各种各样的公共的以及心理的表征以及这些表征之间的因果链条（causal chains）。在个体心理表征修正中发生转型的因果链条究竟发生了什么？在环境或者公共表征的修正中又发生了什么？正如司波博所指出的，表征的状态跟一种传染病的传染过程有着相似之处，只是其中并不含有病态的因素而已。③

同样意义上，北京的变迁也在不断地发生着。一种新的现象一定是在

---

① Sperber. Explaining Culture：A Naturalistic Approach. Oxford：Blackwell Publishers Ltd.，1996：62.

② 同①26.

③ 同①46.

一种新的公共表征中得到展现的，其通过心理表征而从旧的公共表征转化出来。这相比旧的版本，乃是不同的，且与旧的版本共存。因而一个旧的建筑物被拆毁从来就不意味着它会永远地消失掉。相反，它会留存在照片、绘画、小说以及其他所谓公共表征之中。这些表征会被某位建筑师、老年人、艺术家以及其他有着记忆能力的人知觉为“可记忆的差异”（rememberable difference）。在一定条件下，一种公共表征随之就转化为一种心理表征，在其中遭到瓦解的记忆被重新唤醒并即刻被赋予一种新的意义，也就是说，一种新的心理表征得到了转化。简言之，“拆”作为一种符号构成了一种生动的图式，并很容易被某一个特定的个人轻而易举地知觉为一种公共表征。

三、“拆”的政治心理学：拆除以及保存旧的东西

大约一个世纪以前，“现代”这个词才真正为中国社会所熟知。随着晚期帝国的衰落，作为一种意识形态，“现代”以及“现代化”这样的词进入社会交往的场域，或者恰如埃尔文所描述的那样，“中国人的努力起于现代化”①。

作为“现代”一词的对照，“传统”这个词也被发明出来，用以代表所有过去发生的事情。在某种意义上，“传统”理所当然地被等同于某些旧的东西。而某些“旧的东西”中有一些又会被标定为“优良传统”并要求得到保护与存留，这些东西自然与余下的旧东西构成了鲜明的对照，后者如“陋俗”“封建迷信”之类，这些东西都被看成是必须要改变甚至要被彻底抛弃的。

有了传统与现代之间的这种二元区分，民间的思维也在此二元向度上得到了合法化的约制，两套范畴很快被加以区分并即刻在日常生活中得到了应用。第一类的范畴是正向的，而另外的一类则是负向的。前者意味着“好”“进步”以及“现代”，而所谓的“优良传统”也被包括在其中。后者，相反，则意味着“坏”“倒退”以及由那些未来将要废除的旧东西构成的

---

① Elvin. Introduction//Elvin，Skinner. The Chinese City Between Two Worlds，1974：2.

“传统”的事情。二元区分本身有一个传统，其很容易被追溯到帝国的时代。比如，中国传统文化中有“大学”和“小学”之分，其成为帝国政府的一项主要区分原则，据此王斯福得出结论认为，作为民间学术实践的“小学”被官方看作“有关宇宙的迷信、不科学或者次要的观点，其在帝国时代持续不断地出现”[①]。依据他的这种对意识形态连续性的认识，很容易得出推论：“拆”的活动无非是这种帝国意识形态的翻版，尽管采用的术语有所不同。在帝国时代，在意识形态上被赋予价值的东西往往被称为“正统”，这跟“邪”或者“异”构成了对立。最为重要的事情就是“正统”与“邪”或者“异”的内涵经常会随着时代的不同而发生改变。这里也保留了一个流动的空间，在此空间中，对于旧的事物内涵的再界定才能够成为现实。

因此，“拆”可以被看成一种新的象征符号，此符号经常被调动来重新界定“正统”与“邪”或者“异”之间的关系。被赋予此一符号，暗示着此物应该被拆除以及以新的事物来取而代之。通过对过去的重新界定，传统被赋予了一种选择的特性。有些传统，比如优良传统，得到了保留，并被界定为对于现代性不足的必要补充。

旧的东西被看作优良传统仅仅是因为新的意义或者新的功能被注入，从而使其复活。比如长城不再被看作军事防御工事而是被重新界定为抵御外族入侵的屏障。其被灌注了一种风景以及旅游的观念并迅速被塑造为“中华民族的象征”这样的公共表征，由此一种整体中华文明的意象从参观者的心灵中得到唤醒。而作为战争以及暴力的意象显然在参观者的心理表征中遭到瓦解，由这种瓦解又生发出有关长城的公共表征的新版本，并取代了这一公共表征的旧版本。在此意义上，所谓传统都是暂时性的存在，其都要经历一种重新定义的过程，或者一种“传统的发明”。[②] 应该指出的是，传统的发明需要一位选择者，其将要学习记忆一种新的公共表征，与此同时还要学习遗忘旧的公共表征。

在汉语中，“拆”可能隐含着全部的意义，其中大部分的意义又都能够

---

① Feuchtwang. Popular Religion in China：The Imperial Metaphor. London：Curzon Press，2001：38.

② Hobsbawm，Ranger. The Invention of Tradition. Cambridge：Cambridge University Press，1983.

与一种分离的状态联系在一起。依照石瑞（Charles Stafford）的研究，可以把分离看作“一种普遍性的约制”（a universal constraint），借助这种约制，“分离”的意识可以跟死亡搭上关系。对于中国乡村社会中分离与结合这一对概念而言，石瑞已经说得极为清楚。① 依据他的分类，并考虑到我这里所关注的问题，分离与结合这对概念也可以大略地转译为“拆”与“建”这样的对照。在分离与结合这对概念中，有许多意义都是关乎仪式的活动，特别是跟某种人际关系联系在一起。与此不同的是，“拆”和“建”这对概念首先跟物质上的事情更多地联系在一起，诸如建筑物以及其他有形的存在。如果分离与结合能够被看成一种社会的约制，那么就要把“拆”与“建”看成一个社会的社会选择或者决策。“拆”这个符号一定象征性地意味着一种社会的决策，在其中，不再流行的东西总要被排挤出去。随着社会决策的实施，无意义的旧东西在个体的心理表征中获得了意义，而旧的公共表征转变为另外一个版本。再回到长城的例子上去，在改革开放之前，甚至可以追溯到民国时期，长城的意义都是紧密地跟秦始皇的专制统治联系在一起的，那时这位皇帝受到诋毁，其修建的万里长城也被当成欺压人民的恶果而受到破坏。据说那个时候，长城的砖可以被公开地带回家，并没有人去管，长城附近的农民甚至成马车地拉回家，用以建造房屋。

对旧的东西重新界定的过程常常使得传统性与现代性之间的边界变得极为模糊。作为中晚期中华帝国的首都，北京城曾经有着各种各样的风俗，这些风俗在 1911 年中华民国成立之后被标定为陋俗而受到攻击。随着中国近代以来民族国家的建立，这种话语的诋毁从来就没有真正停止过。在一项历史学的研究中，杨念群使用了北京的民国档案资料去分析在 20 世纪初所谓北京的生死空间的转换。在 20 世纪 20 年代，依照他的结论，在一位名叫兰安生（John B. Grant）的美国医生的大力推动下，北京城区传统上用来处理出生和死亡的仪式被改革并转化为一种标准的讲究卫生观念的西医模式。在一个社区中，传统上都是分别由接生婆和阴阳师来处理出生和死亡的仪式活动的，但是随着所谓“卫生模范区”

---

① Stafford. Separation and Reunion in Modern China. Cambridge: Cambridge University Press, 2000.

(model district of hygiene)的建立，作为公共角色的接生婆与阴阳师显然受到了威胁并即刻瓦解和衰落了。[1] 作为一种职业，接生婆与阴阳师随之就在这个繁华的都市消失了，尽管在今天的中国乡村，你还会很容易地发现仍旧有承担这种角色的人物存在。北京祛除这些传统的习俗可谓干净利落，很是成功，但是这一成功并不完全归诸西医的影响，现代民族国家的强力推进也是一个极为重要的影响因素。

显而易见，特别是在北京，不断地对地方空间重新进行安排使得传统的社区被瓦解。这样一种趋势在今天显然要比其他的时代发展更加迅速。一些对北京城市的调查表明，曾经在西方都市化中体验到的一种社会极化（a social polarization）现象似乎在北京也越来越明显地体现出来。[2] 显然，在一个巨变的世界中，传统的社区正在经历着一种转型，如王斯福所指出的那样，最近在中国已经涌现出某些公共的地方。[3] 在这些地方，人们会为了锻炼身体而聚拢在一起。他们锻炼身体的方式，诸如打太极拳、练气功以及扭秧歌，显然都可以追溯到民间宗教的起源那里去。简而言之，依据当前的状况而对传统的习俗与社区进行重新界定。

在传统的中国城市里，庙宇和祭坛这些属于帝国城市宇宙观核心要素的东西是一定不能忽视的。承载着旧的帝国意识形态的陈旧建筑物，要面对寻求民族国家的现代化之时，毫无疑问，一定会经历一种再定义的过程。在一项历史研究中，董乐民（Madeleine Yue Dong）追溯了对北京城市加以改造的再界定过程，这样一种重新界定甚至可以一直追溯到民国早期。[4] 新成长起来的民族国家试图将所谓帝制时代的“旧臣民”转变为“新市民”，这一观念促进了旧的都市重建的实施。国家的理想特别体现在

---

① 杨念群.“兰安生模式”与民国初年北京生死控制空间的转换. 社会学研究，1999(4)：98-113.

② Gu Chaolin，Liu Haiyong. Social Polarization and Segregation in Beijing//Logan. The New Chinese City：Globalization and Market Reform. Oxford：Blackwell Publishers Ltd.，2002：199.

③ Feuchtwang. Popular Religion in China：The Imperial Metaphor. London：Curzon Press，2001：237.

④ Madeleine Yue Dong. Defining Beiping：Urban Reconstruction and National Identity，1928—1936 //Esherick. Remaking the Chinese City：Modernity and National Identity，1900—1950. Honolulu：University of Hawai'i Press，2000：121-138.

帝国国家崇拜中的圣坛重建上。比如旧的所谓“地坛”就得到重新改造而转变为一个公园并被重新命名为“市民公园”。在此例子中，传统的帝国崇拜象征即刻转变为一个世俗的地方，在这里市民锻炼身体以及举行其他的活动。这种转型显然来自一种新建立的民国的理想，那就是通过号召参与这些活动来增进作为国家一分子的市民的身体与精神健康。① 这种目标清楚地由当时的北京市长薛都必在一次演讲中表达出来：

> 我们应该知道，民族的存亡有赖于人民的强大，而人民的强大有赖于勇敢和竞争的精神。
>
> 我们的国家（在世界上）发达最早，但是在过去的数千年中没有进步，原因乃是停滞以及低靡的精神风貌。亲眼目睹人民的柔弱、强权国家的入侵以及我们民族的衰落，这是令人痛心的。推进体育活动以及增强人民的精神风貌应该成为我们的基本原则。②

严格地说来，这些被重新界定的地方在经过数十年之后再一次得到重新界定。以传统上得到认可的体育锻炼的名义，现在许多北京人都会定期地在公开的地方进行聚会，由这种聚会而延伸出“宗教共同体的新意义”(new senses of religious community)。③ 与此同时，传统的地方文化特别强调其作为首都北京的形象建设，借助的方式就是所谓的“城市梦想机”(urban dream machines)，比如体育比赛、时装表演以及其他在此城市举办的并在电视上广泛展现的流行文化活动。显然，民间表演的地方化的趋势一方面与经济的去中心化结合在一起，另一方面又与跨国的文化交流结合在一起。在某种意义上，这种趋势可以被看作国家的形象制作的向心力的一种去中心化的力量。④ 在 20 世纪 60 年代，台湾的现代化运动蓬勃开

---

① Madeleine Yue Dong. Defining Beiping：Urban Reconstruction and National Identity，1928—1936 //Esherick. Remaking the Chinese City：Modernity and National Identity，1900—1950. Honolulu：University of Hawai'i Press，2000：129.

② 同①129－130.

③ Feuchtwang. Popular Religion in China：The Imperial Metaphor. London：Curzon Press，2001：237.

④ Brownell. Making Dream Bodies in Beijing：Athletes，Fashion Models，and Urban Mystique in China//Chen，Clark，Gottschang. China Urban：Ethnographies of Contemporary Culture. Durham & London：Duke University Press，2001：141.

展，这个阶段可以与北京的当下进行比较，二者似乎有相似之处：传统的宗教以一种民国的视角而得到了重新创造。但是在实际操作之中，在贫穷的台北旧城的地域性庙宇，与在此城市的新区以及比较富裕的地方之间，有一种明显的区分，并且只有后者的庆典是与官方保持着紧密的认同关系的。①

在对被遗忘的传统形式，即旧的东西，或者一般意义上的过去加以恢复的过程中，这些传统在新的情景下被重新赋予意义。这种使传统得到恢复并广泛蔓延的初始力量显然来自地方水平的社区，其中介往往是社区中的机灵人物，也就是通常人们所说的“脑子转得快的人物”。比如，在四川成都，奥尔·布容恩（Ole Bruun）记录了一个有趣的例子，用这个例子可以说明传统如何成为有用的资源并通过重新唤醒这种资源来增进唤醒者即一位个体户的个人利益。1988 年，服刑期满从监狱回家的马先生在成都的长顺街占用自家的房子开了一家火锅店。后来整条街上都是开餐馆的，并且据说这位马先生是最先把传统的作为饭店标志的招牌引入他的饭馆中来的，他的饭店的名字被写在一个竖着的条幅上并从树上挂下来，很是吸引眼球。这种在当地人看来是要小聪明的“创新”真的很有效果，饭店顾客明显增加，收益当然也跟着增加。制作这个广告招牌虽然用了近五千元，但是不久之后就收回来了。②

就像传染病的蔓延一样，这些对过去的公共表征的再创造会通过个人心理表征而得到扩展。在一个社会中，它们占据着人们的心灵，随之又转换为一种可交流的公共表征。在一定意义上说，什么东西要被拆除，什么东西又要被建设，都会成为一种常识。在某种意义上，这也可以被看作从自然状态的认知到意识形态的转化。③ 尽管顶着的是同样的“拆”和“建”的名义，但是在民间社会与国家之间可能会区分出不同

---

① Feuchtwang. City Temples in Taipei Under Three Regimes//Elvin，Skinner. The Chinese City Between Two Worlds. Stanford：Stanford University Press，1974：263.

② Bruun. Business and Bureaucracy in a Chinese City：An Ethnography of Private Business Households in Contemporary China. Berkeley：Institute of East Asian Studies，University of California，1993：90.

③ Bloch. From Cognition to Ideology//Bloch. Ritual，History and Power：Selected Papers in Anthropology. London：The Athlone Press，1989.

的目的。20世纪和21世纪之交，在北京城市中心建立起一座名为“中华世纪坛”的标志性建筑物。正如网上“世纪坛的由来”所记载的那样：

> 称之为坛，虽含有弘扬中华五千年文明的意义，但其总体上已完全区别于古代祭祀天地日月的祭坛，而赋予了现代化的内涵、风格与韵味，具有强烈的时代感。①

在中华人民共和国成立之后，许多用来纪念战斗英雄以及革命历史事件的建筑物都被命名为“纪念碑”，比如矗立在天安门广场中央的“人民英雄纪念碑”。尽管它被解释为“具有强烈的时代感”，但是把新的建筑物命名为“坛”真正能够唤起人们渐渐忘却的对北京帝国时代的“坛”的记忆，这些“坛”在“文革”时曾经被斥为“封建迷信”而受到不同程度的破坏。通过重新书写一个民族谱系的历史，最近的苦难的过去被排除在记忆之外，人们因此而不得不去面对一种发明出来的历史的视角。

作为一种旧的事物，“坛”在现代中国人的心灵中曾经被摧毁。在改革开放的时代，伴随着单位制的逐渐解体，许许多多新的空间通过某些被人遗忘的公共表征而被重新发明出来。在一个人的心灵中，那些公共表征得到认知并得到加工，由此一种新的意义被加上。结果，旧的事物即刻得到复活，随之受到这个社会及其人民的青睐。

“拆”不仅仅意味着对现实中旧的事物的破坏，它也隐含着对某种旧的以及不时髦的东西的隐藏。更进一步说，这也意味着“一种再过程”（a re-process），借此被遗忘的旧东西得到恢复。从上面的讨论能够得出的合理解释就是，所谓的现代性并非一种新的事物，它可能仅仅是对一种记忆的恢复或者对旧的东西或所谓传统性的再表现而已。

四、房屋拆迁与建造楼房：从遗忘到逆遗忘恢复

无疑，一个自然的地方也是一个社会的地方，因此都会嵌入一种历史

① http://www.bj2000.org.cn/things/dashi.htm.

感。一种历史感又总是紧密地与一种社会转型联系在一起，借助这种转型机制，某种历史感的一种状态会被转化为另外一种状态。显而易见，作为一种社会边界区分的标志，“拆房”与“建楼”这两种活动肯定都属于社会转型的可知觉的领域。

与中国其他城市一样，北京城中的所有居民住宅可以大略分为三类。一类是传统的平房，比如老的四合院以及单位集体搭建的连在一起的一排排的房子。在这类房子中，大多居住着年老一些的居民，并且他们一般拥有这类房子的产权。第二类是楼房，其中大多数产权属于国家集体，但是分配权掌控在工作单位的领导人手中，这类住宅是分配给员工的作为福利的公共物品。第三类是新的商品房，它们是在 20 世纪 90 年代末期生活住房改革以后涌现出来的，这些房子可以销售给任何能够负担得起其高额价格的人。这三类房屋建在不同的年代，也代表着三种不同的历史记忆。

平房隐含着一种过去普通人的生活，甚至在遇到外国人或者海外归来的访问者时它被想象为北京人过去生活方式的典型。而公寓式的楼房，承载着集体主义的色彩与记忆。而商品房可以被看作中国人对于产权观念的一种理解，这种观念在改革开放以前实质上密切地与西方资本主义的发展联系在一起，是社会主义国家所不允许存在的。在北京有许多人变成一套楼房的业主，这是改革开放之前的时代所不允许也不可能存在的。换言之，对私人产权的恐惧的记忆在改革开放将市场经济的观念引入日常生活中之后便受到压抑并被遗忘了。这是此种变迁的标志，其中一个人的私有住房可以在一个有朋友、同事以及亲戚在场的公开空间中自由随便地谈论，无须隐藏，这在改革开放之前也是不可想象的。

在改革开放的时代，过去有关商品的坏的印象得到了扭转并被给予过度的纠正。现在商品已经重新被界定为社会主义国家发展的动力。此种再界定的过程肯定是一种转型的过程，即从一种遗忘的状态进入一种逆遗忘恢复（a counter-forgetting recovery），也就是朝着跟原来遗忘相反的方向发展，其所凭依的就是“破坏”或者“拆”的唤醒机制。在此意义上，记忆显然不仅仅是一种个体学习，还是一种在社会实践中的社会学习。

差不多在改革开放的时代，商品变成了一种公开的尺度，在此尺度之下，任何事物都要被重新界定，原来对商品的遗忘得到了唤醒并可以公开论争。一般老百姓头脑中所存留的马克思主义对于商品剩余价值观念、剥削本质的负面印象的流行话语被遗忘，而转变为其相反的一面，即使用价值，这种话语在改革开放伊始，伴随着商品经济的合法化而得到了过度强调。甚至毛泽东的画像（毛泽东曾经痛恨唯利益是瞻的资本主义商品生产）再次出现并被翻印到他的家乡韶山所有作为旅游纪念品的商品上，韶山成了一个新的旅游胜地，每年都会吸引成千上万来自全国乃至世界各地的对毛泽东本人怀有好奇心的游客。①

依照上文所提及的从“遗忘”进入“逆遗忘恢复”的机制，依据使用价值的逻辑，商品房被赋予一种新的记忆。它是被当作财富、思想的先锋、温馨的家庭等的象征而得到表达的。相反，平房和旧的楼房都会唤醒一种工作的记忆，并在“拆”的活动当中得到体现与表达。“拆”的活动意味着一种过去的东西。它也是一种象征符号，由此象征符号，什么是无价值的意义得到了进一步的界定。尽管大多数的受访者通常看不起他们住的所谓“破房子”，但是他们最乐于强调的一点就是，这房子虽然确实真的不值几个钱，但是一旦国家某个单位想占这房子所在的那块地并建设商品房，那它就“值钱了”。这也是他们梦寐以求的未来，即以暂居的破房子换来高价的“商品房”。

许多拆迁纠纷主要的原因不是房主不喜欢建楼房，大多数时候，真正的原因是有些房主想要从开发商那里争取更多的经济补偿。这些人常常被政府或者开发商称为“钉子户”，也就是由于这些人的存在，想要占用旧房子土地的政府或者开发商难以顺利地实现低价征用土地的目的，最后延误工期，甚至涉及法律诉讼。比如在1998年的春天，北京大学和清华大学联手准备征用和拆迁两校之间的蓝旗营的民用住房，面积达670亩。在拆迁的最后阶段，一些所谓的“钉子户”不肯接受政府规定的拆迁补偿，坚持他们自己的条件，不愿搬迁，前后持续达几个月之久。在拒绝搬迁的

---

① Dutton. Changing Landscapes，Changing Mentalities//Dutton. Streetlife China. Cambridge：Cambridge University Press，1998：222-223.

过程中，这些“钉子户”在工地的围墙上写满了各种表达他们拒绝搬迁意愿的标语口号。他们的这种做法与“文革”中往墙上贴标语口号的行为如出一辙。其中有一条标语最为人们所注意，那就是“血债要用血来还!”。这同样是在“文革”批斗中经常会被喊出的一句口号。通过这样一种借用，过去被遗忘了的场景被重新唤醒而进入记忆当中，并且在这口号中也暗含着一种对于什么东西要被合法地拆除的再一次界定。

许多人在此标语前经过时会好奇地投以注意，随之是一种发自内心的微笑。他们为什么会见此而微笑呢？这微笑表明了对于现在已经遗忘的过去记忆的一种可辨识差异的觉知。这可辨识的差异总有两面，一面得到知觉，另一面自然被忽视。遗忘也是一样，构成遗忘的两面多种多样，但核心还是一面的真正忘记、不能恢复，而另外一面得到唤醒进入记忆。也可以说，这是一种遗忘了的过去的另一面或者用我的话来说就是“逆遗忘的恢复”。比如，经过“文革”的那代人，“文革”对于他们的心灵都会有两种比较长久的影响，一种是革命性的暴力的刻骨铭心，而另外一种就是自由状态或者可以说是无政府状态的愉悦。在此极端的时代过后，前者得到记录并被记忆，留存在一种正式的官方历史传记式的书写当中，而后者则被遗忘，转而进入一个人心灵的黑暗的那一面中去，不能够成为记忆的一部分。当他们路过看到这横幅标语时会公开说：“好像‘文革’又回来了!”这里说的“回来了”表面上看是不错的，但实际一分析是错误的。这语言上表达的“回来”有另外一层意思。这里再一次触及我所谓的“逆遗忘的恢复”问题，由此“文革”当中自由与无政府状态的诸要素似乎又得到了活灵活现的展示，也就是被回忆起来了。这种回忆不是自然的联想，更不是无目的的胡思乱想，而是即刻要被用来应对迅速变化的现实社会。自由与无政府状态的被遗忘的集体的或者公共的表征，在一个人的心理表征中被赋予了新的意义，而一种新的公共表征得以再生产，这样的新的表征被重新调动起来，用以界定在当下的情景中究竟什么才是个人的权利。

在某种意义上，从“拆”到“建”是一个循环，由此一种逆遗忘的恢复能够得到启动，这种恢复指明了一种新的合法性的存在并使旧的东西成为一种遗忘。作为一种结果，旧的差异被消除了，而新的差异刚好有了正当性存在的身份。比如在毛泽东的时代里，社会福利物品的分配是依照一个人在社会中的地位来实施的。[1] 当向一种福利性质的再分配体制中引入市场交换的商品房以后，人为的身份等级的差异似乎被取消了。但是建立在身份体系基础上的那种不平等，却为安德鲁·比特里（André Béteille）启示我们的建立在自由市场竞争的意识形态基础上的另外一种不平等所取代。[2] 在住房改革名义下引入的房屋财产的竞争，其实践的后果是造成了一些新的差异，而这差异乃是启动“逆遗忘的恢复”的基础。此种恢复至少用詹姆斯·斯科特（James Scott）的术语来说就是一种“弱者的武器”（weapons of the weak），借助这一武器，某种个人的利益能够得到保护而不受损害。[3] 在此意义上，可以把差异一方面想成暂时性的，而另一方面又是永久存在着的。照此理解，“拆”的活动不过就是一种无声地铲除差异的声明。作为一个可以用来比较的过程，饮食的活动具有与“拆”相同的社会功用。

五、遗忘中的传统与记忆中的现代

正如杜登（Michael Dutton）敏感地观察到的，“中国的城市已经变为**拆**的城市”[4]。一位前卫派艺术家张大力曾经呈现给我们一系列他自己亲手创作的实地景观的照片，这些照片统一的名字就是“对话系列”，其中有一张照片又被命名为“‘拆’北京”（见图 9－1）。此图片以明显是北京故宫附近的民宅的一段后墙为核心，那民宅是已经被拆除的房子，只留残垣断壁，画家在这墙上挖了一个他自己创作的人头的轮廓。从这人头透视过去可以看到远处故宫的角楼，那是作为“传统”的景观也被当作纯正的传统而加以保护的。显而易见，作为破房子一部分的残垣断壁上被挖出

① Mayfair Yang. Gifts，Favors，Banquets：The Art of Social Relationships in China. Ithaca：Cornell University Press，1994.

② Béteille. The Idea of Natural Inequality//Auguste Comte Memorial Trust Lecture. London：The London School of Economics and Political Science，1980：5.

③ Scott. Weapons of the Weak：Everyday Forms of Peasant Resistance. New Haven and London：Yale University Press，1985.

④ Dutton. Changing Landscapes，Changing Mmentalities//Dutton. Streetlife China. Cambridge：Cambridge University Press，1998：222.

的人头轮廓成为一种有关“拆”的主题图形，而远处可以眺望的故宫角楼则成为一个没有主题的背景。基本的心理学的视觉规律已经告诉我们，图形与背景从来都不能够永久地存在于我们的视觉中，它们之间总是处在一种相互转换的关系之中。这里的这个艺术品成为我写作本章结论的灵感之源，也就是说我的结论将隐含在我自己对此位艺术家的此一杰作的解释之中。

我进一步的解释或许就是，传统性在这里由故宫代表，其构成了这张照片的背景，并嵌入前景之中，即残垣断壁上一个大大的人头之中，后者象征性地代表着现代性，即拆除旧的事物的行动与结果。位于远处的传统性作为整体似乎是要被遗忘的，而这种遗忘又必须通过近在眼前的成为残垣断壁的并且作为现代性表征的前景而展现。简而言之，传统性乃是嵌在现代性之中的。

依照前景和背景之间心理切换的效应，现代性同样可以被看成嵌入传统性之中，并有着背景和前景转换机制的存在。这也是一种模棱两可的图形，其可能暗示了现代性与传统性之间的不确定性。它们之间的边界因而也是隐蔽的并且是不确定的，而通过“拆”的符号或者行动，边界即刻得到展现。

因此，“非此非彼”（betwixt）以及“处于中间”（between）而不是“对立”（contrast）可以被看作传统性与现代性之间关系的核心特征。这种关系的运作是依循着从遗忘或者背景向记忆或者前景这样的线路转换的。“遗忘-记忆-遗忘”的循环显然不是一种简简单单的重复，而恰恰是一种新的表征的再生产，并通过个体心理表征加工而得到再生产的过程。“拆”的活动，甚至是此一符号本身，都会隐含哪个东西是必须要被拆除的或者说遗忘的这一意义。传统性与现代性之间的边界线仅仅通过“拆”的象征或者实践就能够弄得很清楚。

把传统性和现代性看成一种流动的过程，这是很有必要的。因此，前者就被转化为从记忆到遗忘的过程，而后者则被转化为一个相反的过程，其过程是从遗忘到记忆的唤醒或者启动。换言之，最好把传统与现代之间的关系看作一种相互切换的关系，既前景与背景之间的切换。在此意义上，北京的“拆”被调动起来去指明即将到来的现代性，其意义不过就是对最近的过去或者远古中国的一种逆遗忘的恢复。

图 9-1 “拆”北京（张大力）

第十章　个体自觉、问题意识与本土人类学

本土人类学需要面对个体自觉的文化转型而重新建构。这种建构的基础在于对本土文化的问题意识的提出，以及在本体论和认识论基础上对人类学文化处境的直观把握。可以从本章所提出的“三观六维”的角度重新思考中国本土人类学的解释架构，以此为基础而可能有人类学视野的新拓展。

一、文化与他者

今日的中国人类学最为迫切的任务就是在个体自觉的层次上做一种文化观念上的彻底转变。如果文化不再是以往那种有着清晰边界的存在，那么它的内涵也不再是有机而成一体的。同时，当下世界造就的文化的碎片化，也在促进不同文化场景中各种文化元素的快速流转与相互借用。面对上述这样一种文化格局，曾经以“有封地的原始文化研究者”自居的人类学家，未来该如何去应对呢？当本土社会也在大踏步地进入快速的规划发展的现代性轨道中，正在变得越来越现代之时，作为西方中心的自我与作为落后且野蛮的他者之间的区分该做怎样的修正呢？更进一步，作为一个母语并非英语的人类学家，如果其脑中的大部分概念都是借自英语或欧洲的其他语言，且经由二道手翻译到他自己从事研究的文化场域之中，那在面对他所研究的本土人及其文化时，他的文化词典是否真的够用呢？如果完全不够用，那么他在实地的研究中又将做何反应呢？这些问题便是我这章最想要解决的。

人类学尽管曾经以他者的关怀为自己最崇高的目标，但西方人类学眼中的他者，何尝不是指代我们这些身处西方以外世界里的“各色人等”呢？换言之，我们即便是土生土长的抑或留洋归来的人类学者，在西方人类学家的眼中，也都不过是他们所清晰界定的他者中的一员。再换言之，作为一位非西方世界背景的人类学家，他所受的西学教育，涵盖的是一个特殊的区域，即西方世界，在这个区域之中，所有的知识的追求都可以用某种学科来加以分类，因此而有哲学、宗教学、社会学以及人类学等学科分野，而在这个被统称为“西方”的区域之外，却不再是以学科来进行区分了，而是被西方的学术分类巧妙地冠以“区域研究”的区域之学，比如亚洲之学、中东之学、非洲之学、美洲之学，乃至最近似乎依旧兴盛的中国之学或汉学等。而作为有着人类学学科训练的研究者，他实际上没有什么言说他者的天赋的权利，他只能想当然地把自己的人民专门抽离出来，使其成为西方人眼中的他者，至少看上去俨然是一个他者的模样，比如在中国学的区域研究中，可能就会包含中国的乡村研究，还可能包括少数民族的研究，至少这些地方以及那里的人民在样貌上大不同于人类学家所担忧的已经“标准化”了的西方。① 或者就是径直装扮成西方人的样子，语言上使用标准的英语，阅读和引注的绝大部分是西方的文献，专门做一个外皮金黄内心洁白的“香蕉人”，并以此作为一种无须怀疑的象征资本而染指西方人类学传统曾经界定清楚的所谓他者的领地。而描述这个世界的语言，从概念到陈述，乃至其背后的思考逻辑，也都不过是西方人借助18世纪或更早就已经开始的世界范围内的殖民开拓而发展起来的那一整套首尾连贯的语言和表述。而这些都可以看成所有非西方的人类学家所共同面临的学术生存的处境，并且很多时候他们都借用“科学无国界”的正统腔调，使对此一处境展开具有反思

① 费孝通曾经敏锐地注意到，他的人类学导师马林诺夫斯基在他的《江村经济》一书的序言中所提到的西方人类学发展的初衷，在费孝通看来，马林诺夫斯基的下面这句话是“用意深长”的。英文的原文是这样的：“Anthropology, to me at least, was a romantic escape from our over-standardized culture.”（p. xxi）而费孝通对这句话有这样的翻译：“人类学，至少对我来说，是对我们过分标准化的文化的一种罗曼蒂克式的逃避。”（费孝通．人的研究在中国——个人的经历//北京大学社会学人类学研究所．东亚社会研究．北京：北京大学出版社，1993：13.）

性的观念重构的学术实践受到极大的抑制。今天，随着多元文化观念的深入人心，人们开始重新思考这样一种学术处境背后的知识与权力之间的关系。

可以这样说，一位受过西方人类学完整训练但母语并非西方语言的研究者，他的思考在一定意义上是自我分裂为内与外两个部分的，其中一部分是对内部世界的他者想象，而另外一部分则是对外部世界的他者想象。而我们自己作为西方以外的人类学者，骨子里实实在在又是西方人眼中的他者。因此，这些人类学者——当然指有着西方世界以外文化背景的人类学家，他们自我身份认同的处境就会变得极为令人困惑，特别是在他们逐渐从学术模仿式的留学生心态转变为在自己的文化语境中从事独立的探索式的研究之时，这种认同的困境就会倍加突出。在这个从学术模仿到自觉脱离的过程中，他们实际上根本无法真正从先验理性上去厘清他者观念的先验存在，只能退而求其次，借用康德哲学意义上的实践理性去从事各种田野实践以及资料的搜集整理，耗费大量的精力和时间，却又不加反思地以对他们眼中真实现象的不断书写填充进跟西方世界有着一样名称内容的概念和框架的讨论中，这中间可能有的自觉的反思和扬弃，要么变得无暇顾及，要么根本不可能有这种意识出现。到头来所书所写，确实可以见到那份田野民族志的功夫，却不见有个性和文化切近性的民族志的呈现，即便有一些不乏匠心的洞见，亦不为西方世界所接纳，最有贡献者亦不过是西方世界本土的人类学家更多想了解的那些体现出他们眼中实践理性的资料不断堆积起来的书写而已。

但这样做，就像有了身心束缚的学术领域的奴隶一样，他们只能有从事单调乏味的辛苦田野工作的本分，而没有任何自由阐发对人所构成的社会及其精神文化的奇思妙想的创造的可能。因此，随着更多从西方复制来的或者翻译来的理论和方法在实践中的应用，被人类学家视为至宝的田野资料乃至一本本厚厚的民族志得以产生，但它们所能证明的也只是西方的人类学理论和概念在西方以外的他者文化中的应用所产生的实践理想的丰硕成果，却不可能从康德所自负的那种“纯粹理性”或从科学认识的逻辑上去对此一西方以外世界的所作所为给出一种独具特色的证明。这种

“独具特色”在西方近代以来的知识论上就曾经遭到否认，即作为一个科学的学科，它实际上应该是不依赖于任何外在的条件而存在的，它只依赖于西方世界对概念和理论的赞成或者否定。前者意味着理论或概念的盛行，而后者则意味着其最终要被抛弃和遗忘的命运。这是西方认识论的一个基本前提，且被牢固地建立在各个学科的逻辑和理性的发展之上。知识因此而有了一种积累，这种积累被认为可以带来人对于世界的理解的增加。

二、人类学与个体自觉

也许以这样的认识论反思为前提，人类学在中国社会研究中的本土构建就变得异常急迫。因为我们所接受的概念和理论被认为具有跨文化的普遍适用性，但是我们所面对的现实却纷繁复杂，没有一个既有的概念和理论可以直接被借用来对现象加以说明。而且，需要特别指出的是，今日的学术本土构建与三十几年前乃至二十几年前所倡导的中国社会科学本土化的概念之间还是有着极大的差别的。那个时代的本土化，更多意义上可以看成在作为整体的文化自觉思潮影响下的本土化。那时，一些从西方世界学成归国的社会学家、心理学家以及人类学家，回归了本土的世界，逐渐地开展实地的独立研究，并加上一种民族文化的自觉意识，因而不再以他者的眼光去看待自己眼中本土社会中的活生生的人，一种在文化背景差异下的文化自觉开始日益凸显。他们甚至完全或一多半放弃了原来背负的西方话语、理论以及诸多貌似合理的“洋”观念，开始从群体乃至民族文化差异的视角重新创造具有某种本土契合性的概念乃至理论架构。在这一点上，心理学家表现尤为强烈和突出，尽管在形式上仍旧存在西方支配的影子无法真正摆脱[①]，但这种本土心理学构建的努力一再坚持，在“一种心智，多种心态”的口号之下研究之力得到凝聚。[②] 而那时的人类学家凭借其天然的对于本土人的熟悉以

---

① 赵旭东. 超越本土化——反思中国本土文化建构. 社会学研究，2001 (6)：56-72.

② 黄光国.“一种心智，多种心态”：心理学本土化的原则. 中国社会科学报，2014-07-28 (B01).

及切近本土语汇的优势，进行研究，因此未能真正全身心地投入这场热闹非凡、轰轰烈烈的本土化的运动中来。① 但这样做的结果恰恰是使自身学科在整体社会科学中边缘化，即在不断地制造一个个他者的文本的同时，也在强化这一社会的自我与他者之间的文化隔阂。这一代的人类学家依旧把时空坐落下的共同体作为自己关注的核心，并静态、僵化且孤立地去看待本土文化的存续与发展。

但是，无可否认的一点就是，在今天文化互动交流频繁的世界里，世界的文化同质性覆盖使得不同文化之间的隔离变得越来越困难，“你中有我，我中有你”的世界文化格局日益凸显出来，原来人类学自封并自我标榜的领地，开始越来越多地遭受新的文化互动形式的侵扰，并出现四分五裂的局面，这种状况即原有的文化格局已经因文化自身受各种外在力量的撕扯而呈碎片化存在，这与经典的人类学所强调的文化整体性相去甚远。现在人类学专业的学生，在阅读由早期喜好猎奇的古典浪漫主义之风浸润所完成的文化边界清晰的民族志的同时，其所真正直接面对的却是因不断开放或者被迫开放自身的文化边界而出现的世界范围内的文化整合性的丧失，多样化的新的文化形式也在这种丧失之中开始迅速地成长和壮大，并发展出各种新式的文化。这一点虽为某些人类学家所把握，但并未成为人类学经院研究的主流话语。这样，现实的急剧变化与理论和视野的故步自封之间，就存在着不可避免的韧性的张力。

在此种困境之下，人们有了两种不同的活动作为行动上的选择。一种

① 黄应贵教授对此有一段表述，值得在这里引述，以了解那个时期人类学家对于本土化概念的一般态度。他写道：“作为一个人类学家，笔者对于‘人文学及社会科学方法的哲学反思’或台湾学术界所提过的‘社会科学及人文学的中国化或本土化’等议题，较为保留。因为人类学（这里是指狭隘的社会或文化人类学）研究，一方面强调理论、方法与民族志之不可分割，而使人类学的理论多半与文化的特色有关。比如，非洲的继嗣理论、东南亚的联姻理论、中南美洲的依赖理论、美拉尼西亚的交换理论等。而以参与观察为主的田野工作，在功能论、结构论、实践论等的讨论中，其技术、收集资料的重点及其对科学与研究对象的性质之假定等，也都不同。换言之，方法论是无法与理论、民族志分离而孤立起来讨论的。另一方面，人类学的研究原就强调如何由被研究者的观点或其社会文化的特色，来修正社会科学已有理论所含西方文化的偏见，以发展出更有包容性及解释性的理论。这是典型的以特殊论来挑战普遍论的研究倾向。”（黄应贵．人类学的评论．台北：允辰文化事业股份有限公司，2002：270．着重号为本书所后加。）

是对所谓失去了的文化的找寻。传统文化、民族文化、国学，外加各种形式的“文化遗产”和“非物质文化遗产”等的观念，让文化自身的身份一分为二。其中的一半指无可挑剔的文化唯美的过去，而另外一半指碎片化的、遍体鳞伤以及不堪入目的当下文化的现实。而这一文化自我一分为二的另一部分则成为更多人用来消遣，甚至随时提取的文化元素，那就像餐桌上的各种佐料，或者咖啡伴侣一般，虽然不可缺少，却又并非每个人所必需，仅仅依据个人的口味来任意添加而已。这就是另一种行动选择。由此而呈现出来的一种文化的局面就是，原本作为一个整体的文化，虽然是当下的，却可能来自远方，存在于他者之处，但无论在哪里，随着传播技术的发达及其对日常生活的全方位的侵入，这原本属于不同时空坐落下的差异性极大的文化，又都大拼盘似的转化成一种口舌之欲而得到整体的表达。在此意义上，“舌尖上的中国”不仅是这个时代一部流行的电视剧的名字，更为重要的它还是一种当下世界个体文化心态的直接折射。

这种文化心态完全可以用社会学理论的新术语“个体化”或“个体主义”来涵盖，它构成了继农业社会之后的工业化社会的基本特征之一。[1]它的意义隐含着今天文化存在的一种样态，姑且可以称之为个体自觉，即作为整体的对于从身体到物质，再到个体精神世界的自我存在的全面觉悟。提升自我、表现自我、实现自我、满足自我，诸如此类的流行语成为个体自觉出现的文化氛围。在此个体自觉的文化氛围之下，文化转型也在悄然发生。[2] 可以说，这个时代超乎寻常的借助各类技术革新而向各种对个人而言的发展机遇的全方位开放，真正带动了整个世界以及每一个个体希图从不断发展中获得益处，并试图借此寻求各种社会问题的解决。很显然，发展解决不了社会的全部由发展本身带来的问题，就像进化论解释不了人的心灵的完整进化历程一样，由发展而去解决发展所带来的全部问题的一种“发展综合征”，在向社会存在的基本的安全感提出诸多挑战。切

---

① Gellner. Nations and Nationalism. Oxford: Blackwell Publishing, 2006: 106.

② 赵旭东. 从社会转型到文化转型——当代中国社会的特征及其转化. 中山大学学报（社会科学版），2013 (3): 111-124.

尔诺贝利核电站的泄漏事故从来都可以作为这种不安全感存在的现代警钟。

实际上，今天所谓的个体的自觉不但使个体存在的意识得到了加强，而且对生命价值的理解也在发生深度改变。可以说，这是从集体意识的文化自觉时代的缺少自我意识的生命关怀，转换到以自我为中心的生命价值的判断和衡量上来的一种转变。迪蒙对此的判断也许是正确的，他说："现代意识将价值优先赋予个体，而哲学主要研究的也是个体价值，但是人类学认为价值基本上是社会性的。"① 实际上，迪蒙想用最后一句否定前面的判断，但很可惜的是，他没有指出这个社会朝着个体主义的价值改变，而这才是今天讨论个体自觉的前提。

在此意义上，生活在这个世界中的人们首先在意的可能并非作为整体的带有被建构属性的人类，而是作为具体的个人，其生命价值的存在。很显然，人们今天依旧可以融洽地生活在一起，但在其中，经过一种从集体到个体文化的自觉，社会中得到广泛认可并且被置于第一位的却是个体本身，一切的社会计算不再是某种无法区分的整体而是可以细分到每一个人的个体，个体因此合理合法地成为一个社会的基本计算单位，文化因此而在个体的层次上开始逐渐地发生一种转型。对于社会残留的以及重新构建出来的集体，个体也变得有权利去选择对此融入还是离开，而这恰是个体自觉时代文化的总特征。

三、本土人类学的问题意识

人类学不应该是一门老气横秋的学问，而是对人的生活世界有着不断探索的动态之学。它可能需要心理学的帮助，也可能需要有历史学的丰富知识，但它一定要有自己独立的性格，且不曾为任何的教条所左右。它应该是这样一门学科，即它深知人类的知识就如同人类自身那般富于变化，且难于琢磨，因此它就变得异常包容，不仅需要有柏拉图、亚里士多德那样各自不同的思考，也需要有赫拉克利特那种"万物皆流"的启示。离开

---

① 迪蒙. 论个体主义：对现代意识形态的人类学观点. 谷方，译. 上海：上海人民出版社，2003：106. 着重号为本书所后加。

了此种多样性包容的姿态，人类学在今天也就变得没有自身存在的价值了。反之，人类学恰恰因为紧紧地把持住了这样一种姿态，才会有今天在世界范围内的蔚然大观。

而且，任何画地为牢的人类学都将步入死亡的人类学的境地，且都如僵死之尸一般令人恐惧和厌恶。从源头上论，人类学这门西来之学，曾经启示我们许多，这种启示依旧在我们对西文经典的反复阅读之中不断地获得。但在今日世界个体文化自觉的时代里，有着文化属性的人类学的解释的提出变得越来越重要而且迫切。如果我们确信，对于世界的解释不可能只是一种，那么人类学的解释就变得异常重要，因为它可能是到目前为止我们所知道的学问中唯一一门尽可能地从人的生活世界的整体上去看待人及其存在的学问。

人类学所研究的文化，对人而言，或许是一种重重伪装起来的修饰，但就人类学家的洞见而言，却实在无须这份遮掩，更无须依傍某个大哲的成说来和盘托出自己的观察。他只需切近真实的世界而说出自己对于某一种文化的理解，并能够让人们真切地理解这种文化背后的真意及其对人而言的各种启示，使人有所感悟。如果能够做到这一点，那就是一种让人称颂的本土人类学了。在此意义上，很显然，并不存在一门各个区域普遍适用的人类学，反过来，任何的人类学都必然是一种本土的人类学。

实际上，对于今天中国的人类学而言，要成为一种有着别样属性的本土人类学，下面的诸多问题意识是值得大家共同思考的，这也要求人类学家自己在实际的研究中不断地突破和解答这些问题。就我个人的理解而言，下列问题意识是值得当下的人类学去特别予以关注的。

第一，要留心文化转型的各种本土的动力机制，并要从单单注重本土文化建构机制的单一向度的观察中脱离，形成一种动态的文化观察。而在这个过程中，最应注意的是文化空间意义上的点面结合。也就是要从区域中观的体验中转化出一种在现代世界的上观以及地方社会的下观，从三个层次做整体性的观察和理解。在这个过程中，一定要注意文化本土中心主义与他者文化中心主义二者的辩证统一，即二者的互动互构结合而成人类学展开自身讨论的一个新的中心，在这个意义上并不存在完全的自我中心，也不存在彻底的他者中心，二者之间的模糊状态往往成为人类学家进行实地分析的典范状态。借此讨论的深入展开，我们才有可能真正去解构西方文化中心主义与破解本土文化的自我中心主义各自发展中的有碍现代个体自觉层次上的文化自由发展的那些动因。

第二，文化与文明的讨论一定是相伴而生且并行不悖的。因此，在讨论文化的时候，也一定要注意文明自身发展的运行轨迹。尽管文化与文明的概念边界从来都是模糊不定的①，但恰恰是这种概念界定的模糊性使得人类学有足够的自由空间去讨论当今世界物质和精神在文化与文明的向度上的各自表达。甚至可以说，文明的互动与跨地域的文化交流这二者将会成为人类学未来发展中的一个新的知识生长点。在这个意义上，文明继文化之后又会成为一个新的概念而引领各种视角的人类学家们形成真正有深度的文化分析。

可以说，文明存在的形式如文化存在的形式一样包罗万象，但就我们今日世界的发展而言，文明的生态观、文明的心态观以及文明的符号表征，借各种新物质、新技术以及新媒体的发展，不断地深入日常生活之中，并直接作用于我们的物质与精神生活。在文明的生态观中，近代世界以来便已经开始的乡村共同体的解构过程伴随着现代工业的兴起和现代物质文明的发展而发展。当村落共同体的生活开始变得越来越稀缺的时候，今日世界在面对一种自然生态不断丧失的窘况，由此以“乡愁”为代表的乡村意识重构将会成为未来人类学的一个新的关注点，并极大地吸引人类学家们的研究兴趣。在此意义上，中国的乡村将不再是一个孤立而封闭的田野调查点，它因此可能转变为正在发生的文化整体转型中的某个文化区域带上的新的连接点、生长点、消失点、转折点等，总之，仍旧是人类学不可或缺的一个重要的观察点。

第三，人类学的知识将会成为现代世界个体自觉的新武器。通过一种人类学知识的自我启蒙，现代世界中的日益觉醒的个体，将会借助各种层次人类学知识的重构来武装自己，形成日常生活以及自我发展的动力，人类学因此而可能成为一个不断被咨询的学科知识门类，由此人类学一定会成为一门文化咨询学，这在当下以及未来对这个世界的发展而言都会变得

---

① 陈序经. 文化学概观. 北京：中国人民大学出版社，2005：34.

更为迫切。这种文化咨询学之所以成为可能，是因现代世界成长而出现的诸多文明之间不断升级的冲突的现实使然。与此同时，现代文明的冲突也带来了一种最为密切和全面的文化的接触，它的出现将有可能为转化出一种整体的文化自觉提供条件，而文化自觉的不断成长，反过来又有助于文明冲突的真正消解。而其中的中介性的力量便是个人的自我意识的觉醒以及以此为基础的多样性的文化建构和文化的自我创造。换言之，文明的冲突在逼迫着民间文化的自我改造以及各种智慧的涌现，这会有助于冲突尽可能快速地得到消解。

第四，文化的物质化或物质化的文化将带动整个世界的文化转型，即一个为物所统领或为物所支配的世界在逐渐发展和成型之中。物借助社会的技术化以及人对于各种物的消费而日益侵入日常生活之中，并开始积极主动地塑造我们的生活，它的核心是助成个体自觉的完全实现。所有的现代技术在这方面都属于某种分离技术，世界因此而成为一个不断被消费物和分离技术分割或隔离的世界，由此造成的是人和人之间、人和物之间、人和整个世界之间的各种分离。面对这样一幅世界图景，人类学家必须对所有的个体都可能参与其中并为其所深度影响的世界发出一种声音，而盲目陷入历史性的怀旧之中似乎并无助于理解当下的现实问题。反之，清楚而全面地描记和理解现在所发生的一切，历史的意义才能够真正浮现于人类学家的各种解释和表述之中，并有助于对历史本身有更为深入和多元的理解。进而还可以说，不论是地理学意义上的空间，还是历史学意义上的时间，如果没有真实的人参与其中，那它们就都只能是虚空，任何的解说实际都是空洞而没有实际文化内涵的。

对于空间地理学意义上的自然的存在，人类学家开始有了新的理解。这就使得山峦、江河以及树木、森林等原本具有自然空间分割属性的景观重新进入人类学家的文化视野当中。① 它们对人而言在涌现各种新的意义，同时也在被人们赋予各种新的内涵，日益流行开来的“原生态”的概念也许就是其中之一。当这个概念被创造出来，它就在影响我们的思考，并被我们的生活实践赋予了一种新的内涵。人因此不仅生活在人和人之间

① 赵旭东．中国人类学为什么会远离江河文明?．思想战线，2014（1）：68-76．

的关系中，而且生活在人和自然的关系中，我们可能很容易理解古代人用自然来界定人自身的种种努力，却很难理解或不肯这样理解当下之人用人以外的新自然物去理解和界定人自身存在的各种努力。

换言之，人们在对苦难做出各种归因的同时，有多少会将之归咎于环境的影响，这在今天相比于过去变得更为重要了。人们会因此而开始通过旅行寻找那些在他们的心目中已经失去的自然，此类花样繁多的努力都显示了今天的人们对于当下活着的自然的一种不信任，或者坚定地认为，这种自然乃是一种非自然。人们开始试图重新拥抱一种想象之中的自然，但这种自然似乎并非真实存在的，人们不断地寻找自然，但自然就在他们生活的周围不断地遭受各种触目惊心的破坏。

现代世界自从有了一种大规模的空间规划的理念之后，人们在文化上唯一能做的就是想尽一切办法去规划一种自然，但很显然，对于人而言，自然永远也不可能通过设计家们精巧的设计而被设计出来。这种种得与失的带有自我矛盾的二律背反，实际成为当下人文化自觉意识的主调，即要么拆除而重新设计一种想当然的传统文化，要么就是无中生有地构建一种无法连接过去却指向空洞未来的文化形式。

第五，人类学家要十分清晰地懂得，人类学乃是不断进入其他学科的一门学科，它因此不能给自己设定一个明确的学科边界。它因此可能会进入宗教学，但它绝不是宗教学；它可能进入历史学，但它又绝不是历史学；它可能进入法学研究的领域，但它绝不是法学本身；它可能更多地进入民俗学，但它一直与民俗学有着一定的距离。借用这样的语式，你还可以不断地去重复这个文字编排的游戏，但最终都只能以“否定地背叛”其所进入的学科为终结。这恰是人类学进入而不融入的学科特质。正如前文所述，因为人类学所真正关心的乃是人之所以为人的所有可能的形式，并借助文化这个笼统的概念而展现自身。但人类学家都清楚，没有一个确切的存在物可以让我们有机会分辨此一存在物是文化，而彼一存在物则不是。可以这样说，人类学的信念就是，凡人造的物及其所构成的人的世界一定都是以文化的形式展现出来的，没有这份自信，人类学自然就不能够成为一门独立的学科。但与此同时，人类学从来也不会把文化想象成固化了的，想象成一成不变的，很多人欣赏的静态的文化也许在偶然的时间和空间中会有暂时的存在，但动态的文化可能才是文化存在的根本。我们因此而要不断地去发明或搜寻各种新的观念以表达文化的真正含义，而非通过凝固的方式而使文化成为一种只能存在于橱窗中或博物馆展柜中的根本不能触碰的展品或文物。

第六，文化更不是一种委托，它的属性是可以在个人的身上体现出来并不断发展的，特别是在今天这样一个个体自觉的时代里。显然，今天再没有任何的文化限制，谁都有权利去创造自己的文化、表达自己的文化，这是多样性的文化观念使然。同时，这种文化的创造一定有赖于在现代世界逐渐培养起来的个体层次上的文化自觉。而民间文化里的创造者的核心特质便是在有意或无意地遭遇这种自觉而已。人类学对于个体与文化的研究在面临今天快速变化的世界之时，会更加乐于去了解某一个个体文化自觉的过程以及与之相应的文化表达的形式。而民族志书写的新形式也应该从一种笼统的所谓客观描述转换到对于个体自觉过程的文化深描。人类学家在这个过程中所担当的角色只可能是一个解释者，即对于这种文化自觉过程的呈现的解释者。

第七，包括中国在内的西方世界以外的人类学走向世界的步伐正在呈现加速发展的态势。这显然标志着西方对西方以外世界的殖民史之后的另一个新的发展阶段。此时的世界不再是一种单边的西方支配，而是越来越多的基于个体文化自觉的互利共赢，并以生活政治的辅助使文化之间的交流更多呈现双边的或多边的往来。文化交流中的务实性交往开始远远胜过在解放政治时代的胜负较量的那种意识形态的支配。人们会越来越多地从不同的文化和意识形态的视角构建可以在全球范围内通行的世界共同体的原则，在这个发展方向上，人类学可能是唯一一门对于全人类的文化形态及其差异持一种包容的姿态并尝试给予理解的人文学科。它的长处在于了解而非征服，在于沟通而非隔离，在于团结而非分裂，在于社会公正而非社会不公，在于友谊而非彼此仇恨，在于共存共荣而非兵戎相见，在于文化自觉而非文化愚昧。

第八，人类学可以宽容所有被认为不可宽容之物，但人类学的文化自觉使其永远保有一种文化批评者的姿态，借此而警惕着各种可能的对于本该有的宽容的不宽容。也许，成语中的“他山之石”是人类学家的一种基本信念，而“有容乃大”是人类学家应该有的宽阔胸怀，“四海之内皆兄弟”则是人类学家信奉的一个可能的理想世界的交往之道，最后，“天下一家”的观念，成为人类学家真正的整体性关怀的出发点。因此，对于本土文化而言，人类学追求一种“我们的解释”，而非“他们的解释”，即文化主体性的自觉。这里所说的“我们的解释”，天然地包含一种文化上的融洽，而这里所说的“他们的解释”则是一种表面看起来融洽，实际却格格不入的文化解释。因此，人类学的本土构建说到底就是文化理解上向着“我们的解释”这一端的不断靠拢，即使得人们的认识真正而非虚假地达到“我们的解释”，而不是仅仅达到“他们的解释”。只有这样，文化才能真正变成使人人自觉其价值和意义的存在，这一点可能会成为人类学这个学科在未来发展的新目标。

四、人类学的本土构建

人类学的本土构建真正需要在个体自觉的这个新的世界性的向度和文化自觉上去做一种行动姿态上的调整。如果说中国自20世纪80年代以来三十几年间各种途径所尝试的社会科学本土化，多多少少都跟世界范围内的民族文化自觉意识下的民族主义有着极为密切的关联，那么今天的个体自觉意识下的本土人类学的构建，却是无可置疑地跟文化的个体化紧密地联系在一起的。显然，我们若要去倡导一种新的本土化的姿态，那就必然要去审视各种新的文化个体化的可能性。同时，我们要注重民族志书写的各种新的形式，同时也要注重各种新形式的文化表达。没有这些作为基础，我们的本土化建设与旧的相比就没有什么新意，那么本土人类学的构建自然也就会与之前的运动一样变得无果而终。

可以说，重新看待既有的人类学对于他者的界定，成为今天非西方文化背景的人类学家自我反省的一个新的开端，没有对于“他者”的本土化的理解，人类学也便失去了其最为基本的研究对象以及独特性。在西方文化日益走向人与人之间相互分离的轨道上去之时，中国的人类学必定要坚守这个文明所提供的土壤去培育出一种“在一起”的文化精神①，尽管我们所面临的世界大潮是个体化，但这并不意味着没有回转的契机，或者经由文化的浸染而表现出另外一种样貌来。实际上，追溯我们自身文化长久以来可能隐藏着的一种求“和”的精神，并使之焕发出新的意义，可能就是未来中国本土人类学构建道路上应该保持的一种适切姿态。

确实，在批判与反省之后，我们需要有真正的建设。这种建设的全面展开，可能会带来一个新的知识不断积累的空间，并且这个空间会不断地有所开拓。而面对今天世界的新变化，各种不同文化下的人类学最为有意义的学科本土构建确实需要努力搭建其自身的解释框架，而就中国文化自身的发展和不断融入世界的进程而言，今天以中国意识为核心而展开的人类学需要不断表现出自己的姿态。依据我之前对于中国意识与人类学研究区域和范围的关系的框架性的讨论②，我认为这种本土人类学的构建姿态可以在下面三个层次上去做一种新的布局和知识积累空间的拓展，这便是下面所要解释的上、中、下三观的文化观察。

对于这三观的解释，核心是对不同层次上的文化的观察与理解。在观察的上观的层次上，体现出来的是一种全面俯瞰的整体观，这同时也会体现出一个文明自身所具有的放眼世界的博大胸怀。因此，它的观察对象一定是某一个或某几个大的文明以及它们之间的关系。所谓“天下一家”，所谓“四海之内皆兄弟”，所谓“普天同庆”，所有这类具有本土文化思想的资源都可以说是这种宏大的世界关怀的文化启动器，我们要在文化的研究中不断发现和积累这些文化的启动装置。而在观察的中观层次上，要求的是一种理解力，即对于各种文化现象之间相互联系的想象力和理解力。在这个观察的层次上，我们有必要去注意空间层次的多方位复杂而多样的相互关联，这种复杂性关联往往是在一个区域的范围内展开的，这可能是人类学展开一种线索追溯研究而非微观聚焦研究的绝好空间。而在观察的下观层次上，即人类学家从事田野研究所特别熟悉的那个微观研究的层次

① 赵旭东．在一起：一种文化转型人类学的新视野．云南民族大学学报（哲学社会科学版），2013（3）：24-35.

② 赵旭东．中国意识与人类学研究的三个世界．开放时代，2012（11）：105-125.

上，要求有一种不断感受到具体现象存在以及现象背后的文化意义的把握能力，即研究者不会放过任何的微小事件以及飘忽不定的现象对于这个学科基本问题的启示，这是人类学家做下观研究要去把握的核心。在这个层次上，人类学家需要真正留意存在于民间并生发于民间的各种真实的解决问题的智慧以及文化自身创造性的养成和传递，并以尊重和守护的心态而非收编和据为己有的心态去静观其变，并从始至终都保持一种对任何文化的欣赏姿态。在这个空间场域中，人类学经典的场所聚焦观察无疑是大有用武之地的，它成为陶冶人类学家感受文化趣味并形成文化观念的一个性格培养基地（见表10-1）。

表10-1　　　　中国本土人类学构建的新视野

观察层次	文化主体	思维方式	田野方法	空间分野	视角把握	自觉程度
整体上观	自我意识	世界关怀	文化比较	现代社会	文化转型	全球自觉
理解中观	自我/他者	关系互动	线索追溯	周边社会	多元辩证	文化自觉
把握下观	自我意识	微观体验	场所聚焦	地方社会	错综复杂	个体自觉

很显然，人类学实现一种本土化的真正前提是有能力为自己身处其中的文化展开实地的研究设定一份切实可行的行动路线图，这份路线图更多是指一种观念层次上而非现象层次上的方向指引。它的包容性以及抽象性可达一定的高度，由此可涵括现象层面的诸多研究及其不同类型。因此，在我看来，本土人类学的构建首先一定是类型学意义上的，其次便是一种归纳综合以形成整体的文化认知。而且，此份路线图绝非一经形成便不可改变，而是在实际的研究过程中面对各种变化而不断地做出与时俱进的适应性调整，因此我们在这里所要倡导的乃是一种务实的本土构建而非单单抽象逻辑意义上的本土构建。而且，对此所要强调的乃是个别研究的碎片化与思维的整体性认知之间不断进行的辩证与整合。

人类学作为一门学科，从诞生之始便是一门不断进入并有着不断冒险精神的学科。尽管在很大程度上，它留给人的印象乃是一种脚踏实地的田野民族志方法的展开，但实际上，这种方法乃是与哲学意义上的认识论和本体论都极为紧密地联系在一起的。因此，实现一种人类学的本土构建显然就不是简单意义上的“从本土人的观点上看”这一主张那么简单了。它说到底是整体性的对于人的认识的综合。这同时也决定了其作为一门学科的知识综合的特征。而这种综合一定是多种维度的，并且是分化为不同层次的，因为任何一个人存在的世界，都是这样的有着多种维度并且具有不同层次的存在，之后再通过人所独具的认知能力而将整个世界碎片化的存在通过文化的想象力而联系在一起。而人的存在本身，一定无法离开这些能力的发展而存在。

借助此一认识，在我们界定人类学这门学科的性质时，"多元"这一属性便体现出了人的存在的多样性，而人的精神意义上的综合能力，又使得人的共同性的"一体"的存在得以彻底表达。换言之，从理论上而言，如果一和多是文化思考的一个基本的对立性结构，那么多元和一体的辩证就构成了人类学进行讨论的最为基本的问题意识。它实际上触及了人的存在的本体论和认识论这两方面。而就本体论上的空间与时间的维度而言，这实际上又可以转换为人类学表述中最具支配性的观念之一，那便是在作为本土意义的自我与作为异域的他者之间的一种空间上的区分。而在此一空间区分的背后，实际上又隐含着时间意义上的作为异域的、遥远的他者的存在，即总体上的时间和空间意义上的原始和野蛮，这是人类学家在讨论时间的空间解释中最具重要性的一种判断。① 而今天世界的文化同质性覆盖的趋势，又使我们不能不去反省在同一时间下的不同区域的文化差异性的存在。但作为本土的自我与异域的他者的区分，尽管其背后有着太多的西方中心意识的自我关怀，但它依旧有其存在的价值，并可以成为我们不断去反省二者之间界限的一种必要的引导性概念，至少我们目前的认识能力尚不足以超越这一区分而实现一种知识的积累，但很显然，超越这种架构的局限一定是未来西方世界以外的本土人类学所要瞄准的目标。

在本体论之外，我们似乎更要注意到认识论的那一向度，即人类学知识之所以可能的基础及获得的途径。没有这方面的探讨，所谓的人类学知识的合法性以及合理性的存在也就成为一个问题，而真正有影响的人类学家都必然会为这个问题所吸引，并要对此给出一种自己的解释。但这并非

① Fabian. Time and the Other: How Anthropology Makes its Object. New York: Columbia University Press, 1983: 27.

意味着某位人类学家的解释就一定是唯一的解释，解释必然是多样性的解释中的一种。列维-布留尔的《原始思维》与列维-斯特劳斯的《野性的思维》①，都是具有重要影响的经典著作，二者都在思考原始文化中的认识论问题，视角虽然各自不同，关心的问题却只有一个，那就是人的认识的根源问题。因此，人类学在本体论上和认识论上的这种多元和一体的辩证，使得我们不再单向度地从方法论这一个面向上去看待人类学本身。它一定是立体而多维的，而且骨子里必定有一种反思的能动性在不断地涌现出来，使人类学知识日新月异。

而人类学的本土构建的核心恰恰是要在这些维度上有切近某一种文化内核的自觉，同时尚要有一种全球关怀的自觉。而在下观层次上，要切实注意到当下世界个体自觉的真实存在。这是表 10－1 中所列人类学需要特别考察的六个维度之一自觉程度这一维度所要处理的问题。除此之外，尚有文化主体、思维方式、田野方法、空间分野以及视角把握等五个维度。而各个维度又在上文所提及的上、中、下这三观的层次上有着各自不同的属性，以此而能切合各自维度不同层次上的富有本土意味的文化解释。因此，我们有必要依据表 10－1 而对这些不同属性分别进行阐述，以此来构建一种可能的本土人类学理论的构架。显然，没有这种构建作为基础，人类学本土化的深度是不可能达成的，如果是那样，再多的讨论也不过是一些泛泛的批评和不着边际的解构而已。这些孤立的批评和解构在今天碎片化的世界中可能已经变得没有什么特别的意义可言了。因此建构性地提出一些可能的具有探索性的思路，将会有助于人类学自身的定位和对学术问题的把握。所以我们才会提出这样的三层六维的本土人类学的构建模式，并试图在实际的研究中加以应用。故对这些不同维度和层次含义的解释就变成未来研究的一个根本，需要有详尽的解释。

接下来在思维方式这个维度上对应于上、中、下三观而分别有世界关怀、关系互动以及微观体验这三种属性，它们乃是人类学家要在不同的层

---

① 具体可参见下列两书的中译本：列维-布留尔．原始思维．丁由，译．北京：商务印书馆，1985；列维-斯特劳斯．野性的思维．李幼蒸，译．北京：商务印书馆，1987．

次上去把握的。世界关怀这一属性提供了上观层次上的思维方式，其对象一定是一种世界性关怀的视野，如此才能明确中观的区域文化研究以及下观的田野场所与微观聚焦的真正含义。这显然是因为田野方法这一维度在空间上要去与之相适应。而在这一维度中，文化比较的方法在今天恰恰是一种有着世界关怀的人类学方法论的基础。这进而引发空间分野这一维度与上、中、下三观相对应的三种不同属性，即现代世界、周边社会与地方社会。这是在有一个文化中心存在的前提下提出的分野图式，但它并非排斥文化多中心的存在，我们只是在人的认识有限性的预设之下而从某一位人类学家自己身处其中的文化向外去看那个不同层次的世界。也许每个人所设定的观测中心点不大相同，但这并不会真正妨碍不同的视角所得认识之间的融通和交流，任何借文化中心主义而对此所做的批评都是可以接受的，而且人类学也应该完全保持这样一种向批评开放的姿态，并时时刻刻需要有这样的一种警觉。否则，人类学作为一门学科，其存在的独特性也就没有什么意义可言了。

也可以这样说，在认识论上，每个人都不过是“井底之蛙”，或者“盲人摸象”中的盲人。这样的寓言对人的认识能力恰是最为恰当的说明，只是人作为有思考能力的智人，他有另外一种能力，即能够把从不同视角得到的观察放在一起而做一种专门的综合，形成一种整体的认识。在这个意义上，每一位人类学家在某一个地方完成的聚焦式的田野观察，都无疑是一种地方文化中心主义的，只是在人类学家把这许许多多个文化中心放在一起之后，经过有着思考能力的人类学家的综合，便有了通过文化比较而得到的综合文化认知的可能。那样做的结果就是，人对于其所造就的多样性的文化的认识一定会更为全面。

而在处理时间的问题上，人类学也真正有别于历史学。对人类学而言，历史就是一种动静转换中的结构性时间的存在，这便有了人类学的视角把握，即相对于上观的文化转型、相对于中观的多元辩证以及相对于下观的错综复杂的处境。

伴随着现代世界越来越快速且越来越便捷地将各种技术的应用作为对人力的替代，这个世界的文化底色一定处在逐渐转变之中。我们可以将此过程称为文化的转型，即文化自身的形态在发生着深度的转变，最终可能形成另外一种文化形态。当然，这种转变首先是跟21世纪以来的个体自觉紧密地联系在一起的。各种分离技术在现代社会中通过其在个体身上的不断应用①，而强化着这种个体意义上的自觉。就中观层次上的多元辩证这一属性而言，它实际上提醒我们，要从彼此关系与相互联系的角度去看待一个区域的多样性的文化，而不是简单地去谈某一种孤立的文化的实质性的构成。

可以这样说，没有多元辩证的灵活性，我们的理解就只可能是不断去重复单单站在上观位置上做观察的那样一种文化自我中心的解释框架。在此，一个人类学者应当学会摄影师不断转换镜头的那种技巧，从长焦转换为变焦，由此而能够看到范围更为广泛的内容。这是在广度上去关注某一个区域内部的各文化要素之间的联系，并在借镜头对各种富有文化意义的线索的不断追溯中去敏锐地发现或感受各种文化要素之间的相互关联。在此基础之上，我们也许才可以固定我们的标准镜头，做更为微观和细节化的下观观察。在这样的观察中，我们所能切身感受到的是极多要素的存在以及它们之间更加难以捉摸的复杂性。这种复杂性是地方性知识存在、创造与发挥作用的土壤。人们在无意识之中融入一种文化，就像有着一幅帷幕的舞台，帷幕的存在可能让一切都被遮掩起来，但同时也可能因为帷幕的徐徐拉开而展现出一个异彩纷呈的世界。借助书写来成就自身的人类学家往往是真正拉开舞台帷幕的人。

最后，我们要注意到文化主体这一维度。它总是会在作为本土的自我与异域的他者（或者自我与他者）之间做出各种主体认识上的摆动，而这恰是人类学没有完全退化成一个有似技术知识构造的僵化的学科的魅力所在。而文化的意义往往又是在相互的观看中产生的一种自觉意识，没有这种自我与他者之间不断摆动的观察，文化的主体意识无法得到真正的凸显，文化的自觉也就更难于实现了。自我与他者之间的关系在摆脱了单向度的他者意识和界定的殖民心态之后，将是我们分析文化之间关系以及文化自身意义的一个基本的框架。

---

① 赵旭东. 人类学与文化转型——对分离技术的逃避与“在一起”哲学的回归. 广西民族大学学报（哲学社会科学版），2014（2）：32-48.

五、本土切合性

今天，人类学作为一门学科需要有一处自己的生存空间，但这个空间的存在一定是以其独到而敏锐的问题意识的提出为前提的。从现代的人类学家由摇椅上而一跃走进实地的田野之日起，人类学就注定是一门经验的而非先验的学科。它的概念和理论也因此必然要从实地的田野之中通过人类学家们的长期参与观察而产生出来。因此，这也决定了人类学的问题意识一定要围绕世事的变化而不断做出修改。

在殖民主义传统未曾受到撼动之时，人类学的问题意识是一种形态；而当近代以来的文化自觉带动着民族自觉，进而对各种形式的殖民主义予以抗拒，最后将之完全推翻之后，不仅原有的殖民传统下形成的人类学的问题意识不能继续发挥其作用，甚至再依循此套路径进行研究，就只能自甘堕入抱残守缺、不思进取的行列。与时俱进地理解人类及其创造的文化，向来都是人类学理解文化存在方式的重要路径。

人类学自身经验学科的属性决定了其理论和概念来源的本土性。可以说，没有一个人类学的既有概念是可以直接转用到其他的文化场景中的。这种转用最多只可能是一种看起来类似（*as if*）的研究假设，比如在我们说到“库拉”（Kula）这个概念时，我们所能联想起来的首先就是人类学家马林诺夫斯基在特罗布里恩群岛上观察到并总结出来的库拉交易的形式①，而其他地方或许有与库拉交易类似的形式，并可以套用既有的马林诺夫斯基对于库拉贸易的解释，但那不可能是因为那个地方也有一模一样的库拉交易，而是那个地方有着多多少少类似于库拉的那种强调互惠关系优先的交易形式。因为就人的认识而言，确实没有一个叫“库拉”的东西在世界任何地方的人群中都一模一样地存在着，它们之间只能是一种相似而已。同样，埃文斯-普里查德（又作“埃文思-普里查德”）在津津乐道于非洲努尔人社会中的“豹皮酋长”（*leopard-skin chief*）的权威时，

---

① 马林诺夫斯基. 南海舡人. 于嘉云，译. 台北：远流出版事业股份有限公司，1991：105-128.

所专指的就是努尔人社会中的那个“豹皮酋长”①，其他的文化区域中似乎也有类似的权威形式，那也只能说是一种类似，而不是相同，比如从前苗族过古藏节之时，苗王佩戴烤鱼头饰之后所具有的权威。

我们因此而注意到人类学的一种天然的属性，那就是它自身所要求的本土切合性。换言之，它的细微的观察只有跟某一个本土社会极为切近，它才能真正有自己的概念和理论生发出来。这种概念和理论在向这个社会以外的其他本土社会扩散之中找到了一种可以相互类比的相似性，这实际是一种维特根斯坦语言哲学意义上的“家族相似性”，即指不同概念在内涵上的相近或相似。

今天的世界随着个体化觉知的不断增强，以个体为本位去思考的个体自觉也在日益影响着各种社会安排与文化表达。面对这样一种文化转型，我们显然有必要从世界关怀的角度去营造一种新的本土人类学的中国意识，没有这样一种带有思考性的艰巨的前期努力，我们后续所做的一切都只能如浮萍一般，随波而动，却见不到自己行动的方向究竟在哪里。我们也许在很多地方做了很多田野工作，却不知为何而做以及为何而在这些地方做。

通观文化，它向来有两种存在方式，其一为引导，其二为传播。今天不同文化之间的传播已经变成一种极为复杂的态势，文化之间你来我往，相互嵌入，相互借用，这样一种局面有赖于各种可以波及世界范围的新媒体技术的快速发展。但在文化引领这一向度上，我们似乎还看不出未来究竟哪一种文化会占据完全的优势。我们当下确实遭遇了文化全球化的影响，但这是一种难以表述清楚的全球化在引领世界的文化。而且这种文化的全球化更难说是西方中心的或者美国中心的②，各种其他形式的文化的

---

① 埃文思-普里查德. 努尔人——对一个尼罗特人群生活方式和政治制度的描述：修订译本. 褚建芳，译. 北京：商务印书馆，2014：183-195.

② 彼得·伯杰（Peter L. Berger，又译“彼得·伯格”）在讨论到这种全球化时，很肯定地说：“不论美国的帝国强权未来如何，现今它尚无敌手。”他在2002年为《全球化的文化动力》一书写下的这份导言在十几年后的今天显然无法让人信服，他自己也不大会相信有一种美国人主导的全球化，今天世界各地风起云涌的对于美国的世界霸权的抵制足以说明这一点。（亨廷顿，伯杰. 全球化的文化动力：当今世界的文化多样性. 康敬贻，林振熙，柯雄，译. 北京：新华出版社，2004：3.）

抗衡能力也在这个文化席卷全球的热浪中悄然崛起，比如中国文化、印度文化、日本文化以及拉美和非洲的文化，甚至还可能包括一些名不见经传的本土文化。

与此同时，文化衡判的标准也在发生巨大的改变。在这个时候，适应文化转变最为积极的人类学显然要不遗余力地投身其中，应该要有一种本土人类学构建的自觉，并且要在面向一个新世界时勇于创造出适应本土文化的解释概念和理论，以此去参与并引领世界文化的潮流，而这一切又都真正有赖于一种本土人类学的自我构建的启动与不断拓展。

第十一章　场所的民族志与线索的民族志

人类学的研究向来以微观著称，它能够通过细节的描述而体现其自身学科知识的价值。它的基础在于直接的观察，从细节着眼，看到并不能为宏观的视角所真正把握的社会事实。但如何有一种真正细致入微的观察和记录，却可以去做长期的学术讨论，因为在这背后隐含着一整套有关人的认识论的问题。从最为早期的那种欧洲殖民者为猎奇而作的观察和描记，到经典民族志无所不包的整体论民族志，以及最近的以反思西方自身民族志传统为出发点的“写文化”，这中间显然经历了认识论上的危机与蜕变。但中国人类学在接受经典民族志概念的同时，似乎还有多种民族志撰述的可能，可在实践中进行尝试，这显然是以在中国从事实地微观研究为基础而逐渐展开并成为一种自觉意识的，这可以看成文化的表达背后差异性的实践和自觉，而这一切都是在循序渐进之中摸索着展开的，因为并没有一个明确的对象等待我们去做聚焦的描记，反倒是越来越多的时间性线索吸引着我们去不断地追溯。很明显，旧有的思考中国社会乃至一般社会的习惯，曾经把中国更多的研究者引向了村落或者某一个小的地方，并以此作为中国的代表，以为只要去那里做深入的定点的聚焦式的观察，就自然会涌现出一种微观的对于中国社会的认识，“解剖麻雀”的比喻成为一种认识论上无须解释的合法性类比逻辑被广泛接受，并充斥在各种谈论民族志方法以及社会调查方法的教科书中。但是，如果把对象转换到村落或者一个地方之外的世界，面对绵延无尽的山峦、源远流长的河流、宽阔浩瀚的海洋这样的人存在于其中的自然物以及各种动态的场景和状态，如何做一种所谓的微观的研究就可能会出现一种思维方式上的障碍，习惯于定点研究的学者可能就不知道该从何处下手了。在这个意义上，我们有必要寻求一种新的民族志的方法以超越既有的定点聚焦式作业。而这恰是这里所提出的线索民族志与传统的聚焦式的场所民族志之间的根本区别。

一、定点聚焦与线索追溯

抛开许多枝节性的问题，一般而言，微观的社会研究大体上有两条道路可循。一是所谓聚焦法（focus method），它的核心做法是坐标式的定点研究，关注的是某个场所或地点的人群生活，它可能会用某种并非完善的抽样方法随意地选定一个时空坐落之中的一个点展开实地调查，比如就研究的范围而言，可能会选定一个村落、一个城镇、一个县城乃至一个城市，等等。另外，还可以是一个岛屿、一座工厂、一家商场、一座监狱、一家医院等。总之，人所活动的任何一个场所，都可以因此而被界定为一个社会调查的单位。当然，范围越小、边界越有限的点，其在微观的研究上越会被看重，因为，这样便可以实现一种清晰的聚焦，即把细部看个清楚。就像聚光灯一样，光所集中的那个点，呈现在我们的眼底的影像是最为清晰的，而在聚光灯所照及的边缘，这影像也就逐渐模糊了，因此就一个人的目力所及，注视的范围太广，不仅会增加聚焦的难度，对象的清晰度也是无法真正有保障的。

因此，社会学的研究首先便要去找到这样的点，并试图以点带面地做出一些推论。在这一点上，人类学的田野研究方法派上了用场，二者在“社区研究”或者“社会学的调查”的概念上达成了一种共识①，相互融合，成就了一派以田野工作方法为中心的借用聚焦法去研究某个小社会的民族志方法。它强调对于点上的诸种社会关系或者社会结构的分析，强调静态的以满足其聚焦清晰度的结构功能分析。这就像画家眼中的模特或者

---

① 布朗．对于中国乡村生活社会学调查的建议．社会学界，1936（9）：85．（北京大学社会学人类学研究所．社区与功能——派克、布朗社会学文集及学记．北京：北京大学出版社，2002：302-310．）

静物，一旦摆好位置就不能随便移动，画家的目的就是要清晰地描摹出对象的形态以及微观透视的细节。画家的描摹就像人类学家的写作一样，让本来流动和无规则的生活形态固化成有规则的结构，由此画家得到的是作品，而人类学家得到了民族志。因此，这种方法从根本上而言，是把社会看成一个有着明确边界的存在，就像照相机的镜头所截取的画面那样清晰可见。

但很显然，这样一个边界，是有其自身的局限性的。这种方法的一个明显的缺陷就在于，它把人的生活本该在时间上不断延展开去的过程都遗漏了。人及其生活的环境，并非静止不动的，人的运动性的一面造就了人类学家在镜头聚焦把握上的难度，人们把在一次有限的时间内的田野调查（数月乃至数年）看成某个社会生活的全部，并通过结构性、功能性的乃至解释性的概念，而将所有的社会变化一笔勾销，以求知识论上的对某个地方的理解。但要清楚的是，实际上，不是社会或文化在做万花筒一般的变化，而是人的相对静止的活动能力、万事万物自身微小到粒子的活动能力，以及人与自然存在物之间千奇百怪的排列组合形成的各种改变或变异，使这个社会的边界从来不会那么清晰，同时也使得那些被社会学家通过静态的概念而分离出来的社会结构，总是处在摇摇欲坠的境地之中，随时都可能受到来自另外一种研究方法的攻击和挑战。

在这些不断显露出来的结构不稳定或功能不确定的背后，实际上更为重要的，在我看来，可能恰恰是体现了西方自启蒙运动以来对于人本身的关注和重视，并由此逐渐地以人为中心而发展出智识学科的各种学问。这种方法的根基或者突出的特征便是，由于观察者的注视习惯，人在观察者的心目中被固定在一个时空坐落的点上，并安于此一点上所进行的全部静态的、确定性的观察。这也就是固定点上的古典的民族志之所以能够实际展开的认识论的原理所在。同时，这也是西方世界中，或者列维-布留尔所谓的“成年文明的白种人”对于肉眼可见的“自然事实”的过度强调和认可的结果。①

① 列维-布留尔. 原始思维. 丁由，译. 北京：商务印书馆，1985：302-310.

由于这样的一种认识，我们就不能忽视另外的一种观察和理解世界的方法，它显然不是某种点上的静态的观察，而是循着人或物移动的轨迹而生发出各种现象，实现沿着时间的延伸而展开的整体宏观的理解。这种理解的核心就是把人和物都放置到某个自然或人造环境的大背景之中，由此而去追溯人行动的轨迹。它理解的基础是人的行动能力和因人使用、欣赏、享用自然或人造之物而有的某种物的行动轨迹，以及由此而带动的人的行为的改变，二者相互影响的过程。这种方法我们不妨称为“线索追溯法”（clues seeking method），即循着某种隐含有时间性意义的线索而不断地深入下去，它可以是可见的事实，也可以是凭借想象而实现的一种感受性的联结，由此而去追溯某种线索不断延伸出去的行动轨迹以及背后隐藏着的深层意义。同时，展现这个线索不断延伸出来的轨迹，便成为另外一种形式的社会与文化的研究法，它所展现出来的乃是景与物、人与景以及物与人的动与静、虚与实、隐与显的结合，而非传统聚焦法的那种景与物、人与景以及物与人之间的分离或疏远。

有这样的一种感知方式的转变，可以说是从以人为中心的聚焦式的场所聚落思维外翻而转为以物或自然为线索而人居于其中并受制于物和自然的一种思维，此种思维的转变核心在于有意地摆脱或者抛弃西方近代哲学观念中的人与整个自然界在观念上的分离，进而也要摆脱人与他人、人与物以及越来越凸显的人自己与自己的分离那种潜在的笛卡尔式哲学思维方式的深度支配。今天的器官移植以及基因技术应用之所以普遍，就是因为这种分离的思维占据主导，没有这种思维，人自己和自己的分离是难以真正实现的。与此同时，这种转向，所注意到的是分离文化的反面，即人与自然、人与物、人与人、人与人自己可能还存在着的相互依赖的紧密性以及“在一起”的圆融状态。①

二、从我思到物思

列维-布留尔在论及原始思维的独特性之时，清楚地指出了一种人的

---

①　赵旭东．在一起：一种文化转型人类学的新视野．云南民族大学学报（哲学社会科学版），2013（3）：24-35，269.

表征或者表象的集体性的存在，即它不是仅仅融入个人的意识之中，而是因为人对于自然的参与或者所谓的“互渗”而产生的，即便今天，要清楚地理解认识取向从人到物的转变，下面这段话依旧是非常值得引述的。因为人受制于物并融入其中：

> 所谓集体表象，如果只从大体上下定义，不深入其细节问题，则可根据所与社会集体的全部成员所共有的下列各特征来加以识别：这些表象在该集体中是世代相传；它们在集体中的每个成员身上留下深刻烙印，同时根据不同情况，引起该集体中每个成员对有关客体产生尊敬、恐惧、崇拜等等情感。它们的存在不取决于每个人；其所以如此，并非因为集体表象要求以某种不同于构成社会集体的各个体的集体主体为前提，而是因为它们所表现的特征不可能以研究个体本身的途径来得到理解。例如语言，实在说来，虽然它只存在于操这种语言的个人的意识中，然而它仍是以集体表象的总和为基础的无可怀疑的社会现实，因为它是把自己强加给这些个体中的每一个；它先于个体，并久于个体而存在。①

曾经，就整个近代世界而言，我们受一种笛卡尔哲学意义上的“我思”观念的支配，这种“我思”的存在是不能受到任何怀疑的，是绝对的，并且要求绝对的清晰。西方现代的认识论所要求的便是由这绝对的、唯一的“我思”去衡判世界中存在的一切，其中就包括和我们的这个我思融合在一起并一起生长的身体，而这身体在笛卡尔哲学看来，也不过是一个躯壳而已。

这种“我思”因此成为一种对象清晰的聚焦，凭借这个像聚焦灯一样的隐喻式的“我思”，我们创造出了，或者说从我们的心灵之中生发出了各种观念，这些观念使我们越来越成为一个不能融入整个世界中去而被抽离出来的孤家寡人，即独立却孤独。由此产生了各种观念和纯粹概念上的对于我们生活的支配。在此基础之上，我们将世界区分为各种对立又不相

① 列维-布留尔．原始思维．丁由，译．北京：商务印书馆，1985：5．着重号为本书所后加。

沟通的两极，并止于这两种对立之下，不能容许其他维度的存在，最多不过再附加一种隐约的权力维度，从而使一种支配能够凌驾于另外一种之上。比如许多研究者所意识到的那种男性对女性的支配，它是以先自人脑中分离出来的男性和女性的对立为前提的，然后才有所谓一种性别对另外一种性别施以权力支配的可能。

除此之外，在这种分离的和对立的观念之下，我们实际上重新安排出一个现代的世界，并借此而将传统生活的要素一点点淘洗干净，比如我们今天已经熟知的肮脏与洁净、落后与进步、丑陋与优美、死亡与出生、人造与自然、野蛮与文明、柔弱与强壮、失败与成功，等等，数不胜数，我们可以不断列举下去。而在这些对立的背后有一种核心的共同性的存在，那就是这些概念在我们的观念中的对立与不相容以及进而在社会与文化中的对立与不相容。而在笛卡尔之前，这种“我思”之下的观念的对立在世界的许多地方是不重要和不受重视的。看看那么多的民族志资料都描述过的要向尸体的口中放置专门物品的习俗就能明白，生与死的界限从来没有在现代人之外的其他人的思维中存在过，而中国古代在尸体的口中放置玉器、黄金和珍珠等贵重物品，乃是相信死去的人可以因此而成“仙”。[1] 与之相反的例子则是，对死亡的评判不是借助“自然的死亡”，即现代观念中的心脏停止跳动作为依据的。很早在阿比朋人中观察到的一个案例就是，一个垂死之人，哪怕他的呼吸稍有停止，也被认为已死亡，人们马上就会给他尚且温暖的身体穿上衣服，将他裹在兽皮里下葬，甚至在他“半死半活时就把他的心挖出来了”。一位曾经在加拿大印第安人中生活过的传教士甚至断言：“按照他们的风俗，常常在人实际上断气以前就把他埋葬了。”[2] 这些做法在布留尔看来不是一种迷信，而是另外一种被称为“前逻辑”的原始思维，是过度坚持现代思维的人可能无法真正理解的。

很显然，在有了肮脏与洁净之间的观念区分之后，我们作为人恰恰不能近于肮脏，而只能借此维持一种真空中的洁净。从细菌到环境污染，再

① 列维-布留尔．原始思维．丁由，译．北京：商务印书馆，1985：15．
② 同①301．

到各种的核辐射，这些对于肮脏的不同类别的观念，原先都未曾那样清晰地存在于我们的观念世界中，但今天它们不仅占据着我们观念中的核心位置，且被界定为一种不可饶恕和不可接触的肮脏。由此我们将动员社会力量做一种适切的社会安排，以便寻求新的观念，而将既有的观念彻底替代或消除。这是一种把人仅仅等同于“我思”，然后再以人的“我思”为中心去看待和规划世界的人类学。

尽管人类学在其研究的口号上向来是对一种异文化的研究，但在实质上，它并未真正脱离把全部精力聚焦于人本身之上的那种思考方式。而伴随着对这样一种认识世界方式的诸多弊端的反思，另外一种更为看重人周围的世界及由人而牵动的世界中物的转动与移动的方法论视角被重新重视，这便是我上面所提及的线索追溯法之所以可能的认识论的基础。它是以人的活动性的能力而不是静止的描画为思考的出发点，却并不以人为中心探求人的世界的一种方式。这种方式在意人的生活世界的周遭处境，胜于在意抽象的人自身；在意物在人的生活世界中流动而形成的轨迹，胜于在意人的行动本身；在意人生活的场景及人与场景之间的互动关系，胜于在意人本身及被孤立出来的没有生活场景的人与人之间的关系；在意人造物的文明演化的轨迹连续与断裂，胜于在意由物而造人的那种以人为中心构造出来的进化轨迹。

凡此种种，并不意味着所有后者存在的不重要，而是强调，前后二者在互补的关系之外在今天可以说有一种看待世界方式的从西向东的翻转。这里的“西”显然指近代西方世界自启蒙运动以来的认识世界的知识论方式，它的主流是把注意力集中在人自身之上，并通过视觉的优先性而将其清楚地再次呈现出来；而这里的“东”，自然指东方诸多文明的传统认识方式和文化逻辑形式。这种可以统称为东方文化的文化在抗击现代性的普遍性传播中不断恢复自己的力量，这种力量更在意人的感受性，把感受性放置在视觉的直观之上，并强调在时间中的存在的价值。今天，尽管此类传统在近代多多少少受到西方现代意识的影响，而处在不断自我瓦解和重构之中，但之前的东西方文化比较的视野，也在一定意义上实质化了这两者之间的某种差异性的存在，由此而忽视了二者之间交流融通、互为你我的文明互动的方式。

文明的基础在于有形的观念见诸物质的形态塑造，它们为我们提供了文化之间往来沟通的桥梁和媒介，印刷术也许最具有这种文明的特质，一种观念产生了，借助可以复制的印刷，就从一个地方传输到另外一个地方。此观念或被完全接受，成为另外一种文化中的新文化形式；或被完全拒斥，而成为固化另一种文化观念并保持这种文化下的文明的固有形态的新刺激；而居于完全接受和完全排斥之间的就是各种混合的形式，多多少少接受和多多少少拒斥，成为文明之间互动往来的最为一般的形式。在中国，有一份套版印刷的《芥子园画谱》，初版于1679年。这份印刷品不仅深度地影响了中国本土的画家，而且远涉东洋，在江户时代传到日本。它既是一种物，同时也是一种精神，作为中华文化的一部分而风靡日本画界。这本学习中国画的入门书，传到日本文化之中差不多是被完全接受的，跟在中国本土的功用不相上下，即它能够广泛地影响社会人群。①

因此，在人开始将物纳入自己的视野中，并使之成为生活中不可分割的一部分的时候，人便是在构筑自己的物体系，且从未停止过。但很显然，这个过程乃是双向的，人造就物的同时，物也造就了人。属于人类的任何一件物的发明，当它进入人的生活系统并成为其固化的一部分之时，物对人的塑造便开始了，且无法停止，直至其退出人生活的体系之外。

三、场所的民族志与线索的民族志

也许，在我们进入核心论题的讨论之前，我们应该注意一下视知觉心理学家们的贡献。他们曾经对极为微观的眼动轨迹进行了非常深入而细致的研究。大略而言，人在阅读时，与我们的直观感觉不同，目光不是沿着直线行进，而是有着一些不规则的跳动。一般阅读一行文字会有6次到8次的跳动，跳动的时间在0.2秒到0.3秒之间，此后从一行的末端扫回下一行的开端，然后进行接下去一行的扫描。这种跳动和注视的时间并不为

---

① 马尔凯. 17世纪中国画谱在日本被接受的经过//韩琦，米盖拉. 中国和欧洲：印刷术与书籍史. 北京：商务印书馆，2008：92.

人的意识所直接控制。① 但看图形时，眼动模式又会有所差异。图形的特征性的部位对于观看者极为重要，换言之，眼睛看图时会盯着有真正信息含量的点，比如多边形的各个角，那里往往是最吸引人注意的。而人在观看相片时，会专门留意照片的细节，特别是在照片图形发生轮廓曲线变化的部位以及在图形的曲折部位，这种停留会更为明显。比如，如果看一只睡猫的图片，就会有 38 个关键点被描记下来，然后把这些点以直线连接，这样形成的图像不会影响人把它再认出来。②

在这个意义上，视知觉心理学给我们实地研究的观察者的启示就变得再清晰不过了，那就是我们不仅要静态地观察正在发生的人类行为，而且要留意人类的这些行为留存下来的痕迹。它们更多是以特征性物质的形态呈现出来的，人们通过对这些物质形式的线索追溯才能够把握其在不同的时间移动到不同的地方所出现的线索形态上的差异。就人们的住宅而言，传统意义上，不论形式简单还是复杂，任何的人群都会有一定的住房形式的创造，但是区域的差异就成为文化比较的一个重要特质，区域形态造就了生活样态的差异。在平原地区、河谷地带、丛林之中以及高山之上的住房形式会出现大为不同的表现形式，这些形式便是我们去做线索追溯式的民族志的基础。此种比较文化视野下的不同区域文明特质的梳理，在今天仍可以成为我们思考如何从既有的西方现代认识论中挣脱出来，形成更为切近其自身的文化认识的重要起锚之地或理解的港湾。这种转换或翻转，其要点在于，我们要确实找到某一种文化，了解其物化了的文明形式及其新的转化对这个文明的整体存在而言的意义。

这样，我们的研究就不再可能单单以某个人所居住的地点为中心，而是转换到更为重要的那些构筑起整个文明的基础性的要素及其所显露出来的各种民族志的线索。这些线索是实际存在于我们的生活世界之中的，是为我们的肉眼所切实地观察到的现实存在，比如，山岭、河流、湖泊、海洋、道路、玉石、瓷器、服饰、房屋、交通工具以及各种食物等。它们在生活世界中只是一些点，却是移动中的点。它们几乎涵盖了我们生活中

① 荆其诚，焦淑兰，纪桂萍. 人类的视觉. 北京：科学出版社，1987：95.

② 同①96.

的方方面面，但它们背后的意义，却是超越这一生活本身的。通过对某一文明构成要素所透露出来的些许灰暗线索的把握，顺藤摸瓜地去做实地的线索追踪或追溯，这个或那个文明的范围以及实际中不加任何人为限制的边界划定才有可能清晰可见。

如果说依照聚焦法而得到的民族志是一种场所或地点的民族志（place ethnography），此种依照线索而展开田野工作并将之书写下来的民族志则可以称为线索的民族志（clues ethnography）。此一民族志的核心在于线索的展示，以及对这线索所展示出来的意义的不断解读，且在这些背后能够切实望见这线索与整个文明之间有机性的连带关系。此一连带关系的发现，所依赖的是一个研究者自身对于这个文明体系整体的而非某个片面细节的把握，这种把握，构成了米尔斯（C. Wright Mills）所谓的“社会学的想象力”（the sociological imagination）的核心。[①]

这样的有着社会学的想象力的社会学，不仅是线索搜集和理解的社会学，更为重要的是，它还是一种通过线索追溯的启发式的认识而有的问题解决式的社会学。这里引入人工智能中的机器模拟，对人的认知过程的理解模式以及人类学田野工作的意义理解，都是有非常重要的启示作用的。在各种不同的理解模式之中，最为著名的便是塞尔里奇（O. G. Selfridge）在1959年发表的“小妖系统”（Pandemonium）的模式识别假说。他把每一种特征分析机制都称为一个小妖（demon），这样与许多的特征相对应的不同的小妖就构成了一个整体的“小妖系统”。比如第一组的小妖可以称为“形象小妖”，它的任务最为简单，只是去记录各种外来信号的原始的形象。接下来是由“特征小妖”对这些初始的形象进行分析加工，特别去寻找某个特征是否出现，或者某个角度是否出现，再或者某种曲线轮廓是否出现。再接下来便是“认知小妖”登场，它会专门注视“特征小妖”的反应，一个“认知小妖”专门负责某种特征模式，一个注视甲，另一个就注视乙。换言之，负责甲的“认知小妖”拼命要去寻找与甲这种特定模式有关的特征存在的证据，一旦找到与此特征相适合的特征，“认知小妖”就会叫喊，所找到的特征越多，

① Mills. The Sociological Imagination. New York: Oxford University Press, 1959.

喊声就越大。最后“决策小妖”来决定究竟是哪些“认知小妖”在不停地大喊大叫，由此专门把喊得最响的“认知小妖”选出来，以之作为周围环境中出现的模式。①

由“群魔乱舞”的小妖系统的模式构造，我们便有了人在认识事物时的一种特征提取或者线索追溯的观念，因为在人识别外在的世界之时，不一定全部的小妖都会登场，最为关键的“特征小妖”才会参与表演。比如你要识别 R 这个字母，你只需要一个锐角和一个封闭的轮廓线就可以进行识别，因此有些“特征小妖”就不用参与工作。这样有一点就很清楚了，即“模式数量越多，使用的特征就越多。特征的性质依赖于辅加模式的特点”②。

在有了上述知识储备之后，我们似乎对民族志工作者的任务和工作方式会有一种完全不同的理解。在此意义上，每一个研究者不仅是传统意义上的像摄像机镜头一般的社会现象的描记者或挖掘者，还是周遭处境中的问题的解决者，在田野之中就是处在问题解决的状态之中，并且所有问题都会和他自身紧密地联系起来。这里的“自身问题”并不一定是以“我思”为中心的，而更可能是以情景或外部世界为中心的，即融入外部世界并设身处地以身在其中的环境为中心的场域中的问题。人的问题是在与这环境有了某种遭遇之后才发生的，而要去追溯这些遭遇的线索，就自然而然地形成了一种民族志的书写方式，这对人而言，更具有一种普遍性的意义。

实际上，对于一个典型的问题解决者而言，在问题解决的心理学家看来，下列五点是极为重要的：第一，问题解决者要非常熟悉问题，熟悉孕育、明确以及验证解决方法的过程；第二，要从问题的一般范围迈向特殊而具体的解决过程；第三，要抓住“问题情境中的结构关系和功能关系的过程”。第四，问题解决者要有一种技能；第五，问题解决者要有一个“在问题空间进行探索的过程”③。

---

① 林赛，诺曼，等．人的信息加工：心理学概论．孙晔，王甦，等译．北京：科学出版社，1987：187.

② 同①191.

③ 傅小兰．弈棋问题解决启发式的元策略模型．北京：中国科学院心理研究所，1990：2.

与我这里所讨论的民族志的两种类型相关联，其中第三点的核心是注重问题解决的情境，这是要去知觉场的“再定中心”，它会展现出一条通往解决问题的真实途径：

> 这里存在着通过形成和抓住新关系模式所必须解决的“结构上”的压力和紧张。每个问题都限制着这种模式的范围，这种模式必须“符合”目标状态，而解决仅是一个对实际改组的单纯认可。要达到这种改组，就必须通过文化逼近的方式，改变用于描述和说明情境的基本概念，以及转变那些假设或“线索”的原理。①

关于一般问题解决的第五点，它更接近我这里所谓的线索追溯的民族志的问题解决。也就是特别强调问题解决乃是“一系列有目的的指向的认知操作过程。需要产生新的程序的问题解决属于创造性的问题解决，而使用现有程序的问题解决属于常规性的问题解决”②。如果民族志也属于一般性的问题解决中的一种，那么它也符合认知心理学所谓的寻求或者搜寻策略的问题解决。换言之，人通过一种策略的搜寻来解决问题，这种策略一般又被分成两类，“一是指周密的计划、方法或智谋，二是指设计和运用达到某一目标的计划的这一技巧”③。综合而言，策略就是“人有组织地对信息加以操作的方法、计划、方案或智谋”④。而这些解决问题的策略，背后都有不同的策略搜索方式，大体可以将此归结为两种，一种是算法式的，另一种就是启发式的。所谓算法式（algorithms），核心就在于问题解决者依赖详尽的说明，一一尝试一切可能的解决问题的序列或解答。这是对只有一种答案的问题求解最为有效的方式，即只要经过有限的几步就能使问题得到解决。在此意义上，算法实际就是一整套的规则，一旦熟悉这些规则并合理地利用这些规则，问题就一定会得到解决。有时应用算法规则的问题解决者并不理解这些规则，也一样可以解决问题。⑤

---

① 傅小兰．弈棋问题解决启发式的元策略模型．北京：中国科学院心理研究所，1990：4.

② 同①4．着重号为本书所后加。

③ 同①5.

④ 同①5.

⑤ 同①5.

认知心理学家会用“搜索树”（search tree）这个比喻来形容算法式的问题解决者。这是一棵倒立着的树木，有树干和由树干生长并延伸出来的树枝，树干为问题的初始状态，而树枝则为经由这初始状态所能搜寻到的所有状态。这是逐层延伸，一直到到达目标状态为止。因此，这里的逻辑就是，只要答案存在，借助算法就一定能够搜寻到它，并会在一定条件下发现一种最短的解决问题的路径。但很多时候，算法实际并不存在，或者不是很有效，应用起来就很困难。①

启发式（heuristics）的策略则不同。它跟人类学的田野研究关系更为密切，因为世界上可能没有哪两个社会有着完全一致的共同性存在，至少在那里居住的人就不一样。因此依赖于长期积累的经验的启发式策略就变得极为重要。换言之，启发式的行动策略乃是依赖于日常生活之中经验的不断积累而形成的一种有选择性的搜索方式。一般而言，启发式会专门指明有限的几种可能的解决途径，并明确地指向成功的途径，但不一定非要最为完美地解决。启发式的行动策略是运用能够方便获得的所有信息和信息之间所有可能的联系，目的在于直接导向问题的成功解决。但由于启发式无法穷尽所有可能的搜索，也不像算法式那样系统，因此它不能保证某个问题的确切解决，有时甚至还会发生错误。但很简单，启发式更能吸引人的兴趣，因为“启发式冒着不能解决问题的风险而减少了搜索道路付出的代价”②。因此，在实际的问题解决场景之中，人们多会使用启发式。

实际上，对于一位田野民族志工作者而言，去田野的目的就是对当地人的生活做完整的理解。但如何获得这种理解呢？显然，没有一套现成、完整的规则或认知心理学家所说的算法呈现出来，即便有，那也不过是一家之言，不能算成金科玉律，还需要人们在新的处境之下寻找新的线索。面对这类问题，即便是蛛丝马迹都值得追溯，这样的做法就使对这些细微线索的追溯成为启发式的了。在这里，一个民族志工作者应

---

① 傅小兰. 弈棋问题解决启发式的元策略模型. 北京：中国科学院心理研究所，1990：5-6.

② 同①6.

该对心理学家如何看待问题解决的认知理论或观念谙熟于心，那样便不会轻易放弃对于成功解决问题而言最为有益的民族志线索的发现追溯了。

我们在倾听认知心理学家关于问题解决的概念体系的时候，也要明确在实地田野中进行研究的研究者自身的局限性和行动的策略性。实际上即便是一个身处简单社会中的人类学家，瞬间达到他的大脑的信息也是多如牛毛的。但一个人却能应对自如，不会有应接不暇的感觉。不过，这一定是对已经在田野中“浸泡”一段时间的民族志工作者而言的。他们身心反应系统已经逐渐适应了周围的环境，对于每个初入田野的人而言，这个适应系统是逐渐地建立起来的。因此人会向着自己要解决问题的方向不断调整自己的内部和外部的环境，并逐渐达到一种平衡状态。这时优秀的田野工作者都会是高明的行动策略的选择者，他的目的在于有效地解决问题，他解决问题的目的在于达到“满意”（satisfying），而不是“最优”（optimism）。要想一劳永逸地达成效能最优的解决，对人为事务而言，是最难的。最优和满意之间存在着困难程度不等的差距。比如我们要在大草垛中找一根最细最尖的针，所花的时间与在这个草垛里找出一根能够钉衣服纽扣的针所花的时间，是不可同日而语的。①

英国人类学家拉德克里夫-布朗（A. R. Radcliffe-Brown）告诉我们的那种以社区为核心的场所民族志的方法②，明显带有一种人为性，或许可以形象地比喻说，这是在把研究者按倒在场地上强迫做出的一种观察，而线索的民族志，却是将人放置在自由的环境中，让研究者自己发现和寻找蛛丝马迹，这些线索可能预示着更大问题的凸显。这个过程也在间接地追溯人类自身为解决各种问题而发展的诸多文明的路径。区别只在于，我们无非在循着痕迹而去；而古代的人，则是在荆棘丛生之处，不经意间为我们留下了这些不同的可以被我们注视并追溯的痕迹。

上面提到的看重场所的民族志，必然是镜头聚焦的民族志，它的基本

---

① 傅小兰．弈棋问题解决启发式的元策略模型．北京：中国科学院心理研究所，1990：6-7．

② 布朗，讲词．吴文藻，编译．对于中国乡村生活社会学调查的建议．社会学界，1936（9）：85．

理念是十字坐标式的瞄准，即把一个活动的现实世界静态化地做一种描记，形成平面上的确定的点，这就是一般而言的研究对象、观察对象，至于这对象的背景，对于此种聚焦的民族志而言，可能就不是第一重要的了。由此才有了人类学可以清晰把握的描记对象，即村庄、亲属制度、社会组织、宗教信仰以及人物语言活动等可以用肉眼看到，可以用耳朵听到，乃至还要用鼻子闻到的对象物。而这些，都必须是在一个点上真正发生的事情，换言之，由此才可以通过坐标系式的放大镜聚焦而将之看得更为清楚。很显然，传统理解中国社会的村落研究可以说是这种十字坐标法的典范。

如果我们看一下欧洲地图发展的历史，则或许对于我们的理解有所助益。欧洲近代的地图史也是一部欧洲人努力把时间和空间有机地结合在一起的空间思维的展现史。17 世纪前后的欧洲史学家用“第二只眼睛”（a kind of second eye）隐喻用地图来理解世界的形貌。由此时间和空间的复杂联系进入历史学家的视野之中，特别是因为荷兰 17 世纪在光学上突飞猛进的发展，人们开始注重视觉的观察和解释，并相信由此观察上帝才能够彰显他的创造于人的身上。那时的荷兰画家们深受此一见解的启发，他们开始尝试“描述”（discribe）这个世界，而且这个世界乃是他们眼中看到的世界。这些画家进而影响了地图学家们，地图学家们也在用地图，即有着时空坐落的历史地图对现实的世界做一种“描述”（description），由此现实主义（realism）的价值进入地图的画法中。①

而欧洲人对世界的这种思维方式不能不影响后来的同样看重视觉的民族志的描记。这可以说是人类学家把注意力从对自然地理的描记中转换出来而把视野转向人群，集中在人的活动上做一种细致的观察，这是在用眼睛去看静止之物时的习惯性聚焦。比如在社会的研究方法上，社会学的奠基人法国哲学家孔德（Auguste Comte）就把社会研究分出两种途径：一种是所谓的社会静力学（social statics）的研究，其核心在于研究社会的稳定性的一面；另外一种便是社会动力学（social dynamics）的研究，

---

① Black. Maps and History: Constructing Images of the Past. New Haven and London: Yale University Press, 1997: 8.

这种研究会关注社会的变化。社会静力学被看成社会研究的基线，由此社会动力学观察出来的变化才变得有意义。但很显然，孔德的社会静力学观念在影响后来的场所的静态民族志的产生。这种静态观察下的细致入微的民族志书写，长处就是可以把对象的边界和整体的形象看得清楚，并通过语言的描述而将其传播给其他的人。但它也有一个致命的弱点，那就是对象的被抛掷性。观看者和阅读者，实际上是没有什么自由去选择观看和阅读什么的，而这一点是由观察者和书写者自己不能完全自主地观看和书写造成的。换言之，我们书写的村庄及村庄中发生的事情完全是被抛掷给读者的。而写作者也一定是按照某种既定的范式或者套路抑或说“人类学的算法”而去书写的。当第一本村落民族志写成之后，后来者不仅总是拙劣的模仿者，而且总是会面临如何有意识地超越既有模仿对象的学者式的心理困境。换言之，对一位研究者而言，如果仅有模仿而无超越，那就很容易落入利奇（Edmund Leach）对村落民族志学者说的采集蝴蝶标本式的千村一面的无代表性的尴尬境地中。但除非有一种村落自身形貌上的明显改观，否则此种所谓的带有某种超越的创新性的民族志描记向来都是极为困难的事情。

四、自我提升的民族志

并不是人类学家非要去追求这种村落书写的创新性，而是反过来问一个问题，即利奇所谓的采集标本式的一个村落一个村落持续不断地研究下去，它的实质意义究竟在哪里呢？在不能说明白这个问题之前，我们任何的重复性的村落描记的工作，甚至可能还不如地理测绘学者的地图描记那样由点及面形成的二维或三维的地图形式的画面清晰有用。我们如果完全遵循村落描记的研究范式，即把我们的注意力集中在或者聚焦在时空坐落清楚和固定的那个错落的点上，而不知道有一种自我的在视野上的超越，那我们最后也只能变成村落搜集方面的博物馆分类学家。但这样做不能真正把人与自然、人与人之间的各种真实关系描记清楚，并让读者由此而对描记者的超越性的洞察力有一种认同或同感。每一个人类学家到最后都可能变成某个村落的作者并仅仅停留在那里。除此之外，他如果能有再多的表述，那就只可能是因为转换观察的视角并且拥有超越村落民族志的新视野而获得的。①

能够说出这些超出村落的人类学的额外之语，不能不说是跟他的另外的摆脱了聚焦法的观察紧密地联系在一起的，那便是由我这里所说的线索追溯的方法来实现的。可以说，线索追溯的方法核心在于“追溯”这两个字，一谈到追溯，必然跟眼球的转动有关系。我们之所以能够看，而且看得全面和有感悟，首先是由我们生理学上的眼球的构造来决定的。视觉心理学上有一种专门的眼动装置，即所谓的眼动仪，心理学家可以借此观察人的眼球转动。但对于人类学家而言，他们会借此关注这种转动的社会与文化情境的起因，特别是借助看而书写下来的民族志的描记如何和人的眼球运动产生紧密的联系。据心理学研究，即便人在看静止不动的物体，他的眼球也在不住地在物的身上做来回的移动，而不是像照相机那样聚焦在一点上。它因此更像一架移动中的摄像机，不停地在动态中捕捉这个运动中的世界。

由此可以看出，在人的观察中，眼球的不断移动是人的心理活动的一个很基本的特征形式。这也注定人类学家要采取线索追溯或搜寻方法去进行观察，这便可以弥补之前的场所中心的聚焦式的静态观察在观察视角上的不足。这种追溯体现出研究者的主体性，因为观察者是在做一种积极主动的观察，而不是做受某种命令和概念驱使的观察。因此，这种追溯式的观察应该是主动的而非被动的，是线性的而非单单是点状的。同时，它也在使被观察者的主体性得到某种程度的彰显，即那些人是处在活动之中的人，是积极主动在行动的人，他们在做着自己认为应该去做的各种事情。不论是否愿意，做出某种行为都是在一定的场景中个人行动者的自我选择，不存在聚焦法那种将人按倒在活动的舞台上去进行专场表演的静态式的摆拍。它不仅是主动的表演，而且是自然的流露，这一点是极为重要的。对这些表演的信息，或者这里所说的线索，观察者是可以一直跟随着追溯过去的，也就是说循着某个或某种显露出来的痕迹做跟踪，由此洞悉某一场景下的行动及其意义，以及不同场景下诸多行动之间相互联系的具体含义。在这一点上，线索追溯法的民族志，实际上符合西方人类学以马

① 赵旭东．中国人类学为什么会远离江河文明?．思想战线，2014（1）：68-76．

库斯（George E. Marcus）为代表的人类学家所提出的“多点民族志”对于既有的以一点为民族志观察单位的超越。① 但很显然，多点民族志也许能解决点与点之间特征性要素的互补问题，却无法真正解决点与点之间的实质性的动态因果关联以及时间先后的序列性关联的问题。可以这样说，多点民族志是在多个点上架设了眼动记录仪，但是无法借此说明这些眼动之间移动轨迹的实质性的联系以及在时间演进序列上的前后联系，因为并没有一个中间的媒介可以保证这种关联的真实存在。由此我们任何关于点与点之间关系的推论都是不甚可靠的，也是难以说服人的。

而线索追溯的民族志，核心意象一定不是架在某个三脚架上的一台摄像机，而是可以跟着观察对象一起转动并移动的眼动仪，由此行动者的线索行动指引到哪里，观察者的目光就跟着追溯到哪里，通过时间在空间中的不断延伸和展开而有一种记录和解释。这保证了同一线索上不同点之间的时间关系的实质性存在，而且保证了这种关联前后之间的可追溯性，即不会分不出究竟谁是因，谁是果，更不会出现因果倒置或被观察者随意解释的那些经验研究中的由研究者偏差造成的各类问题。

同时，线索追溯的民族志是跟一系列问题解决的技巧或者智慧联系在一起的。它既要关注问题本身的结构，也要关注问题所处的环境的结构。二者巧妙地匹配在一起才能实现真正的线索追溯。对于一个田野研究者而言，用某种方式去表征问题是非常重要的。启发式的搜索策略经常会在问题结构与情境结构之间迅速地找到一种内在的联系，在此过程中，自我融入其中并由此而有认识上的提升。一个灵活的田野工作者会把自己旧有的思考和行动的习惯很灵活地转化到具体的新场景之中，这是一种能动性的转化，它使得新问题可以借助旧的经验和知识而迅速得到解决。这种大脑的表征能力已经为心理学家谢泼德（R. N. Shepard）和他的同事们 1971 年前后的一系列的心理旋转实验所证实。这些实验让人震惊的结论就在于：首先，人是有能力在大脑的三度空间中进行旋转的；其次，两个对象之间的差异在角度上越大，人们进行心理旋转的时间就会越长。② 而且，

① 马库斯. 十五年后的多点民族志研究. 西北民族研究，2011（3）：12-21.

② 安德森. 认知心理学. 杨清，张述祖，等译. 长春：吉林教育出版社，1989：86.

在人做这种表征时，有的会使用语汇的表征，有的则会使用图像的表征，这在实地的田野中都会频繁地使用。我们会用一两个单词在笔记本上记录下要观察的对象，或用一幅简图来描记某一个具体的场景。前者一定忽略掉了与此相关的诸多动作和感受的细节，而后者则必然是把由田野工作者感受到的意义图景用图画的方式描记了下来。① 但总之，对于任何一位田野工作者而言，核心都是把问题结构呈现在大脑之中，然后才有后续的延伸出来的各种解决之道。另外，追溯的民族志依赖于尝试错误的解决问题之策。朝向解决问题的道路不通，则马上更改途径，再尝试新的路径。就像迷宫中的探索一样，凭着直观经验、间接经验以及大脑的空间想象，选择一条可以通达目标的道路。一条路走到黑，并不是启发式策略的最佳途径，那样往往似乎并不能够使任务目标达成或实现。

在此意义上，英国人类学的曼城学派发展出来的个案延伸或所谓的以行动者为中心的做法，更为接近此种线索追溯的民族志方法，但二者仍有所不同。作为一种线索追溯的方法，它所在意的是活动中的线索，而非孤立的个案或集中在行动者身上的与人的行动有关并由此而有的一种聚焦式的观察。尽管在这线索中，也必然包含对这里所说的个案和行动者本身的观察和描记，但这里的线索一定还会包括人以外的更多的特征性要素，比如各种自然的存在，如山峦、江河、湖泊以及海洋等，其中当然也包括各种人造物或者和人有着密切联系的物品，比如水、盐、糖、木材、稻米、小麦、道路、桥梁、车辆等。总之，人类生活世界中的衣食住行的诸多方面都可以被包括在这线索之内。我们会循着物所显露出来的人生活中的行动轨迹，而给出一种意义之间的关联性的解释。

就这种关联性而言，其形态一定是链条式的，一环扣着一环，并且，人的思考与物的存在之间一定不是二元分立的，而是相互有着随时随地转化与传递的关系。这中间的媒介恰在于可以为人所把握的那些物的心理表征以及由此表征而转化的公共表征之间的纽带性的关系。因此，二者之间的这种链条式的连接可以看成线索追溯的民族志真正要去追溯的对象，同

---

① 关于概念和图画意义的表征的细致的心理学分析可参阅下列文献：安德森. 认知心理学. 杨清，张述祖，等译. 长春：吉林教育出版社，1989：139-143.

时也是需要通过民族志的方式不断展示出来的。由此，对人类学的实地研究而言，线索就成为一种带有启示的发现要素，人类学因此而变成一个发现之旅。在这一点上，它又跟科学的发展在理解上没有什么根本的差别，只是线索的类型有所差异而已。

实际上，在线索追溯中，我们能不断注视一种曾经隐藏起来的田野工作者的自我的不断涌现。并且在此过程中，有一种自我的不断提升感。在一次时间足够长的田野工作之后，在自我的观念上一点都没有改变的人类学家不仅少之又少，而且他一定不是由处身其中的田野而获得“真悟”的人类学家。自我提升正是人类学家的田野工作和民族志撰写的魅力所在。对一个在人的世界中有所追求的人而言，这可能是一种再好不过的心灵慰藉了。

第十二章　中国意识与人类学研究的三个世界

中国人类学进入一个新的时代。以中国意识为核心的知识主体性话语的创造，要求人类学家必须从中国中心的角度重新看待宏观的整个世界的构成。围绕中国而产生的地方社会、周边社会以及现代世界这三者可以用来作为人类学家审视自己田野资料的背景性构架。而以中国意识的构造为核心的多个世界图式的影响及其互动是不变的内核中最为坚硬的一部分。我们要承认这种多元世界的现实，并洞察到多元背后作为整体的文化存在的可能。以此来促进人类学的文化反思，创造出有新意义的并且有着知识主体性的田野工作。

一、问题的提出

差不多在半个世纪之前，英国人类学家，伦敦政治经济学院人类学系的掌门人弗里德曼（Maurice Freedman）曾经专门撰文《社会人类学的中国时代》（“A Chinese Phase in Social Anthropology”），并在1962年10月30日“马林诺夫斯基纪念讲座”上宣读。① 后来一直到了20世纪90年代，这件事才真正为中国的人类学家费孝通所注意并论及。这一方面借助

① Freedman. A Chinese Phase in Social Anthropology. British Journal of Sociology, 1963, 14 (1): 1-19. 此文后来载入弗里德曼的文集：Freedman. The Study of Chinese Society: Essays by Maurice Freedman. Stanford: Stanford University Press, 1979: 380-397.

一些研究者对以弗里德曼为代表的一批西方汉学人类学家的详尽介绍[①]，使费孝通能够具体地了解这篇讲稿背后这一学科在他1939年离开英国以后，或者更为却确切地说是1949年以后在西方发展的背景；而另外一方面，凭借他对英国人类学理论和思想脉络的熟悉以及自己在中国从事实地研究的具体体验，费孝通敏锐地注意到了"A Chinese Phase"这个英文词组，并直接将其翻译为"中国时代"。[②] 我想这也许是费孝通内心期盼已久的一个翻译。与此同时，费孝通站在一个中国学者的立场上，借讨论自己成名之作《江村经济》的机会，专门回应了弗里德曼在其论文中诸多对于包括他本人研究在内的中国村落研究的评论。

但是，那时的中国学术界，似乎对"中国"两个字的含义并没有那样敏感，反倒是最近伴随中国崛起而有的对"中国模式"的探讨[③]，使得越来越多的研究者开始真正注意到中国及中国意识问题的重要，注意到中国道路发展中的独特价值[④]。但向来以地方性知识为自我标榜的人类学家们似乎依旧对此没有太多的回应，结果造成的一个局面就是，对这样重大的问题的讨论已经为其他的学科所捷足先登，比如历史学。[⑤] 但无论怎样，不论是从费孝通还是弗里德曼的立场来看，问题可能都还是一个，那便是在今天的中国人类学的世界中，可否真正冷静地重新思考一下弗里德曼提出此一号召的初衷以及在今天中国本土得到实现的诸多可能性。

无可否认，今天，单独而孤立地看待中国问题在一个点上的投影的人类学的时代已经结束，我们需要有一种从结构关系论角度展开的对于中国人、社会及其文化这三者联系的整体性理解。而这种理解，一定又是建立在对于中国意识生长空间的伸缩变化与演变的不断把握之上的。可以说，它既是一个逐渐形成的过程，同时又是一个内涵不断丰富、各要素杂糅的

① 王铭铭．社会人类学与中国研究．北京：三联书店，1997.

② 费孝通．论人类学与文化自觉．北京：华夏出版社，2004：72-73.

③ 郑永年．中国模式——经验与困局．杭州：浙江人民出版社，2010.

④ 林毅夫，蔡昉，李周．中国的奇迹：发展战略与经济改革：第二版．上海：上海人民出版社，1999：272-282.

⑤ 葛兆光．宅兹中国——重建有关"中国"的历史论述．北京：中华书局，2011.

过程。

而作为今天有着清晰意识的中国观念，从其生成到其不断扩展，我们会发现，这是一个更多在空间意义上产生实际影响力的观念。这个观念，就如一块磁铁一般，一旦形成，就具有一种吸附力，越靠近中心的，其对这个范围的吸附力就越大；逐渐扩展出去的，结果则是这种吸附力的减少，由此而构成从中心到边缘无限伸展的一种差序格局。但是，从这块磁铁中分离出去的本身有着磁力的铁屑，却又会比缺少这种磁力的存在物有更为强劲的回归能力，稍有吸力便能被吸附到此一磁铁上来。这种中国观念中的所谓磁铁效应，至少可以用来解释一部分跟中国意识紧密相关的社会与文化现象，并可以启示我们在对现象进行民族志的描述时真正的着力点应向哪里去寻。

单就空间的意义而言，我们至少可以在三个层次上谈论有关中国意识存在及其多样性的问题。第一个层次便是中国意识与地方社会的问题，由这种关系构建出来的中国意识，我们可以简洁地称为“世界一”。第二个层次是中国意识与周边的社会与文化，这里，中国自然被构想成一个具有潜在吸附力的中心，对周边的文化形成和自我转化产生持续性的影响，由此而构建出来的中国意识，我们便可称为“世界二”。而在第三个层次上，依旧是以中国作为中心向周边之外更远处扩展开去的一个空间，这实际便是中国意识中与海洋以及一般意义上的海外紧密联系在一起的用“中国”这个概念可以涵盖的世界文明，它背后承载着的便是在中国文化里很早便成熟并影响后来世界想象的天下观念，由此而构建出来的中国意识的整体图景，我们便可称为“世界三”。

可以说，这是由三个不同层次的中国意识构建出来的三个不同层次的世界图景，它们既是脱离现实存在着的、经验意义上的时间和空间的一种超验的观念建构，同时又是对生活在此文化观念下的人们的日常生活以及神圣观念都会造成实际影响的力量。可以直白地说，真正意义上的现代中国意识，很难真正脱离这样三个层次或者三个世界去谈论。而这反过来说也许更为适宜，那就是我们对于中国的表述一定是在这三个不同层次的世界的某一个世界中展开的，由此使四处分散的地方性和异域性的存在变成中国意识中的一个部分并得以解释。

实际上，这三个层次覆盖了三个区域空间的生活世界的图景，它们都与“中国”这个既具有空间意义（地理），又具有时间意义（历史）的观念紧密地联系在一起。当然，我们也可以从“圈”的概念，即如王铭铭所归纳的“三圈说”所指示，以“中间圈”来划分内外两圈。[①] 或如在此之前费正清所提出的另外一个“三圈”，即所谓“汉字圈”“内亚圈”和“外圈”。[②] 或者再如杨联陞依据内外服的相对性而指出的一种模棱两可的“中国中心的世界秩序”，因为在他看来，这既是一种神话又是一种事实。[③] 后来的沟口雄三更是接续此种中国中心论而提出即便是在今天还在发挥作用的“中华文化圈”的概念，并将此概括为“中国的冲击”，它并没有伴随中国乃至整个东亚的欧化而减弱其影响。[④]

如果是这样，对中国意识的探究，可能会因为更多地看重“中间圈”的文化和社会形态的交融，或者外圈对内圈的冲击，再或者真实与虚构的存在的不能精确把握，而无法真正凸显一种空间意义上的具有中心意识的“中国”这一观念，也无法凸显其在人类历史长河中的意义以及其现实图像的自我转化的历程。一些从中国视角去从事国际关系史研究的学者，如高明士，就专门注意到了《论语·为政篇》中“为政以德，譬如北辰，居其所，而众星共之”之说，认为中国的天下秩序，从根本上说乃是一种同心圆的结构，即所谓“众星共北辰，就是四夷共中国的同心圆原理”[⑤]。尽管高明士并没有专门指出这个同心圆结构在地方性、边界以及世界意义上的世界划分或者同样陷入圈论的封闭性认

---

① 王铭铭. 中间圈——“藏彝走廊”与人类学的再构思. 北京：社会科学文献出版社，2008：55-66.

② 费正清. 中国的世界秩序——传统中国的对外关系. 杜继东，译. 北京：中国社会科学出版社，2010：2.

③ 杨联陞. 从历史看中国的世界秩序//杨联陞. 国史探微. 沈阳：辽宁教育出版社，1998：1-3.

④ 沟口雄三. 中国的冲击. 王瑞根，译. 孙歌，校. 北京：三联书店，2011：8-9.

⑤ 高明士. 天下秩序与文化圈的探索——以东亚古代的政治与教育为中心. 上海：上海古籍出版社，2008：6.

识，但是显然他的研究注意到了在中国历史上天下观念如何围绕着中国意识而逐渐展开，只是并没有真正指出是三个相互叠加的世界以及向外的不断延伸。

当然，从另外一个意义上看，我们之所以有意提出中国意识的观念，那是在更深的层次上，试图呼应费孝通在其晚年提出来的“文化自觉”的观念。对此观念，人们可能有无数的解读①，但是在我看来，其更为深刻的含义是要在文化的历史持久性上做文章，找到可以真正支持这种文化的观念的基础。“中国”这两个字，实际上是具有此种意义的，尽管后人对它的含义有多种理解②，但很显然，它跟现代民族国家观念下的“中国”构建紧密地联系在一起；与此同时更为重要的是，它还是一个历史中形成的既定观念，借助极早成型的“中央之国”的观念，在历史上发展出“普天之下莫非王土”的中心意识，进而成熟地发展出由近及远的中心与周边权力关系的意识形态，即一种“五服”或者“九服”的政治宇宙观图像。③ 这种观念或许也如一些历史学者所指出的那样，在宋代达到鼎盛④，但毋庸置疑的是，在此之前的汉代乃至先秦，这样的“大一统”

---

① 冯嘉曦．“文化自觉”及其观念谱系——费孝通晚期思想的自我超越//赵旭东．费孝通与乡土社会研究．北京：社会科学文献出版社，2010：462-519.

② 胡厚宣的考证以为“中国”是与“五方”概念中的“中商”联系在一起的，余下四方为东土、西土、南土、北土。（胡厚宣．论五方观念与中国称谓之起源//甲骨学商史论丛：第二册．成都：齐鲁大学国学研究所，1944.）而王尔敏则认为秦统一之前，“中国”一词的政治与文化的共喻性已经很明显，言外之意，它可以用来代表诸夏列邦一统的整体性表达。（王尔敏．“中国”名称溯源及其近代诠释//中国近代思想史论．台北：作者自印，1977：441-480.）而钱钟书的研究则认为“中国”一语并非仅中国使用，海外诸国亦曾使用，如法显的《佛国记》中便称印度为“中国”，而中国本身倒成了边地。（钱钟书．管锥编：第4册．北京：三联书店，2001：592.）日本亦有一种称自己为中国的论述传统，从德川初期的山鹿素行（1622—1705）开始，这一传统并未断绝，乃至延绵至今。以上这些讨论转述自下列文献：张昆将．日本德川学者的“夷夏之辨”思想论争内涵及其转变//复旦大学文史研究院．从周边看中国．北京：中华书局，2009：135.

③ 这是跟中国古代的分封制紧密地联系在一起的两个概念，因依据的古代文献的不同而有五和九之分，“五服说”乃基于《尚书》和《国语》，分为甸服、侯服、绥服（宾服）、要服、荒服。而“九服说”是依据《周礼》和《佚周书》，分为侯服、甸服、男服、采服、卫服、蛮服、夷服、镇服、藩服。关于这一点的详细内容可参阅下列文献：瞿同祖．中国封建社会．上海：上海世纪出版集团，2005：54.

④ 葛兆光．宅兹中国——重建有关“中国”的历史论述．北京：中华书局，2011.

的中心和周边的认同意识，实际上并非真正缺乏。①

即便今天，在族群主体意识过度膨胀的时代里，任何族群都可以不加掩饰地声称有一种从自己看去的世界的图景②，反过来，从周边看中心的见解也有异曲同工之处③。但即便如此，我们不能否认的一个基本事实是，中心以及对中心的认同，乃是历史形成的一个关系结构的过程。我们显然不可能借助今天主体意识的凸显，去衡量甚至低估历史上的中心国家的中心的地位以及与之相适应的文化自觉。一个中心的兴起和衰落，在西方世界中可能是一个不用争辩的事实，但这一点在中国的语境中虽然有同一性的道理，但是其作为核心地理空间的转变能力，却是与西方中心，特别是现代以来中心的不断转移的模式大为不同的。黄仁宇曾经用大量篇幅去谈论西方资本主义经济中心从意大利的威尼斯到英国的伦敦乃至美国的纽约的转变，这样烦琐的论证和铺陈，言外之意无非就是强调西方社会的中心的跨国性以及不断变动的特性。④ 可以说，它是一种从一个国家一个城市而转移到另外一个国家另外一个城市中去的过程。而中国的道路，可能自夏桀之后，便有某种朝代上的更替的轨迹可循，这中间可以有帝国都城的变动，甚至还可以有像元和清这样的两个朝代里完全由异族占据中原并承继中心统治地位的情形，但这些又都无法真正改变作为中心的“中国”的地位和结构关系的图像。在其趋向衰落之时，似乎总会有一种努力，使其向相反的方向转化，这可能来自最为核心的所谓的畿辅之地的中国内部，也可能来自外部的地方社会、周边文化以及海外世界的不同文明，总之，不论是拉力还是推力，或者说向心力和离心力，一

---

① 在罗森有关古代成套青铜器器型的研究中，她注意到了商代北方青铜器的礼器器型与南方长江流域更多的人物和礼乐的造型之间形成了对照，似乎那时的大一统观念并未形成，而是南北方文化各自在发展。在公元前3世纪到公元1世纪的帝国早期才出现了一些南北方都可见到的混合器物，在这个意义上，大一统的观念在那个时期存在应该是可以假设的。（罗森. 祖先与永恒：杰西卡·罗森中国考古艺术文集. 邓菲，黄洋，吴晓筠，等译. 北京：三联书店，2011：195.）

② 关于这个问题的讨论比较集中的观点可参阅下列文献：王明珂. 华夏边缘——历史记忆与族群认同. 台北：允晨文化实业股份有限公司，1997：23-40.

③ 核心的讨论集中在这本文集之中：黄应贵，叶春荣. 从周边看汉人社会与文化：王崧兴先生纪念论文集. 台北："中央"研究院民族学研究所，1997.

④ 黄仁宇. 资本主义与二十一世纪. 北京：三联书店，1982：201-287.

种恢复中国中心和正统地位的努力，从来就没有真正停止过。而它的核心就是被称为中国文化的“顽固派”的“以夏变夷”论[①]，并且它是历朝历代维持“天朝上国”正统观的合法性基础。据说章太炎在临终之前以一位中国正统的代言人的姿态而告诫其子孙：“设有异族入主中原，世世子孙毋食其官禄。”这可以看成这种华夏正统观念在近代的一个代表。[②]

在这个意义上，我们必须要从历史的真实性上去谈论中国意识的存在。王庚武在北京大学第四届“费孝通纪念讲座”上所提及的“中国情结”，实际上同样在提醒我们，这种特殊的中国意识，相比其他的文明中的自我认同感，体现得似乎更为强烈。[③] 这种认同感带来的一个结果就是，它会超越空间和时间，这样一种“中国意识”如铁屑附着于磁石一般挥之不去，并在不同的空间和时间所构造出来的不同场景之下，不断地与各种外在于中国一体意识的地方性的存在、周边的社会与文化以及世界范围内的天下的想象相互毫无阻碍地联系在了一起。[④]

可以说，中国意识的问题，其最为基本的可能是建立在一种早熟的“中国”观念之上。[⑤] 这种中国观念的形成又是与中国文化发展的逻辑相互呼应的，即钱穆所谓的“中国文化是先摆布成一大局面，再步步向里充实的”[⑥]。而且，自秦汉以后大一统格局已经基本完成并得到确立，这种

---

① 李宗桂. 文化批判与文化重构——中国文化出路探讨. 西安：陕西人民出版社，1992：84-86.

② 熊月之. 章太炎. 上海：上海人民出版社，1982：218.

③ 第四届“费孝通纪念讲座”于 2010 年 11 月 10 日在北京大学举行，邀请新加坡国立大学王庚武教授主讲，题目为“中国情结：华化、同化、异化”。演讲的内容报道参阅http://www.mzb.com.cn/html/report/153634-2.htm。

④ 在卫三畏撰写的《中国总论》中开篇就引述关于中国以外的世界对于中国的称谓China。这个词最早见于印度古文献《摩奴法典》以及《摩诃婆罗多》，意味着在公元前 12 世纪便已经有中国与其周围乃至西方世界的交流。（卫三畏. 中国总论：上册. 陈俱，译. 陈绛，校. 上海：上海古籍出版社，2005：3.）

⑤ 这种早熟至少可以追溯到约公元前 11 世纪周朝建立之时，那时的王室居于河南，处于各国之中，因此称为中国，后来国家扩大了，名字留存下来，“以为自己是居住在大地中央，‘中国人’就是住在中央王国的人”。（卫三畏. 中国总论：上册. 陈俱，译. 陈绛，校. 上海：上海古籍出版社，2005：3.）

⑥ 钱穆. 中国文化史导论. 上海：上海三联书店，1988：149.

整体性的中国观念实际也就没有真正地中断过。不管是国家的分与合，还是国家内部多种制度的并存，这种中国一统的认知体系一直都是存在的。因此，并非如一些研究者所认为的那样，有一种所谓的从“中华”到“中国”的观念转变①，真正的过程也许正相反，为了适应近代中国民族国家建设，“中华民族”的观念与近代中国的民族主义一起被整体性建构出来②，随之再将此看成整个中国的代表。③ 因此，根据一些民族史家的看法，还可以进一步推论说，中华和中国的历史意涵的分别实际并不明显。④

值得指出的是，不论在空间意义上的中国以及政治内涵意义上的中国如何变动流转，其核心的文化认同实际上都处在一个如上所述的完整的连续体之中，尽管历史上实际存在的政治体，其形式可能是大一统的，也可能是四分五裂的，当然还可以是以征服王朝为核心的胡汉双轨制度的并存。⑤

这样的一种背景，恰恰是关注文化发展的人类学所必须直接面对的，否则我们更多从空间维度展开的孤立而零星的实地田野调查无法真正在时间维度上去涵盖这样的一体多元的文化发展逻辑，它曾经形成的空间范围上的对于地方社会的宰制，再至对周边疆域的羁縻以至对海外世界的以德怀柔而成天下的空间想象，这些在深度影响着中国人的空间文化认知。这三个世界无真正明确边界的蔓延与相互的重叠影响，构成了田野工作者需要直接面对的一个既定的空间划分，因为在这每一个世界之中所能够观察到的社会形态，彼此之间可能存在着极大的差异。这可能是我们借助历史地理学的讨论去延伸人类学的中国研究，开拓出真正意义上的“人类学

① 刘建辉. 从“中华”到“中国”——世界的转变与自我认识的形成//北京大学比较文学与比较文化研究所. 多元文化研究. 北京：新世界出版社，2001：215-234.

② 杜赞奇. 从民族国家拯救历史：民族主义话语与中国现代史研究. 王宪明，等译. 北京：社会科学文献出版社，2003：168-195.

③ 顾颉刚. 中华民族是一个//潘蛟. 中国社会文化人类学/民族学百年文选：上卷. 北京：知识产权出版社，2008：277 288.

④ 田晓岫. 中华民族发展史. 北京：华夏出版社，2001：1-6.

⑤ 关于中国历史上胡汉双轨制度并存的问题可参阅下列文献：许倬云. 大国霸业的兴废. 上海：上海文化出版社，2012：25-28.

的中国时代”的一项最为基础性的工作。显然，如果中国文化本身就是先整合而后再有细部的发展，那么我们的研究又如何能逆序展开，仅仅先从小处着眼，而无法注意到整体中国的存在呢？显然，我们以前的研究范式是对西方经验论传统的直接移植，而未做真正的不同文化脉络下的自我调适，引起那么多的争论，根由大约在于此。这也恰恰是我们着力去做由上而下的整体性空间区分的理由所在，从只见树木不见森林的早期的社区调查，到满眼绿色森林的整体性关怀，也许是一种重要的研究范式转向的标志。

二、世界一：中国意识与地方社会

正如我们开篇所提及的，中国，在一定意义上，可以被看成一个具有极大吸附力的磁石，其把一些分散出去的碎片化的族群、地域以及文化，统统吸附到这磁石上来。在这个意义上，磁石的中心并没有什么改变，而被吸附上来的诸多颗粒，其形态实际上却多种多样。[①] 它们也并非观念上的想象，而是自然存在的各种样态。这也恰恰是我们一般所理解的“地方”一词的真正的含义，即“不同”或“差异”，由此而有所谓“地方特色”一语的表达。

中国在这个意义上可以说是一个情感性的依附体，否则各自明显分散开来的分化状态带来的可能就是一种相互依赖关系的瓦解，但实际的情形恰恰与此相反。也许，中国曾经有过像施坚雅所分析的那种多中心的空间构成[②]，但不可否认的一点就是，这些中心都可以进一步归类而成为向“中国”这个有着极大吸附力的中心靠拢的地方性的中心。换言之，正像费孝通在总结中国社会关系结构时所说的差序格局一样，这些不同等级的地方性的中心之间自然地形成了一种差序性的排列。这样的认识，不能不

---

① 关于中国社会与文化的地方性的表述，很多会以地方社会、区域文化、地方认同等概念来呈现，而这些表述所关注的或者无意识书写下来的都是针对中心——不论这个中心是曾经的帝国还是当下的民族国家——而展开自己的多种表述的。（张江华，张佩国．区域文化与地方社会——“区域社会与文化类型”国际学术研讨会论文集．上海：学林出版社，2011.）

② 施坚雅．中国农村的市场和社会结构．史建云，徐秀丽，译．虞和平，校．北京：中国社会科学出版社，1998：5-11.

让我们首先去触及第一个层次的中国意识与地方性或地方社会的关系这一重大问题。

中国，其本身作为一个最初由周天子（即上天的元子）逐级分封土地而形成的各诸侯国向其定期朝贡的中心概念①，实际上一直在影响着我们今天认识上所形成的中心与边缘之间的一种结构性关系。我们的历史上虽然有“夷夏之别”的文化区分，但是绝对没有异教徒观念里的对他者的彻底征服的霸权意识。② 在这里形成和延展的是可以绵延数千年而不衰的一种非常核心的一体性中国意识，它背后跟一种对于上天或更早的天帝的信仰以及人格化了的“天的儿子”的合法性统治极为密切地联系在一起，因此而具有宗教意义上对于地方性的超越③，它自身的吸附力在这个过程中也在不断地得到加强。我们也因此不可能从这些核心的观念之外去寻找所谓的中国意识与地方社会以及整个世界（天下）之间的结构性对应关系。

实际上，地方社会或代表地方社会特征的地方性，恰恰是因为有了这种中国意识的存在而更加得到凸显，因为由此中心的存在而构成了中心与地方之间差异性的比较。在我们的言语表述中，实际上很难有真正脱离我这里所界定的中国意识本身而能够表达的某种地方性的认同，无论这种认同是正向的还是负向的。可以说，这些地方性都不过是相对意义上的地方性。可能作为中心的“我们”，不论过去还是现在，显然都密切地和某种地方性联系在一起，但无可否认，它的范围是经常变动的，且存在一种相对性和不确定性。范可对于闽南百崎郭姓回族的地方性再造的研究从另外一个方面证明了这种地方性的变动性和可塑性，这种地方性与任何所谓民族传统的诉求都失去了直接联系，而是尽其所能地把外来的意象融入地方的城市规划里，以此来建构此地地方性的独特

① 范文澜. 中国通史：第一册. 北京：人民出版社，1978：73-80.

② 赵旭东. 本土异域间——人类学研究中的自我、文化与他者. 北京：北京大学出版社，2011：267.

③ 关于华夏观念中的“帝”的观念和“天”以及“天子”观念的宗教基础，最近的研究者似乎注意到，公元前2000多年原始的印欧人对天帝宙斯的信仰对于黄河流域中国人的信仰基调可能产生过影响。这不能不说也是一家之言。[周及徐. 华夏古“帝”考——黄河文明探源之一. 中国文化研究，2007（3）：93-104，104.]

性以及这种独特性背后的景观价值，使之转化成可以出售的象征资本。[①] 也许另外一项观察可以作为一种更大的地方性及中国本身作为地方性构造的范例，在2008年北京奥运会的建筑物强调开放性地接纳世界不同的文化的同时，2010年的上海世博会却又在另外一个极端上通过建筑体现了类似标签性质的中华民族的符号认同。在这个意义上，最大范围的地方性也许可以用来代表核心意义的中国本身，再向下可以不断地细分到各个省、各个市县以及各个村落或村寨。这种地方性存在的相对性，实际上成就了这种地方性差异的真正表达，否则这种地方性针对每个地方性的存在的范围而言都只可能是一种普遍性了。而陈志明对于华南及东南亚华人社会文化认同的研究似乎进一步证实了这种以地方性的华人文化为依托的整体性的中国认同的普遍性。[②] 在此意义上，需要我们认真思考的乃是这些地方性是如何在一种中国意识的前提下对其自身加以表述的。在这一点上，留心有关当代中国的自我谱系的田野研究让我们确实感受到了那些发生的故事并非局限在那些点上的社会事实，更为重要的是他告诉我们，那些活着的人似乎都在当下中国失去了可以追溯的自我谱系，而这恰恰是这个时代中国整体性存在状况的一种表达。[③]

在这个我所谓的第一层的或者“世界一”的中国意识里，要处理的核心问题是作为一体的中国意识，如何去吸纳和包容多样性的地方社会。在这一点上，传统观念与现代意识之间出现了明显的断裂。在传统的个人与国家理性并未完全得到张扬的时代里，以更为丰富的象征意义的符号和价值的创造来使中心的吸附和控制能力增强，才是最经常使用的一种治理之策。在这一方面，格尔兹对于尼加拉剧场国家模式的中心辉煌而周边向心依附的研究为我们提供了一个精彩范例。[④] 可以说，这

---

① 范可. 他我之间——人类学语境里的“异”与“同”. 北京：中国社会科学出版社，2012：123.

② 陈志明. 华人的传统与文化认同//陈志明，张小军，张展鸿. 传统与变迁——华南的认同和文化. 北京：文津出版社，2000：5.

③ 流心. 自我的他性——当代中国的自我系谱. 常姝，译. 上海：上海人民出版社，2005：160.

④ 格尔兹. 尼加拉：十九世纪巴厘剧场国家. 赵丙祥，译. 王铭铭，校. 上海：上海人民出版社，1999：149.

是通过象征而实现的暗示的政治，而非直接的统治。而作为古代处于中心地位的皇权，其核心是修好仁德；而民间社会的富庶，则是因为有这种仁德的存在和布施而自然生发的一种社会景况，它们和皇权及其附属的官僚体系的实际作为之间并没有什么直接和必然的联系。顾颉刚所注意到的古代帝王从最早的“受天命”的观念转变到后来邹衍所倡导的五德终始的说法，实际上已经指出了这种王权合法性的基础转变，即皇权从天命基础到道德基础的转变。①

在这个意义上，皇权不是真正意义上的权力，而是有着从道德和情感意义上而言的起震慑性作用的力量，它在通过表征皇权的各类符号或象征而对普通臣民的行为加以控制，作为皇权影响下的臣民，也并不会否认或质疑皇权及其符号体系的实际威慑作用。而这一切又都可以说是建立在所谓的“真龙天子”的正统性观念之上。这里的统治逻辑可能就变得非常简单，因为诸多迹象表明，作为统治者的皇帝，其一切都应该是由上天自然赋予的，这让安于一方水土又因教化的缘故对共同价值有归附之心的万民，并不会从现代理性的意义上去做任何猜测和质疑，至于笛卡尔“我思故我在”的逻辑，在这里同样是不能发挥作用的，至少在这种神圣化的“天子”的信念还在发挥作用的时代里，猜疑是不产生实际作用的，甚至连猜疑的勇气都不容易形成。而这样一种心态上的传统思维恰恰是 1919 年五四运动所要抨击和颠覆的。在文学上可能会造出一种向往“童心”的新文学②，而在学术上无疑造就了以顾颉刚为代表的“古史辨”派的疑古的新传统。③

而在意识形态的构造上，上下之间的分野可能是皇权意识最为重要的营造内容，因为区分出上下之间的关系，也就区分出了社会等级关系。在此意义上，皇权就意味着作为一个中心其自身的不可替代以及不可让渡的唯一性，而皇权的营造和实践，其根本就是如何通过象征意义的构造去彰显这样一种独一无二性。不论都城地点的选择、建筑物的构建，还是衣食

① 顾颉刚．中国现代学术经典：顾颉刚卷．石家庄：河北教育出版社，1996：4.
② 刘纳．论“五四”新文学．杭州：浙江文艺出版社，1987：5-28.
③ 王学典，孙廷杰．顾颉刚和他的弟子们．济南：山东画报出版社，2000：6-21.

住行等各类符号意义的分配，这种唯一性的独占都是其最为重要的价值衡断标准，它被置于道德之上，这是从上而言皇权需要遵守和维护的价值。而从下而言，则是皇权要努力避开和自我排斥的活动。一旦出现由上而来的这种价值独占性的缺失，则意味着皇权的合法性的丧失，而由下而来的对于皇权独占性符号意义的模仿，便是最为深层次的道德意义上的僭越，其因此而受的惩罚也是最为严重的。但在半隐蔽的民间宗教的场域中，正像王斯福在细致地研究了台湾一市镇的民间信仰及仪式之后所指出的那样，对帝国符号体系的模仿从来没有真正地停止过，尽管这两者之间存在一些明显的裂痕和不一致。① 但无可否认，这种至高无上的符号和价值独占的逻辑，应该是从先秦时代到秦汉皇权时代一直都在发挥作用的社会控制技术，这一点在张光直的考古学的解释中②，已经极为精彩地向我们做出了一种暗示。

而所有相对于“上”而言的“下”，都属于地方性范畴的社会，它体现出来的不是其自身的多样性，更为重要的一点是，其地方意义的营造和书写，都是相对于这个“上”而言的。其中，由上而下所分配的地方性的意义，一直被看成具有第一位的重要性，比如那些来自皇权中心的敕封、恩赐、命名以及馈赠等。而作为“下”的“地方”，也有它自身独特的对地方存在的书写与记录，这些都会留在各种地方性志书中，供地方官及外来者去查考。这样做的目的之一就在于，在向皇权中心朝贡与陈述自己在地方的作为时，这可能是一个非常重要的组成项目。而皇权的代理人，也会通过定期巡游的方式而到四处巡幸，以便这些地方性一方面可以在作为一体化身的皇权大一统中得到突显和确认，同时还体现出皇权大一统的包容多样性的那种覆盖能力。③ 在这一点上，作为皇权的“一”和作为地方性的“多”，至少在中国文化的传统里面，是可以得到相互证明的，且可以相互包容。皇权从来不排斥多样性的存在，这在一定意义上恰恰体现了

① 王斯福. 帝国的隐喻——中国民间宗教. 赵旭东，译. 南京：江苏人民出版社，2008：236.

② K. C. Chang. Art, Myth, and Ritual: The Path to Political Authority in Ancient China. Cambridge, Massachusetts: Harvard University Press, 1983: 56-80.

③ 何平立. 巡狩与封禅——封建政治的文化轨迹. 济南：齐鲁书社，2003：477.

在上位的皇权的唯一性以及无与伦比的包容能力，“海纳百川”的意象，从来都是皇权书写自身的一个范本式的意象。在此意义上，天下就是一种多样性的存在的统一体，而只有皇权，才会占据这样一个可以容纳多样性的无人能取代的位置。

在这种中国意识的上与下的关系中，我们也许最应该注意的是相互之间的影响以及价值的同构。至少在天下观这一点上，上下之间似乎并不存在根本的断裂。“普天同庆”和“天官赐福”这样的吉祥用语，在民间祭祀与节庆中，以至每年都要更换的年画中都会出现，可谓使用极为广泛，这也在一定意义上说明了这个社会上下之间在观念塑造上存在的连贯性，这不仅是王斯福所分析的下对上模仿的帝国的隐喻①，同时还是上下在一些核心意象上的一致性的认同与接纳。在这一点上，二者之间的联合显然大于二者之间的区分，这是从小地方便可以直接透视帝国观念的基础所在。这不仅仅是王斯福在谈论民间宗教意义上的“帝国的隐喻”，而且是一种由上而下灌输的文化观念，即整体性地对“天”的信仰，进而以不断趋近天人合一为最高的境界。② 在这一点上，皇权也是被包容在其中的。

在此意义上，地方性就不再可能是从整体的中国意识中分离出去的一个独立的领域，而必然是作为整体的天下观念中的一部分而发挥其特殊的影响力。地方性存在的合法性基础也在于，其在某些层面上可以与整体性的中国意识极为密切地联系在一起，相互的表述无法真正地分离开来，比如此地某某名人政要，他们曾经参加过帝国的科举而存有名录，而皇帝的诗文和赏赐中也出现过跟此地直接或间接的关系等。这构成了在中国整体性社会中地方性存在并获得稳固秩序的基础。一般而言，排斥中心的影响而孤立地存在的地方社会，即像陶渊明笔下梦境般的“桃花源”，在现实的世界中是很难找到的，很多是人们构想出来的虚拟的逃避之所。还有，中国的士大夫阶层在为官的同时也会有多种形式的文字留存记录了大量地方性的文献，这让地方性再难有真正自我封闭意义上的地方性可言，而

---

① 王斯福. 帝国的隐喻——中国民间宗教. 赵旭东，译. 南京：江苏人民出版社，2008：1-7.

② 王铭铭. 心与物游. 桂林：广西师范大学出版社，2006：22-24.

是真正帝国文人的帝国表述。

三、世界二：中国意识与周边社会

也许，真正难于处理的是中国意识与周边社会之间的关系。因为，在历史的意义上，这个“边”从来都是不固定的，即所谓有边疆而无边界，边界的概念相对而言是比较晚出的。无疑，这是一个与现代民族国家的构想有着极为的密切联系的概念。但处理周边的问题，却成为我们有意识地把中国意识放在“自我”与“他者”关系上的一个极为重要的突破口或者问题讨论的出发点。

面对“边”的意识，在中华帝国的“中国意识”里，向来都具有其两面性。“边”既是一种远距离的象征，同时也是在帝国整体性观念中必须要去容纳和包容的。清朝多尔衮初入关便下了一封讨伐李自成的檄文，里面清楚地区分了作为整个帝国意义上的天下与中国的区分。天下为中国有资格一统的天下，而中国则是这种天下一统合法性的基础，因此檄文中说：“非有富天下之心，实有救中国之计。”① **而在实际的治理上**，由于无法真正实施的直接统治以及明显的中原畿辅之地之外在自然生态环境上的差异，怀柔远人的羁縻之策，便成为帝国控制周边及其诸多社会形式的一种基本态度和政策依据。这样的做法可以使帝国使用最少的精力，最大可能地达成周边不同形态背景的社会对中心帝国的依附和辐辏的态势，而这样的政策能够落实的实践基础即一整套完备的通过“万国来朝”的姿态而构建的由中心辐射周边乃至海外的庞大的朝贡体系的建立。② 这种表面上带有贸易往来意义的货物的流动，在基本上来者少而去者多的礼物赠予式的仪式性交换中，使马林诺夫斯基所描述的西太平洋岛屿间“库拉圈”意义上的相互性绑定的关系得以创立与维持。③ 在这个意义上，周边社会

---

① 明季稗史续编：卷二//李文治．晚明民变．上海：中华书局上海书店，1948：178．着重号为本书所后加。

② 滨下武志．中国东亚与全球经济：区域与历史的视角．王玉茹，赵劲松，张玮，译．北京：社会科学文献出版社，2009：16-34．

③ Bronislaw Mailinowski Argonauts of the Western Pacific. Prospect Heights, III: Waveland Press, 1922.

就不再是一般中国意识中的蛮夷，而是可以得到教化并受到恩宠的礼仪上的往来伙伴。而这种朝贡体系的破坏，也大多意味着，一种原有的中心与周边社会伙伴关系的终结与瓦解。

当然，这种关系因为交通便利程度的差异，其范围可以说是无限的，而后面将要述及的世界文明之间的互动，便是在这个意义上进一步展开的。而能够实现后来的所谓文明之间碰撞的基础，是这种朝贡体系自身的瓦解。至少，在17世纪，英国马戛尔尼使团试图以公平贸易的现代商业理念与中华帝国展开现代市场流通意义上的自由交换之时，却在仍旧以泱泱大国皇帝自居的乾隆那里遭到阻碍。① 在此之后，之前一直就存在的东西方社会之间的礼仪之争②，似乎逐渐转变为文明之争③，而这依旧可以看成由一种强调礼仪的朝贡体系及其背后的观念在价值上的瓦解所致。

因此，在中国文化的观念中，“边”的意义从来就非内与外之间的分别这样简单，或者也并非本国与邻国之间的界限这样明晰。由于边的可跨越性以及易跨越性，犯边和侵边的事情经常发生。可以说自司马迁记述《匈奴列传》以来的历史，无不与中心对边的保卫以及与中心在社会形态上大为不同却又密切关联的游牧社会对边的觊觎和侵扰紧密地联系在一起。④ 所谓“中原多事，外国窥边，周猃狁、汉匈奴之后，其类实繁，前史论之备矣”⑤。因此这个易受损的“边”，成为古代帝国需要专门守卫的一个空间。如果能够对古代边塞诗文进行谱系学以及内容的分析，我们应该不难发现，这种“边”的范围的变动以及对“边”的保卫产生和不断积淀了中国与周边社会的强烈的对比和防范意识。可以说，不同时代的边塞诗词，构成了中国意识在周边也能得到凸显的一个文本化表达的空间场域，这些诗歌的流行以及广为传播，反过来又在中国意识之中不断强化了

---

① 佩雷菲特. 停滞的帝国：两个世界的撞击. 王国卿，译. 北京：三联书店，1993.

② 张国刚. 从中西初识到礼仪之争——明清传教士与中西文化交流. 北京：人民出版社，2003：413-515.

③ 亨廷顿. 文明的冲突与世界秩序的重建. 周琪，刘绯，张立平，等译. 北京：新华出版社，1998.

④ 狄宇宙. 古代中国与其强邻——东亚历史上游牧力量的兴起. 贺严，高书文，译. 北京：中国社会科学出版社，2010：11.

⑤ 刘昫，等. 旧唐书·突厥传：卷194.

“边”这一元素，并由此而使中国意识得到更为清晰的表达。葛兆光在研究中认为，这种意识在宋代才发生①，但也许不可考的因素使得这样一种判断趋于保守，至少在唐代，随便留意一下边塞诗的发达，就知道这种对于边塞的意识自觉来得并不比宋代逊色。

而在这里，不能不去考虑的一个要素就是，在作为中心的中国，其周边的自然地理的生态要素造成的社会形态上的差异，至少在这个中心的周围有这样几个大的方位区域，即所谓的西南、东南、华南、西北、东北诸地区。西南山地与河流的交错构成了不同文化的走廊，如在川藏地区的藏彝走廊②；在湖南、贵州和云南的苗疆走廊；在福建、广东、广西的岭南走廊；在东南的海洋，构成了一个中国与世界达成广泛联系的极为重要的海上通道和出口，这种海上的通道实际上自西汉以来便一直存在着。③ 华南在这个意义上也扮演着同样的角色，且中原文明自西晋“五胡乱华”之后，通过移民和自我逃避而被传入并影响到这些区域文明的形态，当时“胡化”而非“汉化”逐渐占据上风，造成一种“华夏无冠带之人”的局面。④ 当然，近代以来，这种情况似乎也存在，作为周边之地的东南和华南，成为中国的世界意识得到凸显的发生地，所谓“西化”，所谓“洋务”，无一不是与这些沿海的区域紧密地联系在一起的。作为通过海洋与现代文明接触的前沿地带的沿海区域，让中国意识的内涵而非边界得到了拓展，甚至发生了一些结构性意义上的变动。这可能是西方与东方观念发生剧烈冲撞的一个交汇点，香港作为英租界的历史及其回归的过程，可能是研究这种接触及其实际后果的一个绝好样本，它让东西方文明在不受过多外力的影响下，借助贸易的关系而能有各自独立的发展，并能够在基本作为上有相互包容之处。

而中国西南的山水阻隔，让这个周围区域形成极具清晰性的文化差异之所，与中原地区圣地观念遥相呼应的对于山水的崇拜和信仰⑤，

---

① 葛兆光．宅兹中国——重建有关“中国”的历史论述．北京：中华书局，2011：41-65.

② 李星星．李星星论藏彝走廊．北京：民族出版社，2008：25-53.

③ 孙光圻．海洋交通与文明．北京：海洋出版社，1993：74-88.

④ 王伊同．五胡通考//王伊同学术论文集．北京：中华书局，2006：27.

⑤ 葛兰言在对中国上古社会风俗的研究中专门提醒我们在山川信仰上的“圣地”观念的重要，这一点似乎还没有真正的人类学者注意。（葛兰言．古代中国的节庆与歌谣．赵丙祥，张宏明，译．桂林：广西师范大学出版社，2005：161-162.）

又使得这个区域不会因为各自的差异而相互对立，区域之间的联合或者共同意识的养成，与族群内部的联合以及共同意识的形成有着同样的容易度。当然，这也并不排除一些可能的因为利益之争而积累的族群之间的矛盾。在这个区域里，一个最为明确的结构性的关系乃是向心与离心的关系。自然地理的条件，很容易成为族群之间分离的离心之力，而在信仰上的一致性和类似性，以及物质生活上的可融通性，使得相互的分离又在观念层次上形成了一种有归属感的向心力。但这个力究竟指向哪里，那就要看具体的场景和实际的文化氛围了。“七擒孟获”的故事，至今还在这个区域流传，而丞相诸葛亮的攻心之策，依旧为民族地区的学者所认同①，这就足以说明，武力和严密的监控，一定不是造就这个区域生成向心力的文化策略的基础。

在西北和东北，狩猎、游牧与农业等多种生产方式共存的状况，使其历来都是中国意识里边疆观念存在的一个典范性的区域。长城在这个区域的分界，已经明显地体现出中国传统意识里在“天下”观念引导下的“边”的意识，这是实际存在的边而非空想出来的边。② 古代的边的意识形成也并非以族群划定为前提，而是更强调道德和信义这两个方面，这成为在周边意识存在条件下的“中国中心论”能够持续与固守的最为核心的要素③，在这两方面能够持守的便属于族内，属于中土的中国，而不能遵守，便和边外的夷狄没有什么两样了。④ 而农与非农这两者构成了这种边界区分的一个最为重要的划分标准。“农”在这个意义上所体现出来的乃是一种意识形态的传承，即以儒家观念为核心的农耕文明的建构，而社会秩序也恰是建立在这一基础之上的，离开了这一点，即离开了以农耕为基

---

① 岭光电. 能攻心则反侧自消——我对诸葛亮的看法//岭光电文集：下册. 香港：香港科技大学华南研究中心，2010：68-70.

② 有研究者尝试用“长城带”的概念来涵盖长城这一建筑物所形成的并非有固定边界的更为宽泛的和流动性的边的作用。（李凤山. 长城与民族. 北京：中央民族大学出版社，2006：26.）

③ 虞云国. 古代中国人的周边国族观　以文献通考·四夷考为中心. 中华文史论丛，2009（1）：215-256.

④ 狄宇宙. 古代中国与其强邻——东亚历史上游牧力量的兴起. 贺严，高书文，译. 北京：中国社会科学出版社，2010：123.

础的乡土意识，中国意识也就不复存在了，而对于这种意识的侵犯，实际也就是其他文明对于农业文明的侵犯，汉代晁错对于汉人与胡人文化的物质基础差异的论述，足以说明这一点。① 这是一种有着自身约束力和吸引力的文明，长期生活于其中的人们在暂时远离这种文明之后，最终又会有寻求回归的意识，恰如海外华人，其所勉力追溯的回归恰恰也是这种意识而非其他。② 在这个意义上，相对中心中国而言的周边，一般就指那些以非农立国的区域，或者指非中原传统农业社会的社会，当然，即便是在那些社会里，也并非完全没有“农”的成分，只是其生计并非依赖于此而已。

在这里，最为重要的一点是，此“边”并非固定不变的，而是可以且经常受到周边族群的侵犯，汉语文献里有“寇边”“犯边”“乱边”等语频繁出现，实际上都是对此种侵犯的不同表达。在一个以家庭及其伦理为核心价值的传统中国社会中，其核心的特征应该属于内敛而非外铄，向内约束的价值，要超越向外表现和扩张的价值。数典忘祖以及“父母在不远游”这样的深含道德意义的规训话语，让人们更为心安理得地依附土地，过着相对而言比较安稳的生活。这种生活显然又是以多少是以封闭性为特征的“农”业为基础的。③

相对于“边”的不固定性，“界”的概念则是清楚的。它指邻里之间必须用世俗性与仪式性两种方法去处理和强化的一种空间概念。对于家户而言，房屋和院落的边界，几乎等同于整个家庭在空间意义上的存在范围，其最为明显的仪式活动就是一家人在年节的时候聚在一起吃饭，并在

---

① “胡人衣食之业不著于地，其势易以扰乱边竟。何以明之？胡人食肉饮酪，衣皮毛，非有城郭田宅之归居，如飞鸟走兽于广野，美草甘水则止，草尽水竭则移。以是观之，往来转徙，时至时去，此胡人之生业，而中国之所以离南亩也。今使胡人数处转牧行猎于塞下，或当燕代，或当上郡、北地、陇西，以候备塞之卒，卒少则入。陛下不救，则边民绝望而有降敌之心；救之，少发则不足，多发，远县才至，则胡又已去。聚而不罢，为费甚大；罢之，则胡复入。如此连年，则中国贫苦而民不安矣。”（班固．汉书：第八册．颜师古，注．北京：中华书局，1983：2285.）

② 王连茂．明清以来闽南海外移民家庭结构浅谈：以族谱资料为例//陈志明，张小军，张展鸿．传统与变迁——华南的认同和文化．北京：文津出版社，2000：3-25.

③ 赵旭东．闭合性与开放性的循环发展——一种理解乡土中国及其转变的理论解释框架．开放时代，2011（12）：99-112.

家门口供奉土地公的神像，只要家户的门关起来，家户的界限就是独立而明确的，而这个门打开，就意味着家户之间的交流以及与更大世界之间的联系。因此，在乡村，门的意象及其塑造是十分重要的，门户、进门、出门、迎门这些概念，都不是简单意义上的进出通道，而是立时具有社会与文化意义的一处表明实际界限的场所，它因此而需要有神明或特别标志物的保护，而这便是一家一户在年节之时去贴门神的意义所在。而院子里供奉的天地，也使得这个家庭可能与更大的世界之间有一种极为密切的联系和对该世界的想象。在这个意义上，家便是门，门便是界，它可以算是中国社会中最为基本的个体存在单元。① 而村界则是另外一个空间层次上的概念，它需要通过仪式性的巡游来得到确认和加强。② 而村庙的年度节庆，很大程度上就是在这个意义上展开的，而随着行政村落概念的强化以及村落边界的行政区划，这种仪式的衰落也是必然会发生的。因为，人们无须再通过这种烦琐的仪式来确认一种带有地方性存在意义的边界。

实际上，我们需要在更为宽泛的意义上去理解，在边界的构成中，“边”和“界”可能是两个不同的概念。“边”可以说是变动不居的，充满不确定性，而“界”则是一种清楚和可以得到确认的空间存在。在“边”的范围之内，因为其模糊性的存在，杂糅与多样性是其表现形式中的一种主导性趋势，而且，就如海市蜃楼一样，在那里，远距离的中心的形象，反倒能够因此折射而得到比较清楚的显现。人们在遥远的他处去想象家乡的情景，便应该属于这样一种形态。而与此同时，边也是陌生感产生之所，特别是对那些从中心走向边缘地方的人而言，那里的过于多样性的存在，会让一种陌生感油然而生。当然，反过来的情形也一样，从边缘走向中心的人，也一定会有此陌生感。③ 在这方面，人类学曾经关注的文化核

---

① 赵旭东. 权力与公正——乡土社会的纠纷解决与权威多元. 天津：天津古籍出版社，2003：10.

② 王铭铭. 溪村家族——社区史、仪式与地方政治. 贵阳：贵州人民出版社，2004：66.

③ 也许，小说家沈从文对20世纪之初湖南湘西的描写多少是这样一种从边缘走出来之后的自我觉知，没有这样一种比照，那种对于陌生感的觉知状态是写不出来的。正像评论者所写的那样，“离开湘西，去敲击湘西以外人生世界的大门？——这条路是陌生的，前途尚难预测”。（凌宇. 从边城走向世界. 北京：三联书店，1985：48.）

心特征的视角需要向周边转移，在文化的核心区之外，文化的表达究竟呈现怎样一种形态，这些并不为人类学家们所熟知。这样一种自觉显然已经为历史学家所首先注意和关注。①

而“边”同时还和“外”有着极为密切的联系。“边”是“外”的同义词，但两者又不完全等同，“边”可以说是一种内与外之间的存在，而“外”和“内”这两者构成了两个更大范围的空间。这在一定意义上可以说是人类认知空间上的最为基础的类别范畴，因此而在内与外之间形成了具有中国意义的“边”，这是可想而知的。所有的交换都是在这个内与外中间的边上展开的。所有具有文化意义的表达，也都会在边的范围，即在实际上不确定的边中展开并实践。

在此意义上，抛向人类学家的一个最为核心的问题就是，如何揭示和描述在周边边缘上的文化表述以及人的往来互动。周边的表述构成了人类学可以表达自身的一个对象化基础，如果在人的社会中，任何地方都有内和外之间的关系，并由此而进一步延伸出来一种上下之间的等级关系，那么，可以说，这些关系的边缘就是人类学家研究的一个特殊的场域，更是人类学家之所以成其为人类学家的特质所在。比如，在特纳的仪式研究中，也许世俗的世界和神圣的世界的两分并非最有吸引力的，而恰恰是在二者之间的阈限（*communitas*）阶段，才是使得仪式成为仪式的根本所在，即这指的是一种处于“边”之中和之间的模棱两可。② 实际上也就是人们无法用清晰的语言去界定的那样一种知晓与自觉的状态。这一点认识，也许可以适用于对所有处于临界状态的解释，比如在阴阳转变之间，这种不确定性的存在很早就被中国的思想家们意识到了，只是我们还没有真正在这个意义上去从事所谓的“边”的民族志研究。一般对边的理解可以看成中心和内部的边缘以及外部确定性的存在，但实际又会比这更为丰富多彩。因此，我们可以在边以外思考，真正不断向中国意识回归的那种边的人类学究

---

① 2007年12月复旦大学曾经召开“从周边看中国”的讨论会，目的便是把学术关注的视角从中心移向周边。（汪涌豪．“从周边看中国”国际学术研讨会综述//复旦大学文史研究院．从周边看中国．北京：中华书局，2009：488-493.）

② Turner. The Ritual Process. Chicago：Aldine Press，1969：78-104.

竟是什么。

顺便提及的是，在对中国“边”的社会的研究中，很多的理论思考似乎把注意力集中在对于“圈”的概念的提出上，从最早以日本柳田国男为代表的周圈论①，到祭祀圈②、信仰圈、婚姻圈、交换圈，再到最近的中间圈③，似乎我们可以用各种“圈”的意象去构想中心和边缘之间的实际关系。我们确实无法否认，在运用“圈”的意象去构建中国周边社会的特征时，其实际的效用是不言而喻的。当我们从中心走到周边，哪怕是一个小的村落的周边，也无法否认“圈”的概念的重要，很多社会事实似乎都是在“圈”的意象下发生的。但是对于实际的更大的社会而言，特别是超越村落共同体的社会，这种“圈”的概念就可能是不完整的，或者是自身受到局限的。而如果从整体中国观念来看，在传统的宇宙观中更为强调的是“方”而非“圈”，周穆王时代成书的《逸周书·职方篇》便强调这个“方”的概念，称中国疆域东西南北相距万里，从方千里的王畿，到方五百里向外不断延伸出去的侯服、甸服、男服、采服、卫服、蛮服（或要服）、夷服、镇服、藩服等，记东西南北均五千里，乘方就是一万万方里。④ 除此之外，也许更为重要的一点认识在于，用“圈”的概念去涵盖一些社会现象，实际上无法真正反映现实生活自身的那种复杂性和多变性，或更一般意义上而言的非圈性。这一点即便是最初从日本把圈论引入对台湾社会的研究中的那些经典研究也受到了后来学者的质疑。⑤ 在这个意义上，基于日本社会而提出的圈的理论或构想，更多时候可能只会把我们的注意力集中在圈内部的同质性上，而其异质性和非圈的属性，则可能因为理论建构的需要以及语言自身的限制

① 福田亚细男. 日本民俗学方法序说——柳田国男与民俗学. 於芳，王京，彭伟文，译. 北京：学苑出版社，2010：172-177.

② 林美容. 从祭祀圈来看草屯镇的地方组织. 中央研究院民族研究所集刊，1986(62)：51-114.

③ 王铭铭. 中间圈——“藏彝走廊”与人类学的再构思. 北京：社会科学文献出版社，2008：44-74.

④ 章太炎. 国学讲义. 北京：海潮出版社，2007：125.

⑤ 张珣. 祭祀圈研究的反省与后祭祀圈时代的来临. 台湾大学考古人类学学刊，2002(58)：79-111.

而被忽略掉了。而且，以祭祀圈为代表的最为早期的圈论，其最重要的一点特质便是以此类对于村神的共同性的责任贡献而相互结合在一起来实现的。这一点并不能普遍地挪用到日本村社制度以外的社会中。

在汉语中，“圈”终究还是一个有着“边”和“界”的封闭系统，因此无法用“圈”的概念本身去包容圈内外所共同具有的一些属性，比如研究妈祖信仰的人，会很容易地在闽台之间找到一个信仰圈的存在，但是，我们如果恰巧在山东半岛的某一岛屿上，看到了同样的妈祖信仰，并看到与泉州的妈祖庙相类似的建筑物，那我们还会那样轻率地用虚化而同质性的“圈”的概念来涵盖这些实际的例外吗？显然，“圈”的概念本身的封闭性，把圈论的提出者自己都限定在无法自圆其说的处境之中。因为真实存在的空间样态要比想象的更为复杂和多样。这一点是圈论所无法真正涵盖的。

这样一些困境，实际上在逼迫着我们必须走出“圈”的意象的思考，尽力注意到如何可能在纵向的时间史脉络上形成的中国意识的前提下，去考察不同的生活世界的格局在其可能的范围内向外不断扩展的行动历程。之前，我们已经提出了所谓的中国意识与地方社会这第一个层次上的世界，即所谓的世界一。在一定意义上，它本身只有相对意义上的独立的存在，并通过一整套农耕社会的意识形态而去使这些地方社会的存在稳固和持续。但我们无法真正避开“边”的存在的异质性的可能性，它让同样建基于中国意识的“边塞”观念得到了一种自我的强化。这成为由中国意识之下的周边社会而延展出去的空间上可以区分出来的并与第一个世界有重叠且范围更广的第二世界，它本身构成了对于第一个世界既保护又瓦解的力量，只是究竟哪种趋势会占据上风，那就要看最终哪种力量可以战胜另外一种力量了。

四、世界三：中国意识与现代世界

我们会清楚地注意到，面对中国以外的世界，海洋构成了中国意识中一个很强的内外分界，不论是早期的《山海经》的世界构想，还是后来的中国古代地图研究①，都注意到了海洋这个内外世界的分界线。海洋分出

① 黄时鉴．读朝鲜的《天下图》和日本的《南瞻部洲图》//复旦大学文史研究院，中华书局编辑部．鼎和五味．北京：中华书局，2010：67-113.

了内外，而在中国的观念里，如果把海包容进来就构成一个完整的世界，即古语所谓的“四海之内”。这个“四海”显然是一个泛泛的指涉，航海技术的发展慢于陆地交通的发展的事实注定了，中国文化向外传播的方向是从内地到沿海再到海外的。当然，这条线路除了传播论的人类学家会专门注意之外，近代的历史学家受到西方冲击论的影响，总是不大愿意去注意，而是单单去注意外部从海上或边缘地区来的那些影响，由此而忽视了这种从中国出去的影响。比如季羡林指出中印之间的那种单向度有关印度对于中国的影响，不述及中国走出去的那些影响。① 而之前很早，林惠祥便专门注意到了“有段石锛”先是经新石器时代的先民通过沿岸航行或越海漂流而传至离大陆较近的台湾地区、菲律宾、苏拉威与北婆罗洲，然后再传到更远的海外波利尼亚、新西兰等处。②

如果说，陆地的边疆或海洋是中国意识所设定的一处自我的边界，那么，它同时还是借此而达成与异族以及异文化相互沟通的孔道，大凡交通史，必要触及这两个方面的问题。陆地的交通明显地体现在由德国人李希霍芬（F. von Richthofen）在1877年最早提出的“丝路”上，它在相当长的时间里搭建起一个东西方交流的孔道。③ 在这条沉淀着不同文化及其物质文明的通道上，不同文明和文化之间的交互影响成为其比较突出的特征。我们由此而注意到一个非常重要的信息，那就是使这条横跨欧亚大陆的孔道持续维系的基础，除了不同国度的人们有各自在物品上的实际需求之外，更为重要的就是这种物品很多都是奢侈品，比如在丝绸之路发展最为鼎盛的唐宋元诸朝，在与中亚阿拉伯世界的大食的往来贸易中，“大食在中国贩卖的商品，历来以香药、犀（角）、象（牙）、珠宝为主，宋代尤以香料贸易为盛，各种奢侈品大量输入”④。

实际上，长距离贸易关系的维持，稀缺性肯定是一个重要的指标，但除此之外，为社会上层和富有者所青睐的奢侈品，可能在维系长距离

① 季羡林．中国制造瓷器术传入印度//中外关系史学会．中外关系史论丛：第五辑．北京：书日文献出版社，1996：7．

② 孙光圻．海洋交通与文明．北京：海洋出版社，1993：24．

③ 张广达．文本、图像与文化流传．桂林：广西师范大学出版社，2007：120．

④ 同②146．

贸易上更具有持久性，因为对于普通百姓而言，奢侈品终究不是日常所需，自然也就无所谓要去追求和消费了。比如结绿（俗称绿宝石）被战国时期贵族上层奉为珍爱，在公元3世纪东南海路通达以后，围绕它与印度和非洲开展的宝石贸易便没有真正终止过。① 这里可以顺便给出的一个猜想便是，可能恰恰是对于某种奢侈品的欲望，使得中国这个自以为能够自给自足的帝国有了向外扩张并形成与周边以外的世界相联系的动力基础，而历史上凡是不再认为有这种与外部世界沟通往来必要的时期，都可能是关紧门户，不希求与外部世界构建联系的时期。比如，在乾隆朝的某一天，即1793年9月14日，在京城以外的避暑山庄，乾隆这位集文治武功于一身的天朝皇帝对英国人的姿态，大约可以算作这种观念的一种典范性注解。② 而相反的证据则出现在公元前13世纪末到公元前12世纪初的妇好墓，1976年挖掘出来的这位商王武丁的妻子妇好的墓中一共有750余件做工精美的玉器，而这些玉器绝非产自那时的中原本土，全部都来自那时遥远的西域和田。③ 和田的籽玉一定是那个时代社会上层乃至富裕人群竞相追逐之品，否则无法解释这位三千多年前的贵妇人为何会搜罗这样数量庞大的远距离运输来的物品。当然，除了奢侈品之外，正如苏摩尼（Alfred Salmony）所指出的那样，我们也不能否认，这些随葬的玉器本身被墓主人认为具有一种可以使自我再生的魔力，而这又成为奢侈品中的灵物，由此而为人们所强烈地追逐，并转化为一种尊贵地位的象征。④

因此，对于中华帝国而言，海洋既是一个广阔的通道，又是一处天然的屏障，当然，更多的意义上这被理解为后者。因此，大多数的汉语经典文献都是关于陆地的记述也就不足为奇，但这并不意味着与汉文记载同时代的中国没有任何海上的活动，可追溯的历史表明，在七千年以前的新石

① 沈福伟．结绿和埃及宝石贸易//朱东润，李俊民，罗竹风．中华文史论丛：第四辑．上海：上海古籍出版社，1983：253.

② 佩雷菲特．停滞的帝国——两个世界的撞击．王国卿，等译．北京：三联书店，1993：15-20.

③ 张广达．文本、图像与文化流传．桂林：广西师范大学出版社，2007：121.

④ Salmony. Carved Jade of Ancient China. London：Pisces Press，1982：27.

器时代，中国的航海事业已经初露端倪了。① 应该指出的是，西方在近现代世界的兴起，其基础也在海洋，即所谓海权国家的兴起，这与中国立足于农耕文明发展的大陆文明确实有着一种自然地理上的区分，进而加深了文化各自发展演进过程中的思维方式上的差异。② 尽管中国很早就有《山海经》这样的对于海洋想象的文本表述，它以山和海为世界之极。但真正突破海洋的屏障意识而有所谓海权的观念，那是到了很晚之后的事情，至少是在西方海权意识比较明确地建立起来，即跟随西方世界而有的现代民族国家建立之后。在拉铁摩尔看来，欧洲的社会进步很自然地是与海权的发展紧密地联系在一起的，这种观念肇始于英国，而在20世纪却遍布北美、南美、非洲、俄国以及亚洲诸区域。③

应该说，与中国意识更直接相关的是与“海”的想象紧密联系在一起的世界观念。海洋对于农耕文明而言，从来都是危险与不确定的代名词，从明代的海禁政策到晚清的五口通商，严格意义上都可以说是对农耕社会的特质加以特别保护的最为基础性的政策。④ 越过海洋，也就意味着越过了农耕社会的边界。而与这种海洋文明的世界有着类似性存在的游牧文明，也是在这个意义上构成了对于以中原为代表的稳固的农耕文明的挑战。⑤ 因此，这样的一个世界格局的构建，其基础自然就是以相互的征伐或一方对另一方的征服来完成的。历史上的战争中，这种不同文明之间的征伐占了大多数，其中既有物质利益的争夺，也有价值观念上的冲突和碰撞。即使是今天，这种状况也没有完全消弭，看看中东接连不断的战争，

---

① 孙光圻. 海洋交通与文明. 北京：中海洋出版社，1993：12.

② 中国哲学家冯友兰在1947年撰写的英文版《中国哲学简史》中有专门一节论及此一差异，虽然简略，但不失为洞见。（冯友兰. 中国哲学简史. 赵复三，译. 北京：新世界出版社，2004：22.）

③ 拉铁摩尔. 中国的亚洲内陆边疆. 唐晓峰，译. 南京：江苏人民出版社. 2005：3.

④ 因此，费孝通对中国沿海通商口岸的性质的判断即便今天还是值得回味的，他注意到像上海这样的在人口上与伦敦、纽约比肩的大都市，实际上却不像伦敦、纽约一样是一个自然形成的经济体，而是一个在西方的经济压力下发展起来的经济体，也就是借用传统的农业经济来维持现代的都市生活。（费孝通. 中国士绅. 赵旭东，秦志杰，译. 北京：三联书店，2009：84-87.）

⑤ 王明珂. 游牧者的抉择：面对汉帝国的北亚游牧部族. 桂林：广西师范大学出版社，2008：225-232.

这一点自然就不难理解了。

而中国意识里的天下观念，是使这样一种文明得以保持，同时又能包容其他文明的观念基础，中国儒家文化里所强调的和而不同，恰是在这个意义上才能体现出其自身的文化价值，而离开了“天下”这一更具包容性的观念，其存在便没有任何实际的意义。这种天下的观念大约自周代已经形成，它建立在周克商以后以周人的“天”对商人的“帝”的取代和改造的基础上，在这一过程中，“天”变成一种宇宙观而在周的统治者的观念里构成了周天子的权力得以施行的现实统治合法性的基础。① 由此才衍生出来后来“普天之下莫非王土，率土之滨莫非王臣”的天下观。这构成了后来中国意识里想象自身的基础，“天下”观念构成了中国意识里最大的一个世界，它的范围无边无际，它的关系平等且兼容，即《论语·颜渊》所谓“四海之内，皆兄弟也”。如果天下是中国人观念中最为广袤的一个世界，那么其背后的意义依旧是中国意识早熟中的“天下”，因为在中国意识之中，“天”是一个极为重要的和极具包容性的构成要素，可以说，离开了“天”及其衍生出来的文化意义，是无法理解“中国”这个极具文化意义的国家观念的，因此也就更无法理解超越皇权的抽象的“天”的运行以及国家制度设计之间连带性的关系。而“在天之下”（under the heaven）就是一个极具本体论意义的对于世界的构想，它不是简单的边缘对于中心依附的主从关系，而是强调从天人感应到天人合一的相互依赖的“和”的观念，它强调理想意义的“和”，但又不以同质化的各个独立的个人为第一判准，这是在一种多样性前提下的对于一体的和谐的追求，这种和谐观念的背后乃是一种自然的秩序，这一点甚至成为中国传统法律文化中最为核心的价值评判标准。②

而离开本土的海外和域外，被描述为一个遥不可及的世界。这个世界尽管可以与天下混同在一起，但二者之间又不是对应的。天下的观念更多意义上是一种宇宙观的构建，它与真实世界的联系并非直接，而是具有如斗篷

---

① Aihe Wang. Cosmology and Political Culture in Early China. Cambridge：Cambridge University Press，2000：58-59.

② 梁治平. 寻求自然秩序中的和谐——中国传统法律文化研究. 北京：中国政法大学出版社，1997：350.

一般的覆盖性，没有什么差异性可以溢出此斗篷的涵盖。现实的多样性与差异性，不过是这斗篷掀开来的一角，而非其全部，而这件超级大的斗篷，又像一块有着魔力的磁石，它有能力把这斗篷下的诸多差异性的存在完好如初地保存下来，使得相互之间既不分离，又能保持自身的独立性。这就是中国意识中最为广袤的世界，它实际上是一个赵汀阳所谓的“无外”的世界①，这一点自然是天下观讨论中最为核心的意义所在。

五、中国意识的再觉知

对于中国意识而言，由其伸展出来的三个世界在这里已经能够看得清楚。第一个层次的以自我为中心的处于第一位的核心世界，即世界一，它是具体的统治者必须加以应对和看护的，是帝国行政中最为集中而官僚制度极为发达的一个区域。它构成了帝国权力直接可以掌控的畿辅之地。而其周围乃是由不断变动的边疆观念所围绕的区域，它针对自身而言，从来都不会自称边缘和地方，但在借助于中心的文字表述体系来表述时，自我的中心观念就可能因为比照中心的表述而被表述为一种边缘。

这就是中心与边缘之间具有实质意味的辩证关系。在这个意义上，比较明确的是，地方与周边社会从来都是比照着中心而加以表述的。而这种可能性的基础，恰恰在于记录此种表述的文字系统。如果各自都有自身的文字，并且二者的影响力大致相当，那么这种偏向于某一个中心的表述就可能会发生。这种表述中的语言选择的偏好，特别明显地体现在中国意识引导下操汉语而对外部世界存在的表述上。

可以明确地说，中国意识是从影响中华文明数千年的中心与边缘的关系出发而从外部的世界反过来再看中国的一种世界图像，这一图像因此也就一定不是自我意识的虚妄，而是一种镜中自我的意识自觉，是自我客体化的再主体化。因此，上述三个世界对于中国的存在而言就不单单是触及不同范围的他者，而可以说是一些不能脱去的媒介。因有此媒介的存在，中国的观念才得到了实际的支撑，而如果没有这种媒介关系的思考，中国的观念和意识不过是一种随时可以被抛去的虚妄而已，这是在中国意识存

---

① 赵汀阳. 没有世界观的世界. 北京：中国人民大学出版社，2003：17-18.

在前提下构建空间上的三个世界的真正意义，也是中国人类学田野工作展开的三个世界。没有这种空间框架作为参照，所有的田野工作便是孤立的，无法从关系的角度去说明全部。

基于以上的讨论，也许，我们今天比过去更加需要费孝通晚年所勉力倡导的文化自觉的概念。这种自觉肯定不是某种由随意联想而产生的错觉，而应该是在观念层出不穷、思想日新月异、技术突飞猛进的当下社会中真正摆正自己所处的位置，切身体认曾经有的世界观及其在当下境遇中的转变。这种转变，自然也就意味着一种新的文化适应和自我创造。可以说，从来就没有一种世界观，它是亘古未变的，“变”让这个世界以及蕴含在其中的文化具有了一种再创造和重新复活的可能性。任何一个文化都不是旦夕之间就可以形成的，当然也不可能在一朝一夕之间发生某些人所期待的根本性的突然转变。

在这中间，确实有些东西是不可改变的。其中，以中国意识的构造为核心的多个世界图式的影响及其互动便属于此不变的内核的最为坚硬的一部分。构想世界的模式，其最初一定是混沌的一片，即在空间和时间上相互交融，内部没有什么分别，随着人与人、人群与人群之间交往互动的频繁，对世界构想的分别之心便被附加上来，地方、周边与整个世界的观念，即我们这里所勾勒的三个世界，就可能会逐渐地突显出来，并在不同的范围内发挥作用。因此，在这个意义上，我们显然不大可能在此认识线路之外找出中国意识下的世界观念形成的基础，而只能承认这样多元世界的现实，并洞察到这多元背后作为整体的文化存在的可能。而人类学的文化反思及田野工作也便因此而有了新的意义。

第十三章　中国人类学为什么会远离江河文明?

中国的人类学从建立伊始便可以说是村落取向的。由此而有了一套以人为中心的西方现代世界的知识生产方式。但中国人对于自然山水的信仰，似乎并没有随着科学理性的成长而逐渐地消失，反而因此得到了加强。尽管马林诺夫斯基的人类学开始确定一种实验室的范式，但今日的中国民族志不可以再次远离江河文明的表述，而需要寻找一个从人到物翻转的支撑点，从过度以人为中心的关注、描记与书写，转到人对诸如江河、山峦等自然物以及人造物的依赖、依恋以及依附的考察上来。

一、问题的大背景

中国的人类学从建立伊始便可以说是村落取向的，或者它的性格里会特别强调只关注一个地点的社会与文化，却并没有意识到空间存在的另外一个维度，那便是所谓由点构成的线这一维度的真实存在。也许，这种忽视，最大的益处就是，它一方面可以使西方传入的人类学的概念和方法得到切实的应用，即那是一种由人去观察的、模仿科学的民族志方法，因此也是实地可以把握的，并以“社区研究”以及“社会学的调查”等概念来统括之。另一方面它又可以在文化上顺理成章地融入当时中国社会的时代精神中去，即自“五四”以来的中国人对于科学和民主的不懈追求的那份狂热。

显然，在强调感受性优先的维多利亚时代，有“日不落帝国”称号的英国人不仅把他们所代表的西方文化带到了世界各地①，同时也把一种对于确定性知识的信仰带到了世界的各个角落，他们希冀以感官为基础进行知识搜集、组织以及再创造，由此而对西方以外世界的新异性有一种真实的掌握②，这同时也是近代西方认识论最为具体和独特的显现。此种态度也决定了西方的人类学在西方世界以外的表现，即在澳大利亚，乃至南北美洲等地区，人类学样貌的剖面图就是，它似乎可以不用管一个地方自身的地理形态以及这背后不同文明赋予的极为地方性的文化意涵，而直接对此加以描记与数字化，进而可以使当地的社会与文化成为为外来的观察者所掌握的一种确定性的知识，这种认识论的视野使得任何一个西方以外的地方性的社会与文化，经由人类学家的细致观察以及对于地方性知识的极有自信心的专家似的把握，并经由各种形式的文化翻译工作，而得到记录、储存、表达。在此种翻译的过程中，那个远方他者的自身解释体系看起来似乎被尊重了，但一个长期的结果却是，因此种翻译的固化作用③，而使其主体性被淹没，或功能失调而逐渐丧失了其自身发声的机会。

中国尽管没有像印度那样成为西方世界的深度殖民地，但很显然，一种被殖民的痕迹是依稀存在的，并需要我们去做一番辛苦的近代人类学的知识考古学似乎才能梳理得清楚。但也许，这里开始的对中国人类学早期传统中的江河文明话语的缺失的分析，多少可以反证近代西方知识论传统里深度的殖民意识的真实存在。概括而言，西方知识论的核心是观念论的，它试图借助观念的发明而去把握整个世界，不仅是自然界，还有人所存在的那个人文的世界。

回到江河文明这个论述主题中来便是，江河文明的核心在于自然中的水通过流动、聚集而成江河、湖泊，乃至海洋，而人作为一个活的有机体，与其他的动植物似乎并没有什么两样，同样需要依赖这些自然存在的

---

① Robinson，Gallagher，Dennny. Africa and the Victorians：The Official Mind of Imperialism. London：Macmillan & Co. Ltd.，1961：1-26.

② Cohn. Colonialsim and its Forms of Knowledge：The British in India. New Jersey：Princeton University Press，1996：3.

③ 赵旭东. 文明的固化与信念的变异——围绕华北乡村庙会中龙观念转变的再思考. 思想战线，2011（4）：61-66.

水而存活，并因此才可以延续自身。自然的水因此构成人的有机体生命以及社会生活的基础。因此，世界四大文明古国，它们的文明发展无一例外跟河流之水紧密相关，也就不足为奇了。在年鉴史学家布罗代尔看来，古代世界，在其历史的黎明时期，就在上述这些区域形成了不同区域的“大河文明”，诸如“黄河流域的中国文明，印度河沿岸的前印度文明，幼发拉底河和底格里斯河沿岸的苏美尔、巴比伦和亚述文明，尼罗河沿岸的埃及文明”①。在这一点上，作为文明古国之一的中国，它的文明显然更应该与黄河、长江及其诸多分支水系有一些关联，但让人奇怪的是，在中国人类学的日积月累的民族志描述中，却绝少有面向这些江河或流域的线上的民族志，当然同样，西方世界人类学的民族志亦少有这方面的作品出现。

很显然，这种缺少也可能直接造成了在民族志书写上的对于江河文明，即人对于自然之水所寄予的情感在文化表达上的忽视或漠视。但这种忽视或者漠视，并不能说明在一个客观的世界中，江与河这样的自然之水的存在，它们与人的社会生活之间没有某种直接的联系，否则地理学家也就不会去做那样艰苦的对于河流的测量与描绘了。这里更为重要的是，对于人类学家自身而言，他的知识论取向没有让他有可能把观察和描述的目光直接投向离开人的生活也可自然存在的江河湖泊，反过来也可以说，自近代西方启蒙时代以来的人类学的成长，更多是把人的认识的注意力特别集中到人本身上来，即以古希腊苏格拉底的一句“认识你自己”为认识世界的崇高理想。ethno 这个构成民族志（ethnography）一词的词根，它的核心意思就是指涉一个人群，而非这个人群以外的自然与人合在一起密不可分的世界。同样，构成人类学（anthropology）这个词的词根 anthro，指含有以人为中心意味的一门在知识论上进行不懈探索和知识积累的学问。

这种词源学上的考察，对于理解今天世界的人类学知识的构成是极为有意义的，因为我们可以由此而注意到，伴随西方世界脱离神权统治的文

① 布罗代尔. 文明史纲. 肖昶，冯棠，张文英，等译. 桂林：广西师范大学出版社，2003：30.

艺复兴的出现而有的对于人自身的关怀和兴趣。与此同时，一种认识论上的转向也开始发生，即从人对自然、对外在于它的神的世界的依附和敬畏，一下子转变为对这些外部存在物的认识、把握以及超越，这里由里向外有一种翻转。由此而有了一套以人为中心的西方现代世界的知识生产方式，在此意义上，所有现代意义上的人文学科，都无法脱离这种人类中心论思维方式的约束和限定。

在此人类学认识论的基础之上，再加上底色上的近代以来对人文主义的启蒙关怀，一切外部的山川、湖泊、森林、海洋之类，这些自然的存在，都一下子被转译成支撑人生活的某种生态学加经济学意义上的自然资源。它们似乎天然地就是为人服务的，并自然地存在于那里，跟人之间没有什么根本的联系，而人在这个世界上的作为，最高的理想就是对于这些自然物的征服，并开发出一门对自然进行管理的学问，即“自然资源管理”。由此，一种人类学的描述就成为一方面要像科学家那样去做细致观察，并将自然发生的各类现象加以细致描记和分类；另一方面又要把审视的眼光直接聚焦在人的活动之上，由此而衍生出各种分支性的对人的生活的某一方面的科学描述与分析，人类学家称这些描述与分析为民族志（ethnography）的书写。而且，每一位专业的人类学者手中，都应该有一部通过自己的实地田野工作而描述某个人群并随后发表的民族志，即如果有一本书是人类学家专有，而其他人不能代劳或模仿的，那就是某一位作者名下的某一本民族志了。

可以肯定地说，在中国人的文化观念里，自然存在的江河、湖泊并非某种自然的存在物，而是人的生活中可见的榜样，也是人借此去构想自身生活的一种道德想象的自然存在的基础。传统之人在此意义上绝对是一个物化的存在，即他乐于将自己等同于自然物或融入自然物的存在中，但这与今日之人通过人造物和人的消费而有的现代意义上的物化有所不同，即与卢卡奇所批评的那种体现自身阶级意识的物质化大为不同，这根本上乃是对于自然的融入、模仿或追随，并在此融入、模仿或追随之中，把自我及其特征性的跃动的心灵置入其中。因此，在中国历史上最为优秀的艺术家，其最高的成就大多体现在对山岭、江河、湖泊、海洋等自然景观的抒情式的吟咏、赞美与描摹上，而人在这景物之中似乎只占有极小的份额。

中国绘画史上的宋元明清山水画似乎最能集中地体现这一点，画中的山水在画家的笔下极其飘逸、洒脱和凝练，笔墨所到之处，有着画家独特情怀的景物便跃然纸上，但是作为万物之灵的人在其中总是很渺小，有时似乎还要用放大镜去寻找才能找得到。在这一点上，我们的文化观念是不把人看得那么重要或看成第一位的，也许在中国兵家的传统里，人是天地之间最为宝贵的资源，即孙子所说的“间于天地之间莫贵于人”，但孙子还不得不补充说，“天时、地利、人和，三者不得，虽胜有殃”。这显然还是把人放在天地自然之中的，至少要三者齐备才是最佳。因此，可以肯定地说，在中国的传统文化里从来没有这样一种思想，它是把人孤立出来并放置在高居万事万物之上的位置。至少在这个文化里，在人与自然的整体之中，人并非第一位的存在，他至多不过是自然界中最为渺小的某种存在，他应该清楚自己的存在的限制，即不把自己看作世界的中心，这在中国人的道德理想意识中是极为强调的，即一个人不能有“自大”的情愫流露到社会情境之中。

二、从以人为核心到以自然为核心

西方的启蒙，其主旨在于以人为核心的知识转换，这种转换使人处在知识生产与构造的中心地位，而人之外的存在都转变成某种背景。至少就文化比较而言，可以明显地区分出两种文化类型，在这两种文化类型的背后，有着完全不同的文化思维逻辑。一种是以人为中心的思维方式；另外一种则是以人以外的事物，即自然界中的万事万物为中心的非自我中心的思维。而前一种思维，其发展的极端形式，便是今天在世界上大行其道的个体主义；而后一种文化类型更多是把自然的、先于个人而存在的世界看成人所凭依的基础的那些文明的形式，即它们跟自然是紧密地联系在一起的，它们最为重要的共同特质就是，这些文明从本体论上是反个体主义的，它以对自然的融合或至少遁入其中为一种最高的理想。

而西方世界在近代以来的启蒙运动，核心便是努力使这种以个人为中心的社会与道德价值优越于并凌驾于其他一切价值，它所采取的最为直接且毫不用怀疑的方式就是今天逐渐遍布世界的观念——民主和科学，这种观念的背后体现出来的乃是由个体自己凭借某种自由意志而做出的对于绝对自由的选择。但在它的背后的更深处，却是借助于某种自由意志而对其他所有的自由意志及其文明表达方式毫不留情地加以排斥和压制，而能做到这一点的基础就在于，个体对知识创造本身的信仰，对他们眼中的非知识或谬误以及所谓迷信的毫不留情的蔑视、忽视乃至摒弃。今天在科学的观念的引领之下，如果一个人的行为被界定为迷信，那很显然，他存在的合理性自然被看成有问题的，他因此可能成为社会中的边缘人，一个需要被管制进而被清除的人。

但无可否认的一点就是，中国人对于自然山水的信仰似乎并没有随着这种科学理性的成长而逐渐地消失，反而因此得到增强。实际上，有山水的自然，并非由人使之对象化的自然物，在中国人的文化观念里，它从来都是一个经历过人世间俗民社会各种磨难或历练之后的归隐之地，它必然是指一处有山水的“另一个世界”，即世外桃源。它因此而被构想成与世俗的居所有着完全不同意义的圣地。在此意义上，这一地点便一定不在人所居住的世间，而是在国家以及各种世俗权力无法管治的另外的地方。对社会底层而言，这里往往会被正统的权力污名化为“江湖”和“绿林”，而对于曾经在国家权力羽翼之下服务过却郁郁不得志的传统士人而言，这些地方，也只有这些地方，才是真正纯洁而可以作为生命最终归宿与安息的地方，他们的自然之心在这里找到了认同。但很显然，至少还没有哪一位人类学家的民族志是对这样的世外桃源有真正民族志的描述的，尽管人类学的民族志群体中并不缺少世外桃源般的生活世界的存在。原因似乎很简单，所谓民族志，它初始的界定是要对一个人群的生活进行某种行为层次的描述，但在中国文人所界定的文化的意涵上，那些地方恰是远离俗世人群的清静之地，普通人是不会专门寻求在这样的“自然”环境中生活的。

因此，在我们顺着西方人类学的目光而把我们几乎全部的注意力放置在村落研究上时，我们可能完全忽略了由社会中的文化精英人为构想出来的并真正努力实践与证成的世界。传统的文人或者士大夫阶层对这个世界的描述，即通过诗词歌赋、绘画、音乐等方式所形成的对于“另外一个世界”的表征及其在世俗社会中的渲染和传播，给世俗的世界里生活的人们提供了一面可以自我观照的并体现各种生活意义与自然景象之间连接的镜子，人们时不时对镜做比照，必要时自然可以将其作为某种不错的理想生活的选择。因此，江河等自然景观，既是作为政治权力象征的“江山”的自然组成中的一部分，同时也是放弃此种对世俗权力的追求，从权力之术的羁绊中解脱出来，而向着真正自然景观回归的一种预备性途径。这种自然和权力之间的辩证法，构成了中国传统政治文化的核心。

中国人类学以地点为中心的习惯，无意之中使可以连点成线的，即以江河、山峦或流域为基础的民族志少之又少，这样的民族志书写倾向可能是与中国文明观念中对于自然的理解有根本性的悖谬的。中国的文明在其基础的观念里不仅有山水，更为重要的，正像《山海经》的研究者所指出的，中国古代世界里对于世界的勾画完全不靠画出经纬线来实现，如果要确定山的地理位置，则主要依赖于水道系统，即山的走向与水道之间有着平行关系。[①] 古史学家徐旭生对此有过这样的论断：

> 陕甘之水大致可称为东西流，故《西山经》之山，均自东向西数之。陕晋之间，黄河南北流，故《北山经》之山，均从南向北数之。河水在冀、兖之间又东北流，故《北山经》亦有向东北或向东数者。依此类推，更可证各经之条理秩然也。[②]

由于此种近乎现代地理学所无法理解的空间思维，难以满足现代观念下的人类学对一个由经纬线来确定的具体时空坐落之下的地点的要求，无意之中也就放弃了在这方面的民族志的探索，更多的努力则是先把民族志的研究单元界定为相对可以把握的一个小小的村落，并只以村落的活动范围为民族志描述的范围，而所有超越此点的可能的民族志面向，比如沿着江河而延展出来的民族志写作，都被一种预先植入的人类学学科意识阻断，并被排除在此学科研究的范围之外。由此，考察者的目光也就只能聚焦在村落共同体这个有限度的范围之中，并以“微观研究”的矜持而无端地去做一种画地为牢的自我解释，由此而造成的结果便是，极为缺少以山岭、江河、湖泊以及海洋等自然人居空间为考察和描记对象的民族志的书

---

① 张春生. 山海经研究. 上海：上海社会科学院出版社，2007：29.

② 徐旭生. 中国古史的传说时代·读《山海经》札记. 北京：文物出版社，1985：292-293.（张春生. 山海经研究. 上海：上海社会科学院出版社，2007：29-30.）

写，而留给我们的更多则是以村落空间为主体的民族志的撰述，中国的实地研究，村落既是首选，又是其归宿。

三、实验室隐喻的民族志之弊

实际上，可以说，在马林诺夫斯基为现代人类学所树立的民族志书写规范的标杆那里，我们无法找到真正可以以自然界的江河、山岭、谷地、平原等生态景观为中心的民族志资料的搜集方法，尽管每个在田野之中的人类学家，接触的不过就是这些真实存在着的自然景观，但这些并不是他们关注的中心，而是被看成人生活的背景，背景不能缺少，但它充其量只是一种衬托而已。这种对自然景致的冷漠姿态，之所以能够在人类学家的心中代代相传，被奉为经典，根本应该不是周围的环境没有什么吸引力，也不是他们感知出了什么问题，而是先入为主的人类学方法的经典范式的影响在发挥作用。这是自马林诺夫斯基的人类学开始所确定下来的一种实验室的范式，他的人类学一再告诫我们，搜集田野资料以及呈现和分析田野发现，要像实验室里做观察的科学家那样沉静而又能细致入微，而它的典范就是物理学和化学。在《西太平洋的航海者》一书的开篇，马林诺夫斯基就民族志的方法曾有过这样一段话：

> 任何一门科学研究的结果，都应当以一种绝对坦诚以及光明正大的方式来呈现。对于物理学或化学这样的科学而言，如果你对实验的安排没有详尽的说明，对所使用的装置，对在其中做出观察的方式，对它们的数目，对时间上投入的长短以及每一测量的近似值的度没有精确的描述的话，你就不要梦想着会做出某种实验上的贡献。在像生物学或地质学这样的并非精确的学科中，不能严格地照此去做，但每一位研究者都要尽其所能地将由此而得出的实验或观察的全部条件都交代给读者。在民族志的书写中，必然要有一种坦诚的说明，但不幸的是，在过去研究者并不总是能够以科学的真诚来提供这种说明。并且，许多民族志的作者未曾表现出方法上真诚的光明磊落，因为他们虽身处事实中间，而呈现到我们眼前的却是完全的似是而非。

这是作为人类学民族志经典范本的最为重要的始创者之一的马林诺

夫斯基为现代人类学的田野民族志方法预先植入的我称为“实验室隐喻”的一种意象图式，后来者在做自己的实际研究时并无法轻易地摆脱这个图式。从长远来看，或者从这种“实验室隐喻”的规范影响下制造出来的民族志范本来看，今天的人们很清楚地意识到，这是科学支配在世界人类学中的话语霸权。正像马林诺夫斯基在上文中所详尽描述的那样，它的核心意象就是在一个相对闭锁的空间里，一位研究者借助各种测量仪器和记录设备而在做各种观察和数据记录，这些观察和记录，通过文字的方式呈现，并要把整个现场的方方面面事无巨细地呈现出来，以此来表达他们的某种最新的发现，这些发现据说都是之前的人们所不知道或者闻所未闻的。

但就像自然本身在这个世界上延绵不尽一般，在这自然世界中的田野，它的边界往往是由人界定的，即由参与观察的人类学者自己去界定，并得到人类学自身的学术共同体的认可。而一旦这样的田野范围得到确定，这样的田野边界得到人类学家们集体的赞许，这些确定和赞许本身就成为一种凝固的规则，其自身发挥着对于后来入门者的约束性作用。这种既有规范的限制力，使得我们并不能真正脱离先前学术霸权的约束，一意孤行地结合田野地点的实际状况去界定田野地点的范围。中国的村落研究范式后来之所以蔚然成风，虽然有从燕京大学社会学系出来的社会学家的诸多研究贡献，但能够使这些早期的社会学系的学生走向农村，不能不说跟 1935 年秋季来燕京大学讲学两个多月的拉德克里夫-布朗（Alfred Red Radcliffe-Brown）即简称布朗的这位英国人类学家的鼓励和引导有着直接的关系。当然，如果没有吴文藻这位优秀的导师极为敏锐地把美国芝加哥大学的派克所讲的“社区研究”以及英国牛津大学布朗所讲的“社会学调查”都转译为我们文化里更容易把握和操作的“乡村生活社会学调查”这样的概念，中国社会学乡村研究的传统想要在后来蔚然成风，也是不大可能的。显然，吴文藻编译布朗的一份演讲稿的时候，不假思索地把它直接定名为“对于中国乡村生活社会学调查的建议”，这体现了学术认同上对于西方人类学既有范式的接受和选择，进而派生出后来的中国人类学的既有传统。在这篇可能只有中文版的演讲中，布朗是这样提出他的建议的：

> 多年以来人所咸知的“社会调查”，已昌行于世界各处，中国也已受了这风气的影响。我愿意向诸位贡献一点意见，指出另外一种不同的研究之可能性，这种研究，我将名之为“社会学调查”。概括地说，社会调查只是某一人群社会生活的闻见的蒐集；而社会学调查或研究乃是要依据某一部分事实的考察，来证验一套社会学理论或“试用的假设”的。由这简单的区别，就可知社会学调查和寻常社会调查的目的与方法是有些不同的，它是由社会人类学实地工作员研究“后退文化”中残存土著民族的简单社会的经验中发展出来的。他们从实地经验的结果，而形成了某种社会研究的方法。①

尽管布朗在这里未提到乡村，但在他的眼中，中国的乡村显然是最适合他的“证验一套社会学理论”的研究单位，他接下来列举的诸多正在进行的研究，背后显然都贯穿着他的小的地方社会的观念，比如高迩博士（Dr. Charlotte Gower）研究的西西里的一个小镇、华纳教授（Professor J. Loyd Warner）指导哈佛大学的学生去研究康涅狄格州的纽巴立港（Newburyport）以及密西西比州的纳齐兹（Natchez），另外还有哈佛大学在爱尔兰克莱尔郡（County Clare）的一部分进行的研究、芝加哥大学在布郎教授本人的指导下在日本九洲熊本县熊郡六工村进行的调查等。②

那个时候的中国人类学或真正意义上的社会人类学是听取了布朗的建议的，许多研究者有意无意地把自己的研究单位聚焦在中国的某一个乡村之上。据我们对现存于北京大学图书馆的老燕京大学社会学系本科生和研究生毕业论文的初步统计，从 1930 年赵承信的《广东新会慈溪土地分配调查》这篇学士论文开始，到 1950 年的陆肇基《北京西郊土地改革》的学士论文止，从事实地乡村田野调查的研究前后共计 24 项，且在 1935 年林耀华撰写的《义序宗族的研究》这篇硕士论文之后，乡村研究的数目有明显增加的趋势。③ 因此，可以想见，在那个时期，开弦工村是一个比

---

① 布朗，讲词．吴文藻，编译．对于中国乡村生活社会学调查的建议．社会学界，1936（9）：85.

② 同①85-86.

③ 李怡婷，赵旭东．一个时代的中国乡村社会研究——1922—1955 年燕京大学社会学系毕业论文的再分析//吴毅．乡村中国评论：第 3 辑．济南：山东人民出版社，2008：269.

邻长江的江南小村，但《江村经济》的叙事受“社区研究”或“社会学调查研究”概念的影响，并没有真正脱离村落研究的范式，更没有直面位于开弦工村村落边上并与这一江南村落互为一体的江河文明而展开叙述。而差不多到了1981年，费孝通第三次访问江村之后，才意识到“农村在经济上不是孤立的，它的生存和发展需要有一个商品集散中心，也就是市镇，中国传统社会占主体的自给经济正在解体。农村不能一个一个独立地发展，许多农村必须形成一个中心”①。同样，尽管义序这个地方为中国东南群山怀抱中的一个小村落，但是《义序宗族的研究》留给我们大家最为深刻的印象却不是那里的山与人的关系，而是村落之中的家族政治或以日常为中心的各种表现，它被进一步认定为中国社会的基本结构的代表②，而在西方的人类学家看来，这样的研究潜在地是可以拿来与非洲的宗族模式做比较的一个典范性的研究。

四、江河文明与超越村落的整体民族志

在拉德克里夫-布朗试图为中国的人类学研究提出一些建议之时，他毫无顾虑地选择了乡村，即分布在中国各地的村庄作为人类学家的田野首选地，并引导一大批听过他在燕京大学发表的数次演讲的学生，将他们的目光集中在中国乡村而非其他的面向上。但要清楚的是，这种取向直接导致的一个结果便是，真正在整个中国文明中具有核心符号意义的山岭、江河、湖泊、海洋等自然的存在物却无人问津，这一点似乎跟在那个时期同样繁荣，并同样有着国际影响的考古学这个学科的注意力方向形成了极为鲜明的对照，那时的考古学者更会去留意于沿着江河或者流域而层累形成的文明聚落，或者也可以说考古学沿江河的不断挖掘和知识积累，恰恰是在用地下实存的材料反证古代中国文明的江河流域起源，另外还有古人生活中对自然的江河之水完全的依赖和顺从。

从起源的意义上而言，文明的发展实际上一定不是最先以村落为基础

① 费孝通．从“江村”到“温州模式”//费孝通全集：第十一卷（1985）．呼和浩特：内蒙古人民出版社，2009：338．

② 林耀华．从人类学的观点考察中国宗族乡村：社会学界，1936（9）：131-148．

去发展自身的。当你深入了解中国的一个乡村之时，你并不能借用某一个村落的经验去理解有其自身独特存在的作为一个整体的中国文明。换言之，如果中国文明是一体的，那么这种一体性也绝不可能是一个又一个村庄经验和认识的叠加。由此可以进一步引申出来的一个问题就是，在某个地方因某种特殊的原因而使得某一个乡村消失了，它因为人口繁衍以及新的宜居地而在另外一个地方重建。甚至在城市里，这种重建依旧可以完成，乡村的人们会以自己的生活方式，并且是与城市人不同的生活方式，像苔藓一样在对他们而言可能极为残酷的环境之中生存下来。因此，这种文明肯定不是在乡村之中积淀并得以固化的，而研究乡村的人，他们总会把乡村看成一个“有问题”的地方，而这些问题不过近似某种医生职业上的敏感。① 对当地人而言，这是一种再正常不过的生活逻辑，自己看不出它实际存在的问题，且也不认为有获得此种认识的必要。在最初由人类学家参与并号召、鼓动的中国乡村研究，虽然有那样多的人参与，并有那么多的学科开始把所谓“三农”问题看成中国自身发展上最让人纠结的问题，但所有人似乎都对乡村与更大的文明之间关系的理解并没有太多兴趣，结果造成一种一叶障目的在认识上的或左或右的偏见：要么是城市化，要么是乡村化；要么是经济，要么是文化；要么是绿色农业，要么是科技农业。凡此种种的对立和争论，都因为观点上的争论不休而使得乡村的问题不再是研究者的理解，而逐渐演变成研究者凭借自身经验的某种政治态度的判断和选择，先入为主为某种权力出谋划策的心态实际上真正阻止或者延迟了对作为微观层次上的中国乡村与作为宏观层次上的中国文明整体之间关系的更深度的理解。无论如何，这都是中国学术在智力资源上的过度浪费，最后的决策者也不知会依从争论的哪一方，大概只能以声音强弱为其衡判的标准，否则中国乡村社会的研究者耗费了那么多的时间、课题经费和研究精力，最后，中国的乡村也只能被归并到走向城镇化的社区这一条发展道路上，乡村既有的问题实际不仅没有解决，反倒使决策者来了个快刀斩乱麻，试图以此而把乡村整体从人们的视野中消除干

① 赵旭东. 乡村成为问题与成为问题的中国乡村研究. 中国社会科学，2008（3）：110-117.

净，并以此来作为解决乡村问题的实际运行方案和长久之策。那这实在是对既有的不论是偏右的还是偏左的乡村研究者自身研究的一种最大的嘲讽。

总体而言，江河与山岳这样的文明，都并非简单地用某种“生态文明”的概念所能完全概括的。对人而言更为重要的意义就是，实际上它们为人自身的思考提供了一种可以观照的现实的对象，同时也是一个人们身处其中为生活而不得不做出某种审时度势的判断的生活世界的样板。德国哲学家海德格尔曾经专门对胡塞尔所提出的为整个世界所包裹的那种“生活世界”（Lebenswelt）的概念进行了更为深刻的学理上的延伸，他以“被投掷性”（Geworfenheit）来说明人的这种存在状况，并进而以“处境”（situation）这个词去描述人与整个世界之间的连带性的关系，以及人在特殊处境之中面对困境而做出选择的能力。① 同样，古典人类学所关注的原始思维在这一点上恰恰与海德格尔对人的思考有着异曲同工之妙，原始的思维显然不是以思考人的自身存在为其思考的开始，它一定首先以思考自然本身进而思考人自身为某种文明的开始，至少单就动物界而言，这是人类独有的智慧，而其他动物很难有这样的在智力或智慧上的跃升。

作为一种远古思维的代表性文本，《山海经》全书不到31 000字，里面却记载了40个左右的邦国，550座山峰，300条水道，以及这些邦国自身的山水道路、风土人情、重要物产等。② 这部书尽管在清代《四库全书总目提要》编纂时因有馆臣表示疑异而被称为闭门臆造的小说，但正像对《山海经》文本及巴蜀地理都有很深刻且广泛了解的蒙文通先生所指出的，通过可比较的证据可以充分地肯定《山海经》一书的表述体系，它的核心是巴蜀文化的，是最早在那个区域的历史古籍。③ 尽管如此，我们也不能否认，这部经典的另一方面的特点，即实际应把它看成古人理解世界的一种独特的方式，而非一定专属于某个地方，追溯它的起源似乎更是没

---

① 关子尹．语默无常——寻找定向中的哲学反思．北京：北京大学出版社，2006：13-14.

② 蒙文通．略论《山海经》的写作时代及其产生区域//中华文史论丛：第一辑．上海：中华书局，1962：43.

③ 同②62.

有必要，也是一件不大可能的事情。但我们就其文本可有一些解释，从对《山海经》的阅读之中，我们完全可以体味到，在其中人并非以日常生活之人的姿态而与山峦、江河、湖泊、海洋等自然界的事物紧密地融合在一起①，即可以说古代的人并不以为人与这些要素能够真正分离开，或者有他自身独立存在的地位，特别是对异己的人而言，情形便更是如此了。这一点似乎可以与法国人类学家列维-布留尔对于原始思维中的融入性做一直接的比较。②

可以肯定地说，山峦、江河、湖泊这些自然的存在，都跟远古之人的生活密切关联。在最古老的神话之中，洪水与河道治理都是不可或缺的母题，它们构成了上古神话以及中国文明的主基调，而这个主基调在被东方学者或一些汉学家翻译成西方人所能理解的话语之时，就转变为所谓的水利社会与东方专制主义之间的关联。但实际上，它也许跟现代水利有某些形式上的联系，由此而构成以治理江河为中心的跟西方城邦社会有所不同的一个水利社会的完形；但它们却不一定与所谓的东方专制主义有某种必然的或直接的联系，因为控制江河的各种作为，不论是在皇权统治的帝国时代，还是在现代的民族国家，都无法以此为借口不负责任地脱离人民的福祉而行专制统治，否则就像水自身的双重力量一样，借用一句人人皆知的谚语就是“水可载舟，亦可覆舟”，这同时也是历代的中国统治者心中最为清楚的一条古训。而且，也正像老子所说的那样，“上善若水”，水可以创造万物并滋润万物，因此老百姓不仅是水的意象上的载体，即由治水的统治者去治理，统治者自身也是由水而制造的，因此在中国政治的理想观念中，真正有德行的统治者并非通过控制水这样的自然资源来控制人

---

① 据郭郛的研究，《山海经》中所列水名近400种，其中河指黄河，江指长江，为专有之名，其他以水称之，如洛水、沣水等，今日依旧未改其名。《山海经》中的水，往往会与山在同一条目中，郭先生以此证明人类有渔猎-畜牧-农耕的阶段，即居住地有山必有水，山水相连而成一聚落，并有大片沼泽、湖泊，古称之为山泽，山水加上动植物而成为图腾氏族居住地的基本条件。山、水、动植物、图腾氏族，构成一个生态生活区，因此而有生态社会结构与人的基本的社会结构之间的比照和相互映射，郭郛因此断言，“《山海经》实是山水经”。（郭郛．山海经注证．北京：中国社会科学院出版社，2004：5.）

② 关于这一点可参阅下列文献：赵旭东．文化的表达——人类学的视野．北京：中国人民大学出版社，2009：281-289.

民，他们真正强调的是文化意义上的水对人民的滋养，同时理想中的统治者又要退隐在这滋养的后面，而不是到处声张自己要支配或控制被滋养的百姓，即所谓“水善利万物而不争，处众人之所恶，故几于道”（《老子·八章》）。这可以看成老子所谓“道”的核心，即细化为“衣养万物而不为主，常无欲，可名于小；万物归焉而不为主，可名为大”（《老子·三十四章》）。这“道”的代表性的意象就是“滋养植物的灌溉渠或溪流”，而能够把握这“道”的统治者应该做到“总是养育人民而并不宣称占有他们”①。

作为一个地理意义上的空间，江河还是一处流动的景观。它不仅可通过流动来净化水，同时它沿途所携带的各种有机质也可以用来灌溉农田，这对两岸的农民而言，乃是最为便利的肥料。“长三角”区域的农民向来有在河道中挖污泥来增加土地肥力的传统，这不仅使农作物有充足的养分，同时又免去了从远处运输肥料的辛苦，更为重要的是，这样的做法无意中也清理了河道，并净化了河水，可谓一举三得。而尼罗河流域的年度性的泛滥，每次都会让那个流域的人们遭受水漫堤岸的洪涝之灾，但在来年，人们却不用花费太大力气便可以获得作物高产的丰收年。因此，那里的人们并非从内心诅咒这洪水本身，因为在其肆虐之后，便带给人们以丰收的喜悦。黄泛区的农业经济大约也有类似的水与人的结构关系。② 因此，人类自然地利用江河之水的能力绝非有了现代水利才出现的，它与人类文明的肇始应该是同步发生的，水不仅是个体生命存续最为基本的要素，而且是人类群体划定各自边界的一个天然的标示物，它使得人们的生活因此而有了隔离，并形成一种地方性意义的习俗分化。而所谓的文化差异，也恰恰因为这样的自然隔离而出现，并各自得到不同程度的发展。这是人类学需要去正视并加以研究的。

与此同时，人又不是完全顺应自然存在的动物，他能够对自然存在构建出某种意义，对所有的自然存在而言，人都可以在有意或无意之间使之

---

① 艾兰．水之道与德之端——中国早期哲学思想的本喻：增订本．张海晏，译．北京：商务印书馆，2010：112.

② 赵旭东．“急沙慢土”的联想．读书，2009（5）：72-75.

有意义，并使之融入人们的生活实践中。比如，就江河的自然存在而言，在江河的源头或转弯之处，人们大多会建构出许多跟神圣性观念密切相关的意义，此种意义，又大多跟它自身所处的地理位置有着极为密切的关联。在江河的最高处，在源头，在各种形式的水流转弯之处，某种超越日常习俗生活的神圣性的观念便有可能会被居住在那里的人创造出来，并通过某种社会与文化的形式而得以表达。而在没有这些意义生产环境的江河水流平缓之处，在畅流的平原上，它们除去引诱人们思考如何使江河便利于人们日常的世俗生活，使之有益于人们的生活富足，似乎并不足以让人们构想出一种神圣生活的可能性，尽管在这些地方，并不缺少某种由外部输入的神圣生活的可能性。但江河的中下游，在其两岸生活的聚落，其世俗性的生活大多远胜于其神圣性的生活，并且，不以对山川、湖泊的自然崇拜为其核心的特征，而是以增加财富、利于劳动力的增长以及保佑日常生活的平安为其核心的特征。在这一点上，如果能够做进一步推理，我们便会得出这样一种认识，即大约在江河的上游，人们的社会生活大都会与某种神圣性的信仰紧密地联系在一起。而在中下游的平缓之地，不论是文化还是世俗的生活，都会紧密地跟人的物欲以及每天都会发生的生活密切相关，即与一种世俗性的文明密切相关。换言之，江河作为一种环境，它的不同流域的空间意象在决定着人的文化类型上的选择，在这方面环境为人所构造并转过来作用、影响以及决定着人的行为的发生和样态的选择。这显然是以人为中心，而非以生态环境为中心的社会学或人类学，它不大容易注意一种由地理空间上的差别导致的文化意义乃至文明形态上的差别，而当我们有意地做一种由里到外，即由心到物的文化转变之时，一切原有的文化解释都需要重新给出一种评价。

五、寻找从人到物翻转的支撑点

在一定意义上可以说，中国文明中的自然是一种为人所驯化了的自然，这种驯化绝对不是一种殖民意义上的征服，是通过赋予其意义而智慧地对自然加以顺应和融入。山在此意义上就再不是普通意义上的山，水自然也不是普通意义上的水，至于土地，那就更是与人有着一种紧密的关系了，生于斯，长于斯，最后再归老于斯，在人的生命循环里，一种文化就从土里不断地生长出来。这是民族志工作者认知方式上的一种翻转，即从对人的关注转换到对于人生活并融入其中的自然的关注上，而所谓翻转的支撑点就是各种被人赋予了意义的自然物。

如果回到宇宙起源的问题，这也许是一个永远让人心驰神往的问题，它不大可能有最终的解答，当然也无人会指望有此解答的出现。但是，宇宙存在的现实，却让人们可以清楚地体验到造物主自身的神奇功力的存在。我们看到隆起的高山，看到高山的积雪融化，或者在这里所形成的降雨，会沿着山麓流淌而形成一定走向的河流，而到了平坦之地，这些大的河流又会纵横交错地形成各种支流，成为人们灌溉、从事农业生产的基础。在这方面，中国的自然地理应该是一个典范，说中国是一个“河川之国”一点也不为过，西部的昆仑山、天山以及巴颜喀拉山，差不多成为中国西部的天然屏障。那样高耸连绵的群山，也孕育了一个独特的神话体系，即昆仑神话。到了夏季，从这些高山上流淌下来的雪水和雨水，带着山体表层的营养而灌溉了山下大面积的良田，只要人们愿意，这里便可以生长出高产的庄稼。而这些人眼中的自然物的存在都在深度意义上影响着中国文明的形态及其可以翻转的枢纽。

可以毫无顾忌地说，山和水必然是联系在一起的。只有高耸的山峦才能够留存足够的水分，而适宜人口繁育和农业种植的平原腹地，它的背后一定要有这样的山峦作为一种由高向低流动的水的供应。中国的画家很早便有了这样的一种文化的自觉，在他们的笔墨中，山水是不会分家的。而且，在他们的构图之中，山总是那样高耸入云，而山脚下的河流又总是那样汩汩地流淌着，静默无声，却滋润着每一家每一户的良田。至于一望无际的平原，尽管是日常农业生产最为方便的选择地，但却因其缺少变化，而少为画家们拿来入画。或者说它也许是在世俗生活领域占据主角的一个空间，并不为追求圣洁高雅情怀的丹青高手们所青睐。因此，无一用处的山水，往往成为中国传统画家首选的描摹和表现对象，当你面向黄公望这位道士笔下的《富春山居图》时，你大概很难去设想，它跟现代水电站之间会有什么直接的联系，那时的画家所追求的是在空灵之中寻找山水，并以此来作为海德格尔所说的某种“处境”，以彰显人在其中生存的真实意义。

就自然的山岳和土地而言，水平化了的土地和垂直高耸的山地，二者相映成趣，构成了一幅真正立体的自然图画，而流动的水流则把这二者极为紧密地联系在一起。如果人类的生活可以直接区分为神圣与世俗这样两个部分的话，那么山岳，特别是那些直插云端的山峰，从来都会让人油然而生一种神圣性的敬畏感，这是真正居住在高山深处的人最能切身体会的。而平地里的田园风光，它逼迫着人们不得已回归一种平静安详的世俗生活，就如那万顷良田一般，让人有一种天然的安全感生发出来。而像一条飘动的绸带的河流，它会不失时机地把这被人奉为神圣的高山与其所体验到的平和的日常生活紧密地联系在一起。人们因此而在日常的生活里总要设法安排出一定的日子，在这些天里离开他们的土地，尽可能地登上高山，寻求一种对于平地日常生活的自我超越。而名寺古刹又大多藏匿于深山之中，这已经清楚地显现了山中的神圣与闹市的世俗之间的两分。而生活在传统俗世的士人，他们归隐山林就会更加突显这样一种区分，即在他们不再从事或不愿意再从事闹市世俗的工作之后，最高的理想不是选择继续生活在闹市里，更不是选择平淡无奇的平地去生活，而是归隐山林，在各种形式的古典艺术作品中，这种叙事屡见不鲜。

这样一系列回顾和讨论，不能不使我们回归文明与人类学之间关系的这一大问题上去。我们今天实在没有什么理由会因为某种西方社会理论的验证的目的，而放弃对某一个文明其整体发展和演进脉络的考察；同时，这个文明的脉络，它又并非单单依靠描记清楚一些以村庄为中心的点就能自然得到对其的完整的理解。我们要想了解这个文明，必须要有一种视角上的转换，需要从远处眺望，或者从高处俯瞰，由此那些已经被描记清楚的点之间的联系和律动的走向，才能如格式塔的完形一般，比较全面地呈现在我们的面前。由此，我们也才能够领会到，在这其中，那些描记下来的点，即一个个中国文明映照下的村庄，究竟哪些是不可缺少的关键节点或枢纽，而哪些只不过是一种便于理解的背景音。同时，我们由此会看到，在这个文明里，人从来不是以自我为中心而生活在这个世界上的，他会忘我地身处各种风景环绕的山水之中，为着生活而不得已做出各种选择和行动，而这些可以寻到轨迹的选择和行动，不仅会依赖于人所生活的环境，而且也会因这些环境而受到激发。因此，也就不存在今天刻意而为的那种环境保护的现代人的意识。在那里，即在那个人居的空间里，人确实在为环境而活着，环境当然也会眷顾于人而使人一代代地存活下来。这种并不以人为中心而是以人之外但人居于其间的环境的文明整体的民族志，可能是今天中国人类学民族志书写中十分缺少的，而这些，在传统的中国文明的表述体系中，却是到处存在的。

这一点可以激发我们去思考中国人类学研究范式的一种新转换。这一转换的核心可以看成由人到物的翻转，即从过度以人为中心的关注、描记与书写，翻转到人对诸如江河、山峦等自然物以及人造物的依赖、依恋以及依附的考察上来。可以说，恰是从物的存在中，人找到了，或者说了悟到了，人自身存在的意义；同样，从物的形态中，人也为自己找到了随处可以模仿的恒久的榜样；进而，由物的运动，人深切地体味到了，作为人，他自身的渺小与卑微；还有，由物自身对人的那份无法抗拒的吸引力，也映照出了人对自然回归的真正本能。

要使这种翻转成为可能，我们有必要为其找到一个支撑点，它可以使向物自身的翻转不仅能够发生，而且易于发生。在此意义上，中国的上古文献中以及现实世界中的有似原始思维的至少不同于今天在现代性支配下的思维方式，也许是我们目前所能找寻到的一个不错的撬动此一翻转的支撑点，它借助文化而表达自身，并凝固在文化的诸种介质之中，无法分离。

第十四章 迈向人类学的中国时代

一种以中国意识为基础的文化转型人类学在当下中国呼之欲出，它成为新一轮“人类学的中国时代”的主基调。这可体现为如下几方面的特征。第一，再没有一个时代比今日中国更需要人类学的理论构建。第二，人类学学科分支不断拓展。第三，人类学人才队伍的培养在最近十年或二十年的时间里蓬勃发展，并与人类学缺少恰当学科地位形成对照。第四，既有研究范式在日益发生转变。第五，中国人类学在走进和走出之间不断地进行自我超越。人类学就是发现新的文化类型的冒险探寻之旅，如果一切都在转变之中，那只不过在今天的世界中，这种转变表现得更为强烈罢了，对于文化自身的生成与转变，道理亦不过如此。

一、文化与转型

对于中国人类学在当今世界格局中的处境，人类学家自己需要有一次盘点。通过这次盘点，我们可以真正清醒地意识到，我们所做的各种努力带动的可能是一个人类学中国时代的重新出现。没有这样一次盘点，我们便不能够在一种明确的中国意识下对人类学的中国研究的方向有所把握。过去，我们也许做了很多，但我们并不知为何而做；或者，我们说了很多，但我们却不知为何而说；还有，我们想了很多，却并不知为何而想。凡此种种，都需要我们重新看待过去在中国曾经发生的人类学以及展望正在发展之中的未来的人类学。这里的“不知”，其所指非常明确，即不能把作为一门学科的人类学跟自身文化的处境和转型紧密地联系在一起，心中所依附的仍旧是遥远的他者，但情形正处在无意识的转变当中。

众所周知，“人类学的中国时代”并非新的说法，而是半个多世纪之前的1962年10月30日英国人类学家莫里斯·弗里德曼（Maurice Freedman）在第三届“马林诺夫斯基纪念讲座”上给出的讲座题目，即“一个社会人类学的中国时代”（A Chinese Phase of Social Anthropology）。① 弗里德曼给出这个题目，其用意在于提醒西方人类学家们应该注意对中国社会及其变迁的诸多研究，这里的研究特指20世纪30年代在燕京大学社会学系吴文藻教授领导之下而开展的各种形式的有关中国社会的实地研究。很显然，这个时代是跟一系列中国人类学重要的名字联系在一起的，诸如费孝通、林耀华、李安宅、廖泰初、瞿同祖、田汝康、李有义等，是他们这些人在真正意义上创造了一个人类学的中国时代，这个时代并不是按照所谓学科分类来称谓自己的，而是依照这些人的研究中个人所承载的文化意识，即以曾经受到中国文化深度熏陶并经历了一种社会结构巨变的中国意识而称谓自己的，即可称之为人类学的中国学派。

在今天，可以笼统地称他们这些人为社会学研究的学者们，但很显然，他们的研究并不同于那时从美国传入的以李景汉、陈达等为代表的社会学的传统，正如拉德克里夫-布朗所指出的，它不是一般意义上的社会调查，而是一种“社会学调查”②，它的方法实际上或根本上是人类学的，即采用实地田野工作的人类学方法。换言之，他们这些人的研究不同于英

---

① Freedman. A Chinese Phase in Social Anthropology. British Journal of Sociology, 1963, 14 (1): 1-19; Freedman. The Study of Chinese Society. California: Stanford University Press, 1979.

② 1935年秋拉德克里夫-布朗（简称布朗）来燕京大学社会学系讲学，其间做了一个讲座，题目便是《对于中国乡村生活社会学调查的建议》，吴文藻对此演讲做了编译的工作，发表在《社会学界》第九卷上。布朗开篇就指出：“多年以来人所咸知的社会调查，已昌行于世界各处，中国也已受了这风气的影响。我愿意向诸位贡献一点意见，指出另外一种不同的研究之可能性，这种研究，我将名之为‘社会学调查’。概括地说，社会调查只是某一人群社会生活的闻见的搜集；而社会学调查或研究乃是要依据某一部分事实的考察，来证验一套社会学理论或‘试用的假设’的。”原文载于1936年出版的《社会学界》第九卷（1936：79-88），引文出自第79页。

美人类学传统的乃是这些人更多去研究自己存在于其中的社会，即中国社会，并且更多依靠的是自己眼睛的观察和感官的感受，而不是各种僵化的调查表格或问卷。

那个时候，中国的研究者相信，自己尽管生长于这个自己熟悉的社会之中，读书读的也是“四书”“五经”之类的经典，但实际自己并不真正了解这个社会，即从社会科学的经验研究的意义上而言不了解这个社会。当然，美国芝加哥大学的派克教授和英国牛津大学的布朗教授在20世纪30年代中期一先一后来华讲学，并受到吴文藻等人极为热情而周到的学术接待和安排，这些活动对于一个人类学的中国时代的成长而言，无疑是重要的契机。今天看来，这是借助西方的前沿研究范式而把以中国意识为基础的人类学或者社会学的研究推向了高峰，加之一批有志于人类学和社会学的年轻学子孜孜以求地沿着这条道路前行，所结的硕果不仅是使这种研究在世界人类学乃至一般社会科学的领域中影响显著且持久，并且在方法论的意义上，也使得这样一种研究在中国的学术场域中有了自身研究的合法性。可以说，那时的人们并无意于在学科如何分野与依附上去做耗费时间的争执，倒是围绕着中国当时的内陆农村和边疆少数民族地区展开了内涵极为丰富的田野研究，积累了丰富的有关中国社会及其文化多样性的资料。显然，从那个时期这个学派的重镇燕京大学所留存下来的大量在这些前辈学者指导下完成的本科以及硕士论文中就可以看出来。①

在此意义上称那个时代为“一个人类学的中国时代”显然是有其所指的，并且这无意之中也印证了马林诺夫斯基为费孝通的英文版的《江村经济》所写序言中的那份断言和欣羡，即对人类学家研究自己的文化以及能够有机会面对一种文明的人类学的欣羡，并且要求研究者注意到在西方现代世界兴起的浪潮影响之下人类学所发生的种

---

① 相关的梳理可参阅下面的文章：李怡婷，赵旭东. 一个时代的中国乡村社会研究——1922—1955年燕京大学社会学系毕业论文的再分析//吴毅. 乡村中国评论：第3辑. 济南：山东人民出版社，2008：261-306；赵旭东，齐钊. 地方志与风俗的区域研究——对早期燕京大学社会学系两篇毕业论文的分析. 民俗研究，2012：（1）：58-66. 这些论文的原件现藏于北京大学图书馆。

种转变。[1] 这是实地田野研究方法所能提供给研究者的一套最为方便的工具，借此从现实的真实发生中看出社会构成、文化形态及其转型。在此意义上，人类学所关心的恰恰就是某一个社会的文化构成这一维度，以及对这一维度变化的追溯与比较研究。

但就费孝通一人的学术成就而言，从《江村经济》到《禄村农田》，再到20世纪80年代的小城镇研究，这种追溯变化的视角从来都是不缺乏的。在其晚年，借“文化自觉”的概念而进一步提出的文化转型的概念[2]，更是把握住了人类学田野工作的精髓，即在一种动态之中理解文化存在的形态。很显然，20世纪80年代以来，我们的生活经历着从物质到观念上的各种转变，我们可以称这些转变为一种转型而非变迁。原因似乎也很简单，所谓转型，意味着这个社会中出现的因为某种巨变而有的形态上的前后之间的改变，而非那种渐进式变化的社会变迁。这就如一块钢板突然从中间断裂，分为前后的两截；而非前后之间无根本分别的扭曲变形，即有变化却还是连续的一体。这又类似川剧里的“变脸”，由一个演员转换出各张面孔，它们之间似乎并没有什么的关系，不同的面孔代表着不同的意义。由此可以类比的就是，这样的变化模式多属于一种转型的状态。对试图从现实中寻找意义关联的人类学而言，中国巨变的生活场域为这种新意义的获得提供了一个绝好的观察空间，这个意义生成的场域不再局限于中国的乡村或者边疆，而是向城市、向海外、向经济与政治的中心多方位拓展。这是和中国人自20世纪80年代之后在世界范围内日益频繁的流动紧密联系在一起的。

---

① 马林诺夫斯基为《江村经济》一书所写的序言是这样落笔的：“我敢于预言费孝通博士的《中国农民的生活》（又名《江村经济》——译注）一书将被认为是人类学实地调查和理论工作发展中的一个里程碑。此书有一些杰出的优点，每一点都标志着一个新的发展。本书让我们注意的并不是一个小小的微不足道的部落，而是世界上一个最伟大的国家。作者并不是一个外来人，在异国的土地上猎奇而写作的；本书的内容包含着一个公民对自己的人民进行观察的结果。这是一个土生土长的人在本乡人民中间进行工作的成果。如果说人贵有自知之明的话，那么，一个民族研究自己民族的人类学当然是最艰巨的，同样，这也是一个实地调查工作者的最珍贵的成就。”（费孝通．江村经济——中国农民的生活．北京：商务印书馆，2001：13.）

② 赵旭东．从社会转型到文化转型——当代中国社会的特征及其转化．中山大学学报（社会科学版），2013（3）：111-124.

换言之，也可以这样说，有怎样的人口流动模式，便有怎样的社会与文化类型。在这一点上，处在流动之中的中国社会与文化已经不再是一种观念，而是一个既定的社会事实；不能将它们看成社会的例外，而应该将它们看成社会的常态。显然，如何从一种动态的处境中去理解中国的个人、社会与文化，不仅要求有方法上的改变，也需要有理论上的挑战。

在此意义上，一种以中国意识为基础的文化转型的人类学不仅呼之欲出，且具有极为不确定的意义生成的架构，有似巴赫金意义上的广场吆喝的语言，谁都可以在当中喊上两嗓子，吆喝上几声，并且属于小贩叫卖式的吆喝，使用的修饰语往往是最高级的，从来也不会表现出丝毫的谦虚或礼让。①

二、乡土与离土

走入新一轮的人类学的中国时代，它的世界背景已经和20世纪30年代由一批中国的社会学家完成的时代构建大为不同，这是由诸多新物质的发明并被引入现代社会生活之中而引起的一场价值革命来实现的，人类学家不再是单一的文化意义的发现者，还是这个时代文化意义的创造者。

在此意义上，我们一定不是在创造一个完整的新时代，而是要深切地觉知一个新时代的到来，并且能够融入这个新时代之中，获得真正有文化内涵的理解。显然，这种理解的获得，尚需要时日及不同领域中国人类学家们的不懈努力。我们所能做的就是我们应努力去做的，至于对这些作为如何评价，那可能就属于有求真癖以及善于横断是非的未来的历史学家的研究领域了。而我们人类学者真正关心的恰恰就是在当下面对一个前所未有之世界性文化转型的大变局，我们所能做的究竟是什么。正如这章的标题所指示的，我们必须“迈向人类学的中国时代”，这既是指一种态度，也是指一种实际的行动。

首先，为什么是迈向？正如我们所注意到的，今天的世界在经历一场新的巨变，因此可谓一个正在形成之中的世界，就如树枝的枝杈不断伸展开来一样，究竟在哪里分叉，又在哪里形成节点，似乎都处在一种不确定

① 巴赫金．拉伯雷研究．李兆林，夏忠宪，等译．石家庄：河北教育出版社，1998：206.

之中。因此，它不再是原来人类学发展之初的那个时代。那个时代，人类学为自己的研究对象所界定的他者是一个相对稳定并且相信不曾有过任何改变的世界，我们愿意称那样的社会是一个自我循环的社会，它因此可能缺少过多的创造，不论是物质的还是精神的构成要素，都会在这个社会之中不断地循环，没有什么东西可以超出这个循环圈。但今天，这样的世界恐怕再难寻找，呈现在我们面前的乃是经由互联网或以各种创新形式而相互连接在一起的一个世界。创新就是这个世界的动力来源，文化在全球范围内的快速传播并产生影响是一个不争的社会事实。这个虚拟的网络世界并非一旦形成便凝固定型，而是在新的不确定的状态下改变着自己的形态，形成自己的风景，如万花筒，稍有移动，便有筒中景致的改变。

从最初有网络，到今天的微博、微信的高度普及，这中间只不过二十几年的时间，甚至更短。但我们的生活方式却在随之发生重大的改变。因此，面对这样一个正在生成之中的世界，我们也许只能是跟随者，并且应该是大踏步地向其迈进而非冷漠地拒斥或退缩。中国无疑是这个世界中最为重要的一部分，所谓人类学的中国时代，无非就是在中国发生的一切，在未来以及正在发生的当下，会影响世界的前景及其文化选择和走向。当美国芝加哥大学的人类学家萨林斯开始提笔写批评中国孔子学院的长篇大论之时①，我们可以深切感受到文化的冲击可能在发生着一种根本性的扭转，即从之前的西方对中国的冲击-反应论模式，而逐渐转化为中国对中国以外的世界的新的冲击-反应。也许，孔子学院不过是凭中国人的生存智慧在学习西方的历程之中偶然而有的独到的发明。而萨林斯对西方文明中有关学术底线和操守的呼吁、坚守乃至捍卫的赫然一击，对于当下轰

① 中华人民共和国教育部直属事业机构“中国汉办”2004年11月在韩国开设第一家孔子学院之后，随着中国文化的输出欲求的增加，孔子学院也开设到世界各地，甚至在美国有愈加蓬勃发展之势。但遭到的反对和赞同之声同时存在。最著名的就是人类学界的萨林斯教授2013年11月在美国保守派著名的《国家》（*The Nation*）杂志上发表长文《中国大学》（China U.），认为孔子学院课堂限制学生思想的自由交流，并对政治讨论有严格审查，建议取消在美国的孔子学院。但与此相反，乔治·华盛顿大学的中国史学家马寇德（Edward A. McCord）则在《外交家》（*The Diplomat*）杂志上发表文章，坚持认为孔子学院办学威胁不了所谓美国人主张的自由学术，而对于孔子学院应该采取积极合作的姿态。这一有关汉语教育在国外的文化之争仍在进行之中。信息来源：http://observe.chinaiiss.com/html/20147/15/a6d9f1.html.

轰烈烈的国家主导的中国文化海外传播而言绝对是棒喝，未来如何有一种所谓的中国文化在世界范围内产生真正能够被人接受的一整套内涵，我们对此似乎没有做好真正的文化研究及理解上的准备。在此意义上，人类学的中国时代可能需要大家在研究的主题、方法以及理论构建上重新调整，重新看待我们自身的文化，同时也要去看世界其他不同的文化，它们究竟在发生怎样的扭转，以此来真正适应发生在自己身边以及生活之中的文化转型的诸多改变。

确实可以断言，人类学的中国时代在今日所面临的是中国文化自身的转型，这种转型无疑是伴随中国在 1978 年以来的各种形式的变革而出现的。这些变革从经济而及政治，由社会而至文化，点点滴滴、方方面面，逐渐展开，并逐渐波及我们日常生活的诸多方面，最终影响作为整体的文化价值的一系列的变革。人们在今天从无意识到自觉地感受到文化的存在，这本身就是一种文化转型。这种感受无可置疑受到在既有文化消失过程中越来越为人们所切身感受到的文化存在的影响，似乎人们有一种文化上的饥渴症。你只要到任何城市的文化市场巡视一圈，就会看到人头攒动所寻找的是那些跟生活的实际并没有直接关系的字画、饰品和旧物，所谓宝物和金钱之间的关联无疑是一个重要的驱使因素，但除此之外，人们寻找的恰恰也是那些人类学家四处寻找的东西，即即将遗失的文化以及那份逝去的乡愁。①

各种形式的新乡村建设，拆来搬去的城市化的各种改造，这些无一例外在用一种外力，即所谓的文化上未经慎重思考的一厢情愿的扶贫意识，目的是要使旧有的文化从形式上走上一条现代之路。而在此之后，迅速消失的村寨乃至城市郊区，使我们所面临的就不再是原来单一经济转型下的经济贫困的问题，而是要去努力寻找在贫穷年代里明显存在，而在今天却

---

① 2014 年 11 月 16 日，我跑去厦门大学附近的老渔港沙坡尾考察，在基本保持原貌的街巷之中，我看到在一个十字路口的建筑物上鲜明地挂着一条红色横幅，上面写着“海洋文化创意港，城市心灵避风坞”，显然这里将会成为文化创意公司的开发地。同时我还注意到一家搜集老旧器物的店铺，名字就叫“不辍坠旧物馆”，而与之形成鲜明对照的则是隔壁正在拆建中的“福建省厦门轮船总公司船舶修造厂”。显然人们试图寻找失去的文化，并试图保存它们，但同时也在拆掉一些在他们眼里并非文化的文化遗存。

快速消失的那些文化。这就如同跟一个有着鲜明主体的文化玩了一场消失之后再去将其寻找回来的小孩子的游戏。换言之，是我们而非乡村里的人先是发明了“改造乡村”，后是发明了“乡愁”的概念，然后让自己在失去与寻找的游戏结构中做着各种浪费精力的不懈努力。可惜，这个行动的主体恰恰并非一个个有名有姓的生活在当地的人，当地人在上述这些自我矛盾的概念驱使之下被迫离开了自己祖祖辈辈生活的家园，他们不再是能够全部时间生活在属于自己的土地上的主人，而只可能是受世界资本的吸引并在全球范围内移动和散居的流浪者。

而这便是我们今天的社会现实，既不能否认，也不可回避。这种现实带动着曾经是中国文化的一个重要标志的乡土社会的转变。此一转变的核心价值即在于，中国跟随世界的脚步走上了西方现代文明曾经走过并仍在向前迈进的轨道，即竭尽全力实现与世界的接轨。但为了实现这个国家目标，我们损失的却可能是培育起一种独特文化的土壤，这种损失也让传统的人类学家无所归依，因为曾经属于人类学研究的区域，一块块地被现代世界发展的脚步踩踏，并被一点点碾碎，不留一丝痕迹。在当初人类学企图用空间去解决达尔文时间解释上的对人类进化阶梯的构想时，人类学家是信心满满的，即试图从不同于西方世界的空间差异的异文化中寻找西方文明最早的起源。

但随着非洲、西太平洋诸岛屿、印度、东南亚、北美印第安等区域的土著陆续进入现代的行列，特别是随后互联网技术在全球范围内的普及，空间的差异性在日益减少，同时相互之间在时间感受上的差异性也在逐渐地减少，甚至消失。我们有时似乎是通过物的差异性来辨别时间感的，但当越来越多的人开始消费共同性的东西之时，时间感上的差异性便不复存在了。今天的人们是在无差异性之中体会可能有的差异性。人类学因此必然要去重新发现可能有的同质性人群中间的新差异。人类学家对此不可能无所作为，因为他的最终目标就是要在寻找他者的历程中去解释西方世界今天的存在及其意义。

但当有一天，世界各地之间的差异变得越来越小之时，人类学又会走向哪里呢？也许，中国这个文化场域是一个不错的选择，因为我们自身的文化性格总是试图在相同之中找到差异，或者从差异中去看某种共同性的存在。在这一点上，人类学必然大有用武之地。中国这个广袤世界在地理空间上的差异造就了不同的社会组织形式，南北之间、东西之间、东南与西南、东北与西北，还有山地与平原之间、草原与平原之间、谷地与坡地之间、沙漠与绿洲之间等，我们还可以找出更多诸如此类的差异，至少这些差异依旧如故地存在，并且，甚至可以说有许多差异是应对现代世界的同质性的改变造成的。比如以"广场大妈"引领的集体舞去打破当下社会中过度个体化分离的生活，用街头巷尾的乐在其中的打麻将去挑战一种毫无生气可言只有工作纪律的单调生活。广场上的"大妈们"，她们是老人，这是从她们的年龄上说；同时又是活力四射的年轻人，这是从她们的精神和行为上说。这便使得对于人自身的一种现代分化机制难以真正彻底地实现，即不能由此而将一个人借助二元对立的分类逻辑划分为生与死、美与丑、老与幼、善与恶等，而这些现代性意义的二元对立最后都不过是必然同时存在于一个个的个体身上的，对于集体而言，道理亦不过如此。

三、盘点与特征

社会在变化之中，亦在创造之中。各种文化的新形式都会因为这种创造性而不断地涌现。我们需要对这些新形式给出我们的理解，这些理解将会构成一种以文化转型人类学为基础的人类学中国时代的重要组成部分。① 在这样一个新的人类学的中国时代之中，有几点认识是可以提出来供大家一起讨论的。

第一便是人类学的理论构建问题。可能再没有一个时代比今日中国更需要某种或几种理论的构建。这是以20世纪80年代甚至可以说90年代以来在中国全境所开展的人类学的田野调查为基础而展开的。人们试图为这些田野资料的发现提供一些解释，这些解释构成了新的理论有可能出现并形成影响力的基础。对此我们值得做一些粗略的盘点，它一定是依我们当下的问题意识而注意到诸位作者的理论建树，它并非一个无所遗漏的全

① 赵旭东. 从社会转型到文化转型——当代中国社会的特征及其转化. 中山大学学报（社会科学版），2013（3）：111-124.

集性的盘点，而是一个图解式的说明，权当为未来提供全面搜集的初步线索。

有关人类学的理论建构，最值得一提的就是关于“走廊”概念的提出。这当然是以费孝通“藏彝走廊”概念为基础而提出的，基于此的各种解释也层出不穷，诸如李绍明、李星星、王铭铭、石硕等人的理论解释；由此而提出的走廊概念的拓展也有很多，诸如杨志强等人提出的“古苗疆走廊”的概念；还有人提出温岭走廊、南岭走廊之类的新概念，都可谓在走廊这一概念思考范式之下所不断拓展的一种人类学理解的概念提升与理论构建。另外还有同样是基于费孝通的“中华民族多元一体格局”的理论，面对新时代而提出的对于这一理论的新补充，诸如徐杰舜以汉民族史研究建构出来的通过滚雪球的类比而不断滚动起来的由小到大、由多而一的中华民族构成理论，以及从另外一个维度上，即从一体到多元路径上的补充理解等。①

与之同时，有关民族志本质的讨论也在不断丰富之中，特别是以2014年春季由《民族研究》主编刘世哲召集的围绕民族志写作的讨论会，更凸显其重要的价值，可以将此看成继美国《写文化》一书出版之后中国人类学做出的新反应。朱炳祥的“主体民族志”概念的提出，无论其概念界定恰当与否，至少一个人类学学科方法讨论的平台得以建立，并且由这个概念引发的新问题进一步引起了中国人类学家的自觉，大家有一种共识，试图将民族志理论的讨论提升到大家可以展开平等对话的层次上去，以此构建人类学在中国意识中的主体性格。

第二，人类学的中国时代体现在各个分支学科的不断拓展上。2007年3月成立的中国人类学民族学研究会在今天已经先后成立了29个分支委员会，很显然，这个数字在不久的将来还会进一步增长。尽管在这些人类学的专业委员会中不乏有一定重复性的且并非有完全分支学科意义的学会的构建，但毋庸置疑，大多数的分支学会真正是在人类学分支学科上展开的，并且反映出中国人类学在当下时代里所逐渐积蓄的力量，

---

① 赵旭东. 一体多元的族群关系论要——基于费孝通“中华民族多元一体格局”构想的再思考. 社会科学，2012（4）：51-62.

以及人们研究兴趣上更为多元、内容上更为丰富、交流上更为积极的特征。由此可知，即便各个分支委员会每两年举办一次分支学科的学术年会，那么从理论上而言，在中国人类学民族学研究会的名下平均每一个月都会有至少一次会议。进而可以想见这个大型的专业协会的秘书机构的繁忙程度。

就一个学科分支的发展而言，西方世界的人类学在走入并不让人乐观的时期之时①，反倒是社会科学之内对于人类学的忽视使得法国人类学家余埃特（Armel Huet）在清华大学社会学系的演讲中呼吁法国的社会学要以人类学为基础来加以重构。② 但在中国，情形似乎有些不同，随着各种形式的大学学科建设声浪一波胜过一波，各种新的分支学科的高调建设逐渐从无到有地发展起来。诸如以北京大学高丙中为代表的“海外民族志”的学科构建；中央民族大学专门成立的世界人类学民族学研究中心，在包智明的带领下，开始聚集各类海外人类学的研究人才，拓展这一领域研究的深度和广度，并努力使之制度化。除此之外，彭文斌等人倡导的灾难或者灾害人类学，周永明所提出的人类学的路学研究，何明引领的跨界民族研究，周大鸣、潘蛟有关城市移民以及少数民族城市移民的研究，陈刚积极推进的食品安全与应用人类学的研究，麻国庆、张先清等人所推动的海洋人类学的研究，以及景军等人努力开展的并日益凸显其重要性的以农村自杀人口为研究对象的医学人类学的研究，庄孔韶、景军、邵京等人长时期有关艾滋病问题的研究，都在真正推动应用人类学这一西方传统学科的大范围拓展。而罗红光借助对志愿者的研究提出了在公共人类学视角上的常人民族志的讨论。③ 除此之外，法律人类学在人类学中的开展，诸如张冠梓、朱晓阳等人的先期研究，使得法理学以及习惯法研究的学者开

① 美国乔治城大学教育与就业中心对2009—2010年美国社区全职员工的薪酬水平进行了调查，并通过《福布斯》发布调查结果。调查结果显示，人类学和考古学排在最差专业之首，这两个专业在美国的失业率都是10.5%，远高于平均水平，即便找到了工作，起薪不过28 000美元，而机械工程师的起薪是58 000美元。信息来源：http://edu.dzwww.com/lxym/lxzx/201210/t20121018_7528677.html.

② 杨敏．法国社会学为什么被戏称为“没有人的社会学”．中国社会科学报，2014-10-22（A03）.

③ 罗红光．常人民族志——利他行动的道德分析．世界民族，2012（4）：1-18.

始注意到人类学研究的独特范式，在此潮流的大力推动之下，有两本以书代刊的杂志相继出版，即由苏力主编的《法律和社会科学》以及由吴大华主编的《法律人类学论丛》，此外还要加上在习惯法领域由谢晖教授主编的《民间法》杂志。这些研究使这一学科可谓有了一个坚实的基础，未来随着法制中国的不断深入人心，研究法律问题的人类学家和法学家的合作也必然是一个不可回避的发展趋势。

而人类学对于艺术领域的关注使艺术人类学在最近十几年的时间里有了极为迅猛的发展①，以方李莉为会长的中国艺术人类学研究会依托中国艺术研究院作为一级学会在 2006 年 12 月成立，从 2013 年的一份学会总结报告来看，艺术人类学在中国可谓有蓬勃发展之势。② 而中央民族大学在王建民的积极引领下还开设了艺术人类学的专门课程，招收了相关专业的硕士、博士研究生，并以王建民的研究作为一个桥梁，而将非物质文化遗产的研究相互结合起来，在民俗学家之侧更多见到了人类学家的影子，在积极参与以民俗学为主导的“非遗”研究的同时，民俗学家也可以因此感受到人类学对于“非遗”研究的深度批评。而作为人类学的另外一个分支，文学人类学在徐新建、彭兆荣、叶舒宪等人的推动之下，显然也在介入并担当着“非遗”研究的批评者的角色。很自然，在中国的各类文化存在形态被不断搅动并发挥其影响力的同时，如果没有一种负责任的批评者的眼光，那我们似乎并不能够对自己身处其中的文化设计及其未来出路有一个相对公允的衡判。这再一次显示出人类学在本土文化建设中独具特色的作用。③

第三，人类学的人才队伍培养在最近十年或二十年的时间里有着蓬勃的发展。④ 在这期间，中国人类学的各个研究生培养机构究竟培养了多少博士研究生似乎是一个难以精确统计的事情。但从一线城市到二线城市许

---

① 方李莉，李修建. 艺术人类学. 北京：三联书店，2013：244-310.

② 李修建. 2013 年度中国艺术人类学学科发展研究报告. 民族艺术，2014 (4)：73-80.

③ 赵旭东. 个体自觉、问题意识与本土人类学构建. 青海民族研究，2014，25 (4)：7-15.

④ 2014 年 11 月 17 日，厦门大学人类学系举办建系 30 周年庆典，从《厦门大学人类学系系友名录》的统计来看，自 2004 年至 2010 年，全系共培养博士生 65 人，差不多每年近 10 名。

多大学或研究机构越来越满岗的状况来看，这个数字肯定是超过人们一般预期的。在这一预期的背后，实际显示出来的是用人单位对人才更高和标准更苛刻的要求，比如许多单位都要求应聘者最好是“海归”博士，其次是国内“985”大学的博士，再次才是其他院校的博士，甚至有些大学连这份耐心都没有，干脆要求直接招聘教授，给予高薪和待遇上的诱惑，以求机构声名的快速提升。但至少可以肯定的一点就是，博士毕业已经成为学校和研究机构招聘人才的一个基本准则。除此之外，有相应的论文发表，特别是在国外期刊上发表，成为一般院校对于博士生培养的基础要求，也已经成为博士毕业的最基本的要求，没有一篇到两篇核心期刊、CSSCI 甚至 SSCI 的论文发表，博士文凭可能是拿不到手的，甚至连参加博士论文答辩都很困难。在这一点上，用人单位很少去关心学术问题本身，而只在意发表文章的刊物类别。

但在另一方面，人类学的学科人才培养和这一学科在整体性的学科构建中没有自己的实际地位，这两者之间一直存在着一种张力，这种张力跟国家学科资源的分配紧密地联系在一起，而跟学科自身的发展态势又恰恰形成极为相反的形态。高调申诉人类学双重依附于民族学和社会学的学科存在地位关系的学者有之，而试图以民族学为旗帜来做收编的努力也同样存在。但人类学在今天依旧在无人认领的漂泊之中寻求自身学科发展的永恒。在各个学科试图用人类学去挑战自身学科的既有范式，并取得跨学科意义上的不俗成绩之时，人类学家们在中国的生存处境却陷入“无家可归”的宿命之中，而且他们只能寄人篱下，过一种漂泊的学者或研究者的生活，并以此为基础东奔西突地创造自身的不朽辉煌。

第四，既有研究范式的新转换。在人类学思考异文化以及培养从事田野工作的现代人类学模式确立之后，到了 20 世纪 60 或 70 年代，它却一再地被人类学家警告，不能再简单按照传统人类学既有范式去展开自己的研究，这首先是在人类学的大本营之一美国开始的。1986 年差不多同时出版了《作为文化批评的人类学》以及《写文化》这两本人类学文集，尽管两本书的作者并非完全一致，但内容差不多是同样的对于西方人类学既有范式反复的批评性警告。[①] 经他们这些人之口所痛斥的是人类学既有研究范式的种种不足，这无疑为80年代以来的人类学开启了一片新的思考天地，只有在这种解构之后，我们反过来再看中国发生的事情才变得更为清晰和自觉。

公允地说，马库斯、克利福德以及费舍尔这些人，他们所说的和批评的可能也没有大错，至少在21世纪的帷幕拉开之后，我们所逐渐看到的，特别是在中国改革开放以来所构建的社会与文化场域中，正在出现的是一种快速转变或转型的社会现实。很显然，今天文化发生的场域有了一种带有根本性的改变，即在面临一个文化发生扭转的时代里，在我们踌躇满志要去乡村从事界限清晰的人类学田野工作之时，村里的人却可能会略带哀愁地告诉我们，这里大部分的人跑去城里讨生活了，甚至整个村子都变成一个“空心村”，他们也不再是原来意义上的农民，甚至很快被添上一个只有外人才会这样称呼他们的“留守农民”的称谓，而他们这些人的年龄不是老就是小，这就意味着，在这个乡村，失去了真正有行动力和创造能力的人，年轻人不得已而离开，却又不能轻易地返回故土，今日在许多人心中泛起的乡愁无疑是在这一离开与返回的困境纠结之中产生的。

还有，我们一些人跑去原来那些典型的少数民族地区，去贵州的苗寨，去四川的凉山，或者去金秀的瑶山，甚至其他任何曾经被人类学家描述为极具民族味道、少数民族文化浓厚的地方，人们都会告诉你，大部分的人都跑到城里去了，甚至几年不回家。人们会抱怨：曾经有的各种传统节日越来越不容易举办了，年轻人过节只是宅在家中玩手机，谈恋爱也不再唱山歌，还是靠手机发短信来约会。[②] 这些变化都在改变着当地人的文化观念及其表现形态，进而影响他们对于社会存在价值的理解。而与此同时，在所有的民族地区的传统之上都被安插了一只国家的或者资本的手，并由它们强势地操弄着不断被发明出来的各种节日，对当地人而言，原本

---

① 这两本书的出版细节如下：Marcus，Fischer. Anthropology as Cultural Critique：An Experimental Moment in the Human Sciences. Chicago and London：The University of Chicago Press，1986；Clifford. Marcus Writing Culture：The Poetics and Politics of Ethnography. Berkeley：University of California Press，1986.

② 赵旭东. 原生态、现代世界与文化自觉之后. 原生态民族文化学刊，2014（3）：63-74.

属于他们的文化就成了参与不进去而只能被动观看的一种表演，这绝非传统意义上的村寨之人在一起共同向神表示敬畏和感谢的那种带有神圣性的节日。

但是曾经试图彻底改造这些节日及其风俗的国家权力却也因为经济利益的驱动，而把一种“文化搭台，经济唱戏”的理念从上至下灌输进来，节日以及当地人的民俗生活因此只能以一个非常奇怪的模样呈现在众人面前，让上上下下的人们都感到极度陌生，而学者也不过是这个文化的“中国制造”过程中的看客罢了，只不过这种看有似最初中西接触之时“看”的那个哈哈镜，从扭曲之中感受和体会现代性的存在。① 而在此过程之中，转型得以发生，似乎原本最能体现民族特征的服饰，一下子转变成让人无法接受的羞怯之物，结果很多人在日常生活里难以穿在身上，如果到了城里，她们就更觉得难以在平时穿戴，而只能“随波逐流”地顺从城市的标准而改变自己的服饰认同。他们文化里的那些五颜六色的服饰，也只有在那些为了旅游和观光而不断被发明出来的节日或者一些残留的传统的节日上才有机会去穿戴。这些真正能够体现他们民族特色的服饰，变成为了表演而表演、为了展示而展示的节日装点，而这些节日本身却可能并非老百姓真正乐于传承的自己祖上便留存下来的那种意义上的节日，而是一种通过凝视和审视所看到的文化消费意义上的节日。还有房屋建筑，由于观念的改变，人们也开始学着城里的洋房搞起装修来，表面的奢华甚至不亚于城市的豪华宾馆。显然，经过这样一番观念上的洗礼，再让他们回归那些古老的建筑之中，真可谓难之又难，原因倒也很简单，人不可能没有一种比较的体验，就像使用过电灯之人，再让他们去点火把照明，那是同样地困难。

如果现实恰如上文所描述的这样，那人类学家究竟该去研究什么呢？显然，在传统的实地田野工作的模式之下，你实际上什么也看不到，因为首先需要去看的人或者人群，已经不能为今日的人类学家所完全看到了。如果是这样，那又怎么办呢？这可能是摆在中国人类学家面前的一个真问

---

① Laiwan Pang. The Distorting Mirror: Visual Modernity in China. Honolulu: University of Hawai'i Press, 2007.

题。如果不去做一番认真而仔细的思考，且没有一种研究上的应对之策，那人类学在中国的发展便只可能是死路一条。而这恰好是文化转型人类学概念的真正意义所在，我们需要面对中国的现实，更需要在现实面前提出最大可能的新思考以及新方向的选择。①

可能人类学的中国时代其全部的价值就在这个“新”字上，可以说，没有了新，也便没有了人类学的中国时代的新发展。对此，我们可以这样说，如果你的寿命足够长，你完全可以不问世事，顺着弗雷泽的摇椅上的人类学去做有关图腾制度的全世界范围内的文献比较研究，一直到皓首穷经；或者如《西太平洋的航海者》的作者、著名的马林诺夫斯基教授那样写出又一部经典的民族志，强迫自己对一个小地方做数十年如一日的详尽描述，就像当年的马林诺夫斯基不得已而待在特罗布里恩群岛一样，就当这里为一处桃花源，以为这个地方以外的世界什么都没有发生，凭着这样一种心境，去写一份堪比马林诺夫斯基的以严肃科学为标杆的科学民族志，这是每一位人类学家在接受正规训练之时由他的指导老师们所谆谆教导的。

但这些，对今天的世界而言，都已经发生了改变，原来的那些描述以及由此而形成的分析概念，可能对于一个变化了的世界而言再没有什么真正理解上的补益。也许，我们在知识的积累上知道得很多，可惜我们却找不到一个对应的现实。这样说来，我们的现实又是什么呢？实际上，人类学家如果不清楚这个现实，也就意味着他们只能做一种盲目的描记，即为了留下文字的记录而专门摆开架势去做这种描记，而不能有意识并自觉地去把握这一不断变化之中的现实存在。由此一位本土人类学家所能做的也只能是借助既有的西方经典概念或者由正式表述而形成和受到行内认可的概念，故作姿态地对自己实际比较熟悉的生活或者现象加以圈定，由此本来鲜活的现实，一下子变成镜框之中的静止景色。除此之外，便再没有让人耳目一新的独特感受。这样的研究，并不可能构成人类学的中国时代的代表性作品而留存于世，它们只可能变成不断被制造出来的这一时代的

---

① 赵旭东. 从社会转型到文化转型——当代中国社会的特征及其转化. 中山大学学报（社会科学版），2013（3）：111-124.

剩余物，并且从制造出来之日起，就时刻等待着被集中处理掉，进入废品收购站。只可惜，造就这一时代剩余物的东西要远多于这个时代的代表物。从那么多摆在书架上的不需要阅读的有着“人类学”三个字的书中，我们便可以确凿地知晓这一点。

这个现实世界的核心就是不确定因素的过度增加所带来的社会不稳定性的增加。人们似乎都在拼命地干活，实际的结果可能并非如其所愿获得其应该获得之物。反过来，并没有付出太多努力之人，借助指尖和大脑的魔力敲打几下电脑键盘，购买几支股票或者理财产品，甚或把余钱转化为高利贷借出去，转手之间他就能够获得多于其付出的“应有”回报。之所以有这样荒诞不经的现象，原因就在于，社会之中受人尊敬的逻辑已经转变为“不干活就能挣到大钱才最牛”这样的逻辑。在这种逻辑之下，社会之中的所有人都被裹挟着加入其中，构成一个生存链，在虚与实之间体现出一种特有的生存智慧的辩证法，即以生活之实去交换利益之虚，以被社会赋予高价值之虚去囊括并套牢生活之实。

人们无疑生活在现实的“实”中，为柴米油盐酱醋茶而不断地奔波，并付出了自己辛勤的劳作，但在制度限定死的夹缝之中的“虚”会产生与之相适应并能在这夹缝中生长的生命，就像石缝中生长的苔藓，随处生发，无所谓秩序。它跟参天大树实际并没有什么根本的区别，都是靠自己的力量在不断成长，不断蔓延。并且，苔藓的生命力一定是强于这些参天大树的，在经历风霜雨雪、冰雹虫害的侵蚀之后，依旧能够顽强地存活下来的，首先一定是这让人有些看不起的苔藓，而非让人投以注目礼的参天大树。因此，夹缝之中的“虚”产生一种强大的力量，并使得实际生活为这不确定的“虚”所牵引，而使自己实实在在的生活转变成节外生枝的一种不确定性，由此而找到的其瞄定的对象，就开始由乡土循环社会转为今日之离土的枝杈社会。此一社会的特征，其核心即在于，在生活及其意义的不确定之下不断生长出枝杈，并无法再实现一种真正传统社会意义上的稳定、匀速及使之圆满的循环。

第五，会在人类学的走进和走出之间不断进行一种自我超越与提升。显然，它跟学科分支发展的第二点特征之间有一定的关联，但也有其自身所指，即它作为一门学科如何能够跨入其他学科中去；同时，它自身作为一门独立的学科，又如何能够始终保持其自身的独具特色的学科品质。

说人类学是一门不断进入其他学科中去的学科，乃是因为它自身并没有什么专门的研究对象，其研究对象不过就是作为整体的人类自身及其所构成的整体性的社会与文化。但伴随着人类学及社会的复杂性的日益增加，分化和分支乃是必然的趋势，而人类学对现代世界的关怀，必然使其不断地走进各个分支学科的研究领域，诸如政治、宗教、法律、教育、医疗等，人类学进入分支学科，即进入各个分支领域之中。今天的人类学家显然不只是对一个地方了如指掌的百科全书式的人物，他还被不断地分派到某个专门的领域之中，或研究政治、法律与社会组织，或研究宗教、仪式与节庆，或研究物品、消费与权力，总之都被限定在某一个狭窄的领域之中，并带动那一个领域以田野民族志为手段提出各种新范式。如人类学走进历史学中去，并对传统史学构成一定的冲击和挑战。而在政治、法律和宗教诸领域亦不过如此，在中国二十几年的人类学的发展中更能够显示出这方面的特色。

“人类学”这三个字几乎成了一个可以和任何其他术语相匹配的后缀，且其显示出绝配性，即任何一个有代表性的研究领域或名词事物作为前缀都可以被安插在人类学之前，诸如政治人类学、法律人类学、医学人类学、艺术人类学以及教育人类学等，甚至城市人类学、体育人类学、文学人类学以及海洋人类学也都在蓬勃发展之中。但很显然，从一个学科的立场上而言，人类学只有一个，至少我们是无法将马林诺夫斯基、拉德克里夫-布朗、埃文斯-普里查德、莫斯、列维-斯特劳斯、格尔兹等人类学不同阶段的开创性人物归并到某一个分支学科名下的。这就必然涉及人类学的走出的问题，这个问题体现了人类学最终的问题关怀，即对人类作为一个整体的理解和文化解释。这一理解最为要紧之处便是，要去领会人在现实场景下的生活处境以及对于这种处境极有差异性的文化表达，这种表达的核心在于人为生存而努力的各种不同的形态及其相互之间的转化。

而中国社会的生活场景正在经历着各种的转化。这种转化既有形态上的，也有现象上的；既有表层的，也有深层的；既有外部压力性的要求，也有自身需求的渴望。总之，这是多种文化要素杂糅并能够看到多样性差异的一个文明体，它一定可以引导我们在更为深邃、更为广阔的维度观察和描记，由此而可以让我们在显然是多样性的现实存在中看到人类发展的共同性特征。

人是可以群居的动物，但什么使得人们相互之间越来越隔绝呢？无论如何，作为整体性的人类存在的问题，必然要进入一般视野的人类学的讨论中。如果在世界领域的人类学格局当中，中国人类学是作为区域研究而存在的，那它的任务并非产生宏大的理论，而只是提供田野的资料。但如果不是那样，或中国的人类学并不甘于这种从属的区域研究的地位，那在今日世界发展的新格局中，一种中国意识涵盖之下的不断向世界扩展的，从地方社会到周边社会，最后再到现代世界的研究①，以及是否可以由此不同空间范围的扩展提出一些有别于西方话语主控的理论构建并在全球范围内有逆转性的理论旅行或传播，这对轰轰烈烈展开其研究的中国人类学家而言可谓巨大的挑战。这挑战是由人类学的不断“走出”而产生的，即这是人类学走出被既有模式的区域研究、边疆研究以及少数民族研究的既有范围限制的领域，而在全球或整体人类的视角上去看待各种问题之时，才从研究者的主体意识的层面向人类学家们提出来的一个问题。

很显然，我们并不可能或无理由放弃这一应战的机会，我们必然是正在形成和发生之中的人类学的创造者，而非对此默默无闻的甚至报以冷漠的文化守成者。我们很希望有几本经典的民族志作品供我们不断地阅读和欣赏，然后我们再在中国文化的场景中如法炮制，写出我们自己的经典民族志。我们当然也很希望有一两个经典的理论，它们可以成为我们田野工作的真正指导，就像一个人的行动手册指南，无一不显示其独具魅力的效力。只可惜，上述这样的好事并没有落在人类学家的头上，只要是经历过有真情实感的人类学观察的人对这一点都很清楚。假设真有这样的好事落到了人类学家的身上，那也是一件看起来极为滑稽或不伦不类的事情，因为现象和理论，就如一个在天上一个在地上一般，差距实在太大，有时说风马牛不相及也不为过。因此，才因祸得福地有一个更为活泛和灵动的空间预留给了人类学家，让其不断地从中走出去。这种走出和走进大为不

---

① 赵旭东. 中国意识与人类学研究的三个世界. 开放时代，2012 (11)：105-125.

同，走进是一种和现象世界之间的紧密结合，或者是一种能够做直接体验及观察的人类学，而走出则是跨过既有的各种学科限制的樊篱，由此而获得一种有着超越性体验的人类学。

这种超越性体验并非个人意义上的超越性自我存在的心理学所指的那种高峰体验，而是对人类整体及其存在状况所可能有的有关未来的超越性思考，没有这样的思考，人类学只可能是越积越多的大多数人并不知其真正存在价值的彻底的剩余或过剩的堆积物。它们只有理论构建中所担当的借以过渡的使用价值，却没有永久存在的经典启示的价值。因此，它们才会在不断堆积之后要被无情地处理掉。因此，人类学要想获得其自身在学科发展中的独立地位，最终它必然是一门不断走出的学科，或者说人类学就是一门不断走出自我的人类学。当然，走进和走出二者之间一定是紧密地联系在一起的，中文在此方面是最具有表现力的，所谓出便是进，而进便是出，有如乱便是治，治也就是乱，二者相辅相成，不能分开。俗语所谓进进出出，大略可以用来形容人类学家的作为，即不断在田野中的走进以及在田野之后的走出，人类学因此就是一门进进出出、出出进进、不断超越自我的学问。换言之，人类学的精髓即体现在这种出出进进的过程和探索之中。显然，在一个封闭的环境之中，只有进而没有出，这一定不是人类学所追求的；而反过来，在一个过度开放的世界里，只有出而没有进，当然那也一定不是真正的人类学了。我们所希求的是进和出二者兼备的人类学，中国的人类学无疑是在向这个方向上做不懈努力的。

四、人类学的中国时代

中国需要在世界舞台上发挥其作用，这已经不再是百余年之前西方主导世界的冲击-反应模式下中国文化被动地发挥其作用，而是一种积极参与其中的实际作用的发挥。在我们经历百余年的“走向世界”的旅程之中，我们必须从一种学习者的角色转换成创造与引领者的角色，我们人类学者必然要去理解各种在中国意识引导下的种类繁多的文化创造及其引领下的行动方式。我们了解他者的目的是更深入地了解我们自身。同样，也只有了解了我们自身，我们才能更好地去了解整个人类。二者之间必然是紧密地联系在一起的，偏废了其中的任何一方，我们都不会得到由人类所构成的完整的世界。

诚然，人类学是极力反对自我中心的，这是一个很基本的文化选择和态度选择的原则，但这并不意味着人类学会否认自我中心的存在，人类学所要做的只是要求能够以一己之思恰如其分地揣度他者之虑，所谓中国经典中的“推己及人”，其核心意义并不是止于此时此地之思，其最终实现的就是有自知之明的同时能够从自己推想他人，因此才会有“己所不欲，勿施于人”这样的智慧警句的产生与传诵。晚年的费孝通对此一再强调，将其看成对社会学既有边界加以拓展的思想来源。① 换言之，这种文化强调人们要做的是从一己出发，并远离自己；再从他者出发，而返回来重新认识自己。

这种文化认知的辩证法在这个社会之中从来都不缺乏。而在越来越凶猛的城市化大潮之中，中国毅然决然地扭转并终止了自身乡土社会的循环社会的特征，结果这种扭转和终止又从深层次上搅动起文化多样性的自觉。文化因为受到不断破坏而在做自身的不同层次上的重构，其间隐含并埋藏着丰富的文化自身的创造力，而今天意义上的人类学的中国时代恰恰可以指这样一种文化重构中的自我创造性的丰富与呈现。

除此之外，人类学便没有其存在的价值。在此意义上的人类学，不过就是要去发现新的文化类型的一种冒险之旅，没有这些新的文化形态的发现，我们全部的文化只可能变成博物馆中“不坠的”陈旧文物，成为让人怀念之物，却无所谓人借助文化而成就自身，以此而形成一种对人类未来持续发展的深度理解。人类无疑是依赖于文化而生存的动物，但人类的文化不是创造过一次或创造出一种就会停止，每一个时代的人，每一个不同地域、国度或者文化里的人，都不会放弃为自己所处的时代、为自己的国度以及为自己的生活发现并创造诸多新文化要素的努力。中国人谚语中有所谓“风水轮流转”一说，或许其所指恰在文化的意义上，而非在个人运气好坏的意味上。

---

① 赵旭东．超越社会学既有传统——对费孝通晚年社会学方法论思考的再思考．中国社会科学，2010（6）：138-150.

显然，睁眼看世界，弱小的可以转为强大的，末流的可以转为主流的，有冲击力的可以转为受到冲击的，凡此种种，都在一个“转”字上发挥着作用。换言之，一切都在转变之中，只是今天的世界，这种转变或转型变得更为明显且剧烈，文化的生成与转变亦不过如此。而这便是我们今天去理解人和文化的人类学的全部基础，人类学的中国时代也必然会在这个意义上展开。在中文语境中，所谓迈向之“迈”，乃有“勇往力行之意”①，故面对这样一个新的时代，我们人类学者中的每一个人，不论年龄长幼，不论资历深浅，也不论背景上本土或异域，都有责任以豪迈之情，勇往力行之意，迈进人类学的中国时代，并在这中间发挥自己无穷的创造力。

---

① 杭世骏. 订讹类编·续补. 陈抗，点校. 北京：中华书局，1997：8.

第十五章　从文野之别到圆融共通

在从微观的中国村落研究转向宏观的中国文明的人类学研究的过程中，中国人类学需要面对的是不同文明之间互动的方式以及可能有的理想状态。本章所提出的文明互动的研究注意到了文明之间对立排斥、互补交流以及圆融共通这三种互动模式，它们在心理表征、社会交换、表现方式、文化表达以及民族志类型等诸维度上都表现出各自的差异。人类学不应该是一种面对文明而表现冷漠的学问，人类学的核心就是要去关注文明互动并促进文明互动的人类学的发展，这可谓是它的一种新使命。

一、文化反思与微观研究

在中国的人类学传统中，它的底色并不能完全脱离西方人类学既有传统的影响，但这影响又并非全部和彻底的，即并非全盘西化意义上的，而是有选择性的存在。实际上从晚清直面强势的西方文明的进入而有张之洞专门倡导“中学为体，西学为用”开始，同时因为受到大多数人的赞许，而使西文文明成为一种有着其自身正当性的中国现代意识构建的基础之时，这种对于强势文明的有选择的接受，就成为以知识为追求对象的中国知识分子的共同意识。尽管有像陈序经那样的“全盘西化”论者，但显然，这种声音从来也未成为主流，更不用说成为这个文化里的核心价值了。但实际上，对于文明之间互动关系的核心究竟是什么，以及文明之间互动形式的类型，传统中国文明在遇到强势的近代西方文明的一波又一波冲击之后，已经自顾不暇了，跟随尚且来不及，更别说去做深入的思考了。而在今天这个问题变得异常突出，文化转型在倒逼中国的人类学家面壁思过，求得新的解脱。况且，如果不去做这样一种思考，人类学的研究就无法找到自己的出发点。与此同时，对于正在日益崛起的中国文明、不断增强的中国意识，如何使其展现自身并影响他者，这是一个理论的深邃与现实的紧迫交织在一起的复杂问题，如果解决不好，就可能成为一个令整个世界都感到极度困扰的问题。中国人类学在考虑文化的同时，需要重新思考文明发展的意义和未来。

任何一个文明，在表述自身时都会有不同的姿态，就像一个人去歌唱自己的家园一般，"他是这个家园的主人"是一种表述，"他是这个家园的旁观者和抛弃者"则是另外一种表述，而"他是这个家园的被抛弃者"，则是侵略者的足迹淹没并摧毁了他的家园，他因此成为流浪之人而有的另外一种表述。萨义德发明了"东方主义"这个概念，他曾经描述他祖上的居住之所，后来被侵略者侵略之后，那里的人民不得不过着流浪的难民的生活，那个地方就是今天依旧处在战火硝烟之中的巴勒斯坦。他引述的一篇散文，感人至深，那就是当地的文学家扎亚德写一条狗的文章，这只叫"萨马尔"的狗对着英国的侵略者以及之后的阿拉伯军队狂吠并发起攻击，但这条狗最后还是回到了自己的村庄，"在自己的家里死去，而它主人的家则被人侵占，永远也不能返回"①。萨义德的表述可以作为第三种表述的绝佳例证，而对于第一种表述，似乎只有西方的殖民时代有过这种自信，殖民者的脚步可以踏入世界的任何一个角落，宛若到处都是他们的故乡。他们是地地道道的外来者，是当地人眼中的他者，但是他们却把当地人称为他们要去触碰的"他者"。而所有他者的生活，似乎又都是经由他们之手，或者说只有经过他们之手，才能够得到精确的描述和记忆，并且这些，包括各种档案资料、风俗习惯乃至人类学家的各种记录等，都的的确确成为西方式民族国家统治的一部分，即所谓"档案化规划"（docu-

---

① 萨义德. 最后的天空之后：巴勒斯坦人的生活. 金玥珏，译. 莫尔，摄影. 北京：新星出版社，2006：148.

mentation project）的一部分。[①] 一些民族学家在讨论民族国家的转变时似乎认为从帝国到民族国家乃是一种理所当然，实际背后却是一种真正的建立在殖民基础之上的由血汗铸就的现代国家。

而在现代中国这块土地上，尽管没有曾经被彻底殖民的历史，但是面对西方世界的挑战，我们曾经经历了百余年的抗争，约两个甲子之前的甲午战争不仅是针对日本的，也是针对西方对世界的殖民的一种后果，日本只是一个工具罢了。在这文化自我抗争的近代历史中，我们学会了或者说创造了第二种对于自己文明的表述。那便是一种并非主位的而只可能是客位的冷眼旁观者的观察和表述。换言之，尽管背负着几千年文明史，中国却无法在意识层面做一种完整清晰的自我表达，而这些，都只能通过无意识的方式，在特定的时期加以宣泄、投射，以及呈现民族主义式的爆发，由此使之进入各种以文化或文明为观照对象的诸多形式的书写和阅读之中去，进而才有梁漱溟、钱穆等文化的保守派固守一种文明成就而不断做出新的阐扬的努力。以此为已经因为西方的冲击而断裂的本土表述找到这个文明词典中某种语言用法上的连续性。[②]

但人类学，至少就社会与文化人类学这一学科而言，却未能做到这一点。人类学家从西方人类学的语汇中习得了“他者”的概念，并试图全身心地用这种他者的视角做本土的描述，他们并不相信那些本土文化精英论者的自我新表述，而是体现出借助旁观者的客观性的信念而产生人类学的文化研究上的过度自信，他们尝试着寻找他们再熟悉不过的“自我的他性”（the otherness of self）。[③] 这种他性的寻找和建构，至少为本土的社会科学家所认可和接受，由此他有了一个合法性身份进入某个田野地点，那可能就是一个与他自身所承载的文化有着类似性的文化场景，或者甚至就是他自己的家乡，他曾经在那里长期生活过。在从事实地田野调查的调查者中，

---

① Dirks. Forward//Cohn. Colonialsim and its Forms of Knowledge：The British in India. New Jersey：Princeton University Press，1996：xi.

② 列文森. 儒教中国及其现代命运. 郑大华，任菁，译. 北京：中国社会科学出版社，2013：140－145.

③ Xin Liu. The Otherness of Self：A Genealogy of the Self in Contemporary China. Ann Arbor：The University of Michigan Press，2002：ix－xvi.

人类学家可能是当之无愧的领头人，因为他们的方法从始至终都被告知要去寻找这种具体的他者的他性，不过中国人研究中国人自己，那“他者的他性”就自然转换为伯克利的人类学家刘新所谓的“自我的他性”了。①

在这种他性的寻求之中，解剖麻雀般的“微观”是人类学家的口头禅。这种微观注定了人类学是一种在经验世界中，即在“即时的感觉世界”（the immediate sensory world）中②，去发现有关文化的知识的宿命。人类学家一般都会号称自己对某一种文化做深入而细致的研究，同时往往在“文化”前面附上“简单的”以及“较小的”这样的修饰语，因而人类学家很不自觉地去触碰最大也不过是一个小小的村落这样的空间场域，而非真正有意识地借此完整地触碰某一个更大的文明。后面的这份雄心想来总会被单向度强调田野工作的人类学鄙视，因此它似乎从来就没有长大过。

这种鄙视一开始显然与自马林诺夫斯基之后为人类学家所树立起来的“实验室的隐喻”有着极为密切的关联，而另一位与马林诺夫斯基同时代的人类学家拉德克里夫-布朗则又专门把法国社会学早期结构功能论的传统进一步予以发挥，并特别提出以类型比较来概括人类学的方法，且以此为其学科发展的核心。通过中国早期社会学家吴文藻这位学术实践的中介人物，马林诺夫斯基以及拉德克里夫-布朗这两位在当时世界人类学界举足轻重的人物同时被中国学界完全接受，进而影响了中国社会学早期传统中的人类学学科性格的养成。马林诺夫斯基通过他有选择地授徒的方式，而布朗则通过亲自跑来中国讲学的方式，深度地影响着中国人类学发展的整体走向和人才培养，使得至少中国早期的社会学传统中不可逆转地蕴藏着很深的英国人类学结构功能论传统的影响力，并因此而很自然地使得那时的中国人类学走到世界学术前沿。尽管那时，特别是在20世纪30年代的燕京大学社会学系，诸多学生在其社会学老师的引领之下，都不以人类学指称自己的研究，而是套用西方社会学语汇中的另外一个概念，即

---

① Xin Liu. The Otherness of Self：A Genealogy of the Self in Contemporary China. Ann Arbor：The University of Michigan Press，2002：128-134.

② Sporadley. Foundations of Cultural Knowledge//Sporadley. Culture and Cognition：Rules，Maps，and Plans. Prospect Heights，Illinois：Waveland Press，1972：35.

“社区研究”，来称自己的细致入微的研究。这显然也是另外一位英国的人类学家弗思（Raymond Firth），即费孝通初到英国时的老师，所建议并认可的，他称这样的研究为“显微式的社会研究”（micro-sociological），并专门写文章给那时的中文刊物《社会学界》，以示这种方法对中国乡村研究的重要性和急迫性。①

这样的做法一方面似乎可以满足英国的老师所一再告诫的，要在一个具体的时空坐落之中去开展显微式的社会学研究；而另一方面似乎满眼望去，中国社会这一庞大的有机体，其构成的细胞也不外乎一个个点状分布的村落而已。而且，拉德克里夫-布朗先生在中国的旅行以及他自己在安达曼岛的田野经验的判断也使他很有自信地建议说，村落才可能是中国的研究者开始研究自己的社会之时最适宜选择的研究单元，在此单元的研究之上展开一些不同单元之间结构和功能上的类型学的比较。这无意之中的引领，使得对乡村社会的研究在中国的学术场域中逐渐成为一门显学，并形成了一定的范型，不管谁进入这个行当，首先都要被村落的研究形塑一番，受到学术的洗礼，否则大概是没有什么资格让人记住某某是一位社会学家或人类学家的。而西方的人类学到了中国，也就很自然地转化为具体研究某个村落的代名词。由此便有了这样一种不成文的习惯思维，只要是对存在的人的社会进行研究，村落似乎就是首选。

二、从中国村落转向中国文明

依据英国结构功能论派为我们设定的村落研究范式，通过实地田野工

---

① 1938年6月出版的由燕京大学社会学系编辑的《社会学界》杂志第十卷上发表（第249～257页）了费孝通翻译的弗思的论文《中国农村社会团结性的研究——一个方法论的建议》。文中弗思写道：“无论如何，我们若要作科学性的概论，现有的知识还不够把各种型式加以详确的界定，它们的地域分布也尚待考察，同一型式中细节上的差异也还要细究。这些工作要能健全发展，一定需要我们所谓‘显微式的社会研究’（micro-sociological），用来补充已有的‘概况式的社会研究’（macro-sociological）”（第250页）。而译者专门在文后写了一个简短的“编者按”，按语是这样说的：“本文作者系英国著名功能派人类学家，过去有 *Primitive Economics of the New Zealand Maori* 及 *We, the Tikopia* 等名著，年来执教于伦敦大学，系大师马凌诺斯基氏之承继者。吴文藻先生去夏游英时，曾约其于1939年来华讲学并参加实地研究，不幸因时局关系，氏不能不改变计划，或于一两年后始能践约。本文乃氏特为本刊而作，未曾他处发表，文虽不长，而氏对于目前研究中国农村的方法之见解，已可见一斑矣。”（第257页。着重号为本书所后加。）

作的展开以及问题意识的凝聚，我们着实先后出版了一批极为优秀的村落研究的民族志著述，包括费孝通研究的江苏的开弦弓村（江村）、杨茂春研究的山东台头村，以及林耀华《金翼》研究的他家乡的村子等，即便今天看去，这些研究依旧是有典范意义的。而对这些村落的重访式的追踪研究从来也没有真正地中断过，由此也足见这种村落研究范式的影响之大以及其传统之深厚。在1949年之前，燕京大学社会学系学生的学位论文中，最多的仍旧是中国社会的村落研究。2016年，是费孝通在1936年开展的江村调查80周年①，但80年后的今天，我们似乎还在拿着不变的村落研究范式指导学生们走向村落一级的田野。但是我们又不能不承认，不仅村落变得物非人非，而且，中国文明也在时代影响与转变之中更改着自己整体性的特征表述，即这个文化也在转型之中。当国家在未来发展的目标上日益把所谓的城镇化确定为自己的方向时，我们就需要重新思考，既有的村落研究范式可能存在的危机或它所具备的研究对象在未来可能的缺失。换言之，在21世纪走过了十几年的今天，在有可能找不到一个完整的或者相对而言封闭的乡村存在之时②，乡村描述的完整性又如何得到保证呢？当越来越多的人开始在城乡之间、城城之间乃至国国之间做一种迅速而不停歇的游离摆动之时，我们的前辈所树立的社区研究的范式，它的解释的效力又如何真正得以保障和延续呢？

还有，中国文明如果自身有一个相对完整的谱系，但这一谱系在现代化的进程中通过某种有选择性的恢复技术而再现，那肯定会出现某种记忆重构上的扭曲。历史教科书的编纂和书写、博物馆的展示和解说，以及从东方主义的视角看去而对中国文明加以研究的所谓“汉学”，当然还有这背后深藏着的对一种文化所怀有的极端浪漫主义的书写，诸如此类的活动，都可能为这种带有曲解性的重构助一臂之力。因此，这种文化记忆的恢复过程，一定会变成一个碎片化的、东拉西扯的以及整体上不完整的图

---

①　在费孝通家人的大力帮助下，中国人民大学人类学研究所的博士王莎莎在江苏吴江的开弦弓村进行实地重访研究，借此试图对该村在费孝通1936年初次研究之后的80年间的变化有一个细致的人类学考察。

②　赵旭东. 闭合性与开放性的循环发展——一种理解乡土中国及其转变的理论解释框架. 开放时代，2011（12）：99-112.

像，恰如盲人摸象一般，谁也无法真正把握一个对象的全部。

实际上，差不多经历了一个世纪之久的中国人类学，它的自觉意识应该有所提升，这种自觉的核心之处是，要真正从转换视角的向度去审视自己的田野，以及对田野中所流露的文化意识要有一种全新角度的理解。原来，我们也许更多是从近处或趴下去看社会与文化，而今天则要学会从远处或者站起来去看；过去，受一种实验室隐喻下完成的人类学方法论的启示，我们可能会特别强调显微式的细致入微的观察，今天则要学着站到高处去俯瞰；过去我们更多地强调对现实世界里功能与结构的精确把握，今天则可能要从知识与权力之间富有动态性的互渗关系上重新审视我们自身所处的立场及其形态转化的轨迹，由此对它的意义究竟为何做出阐释；我们以前不得已而只能就自己的文化去做观察，以此来补充西方原初问题意识中的东方意识的缺失，今天我们则完全可以走到任何带有不同于自己文化的文化中去做理解性的观察，以期“我们的理解”与“他们的理解”之间能够真正达致一种默契，尽管相互之间仍旧保持着各自独立和不同；过去的“实验室的隐喻”的民族志，使得我们把更多的精力用在乡村社会样貌的某些细节描述上，由此而忽视了中国作为一个文明的典范，所能提供给整个人类的那些有其自身存在价值的生存智慧或实践智慧。

因此，如果说文明作为一种文化的产物，天生是由人类自身所创造的，那么，人类学对于庞大的文明而不仅仅是狭小的村落的研究的正当性，不论在过去还是在当下，都应该是无可置疑的，只是由于一时、一己以及一孔的偏见，而使它受到过度遮蔽而已。而就人类学自身的发展而言，正像费孝通在他晚年的一篇文章中所指出的，马林诺夫斯基这位老师完成的是“从书斋到田野”这第一步，“但从野蛮到文明的第二步，他在一生中并没有实现。他希望他的下一代去完成他的任务”①。而这个有待完成的被马林诺夫斯基看成“新愁”的就是如何跨越“文野之别”这个鸿沟。这一点费孝通在晚年逐渐意识到了，从他文化自觉概念的提出到后来对于社会学学科边界拓展的警告，他都在有意提示我们今天这个世界的巨

① 费孝通．人文价值再思考//费孝通．当代人类学发展．北京：北京大学出版社，2013：6.

大变化以及在这个变化基础上对于学科定位的重新界定。① 这一带有反思性的重新界定实际上从费孝通拥有了社会学的第二次生命之后的 20 世纪 80 年代就已经开始酝酿了，在 80 年代之初，他再次走出国门，重访英国，重访美国，他开始在外访的途中考虑这样一个严肃的问题。那就是他后来所说的世界上的人们如何共存共荣的问题。在 1984 年 1 月 21 日为他的小册子《外访杂写》所写的前言中，他有这样一段意味深长的话：

> 我说这小册子不过记下了我探索的过程，但探索什么呢？要用一句话答复这个问题，难为了我。现在看来，这四五十年心里确实有一个疑问在烦恼我：这个世界上这么多人怎样能和平相处，各得其所，团结起来，充分发挥人类的潜力，来体现宇宙的不断发展？这是个大题目。人类发展到这个时候，看来不解决这个问题，说不定会出现巨大的灾难。②

费孝通在 30 多年前提出或者更早就想到的问题在今天要比他提出问题的时代显得更为紧迫，因为它触及了一个学科该如何去面对正在发生的与费孝通所期待的文明之间和谐共处背道而驰的一些现象，科技的繁荣以及物质生活的富裕并没有把这个世界真正带入文明之间顺畅交流的境界，冲突代替了对话，壁垒取代了互补，霸权支配着他者，诸如此类的现代世界的大问题使人类学家有义务也有可能参与到世界社会的构建中来。显然，人类学必须重新思考文明以及文明之间如何互动交往的问题，这个问题可能是造成今天世界动荡不安的一个前提性存在条件。确实，如果翻阅马林诺夫斯基生前未能写完并出版，由其第二任妻子编辑完成的《自由与文明》一书，我们看到一师一徒二者先后都提出了人如何在今天的文明社会中共同生存的问题，费孝通的老师马林诺夫斯基是通过谈论人的自由问题而把文明的问题提了出来，他在寻求一个超越所有国家形态的文明形态来保护个人的自由，这是一种一体观之下的文明

---

① 赵旭东. 超越社会学既有传统——对费孝通晚年社会学方法论思考的再思考. 中国社会科学，2010 (6)：138-150.

② 费孝通. 逝者如斯——费孝通杂文选集. 苏州：苏州大学出版社，1993：157. 着重号为本书所后加。

的出路，他说："我们需要一个超级国家，一个世界联盟，或者一个民族共和国来保证全球自由。"① 但显然，世界性的联合国已经存在了数十年并发挥着其应有的作用，但是我们看到的现实仍旧是费孝通所看到的国家与国家、民族与民族、种族与种族以及宗教与宗教的冲突。显然，民族共和国的理想并非没有在联合国的理念中加以实践，但是文明依旧在冲突之中，在这个意义上，不论马林诺夫斯基还是费孝通，围绕文明之间究竟应该怎样相处，似乎一个提出了问题，一个给出了解答，但是问题依旧，解答似乎还是一个无法证明其正确的答案。在这方面，我们需要重启对这个问题的解答。而这便是本章讨论文明互动模式的初衷所在。

三、文明互动的三种形式及其民族志类型

对人类学家而言，最先要明确的就是，人是与其生长的环境紧密联系在一起的，山岳、谷地、平原、海洋、河流，总之，只要有适合人成长的空间，就有可能发展出一种独特的文明，尽管此种文明从来不会是孤立而无外在的影响的。而且今天的文明观已经不再是建立在区分彼此基础的文明与野蛮的文明观，而是一种大家共存的文明观。这就使我们在看待文明的问题上，注重的是彼此的存在和互动形式，而非彼此在价值上的高低优劣。可以说，任何一种文明，都需要自我成长的力量与外在作用力之间的共同作用，这可能是一个不断成长的文明发展的最为基础的条件。即便是两个对立的文明，它们之间的互动也依旧存在，即以隔离来保证这种互动的独特性存在。

由此而去理解一个文明，其内与外的关系就变成一种很基本的考察向度，换言之，理解文明之间的互动，对这种关系的理解是首要的。就我自身的认识而言，文明之间的关系不外乎下面三种，其一为对立排斥，其二为互补交流，其三为圆融共通（见表 15－1）。这三种类型的文明互动的关系的状态，在文明史的不同阶段以及不同时期都曾经存在，也繁荣过，当然也曾彻底地消失，同时还可能在另外的时期，或在原地或在其他地方得到再现和恢复，至少也有某种要素重新出现或复活。这时的文明有一种自

① 马林诺夫斯基．自由与文明．张帆，译．北京：世界图书出版公司，2009：226．

我再生的能力，它通过文明的不断创造和延续而再生。因此在分析文明之间的关系时，文明之间内外关系的互动是一个维度，文明自身以及文明之间的动态发展和演变是另外一个维度。因此，不可能再把文明看成一种僵死的遗存，它借助内部与外部关系的发生学规律而不断地改变着自己的姿态，但整体上它们又是有其自身的独立性存在的。

表 15-1　　诸文明之间互动模式特征比较

互动模式	心理表征	社会交换	表现方式	文化表达	民族志类型
对立排斥	仇视隔离 彼此觊觎	征服劫掠 唯利是图	彼此分离 孤立无援	恶人之美 唯我之美	文化隔离 场所聚焦
互补交流	羞怯文饰 象征互动	礼物往来 亲缘关系	情感驱动 身心参与	美人之美 各美其美	文化自觉 场所聚焦
	直接诚信 坦率直白	契约理性 理性贸易	理性依赖 效率优先	各美其美 美人之美	个体自觉 线索追溯
圆融共通	忘我融入 不分彼此	共存共荣 共患共难	休戚与共 集体欢腾	美美与共 天下大同	个体自觉 文化自觉

从表 15-1 中我们可以看出，就文明之间的对立排斥这一互动模式而言，这并不意味着两种或多种文明之间没有丝毫往来互动，可能恰是由于之前的频繁互动，在经历了时代的变化之后才有了某种带有根本性的分化乃至裂变。比如唐代的中国与日本两个文明之间的融通关系，与中国晚清和日本明治维新后两大文明更多对立的关系，就足以印证这一点。这跟中国文明在晚期帝国时期的衰落不无关系，但更为重要的是文明互动背后的价值理念发生了更迭，曾经是日本依附对象的中华帝国在近代世界中被界定为远低于西洋文明的半开化的文明，日本也自甘如此，并与中国并列。明治维新的思想领袖福泽谕吉所构想出来的文明世界的等级就是西洋诸国位居第一；中国、日本、土耳其等亚洲诸国位居第二，属于半开化国家；而非洲、澳洲则位居第三，属于野蛮的国家。以西洋文明为亚洲诸国发展的目标，效仿西洋，"发愤图强以与西洋并驾齐驱"，在福泽谕吉看来就是"亚洲各国有识之士的终身事业"①。这样一种意识的转变，带动了整个日本近代史上"脱亚入欧"的浪潮，并带动了或者扭转了曾经存在的中日两个文

① 福泽谕吉．文明论概略．北京：九州出版社，2008：17.

明体之间文明互动的模式从可能的互不交流转入了潜在的对立排斥。

由此可见，各文明之间的关系向来就不是固定不变的，变动之中的文明互动关系成为人类历史起起伏伏的常态。而在各大文明之间，基督教文明和伊斯兰教文明之间的对立有似于此，并一直延续到今天，今天巴以冲突的背后显然是两种文明之间冲突和较量的表达。两种文明虽然共同在某一个区域成长起来，但结果则是各自不论在信仰上还是在价值观念上都保持着一种对立的状态，由此而形成的物质与精神文明之间的对立都是不可避免的，而解决这样的文明之间的对立，最终也只能诉诸暴力的战争。尽管在今天，有越来越多经历过此类战争之人开始觉知文化理解的重要，并能心怀和而不同的理想极力避免这类极端关系的发生，但这两个文明之间各种形式的冲突以及层出不穷的暴力展示仍旧在持续不断地发生，并影响了全球范围内的稳定。看看今日欧陆东西方文明之间不断出现的军事冲突和相互制裁，这一点就很清楚了。

可以这样说，但凡试图把冲突的化解诉诸战争来解决的，它背后的文明之间的对立排斥就表现得非常明显。秦帝国所持守的农业文明，跟远在漠北的游牧文明，在那个时代，从可能的农牧互补的关系，至少在其文明交接的边缘地带，转变成极为明显的对立关系。秦始皇举全国之力而修的长城，目的之一就是用拦阻的方式把某一个秦国界定为异己并试图排斥的文明阻挡在实际发生的文明互动的范围之外，由此造成人为的文明之间的对立与冲突，一直影响到今天中国民族关系的实际构成。设想一下，如果秦始皇未曾修筑这道阻挡文明之间互动往来的城墙，那这个文明发展的样貌就可能会是另外一种形式。但很显然，历史上围绕着长城而展开的战争，并没有因为修筑了长城而有丝毫减少。也许，王明珂对于游牧民族与秦汉时期的“华夏帝国”和隋唐之后“中原王朝”关系结构的转型的提醒是有启发意义的，即前者是纯粹的华夏，而后者是带有混血意义的民族融合，这种融合必然在唐代达至鼎盛，所谓长安城里面对西域文明的“胡化”以及西域文明在这里的“华化”是杂糅并存的。[1] 这可能是中国早期

---

① 向达. 唐代长安与西域文明. 重庆：重庆出版社，2009. 有关开元前后长安之“胡化”可参见此书30～41页，有关长安西域人之“华化”可见此书72～76页。

的一种文化与政治结构的转型，其核心就是从试图做完全的文明之间的隔离，转变为相互渗透、相互吸纳的文明互动模式，即“唐帝国已不是一个由华夏建立的帝国王朝，而是一个接纳、混合各方传统的新王朝，我们可以称之为‘中原王朝’”①。王明珂的研究试图用跨越边界的移动与抉择的结构性互动模式，去理解中华文明的演变在一直遭遇游牧社会的“寇边”的影响下，主体中华文明的生成与转变②，移动被视作环绕着定居的华夏民族的游牧民族的核心特征，并且更为重要的是，“‘移动’使得他们有能力突破各种空间的社会与意识形态的‘边界’”③。

当然，我们对于这样的猜测还需要小心，因为这种跨越边界的移动，并没有真正使得文明之间的界限有所打破，深度的隔阂依旧存在，也许成吉思汗的担忧恰恰可以用来说明这两种文明之间的隔阂之深，以及在打破这种隔阂之后游牧民族自我灭亡的危险性。擅长游牧的蒙古人在世界范围内纵横驰骋，这使得在中世纪整个伊斯兰文明和欧洲文明都为之所震慑，游牧的蒙古人并不想完全接纳那些被他们的马蹄征服的文明，而是想着在屠城之后如何真正将其领土变成类似家乡那样的可以放牧的牧场。而凡是接受和完全融入那些被征服的文明的蒙古统治者，他们终将被赶出这个文明的疆域，不得已而重新归于他们所熟悉的游牧生活。在这一点上，成吉思汗和忽必烈及其后人的统治代表了游牧民族征服其他文明的两种不同的统治模式，前者主张文明之间的对立，而后者则倾慕文明之间的融合。但失败者往往不是因为文明之间无法融合，而是因为游牧文明终究被他们所征服的文明同化。游牧民族文明与其他文明互动的一个铁律在一千多年的历史中不断地重演，即如《草原帝国》的作者法国学者勒内·格鲁塞（René Grousset）所提醒我们的，“草原上的狩猎者的后代如果生活在定居的快乐当中，忘记了他们权力的起源

① 王明珂．游牧者的抉择：面对汉帝国的北亚游牧部族．桂林：广西师范大学出版社，2008：223.

② 同①245-253.

③ 同①26.

时也就是忘记了他们之所以强盛的原因，那么也就必将走向灭亡”①。

在这个意义上，定居的自我保护与游牧的不断跨越边界之间构成一种往来复去的文明互动形态，其本质是文明之间的隔离，但在这种隔离和对立的过程之中，仍旧有着不同文化之间的不断融合和相互转化。因此，修筑物质化的长城虽可以阻隔日常的文明之间的往来沟通，但并不能够在精神层面上阻挡一个文明征服另外一个文明的欲望，甚至因此而可能使之加强。这种解释才符合历史发展的事实，即在修筑了这道举世公认的世界上最长的城墙之后，游牧民族的觊觎之心并不见丝毫减少，在这中间是文明之间征服与劫掠的关系而非真正的互动与互惠的关系。但是一旦游牧者选择成为农耕者中的一员，那么尽管农业文明暂时可以为游牧者的统治所征服，但最终的结果就是游牧者被定居的农耕文明同化或消灭。一旦这个过程完成，新一轮游牧与定居的结构张力就开始突显，并不断地循环。因此，虽有“入主中原”的游牧者，但能够在那个位置上保持其本色的却少之又少，反倒他们一旦入主中原，便为依旧在游牧中的其他部落或族群所觊觎，结果他们就变成中原定居者的代言人而去抗拒那些曾经的游牧兄弟。② 这恰是文明互动中文明对立互动的危险性所在。在这一点上，如果进驻中原而成为“中原王朝”的主人是一种冒险的行为的话，那么这种冒险的时间跨度在中国的历史上可以延长至 1 300 年，即从匈奴人占据洛阳

---

① 格鲁塞. 草原帝国. 黎荔，冯京瑶，李丹丹，译. 北京：国际文化出版公司，2003：263.

② 在《草原帝国》一书里，格鲁塞的一段总结是颇为发人深省的，值得在这里征引：“不过，有时在游牧人中间也会出现少数熟知定居民族国家的弱点和内幕的人，他们对中国朝廷内拜占庭式的阴谋非常熟悉。他们会联合中国内部的一派反对另一派，联合中国的一个受排挤的觊觎王位者或一个割据的王国反对临近王国。然后他们的部落会宣布与帝国联盟，并打着捍卫帝国的旗号，在边疆建立政权。他们的子孙经过一世二世，对中国文化已相当熟悉，于是便会进一步地毫无惭愧地坐到中国皇帝的宝座上。而 13 世纪忽必烈的宏图大志与 4 世纪的刘聪和 5 世纪时拓跋氏的没有什么两样。再经过二世或三世，这些汉化了的胡人就从文明中学会了懦弱和放荡的习性，却丧失了野蛮和粗鲁。现在轮到他们自己被蔑视，并且他们的土地也成为那些还在游牧生活中忍受着饥饿的胡人们垂涎的目标。于是，侵略行为重新开始了。5 世纪出现的拓跋突厥人毁灭并取代了富有的匈奴人。而在北京，汉化了的契丹蒙古族人从 10 世纪起便成了爱好和平的主人。12 世纪出现的女真人，最初几乎是野人般的通古斯族，几个月之内便从契丹人手中夺取了他们的大城市。然而，他们还没有来得及汉化和过上和平的日子，便又被成吉思汗依照历史的惯例于一百年之后摧毁了。”（格鲁塞. 草原帝国. 黎荔，冯京瑶，李丹丹，译. 北京：国际文化出版公司，2003：6. 着重号为本书所后加。）

到满族人进入北京这样长的一个历史进程中，“在这种常常是成功的冒险中同一旋律便几乎重奏了 1 300 次”①。而这一点才真正成为中原王朝政权无法长久维持并稳固存在的一个极为重要却又无法避免的原因。在这个意义上，定居的农耕文明与移动的游牧文明之间本质上是对立与相互排斥的关系，从长久演变的意义上并不存在一种对另外一种的彻底转化与彻底融合。

对于第一种文明互动模式对立排斥，我们需要有这样一种总结，它们分别表现在心理表征、社会交换、表现方式、文化表达以及民族志类型这样五个维度上（见表 15－1）。在心理表征上，它所体现出来的是文化之间的相互仇视隔离以及彼此之间相互觊觎的属性；在社会交换上，它所体现出来的是征服劫掠与唯利是图的残酷特征；而在表现方式上，是社会之间的彼此分离以及孤立无援；在文化表达上，是以恶人之美为核心特征的对唯我之美的追求；在民族志类型上，则多是一种与一个孤立的地点相连接的同时体现出文化隔离的民族志类型，它借用的田野研究方法更多是一种场所聚焦的微观考察。

而第二种类型，即文明之间的互补交流，它应该被看成文明之间关系的一种常态。它的结局，如果有一种可辨识的结局的话，那它一定不是战争，而是共赢的一种所谓的“光明的交流”。尽管作为一位人类学家，马林诺夫斯基所看到的是范围有限的西太平洋特罗布里恩群岛相互之间所保持的那种互通有无的互惠关系②，但这项研究给予我们的启示仍旧是巨大的，且具有一定的人类普遍性的意义存在，这意义便是由互惠的交流而有的一种生活世界秩序的营造。对于更大的文明之间的往来互动而言，这种互补性交流才是文明互动良性发展的真正前提，它使得文明之间有了某种吸引力。尽管马林诺夫斯基未能实现从方法论意义上由野蛮到文明社会的跨越，但是他对蛮荒社会的观察实际预测了在文明社会中同样可以发挥其作用的那种文明交往的方式，即文明之间可以相互汲取的互惠逻辑。而

① 格鲁塞. 草原帝国. 黎荔，冯京瑶，李丹丹，译. 北京：国际文化出版公司，2003：3.

② Malinowski. Crime and Custom in Savage Society. London：Routledge & Kegan Paul Ltd.，1961：24-27.

这一跨越由费孝通在晚年重新提起，并在其一系列对于文化自觉的阐述中得到了深度的思考，他借学者之间交流思想的同样为马林诺夫斯基所发挥得淋漓尽致的席明纳（Seminar）对话讨论来说明文明之间的往来互动。他告诉我们，“这一文化价值的动态观念就是力图创造出一个跨越文化界限的‘席明纳’，让不同文化在对话、沟通中取长补短”①。

在此意义上，传统意义上的文化传播论也许未能真正洞悉文明之间可以互补、互惠，由此相互之间可以保持一种互相吸引、互相贡献、互相影响，进而共存共荣的关系。这一点很容易从历史上以中华帝国为中心的，与周边诸国长期维持的朝贡体系中清楚地看到。当然，可能有很多因素会对此种互补式的文明之间的交流形成阻碍，其中自然的阻碍也许是最不可抗拒的。比如喜马拉雅山山脉的天然屏障，使得大山两侧不同族群各自的生活方式以及文明的形态表现出明显的差异，而一旦人们找到了可以跨越这山峰的登山之路，互补的需求就在文明的互动之中得到凸显。

山峦、江河、湖泊以及海洋，这些都是造成不同文明不可能顺畅互通有无的一些自然的障碍。看看中国的河南与河北、江南与江北、湖南与湖北以及淮南与淮北等数不胜数的因大江、大河以及湖泊等的阻挡而造成的文化差异的名称之别就很清楚，这些都是因为江河湖泊等水域而把不同人群自然地分隔的，进而在上古交通未开之时，各自文化的相对性存在，唯我之美，各美其美，便是顺理成章的。不过，尽管它们之间有着某种因自然的阻隔而长久形成的分野，但很显然，借助各种交通工具的发明以及借助各种道路的开凿，文明之间的相互勾连和互为补充就成为一种必然。这是人为地打破文明之间隔离乃至对立最普遍采取的路径，即便我们在今天要想去改变某一个地方的贫困面貌，修路还是口号性的第一选择，所谓“要致富，先修路”。

在此意义上，交通的展开乃是我们理解文明之间互动的基础，没有人类文明所创造的各种形式的交通，文明与文明之间的沟通往来就会因为各种地球上的天然屏障的阻隔而成为一件不大可能发生的事情。但之所以有

---

① 费孝通．人文价值再思考//费孝通．当代人类学发展．北京：北京大学出版社，2013：11.

这些交通工具以及交通设施的发明与创造，又是和以人为基础的社会生活中相互沟通往来的欲望紧密地联系在一起的，没有这样一种欲望的需求，一切发明创造都不可能出现。对于年复一年坚守土地的农民而言，造一艘水上运输的船只，那简直是对乡里同伴而言毫无用处的玩物，定会被看成一种荒唐透顶的行为而遭受村落共同体的排斥。同样，对一个习惯于海上作业的渔夫而言，异想天开地发明耕地用的锄头，那也是一种类似疯子的行为，定会遭人耻笑。而从代表着文明的各个传统帝国之间的往来互动之中，这种因欲望的缺乏而生排斥之心的例子也是屡见不鲜的，中华帝国自康熙朝至乾隆朝一直存在的与西方文明之间的“礼仪之争”，背后真实的原因还是这种欲望的缺乏。在康熙五十九年（1720 年）的一份康熙回复罗马天主教会使节的文书中，我们看到因为西方教义被看成与“中国道理大相悖谬”而被排斥在中国文明之外；又因为有对于西洋人中会“技艺之人”的需求而挽留这些人。①

文明之间的交流，显然不能够排斥这种欲望层次水平的分析。在这个意义上，个体的欲望可以转化成共同体的欲望，反过来共同体的欲望又可以塑造或者诱发个体的欲望。因此，以人的欲望基础、以互补性的生活便利的需要为指标，由此而出现的整体的文明进步或转型，才可能是各个文明相互交流和发展的最为基础性的条件，离开了这一点，文明的创造和转化既是不可能的，也是没有必要的。但这里也要清楚，文明的创造及其演进，又绝非以人的欲求这一单一维度为限的，因为人的欲求从来就不可能单单以个体的需求为唯一的衡判标准；同时，个体的需求也并非完全来自个体自身，它有很多的可能性是被激发和诱导出来的。它因此带动了作为整体性的文明欲求的成长。

就马斯洛的需求层次理论而言，尽管其自身有对于诸多文化的差异性

① 据陈垣先生考证，此乃康熙看过天主教教士嘉乐来朝的《嘉乐日记》后的批复，原文内容如下：“尔等仍去传旨与嘉乐。朕之旨意前后无二。尔教王条约与中国道理大相悖谬。教王表章，朕亦不览。西洋人在中国行不得教，朕必严行禁止。本应命尔人京陛见，因道理不合，又生争端，尔于此即回去。明日着在京众西洋人于拱极城送尔。西洋人中有不会技艺之人，尔俱带去。再尔等同嘉乐带来会技艺之九人，伊等情愿效力者，朕留用。不愿在中国者，即同回去，朕不强留。”（北平故宫博物院．康熙与罗马使节关系文书影印本．北平：北平故宫博物院，1932：18-19．着重号和标点均为本书作者所后加。）

未能尽数涵盖的理论解释上的弊端①，但有一点可能是正确的，即在个体的生理需求范围之外，尚有更高层次的各种社会与文化上的需求，这包括他人对自己的评价以及自我所感受到的社会尊严和地位等。虽然他把自我实现的需求这一点放在人的需求的顶尖位置上，即那个金字塔般的人类需求模式的塔尖上，似乎人类群体中无一例外会有由低到高的阶梯形的自我实现的追求，但很显然，这样的解释对于由文化意义的不同所造就的人的行为差异缺少关注。

很显然，人是社会之人，如卢梭所言，虽每个人生而平等，却在人生下来之初，他就在一个既定的社会关系之网中，难以逃脱。② 这个对人而言，就是类似某种枷锁的社会之网，它向我们提供各种需求上的诱惑，人不可能不受这些诱惑的吸引而做出积极或消极的反应，而这些吸引个体去行动的欲求，表面看起来是在个体的身上本能地产生的，但再做一细致分析会发现，其均来自某一个社会本身。这些欲求会以各种公共表征的形式，如商店里的商品，宗教的教堂，他人的衣着、言语及行为动作等，经由有着认知感受性的个体心灵而被接受，并转化成其内在的心理表征意义下的心理驱动，影响某种个体行为的选择。③

基于上述这样的认识，回过头来再去看文明之间的相互吸引这一互动模式，情形似乎多少可以得到一些理解，即文明自身的独特性以及其他文明在此方面的缺失，这必然会使这种独特性和缺失性转化为某种文明自身的发展驱动力，以此为目的努力在其他文明之中加以寻找，以补自身之不足，这一驱动力乃是自然地理空间意义下所成就的不同文明之间真正可以有往来互补的可能的前提条件。与此同时，此一往来关系中的另一方，尽管其有某一方面的特质，但如何体现这一特质的价值，使一些人对自己的这一特质加以赞美，表达需求，这种你情我愿的关系，必然是文明之间实

① 黄光国. 自我实现的人生. 台北：桂冠图书公司，1990：52-53.

② 即卢梭的那句名言："人生而自由，却无往而不在枷锁之中。自以为是其他一切的主人的人，反而比其一切更是奴隶。"（卢梭. 社会契约论. 何兆武，译. 北京：商务印书馆，1963：6.）

③ 赵旭东. 文化的表达——人类学的视野. 北京：中国人民大学出版社，2009：340-352.

现某种形式的顺畅交流的最为重要的一个文化心理学基础。可以说，没有一个文明，会如美国西北海岸的夸克特人举行的夸富宴那般做一种纯粹的奉献，更多的情形要求的是一定方向的回报或者互惠，尽管它的文化表达往往是无意识的，即无法在意识的层面得到呈现，但却有一种强制力存在，这可能是此种文明交流得以真正实现的又一前提条件或长久维系的重要基石。

而文明互动关系之下的物品生产和交换，是最能把各种文明之间可以互补的要素一一调动起来的最为常见的社会关系建立的启动机制。我们今天留存在文化记忆中的几条重要的古代道路，它们无一不是跟这种物品的长距离运输紧密地联系在一起的，如滇缅边境的茶马古道、巴山蜀水之间的盐丹（砂）之路、河西走廊的丝绸之路（更确切的称呼叫作“玉石之路”），而茶马交易、井盐和丹砂的贩运中原、丝绸贸易以及玉石的长途贩运等，它们都在满足某一个文明之所需，同时反过来也补充了另一文明之所缺。但很显然，文明的餍足或缺失的状况，恐怕并非某一个普通的个体所能创造出来的，它是由某个文化中的“神圣之人”或“神圣之物”而塑造的，然后在整个人群中得到散播，并逐渐成为一必要的、按部就班的社会风俗的构成和实践。

在物的流动使文明之间的往来互动成为可能的同时，文明间的此种互动的程式化又进一步加强了可用来流动的物品数量及其生产速度，这是物与文明之间相互促进的一个过程。在这里，很显然，文明自身的文化意义的再生产是至关重要的。可以想见，如果没有中原夏商周或者更早时期的文化里对于玉石价值的文化意义的不断建构，从中原到相去数千里之遥的和田之间几千年走出来的“玉石之路”①，便无以真正地产生中原文化与西域之间长久的相互依赖的紧密关系。而一旦玉石价值的观念衰落了，它们之间的吸引力的强度也自然不会如过去那样强烈。关于玉石的观念以及原产地独有的丰富资源，使得二者紧密地结合在一起。这一点反过来迫使我们的人类学在今天必须站在一个能够有更为宽广的视野的高度上去看待已经发生的历史以及正在发生的现实。

① 杨伯达．巫玉之光——中国史前玉文化论考．上海：上海古籍出版社，2005：40-47.

对于第二种文明互动模式互补交流，我们也同样需要有在心理表征、社会交换、表现方式、文化表达以及民族志类型这样五个维度上的总结（见表15-1）。在这种互动模式上，自身又分为两种不同的互不交流模式，并在上述五个向度上表现出其各自的特征属性。一种心理表征的体验形态是在文化自觉前提下的羞怯纹饰以及象征互动；这进而要求在社会交换的维度上表现出对于礼物往来以及亲缘关系的强调的属性；而在互动的表现方式上，则是基于情感的驱动以及全部身心的参与；在文化表达这一维度上，特别会体现一种先外后里的文化逻辑，即以美人之美为先，各美其美为后；而在民族志的类型上，则表现出一种当仁不让的文化自觉，并以场所聚焦的民族志方法看待自己的文化及其构成，即以人所处的环境及各种交通工具和设施为基础对人与世界的关系的考察，核心关注点是对不同象征体系之间的往来互动的观察及对此的民族志书写。

而在互补交流的文明互动模式中，另外一种心理表征的体验形态乃是强调以个体自觉为前提条件的直接诚信和坦率直白；这在社会交换的维度上，突出体现的是个体间的契约理性以及生活实践中的效率优先；而在文化表达上，则要求一种与上述文化自觉前提下的先有美人之美后有各美其美的文化逻辑相反的思考，即先有各美其美，后有美人之美；最后，在民族志类型上，其首先强调的是基于个体自觉的民族志，这要求的并非静态的聚焦观察，而是一种动态的随着个体或者事件而不断处在移动之中的线索追溯的民族志。这种民族志真正体现的乃是注重人际往来互动以及文明之间互补性关系的实际构成的一种深度描述的民族志。

第三种文明之间的互动模式，可以说是对前两种互动方式的超越，并建立在对前两种互动模式的不断修正和反思之上，即文明之间互动的圆融共通状态的实现。在很长一个时期里，西方线性的历史观念在引导并支配着今天人们的思考，即这种观念相信在未来而不是现在，人类自身会被救赎。这是一种末世论的世界观，即人类的末日就是一种救赎，它恰恰在世界末日才会发生，但这隐含的意思又不是人类所谓真正的末日，而是一个不同于之前的全新的机会或革命，据说人因此才能得到真正的救赎。这样一种影响西方社会至深的宗教观念，在其经历了一种世俗化的转换之后，已经成为人们今天看待世界发展的一种支配性的观念，即进步或不断进步的有箭头指向的时间观念。这种观念是在人为地把某一种文明界定为落后的，即在时间的线性轨迹上它属于开始的，同时也意味着跟文明相对的野蛮或落后。由此而使另外的文明，在今天当然主要是天主教或基督教文化所代表的那些文明，天然地处在时间轨道的前端，即属于先进的，并且，必然引领整个世界向着未来做先进性的发展。

这可以说是一种在西方观念支配下的时间的人类学。它借助时间表述的逻辑，人为地将共处一个地球上的人类的不同群体做先后的划分，分出在发展轨道上的先进与落后，也许先后之别是自然的差异，但先进与落后之别则是一种意识形态下的文化之别了，因为这背后评价的标准，完全是以西方架构为核心的经济、政治、宗教，乃至文化的单一表述。显然，这样一种关系结构是极为清晰的，即发声者在西方，而听话者在西方以外的世界；观察者是西方人自己，而被观察者则是西方世界以外的所有人。而这便是此种西方的时间意识造成的一种实际交往的后果。今天这套表述，显然无意之中为走出西方支配的人类学家所自我解构，而那个地点就在遥远的他者文化之地。从文化相对主义者的表述，再到文化多样性的持守，人类学，至少西方的人类学，正在日益打破自己为自己所划定的各种解释边界。在此意义上，摩尔根有关古代社会的著述尽管恢宏无比，亦不能逃脱进入历史遗存之中的宿命。在人类学自我解构的声浪一波接续一波之下，与之相伴的则是西方世界自身对文明世界看法上的终结乃至于诅咒，只要读一读斯宾格勒写下的厚厚的《西方的没落》这本书，这一点就再清楚不过了。

在一种现代性的技术理性的强力支撑之下，西方无疑首先实现了某种近代思想的启蒙，但很显然，这是一个无法终结，或者说不能圆满收场的启蒙，即它可能会有其始而无其终，或者说不能有一个让越来越多的人感到心满意足的启蒙。因为在今天，所有现代社会的问题，如果从源头上去追溯，似乎都可以追溯到西方现代发展的原罪那里，它在持续地释放并发挥作用，影响着今天人们如何思考世界和自己。随着技术理性的发达，只用了一个世纪世界人口从20亿增加到60亿，能源的消耗也成几十倍地增长，环境污染、民族冲突、宗教激进主义的问题，乃至各种形式的贫困的问题，似乎都在向西方的技术理性提出质询：人类究竟要走向哪里？在西方技术理性的引领之下，我们在强化以人与人之间的相互分离为目标的发展之路①，这种分离的强有力的推手就是我们把个体理性从人的身体中抽离作为牺牲而放置在文明发展的祭坛之上，并试图使之在现代社会发展当中有某种神圣化的奇迹出现。但人因此而失去了其最可宝贵的心灵，似乎没有什么可以让人不满足，充裕的物质供给，完善的交通设施，便利的生活安排，但人对自己心灵缺失的恐惧却从来没有因为这种满足而减少一分。这种心灵的缺失非某种科学研究所能证实，但是却无处不在地影响我们对自己和未来世界的信心。

对于第三种文明互动模式圆融共通，我们有这样一种总结（见表15-1）。其在心理表征上体现出忘我融入与不分彼此的心理表征意象体验；在社会交换这一向度上，它所体现的是共存共荣与患难与共的共同体意识；而在文明互动的表现方式上，则体现出社会内部彼此之间休戚与共以及集体欢腾的心态和场景；在文化表达上，则表现出美美与共、天下大同的追求和象征性构造；在民族志类型上，是一种个体与群体之间的有机结合的民族志，或者也可以说是兼具个体自觉与文化自觉的民族志。这可以说是一种专门以人类整体作为理解目标的超越差异的自我表达的民族志。它有依赖于神游冥想以及超越了自我限制的体验的民族志，它建立在以人的诸多文化体验和理解这种体验为基础的体验的民族志上。同时，借助一种有似朝圣的心理结构，而实现对于文明之间地带的文化表达，由此生成无遮无碍的相互欣赏的民族志，它因此强调民族志的田野工作要实现文明之间的真正非语言、非命令以及非支配导向的可以相互融通的民族志。

四、理性的限制与圆融共通的智慧

毋庸置疑，人显然不能离开某种理性而生活，但完全依赖和相信此种理性又并非真正的人应该去追求的生活的全部。对理性限制的诸多认识，不论是费曼对理性不可靠的一种科学家的良心发现，或者是早期社会学家韦伯对现代理性膨胀的无比忧虑，还是后来西蒙和卡尼曼等心理学家对理

---

① 赵旭东. 人类学与文化转型——对分离技术的逃避与“在一起”哲学的回归. 广西民族大学学报（哲学社会科学版），2014，36（2）：32-48.

性发挥作用中的人的自身因素的干扰，以及时常会发生的情境性依赖的认知偏差错误的心理学研究，都在提醒人们理性的作用是有限的。认知心理学家在这方面的努力可谓不遗余力，他们试图通过一些细致入微的心理学检验，暗示我们人的理性的限制，这种限制既来自自身，更为重要的还来自周围的复杂环境。西蒙曾经断言："一个人，若视作行为系统，是很简单的。他的行为随时间而表现出的表面复杂性主要是他所处环境的复杂性的反映。"[①] 他小心翼翼地说这种论断限定在人类学家所说的"智人"（Homo sapiens）或他说的"思想者的人"上，这样的人更为重要的不是来自人的机体内部的纯粹理性在发挥全部作用，而是在对环境适应下慢慢学习而得来的理性。这种理性限制在环境复杂性之上的心理学论断帮我们去重新思考不断发展的理性的价值和意义，实际上在我们没有把环境的复杂性研究清楚之前，我们已经在不顾一切地依赖内部理性的各种指挥了，但显然，在遇到这种环境复杂性的攻击之后，我们只能作退败的姿态。今天我们更多去做的是试图从不同的方面对今天世界里看似不可阻挡的过度发展的理性洪流提供一种坚实的阻挡，同时这些也在重新激发我们的社会学想象力。我们有必要从内心世界里放下依靠单一理性来看待世界的姿态，步入人作为一个整体其在适应各种环境之中所创造的智慧与生活的道路的选择。

自启蒙时代开始影响整个世界的发展模式以来，人显然不再是被动的服从者，人因为有获取知识的能力并通过鼓励知识探索的个体理性的发展，而使人有自觉性地做出某种选择的能力大幅度地增加。因此而有了人们心目中赞许的政党、新的社会制度以及良好的社会福利保障，人不再完全就范于生老病死所谓的"自然规律"的自然选择，而是有学校、医院、工厂以及科研机构，当然还有强力的国家政府，加之于人，并通过内化于人心的某种道路的选择而实现生活方式的选择。这是由人创造几乎一切生活必需品的一个人造世界的选择，自然借助于人的创造力而成为被驯服的对象，人自由自在地从这种转化中无餍足地获取并不断地积累，这真正成为现代人生活目的的核心。

---

① 西蒙. 人工科学. 武夷山，译. 北京：商务印书馆，1987：57-58. 着重号为原文所有。

因此，文明之间不再停留于一种良性的互补，它曾经有的，依赖于第二种文明互动模式的象征性的非功利的文化表达所实现的羞怯纹饰但实际却极为顺畅的交流互动，在逐渐地消失。技术理性的强势，外加一种不可抗争的启蒙精神，权力的掌握者，往往会借助文野之间有差等的观念以分别彼此，并借助一套权力的集装器，而毫不留情地将一种文明置于另外一种文明之上。它最为温和的方式便是话语的暗示，而最为极端的方式便是某种形式的战争。在这个意义上，文明之间的互动模式在向第一种模式倒退。贝尔在那本似乎过早出版的《后工业社会的来临》一书中，向我们清楚地预测了今天可能的社会结构转型，这中间跟权力联系在一起的政治变得至关重要，“由于后工业社会增加了知识中技术部分的重要性，所以迫使新社会的大师们——科学家、工程师和技术官员们——要么与政治家进行竞争，要么就成为他们的盟友”①。如果是这样，文明的发展趋势可能就不再像涂尔干在《劳动分工论》中所指出的变得越来越理性，理性这个在19世纪末才开始逐渐占据社会支配地位的概念与进步的观念一起在今天更为突出地占据着人们的大脑。理性在这一点上似乎不是在促进文明之间的良性互动，而是在不断地摧毁文明中体现自己的力量。贝尔认为：“理性的概念在工业、以及在战争中得到了实际的体现。各种先进工业社会的发展，以及后工业社会的出现，都取决于理性的一个特定方面的扩大。但是，恰恰是理性的定义今天却成了问题，我在这里打算做的就是探讨这个（科技之国论的）概念与政治关系中的兴衰。”② 而他接下来所能够告诉我们的后工业社会中科技治国论的结局却是“物支配人”，进而则是“军人支配物”。因此“每一个工业社会都没有和平，而只有一个国防经济（Wehrwirtschaft），它是一种‘处于戒备状态的经济’，或者是一个动员起来的社会。一个动员起来的社会是这样的社会：国内的重要资源都集中在由政府确定的少数特定项目上。”③ 在日益走向现代化的今天，我们显然也面临着这种资源过度集中在政府手中而实现的却是为一种提心

---

① 贝尔．后工业社会的来临——对社会预测的一项探索．高铦，王宏周，魏章玲，译．高铦，校．北京：商务印书馆，1986：19.

② 贝尔．后工业社会的来临——对社会预测的一项探索．1986：378.

③ 同②．着重号为本书所后加。

吊胆的“国防经济”的资源的浪费。因为资源更多用于战争，不仅没有带来文明之间的良性互动，实际却使在世的文明之间的隔离变得越来越明显。而另外一个新的现象则是，战争引发了新的文明之间的对抗，对抗进而引发遍及全球的恐怖主义，在无形之中增加了多种文明交流互动的困难。要知道恐怖主义都是双向的，乔姆斯基对于美国插手中美洲反政府武装的过程分析，已经指出了国家恐怖主义的存在以及反过来所培养的一种“恐怖主义的文化”①。如果是那样，任何文明之间再难以有真正的互动和交流，并且文明之间连隔离都可能无法实现，最终的结果只可能是一个文明对于另外一个最为残酷的毁灭。

那么，文明之间能够有良性互动的基础究竟又是什么呢？如果我们沿着河西走廊到天山山脉有一条古代开拓的“玉石之路”供我们行走的话，我们也许能够明白这个基础应该是什么。“化干戈为玉帛”这个成语体现了中国人的智慧②，一切争端并不以直接的硬碰硬的冲突和战争来解决，柔性的转化便启示着一种文明之间良性互动的逻辑基础，这个逻辑基础肯定是建立在某种象征体系的构建和实际往来互动中冲突的柔性转化之上的，而当这些古代人就有的能力逐渐地被现代理性所消解之后，剩下来的无非是启蒙理性所要求并必须留给我们的那些遗产，即人对自身所能感知的欲求的最大化的满足，它充斥着我们的心灵，把所有既存的脑容量的信息排挤出去，由此表现在我们现代的生活中便是，一切虚饰因此而变得不再是人的生活中的必须。艺术品也不再是人的境界追求与感受提升的直接结果，它们被制造出来无非要去填补生活空间里被人为构建的空白，在艺术上，人们被要求去做的只是填补空白，而不需要切身的感受，而且这个空白永远也填补不完，因为旧的填补好之后，新的又会被创造出来。由此，艺术作为文明最为直接的载体而开始走向了不文明，这种不文明是寄生于一种绝对的不宽容的艺术形式之上的，那就是对于人的生活世界可能留有空白的不宽容。因此，而有所谓“装置艺术”的产生，它的创造完全

---

① 乔姆斯基. 恐怖主义文化. 张鲲，郎丽璇，译. 上海：上海译文出版社，2006：70-111.

② 赵旭东. 化干戈为玉帛——玉石之路新疆行有感. 中国民族报·理论周刊，2013-06-14 (5/6).

依靠我们自身如何去做一种摆设，只不过这种摆设的目的只有一个，那就是让人由此填补生活中出现的一个接一个的空白，在这个空白的空间里，原来曾经充斥着但当下却已经被遗忘或被抛弃的各种修饰，转而成为各种形式的记忆与思考上的空白，需要人来进行填补。当下也不再是人与人之间、群体与群体之间、文明与文明之间不断得到修饰的文化交流和互动，而是一下子撕去了面纱，直接谈论起交易如何实施，这完全转变为契约的理性主义观念之下有似商品交换式的行为方式，这其中的目的只有一个，那就是直接而纯粹地换回别人手中之物和财富，从而使自己的物和财富不断地积累，至于情感、经验以及灵魂，都必须在人的观念中加以隔离，最后再将之完全抛弃。

因此，正如上文所提及的，在互补交流的文明互动模式之下，大约可以分成两种互动方式。一种是以害羞的或者装扮起来的心理表征为基础的交往互动方式，它显然是以象征性交换形式去表达和体现自身的，而其实际所呈现的乃是一种“美人之美”和“各美其美”的文化表达方式。而另外一种则是要去实现极为明晰的理性计算，并将之放在人生思考的第一位上，它在西方契约的逻辑之中，可以非常明显地观察到。它的核心价值强调直接而无虚饰，而文化的观念，则被放置到极为次要的位置上了，甚至可以抛弃。这样两种文明互动模式，实际造成的后果可能都无法真正适应现代世界复杂性的社会变化，它们分别向文化自觉和个体自觉两个方向发展的过程中，导致的不是过度的集体理智的民族主义，就是极端自我意识的个体主义，它们实际上无法真正满足今天在个体自觉和文化自觉都同样高涨的时代里文明发展的模式。对应这样的一种新的发展模式，复杂性成为其核心的特征，我们因此不能简单持有要么从个体出发，要么从文化出发的单向度思维，这里要求的是辩证看待这两面的智慧型的思维，这成为文明之间互动免于激烈冲突的理想境界。

也许，个人与个人之间、群体与群体之间，或者这里所说的文明与文明之间所能达成的最高境界的互动形态，应该是上文所提出来的第三种文明互动模式，即文明之间圆融共通的往来互动。在这种文明互动之中，人们并不以一己的需求为文明互动的第一要务，也不以此为其最终的追求，而试图通过文明自觉意识的自我提升或者觉悟实现一种真正可以相互理解的互动方式。正像上文对此所总结的，它的核心特征虽然也强调象征性的互动，但这更是一种示意性的互动，即非直白的表述，而是委婉、曲折并可能带有歧义的模糊表达，在很多时候，能够做到这一点是以文明的修养为前提，“心知肚明”地不去诉诸直接的“语言暴力”而创造一种指示或暗示。它是在用心做一种交流，而不是单一化地借助于语言本身，语言在这个意义上往往异化成一种命令。对于一个个体而言，这可能是实现自我超越之后而对世界的完整以及把分散的社会碎片在一个整体性的心灵之中加以统合而达成的一种理解，它不会使人、社会与文化构成的诸要素相互之间各自分离，而是使它们能够相互融通地“在一起”①，并有了一种发自内心的全方位理解，以及对人与自然之间关系的整体性理解。

中国古代思想中的“天人合一”可以看成一种圆融共通的智慧，它所强调的乃是作为自然的“天”与作为万物之灵的“人”之间和谐共容的生活态度。而巴比伦文明中的灵魂不死的观念，使人们并不以现世世俗的生活为唯一或最终的目的，能够借助对死亡的看护而得到永生。印欧文明早期以死者为第一神圣之物的观念，转而使得对于死亡的处理成为世俗活人世界得到保障和延续的基础。而后来在此基础上分化出来的以印度为文化核心的东南亚社会文明中，常见的曼陀罗文化，使一个人的自身修养和对其的锤炼都得到无与伦比的强调，此种强调特别看重人对自己内心世界的把握，但这个文化的哲学，其最终的目的却是要使人完全放弃，即在内心世界观念中放下对于物欲的占有。而自基督新教成长起来之后，印欧文明一体的连续共同体意识变得更为断裂，并开始有了各自发展之路。在基督新教试图对“天”是什么加以彻底探问，在天人之间做一种垂直的和断裂式的探究之时，以印度文明为代表的东方文明在试图向内看，即走到人心的内部去求一种明白的解脱，因此包括中国在内的东方世界的心理学是独自并先于西方的心理学而得到发展的。而西方假借科学之名独自发展出来的心理学，最后再去追溯所谓人的认知的问题，这些都是更为晚近的事情。但此种心理学的核心是试图将人的身心做一种分离，进而去探究人心

---

①　赵旭东．在一起：一种文化转型人类学的新视野．云南民族大学学报（哲学社会科学版），2013（3）：24-35.

本身的功能和运行，而其他文化里的心理学，不去刻意做这样一种人为的区分。费孝通在他晚年有关文化自觉的反思恰恰是从“人”这个概念而展开的，他所指出的恰是一种个人、社会与文化三者之间的相互融通性。换言之，“‘人’是不离开社会与文化而存在的，通过人的实践活动的勾连能力，社会与文化相互联系在一起，同时得以延续下去”①。这种富有中国文化底蕴的人观强调的是人心的整体性，这成为西方文明以外诸多世界的核心特征，它使得圆融共通的文明之间的互动成为一种可能，并趋于早熟。

文明之间互动的圆融共通，它的目标并非以单一性而是以多样性的存在为基础的，因为多样性保证了人与人、人群与人群之间共通感的内容丰富与充实。它以一种“美美与共”的文化姿态来表达和成就自身，各种存在之间也并无所谓价值选择上的对立竞争，而是借象征性交换的互相补充的文明互动的逻辑实现一种更高层次上的相互融通，它往往不是水平面意义上的沟通，而是带有共同性关怀的超验层次上且有等级的沟通，天人之间、神人之间、中心与边缘之间，它们在宇宙观意义上的等级关系所造成的文明之间通感的产生便属于此例。因此而有的一种自觉、虔诚和自我驯服，让此一圆融共通状态的出现成为可能。而借助相互在一起的暂时忘我的有似娱神状态的狂欢，使人们能够迅速体悟到诸神共在、人神同处的融通之感，并以此而强化了人们各自所代表的文明。这些文明之间虽表面分殊，但实质却不分彼此，由此才有融通感的涌现。

这种融通感往往不是在某个文明的中心或内部产生，而是在其与其他文明接触的边缘之处生长或创造出来，换言之，那个区域充满各种可能的文明互动的融通感创造的机会。文明的边缘因此不再是一处空无的荒凉之地，而是转变为一种超经验存在的意义生产之地和繁育之地。通过以人或物为载体的意义传输，作为以符号或表征为形式而达致人的大脑之中的文化意义，在异于产地的遥远的地方而得以消费。比如，西敏司（Sidney W. Mintz）所研究的近代世界历史中的蔗糖，它在异于其产地的

① 赵旭东. 超越社会学既有传统——对费孝通晚年社会学方法论思考的再思考. 中国社会科学，2010（6）：138-150，142.

非洲或南美洲那些遥远的社会而得到重新的意义建构。① 类似的模式应该还有中国的茶叶，在维多利亚时代英国上层社会大量茶叶消费的背后，是茶被塑造为阶级身份的一种标志物。而今日美国文明下生产出来的麦当劳及肯德基这样的快餐文化，在其被转运到中国之后，也就成为另外一个层次上的文化消费，即中国的麦当劳与中国的肯德基。这既是文明之间的一种交流，而且更为重要的，它还是更多地生产物及其意义的基本的文化逻辑，并经过某种传导而进入另一文明之中，由此成为文明之间可以融通的基础。可以这样说，大约谁在喝咖啡之时，会憎恨自己的肚子为何这样不争气，而去品尝一种异域文明中的食物。因为，就人的食欲而言，"好吃"是具有普遍性的人类生理反应和觉知，文明和这种欲望从来都是紧密联系在一起的。一锅菜好吃的逻辑是在于各种食材之间味道的相互渗透，同时又能保证各自是各自的独立存在。中国北方街头的卤煮似乎最能代表这种滋味，那是通过长时间慢慢地浸透煮沸，使各自都被浸了各自的滋味，那却不让人生厌，而是一种地道的美味。而南方的火锅，各种食材，不论菜蔬，还是肉食，本来是各自独立的，放进味道浓烈的汤锅里一煮，味道大不一样，那也是一种五味杂陈出来的奇特效果。

当然，并不是什么东西混在一起，味道都鲜美，那往往是食品的文化通过时间的积累而逐渐选择的结果。对于圆融共通的文明互动模式而言，这种模式的出现也是逐渐积累起来的，它需要时间的积累，需要主动地选择甚至从远距离的地方专门引入转运过来，然后通过适应、磨合与删选并为一个文化所完全接受，最后融汇成这个文明之中的一种标志性的存在，或就是一种文明本身。那首先要对人的一些基本的生理机制加以满足，否则它们是无法真正融入此一文明之中去的。这又跟我们前面所说的文明与欲望之间的辩证关系紧密地联系在一起。

五、世界一体与文明互动

这个世界的文明在经历了两次世界大战之后，无疑有一种走向一体化

① Mintz. Sweetness and Power：The Place of Sugar in Modern History. Viking：Elisabeth Sifton Books，1985：187－214.

的趋势，即如费孝通所形象比喻的，这有似中国的战国时代，是一种逐渐由分而合形成世界的一体。在他看来，这便是未来世界历史的前景，如其所言："当前国家与国家、民族与民族、种族与种族、宗教与宗教等等之间的相互接触越来越频繁，使原来分立的人文世界逐步向一个'地球村'转变我也认为全球一体化是历史的前景。"①

但很显然，这种"世界一体"（one world）的愿景似乎在当下仍旧只见其形而不见其质。换言之，不论是从制度观念上，还是从技术设施上，似乎一种全球化文明的态势已经呼之欲出，甚至可以说已经在深度地影响着我们的生活现实，比如今天谁还真正去质疑民主的价值，又比如今天遍及千家万户的网络以及电视，这些是这种全球化的极好例证。显然，今天还有谁不说民主的好话，还有谁不上网，不看电视呢？

但这个生活和技术高度发展的世界里却存在一个令人十分困惑不解的问题，那就是我们借助这些全球一体化的手段以及努力去实现的全球一体的民主制度，结果我们越来越感受到的却是世界内部不断分化的趋势。当然，这种分化的趋势不都是负面的，或者说这种分化正在向正反两个方向发展，且这背后的驱动力也都是一样的强烈。在我看来，这正方向的分化趋势乃是一种多元文化意识的生长态势，这一点，在今天已经不成为一个疑问，显然有谁会去怀疑，多元文化存在乃是当今世界文明的一个趋势呢？

但一种世界范围内的反方向的分化趋势，却无疑使正方向上不断发展的文化多元的良性生长环境受到了不小的威胁。同时，这个反方向上的分化趋势也在使文明之间的融通变得越来越困难。似乎由一种文化主导甚至支配的观念，在世界的文化观念中重新被唤醒，并在日益危及文化多元自身的生态。而这种反方向的分化趋势就是世界范围内不同区域文明之间的冲突以及由此而引发的战争。这些大大小小的战争，使得文化多元的生态无法持续，而且，文明的毁灭也在这个反方向的发展趋势中露出端倪。两次世界大战已经使世界的文明受到了重创，而在第一次世界大战一百年后

① 费孝通．人文价值再思考//费孝通．当代人类学发展．北京：北京大学出版社，2013：12.

的今天，似乎和平的希望并不是那么快就能实现的，巴以冲突、中东危机、阿富汗冲突以及乌克兰困局等各式各样的对立和冲突，让我们看到了这个世界存在的不确定性和危机。

在此意义上，我们似乎尚未走出世界的战国时代，这个已经是一体的世界却时时为反方向的分化趋势所困扰。可以说，今天不论对于民族国家而言，还是对于世界国家而言，一体已经不是一个问题，是大的趋势，无可阻挡，但与之相对应的不论是国家内部还是世界范围内的多元分化的过程同样强烈且极为复杂。因此与费孝通二十几年前所提出的“多元一体”格局相对的“一体多元”格局同样处在成长之中。[①] 而我们在这里所提出的第三种文明互动的模式圆融共通仍旧是一个理想的愿景，而非真正的现实存在，它需要一种使其得以实现的文化氛围。也许对人类学，特别是中国人类学而言，我们所能做的，或者我们所要做的，绝不是对这样的文明冲突现状的冷漠、熟视无睹或者不闻不问，在已经没有人再把我们看成他者或另类的世界文明的新格局之下，我们却仍旧一脸冷漠地循着既有的人类学范式去找寻我们眼中的他者，那不也是逆这个世界一体的大趋势而动的一种文明的自我隔离吗？

显然，今天的人类学不应该是一种面对文明而表现冷漠的学问，它自身所固有的不断进入其他领域的特性，使其对文明以及文明之间的互动模式必然大为敏感，这种敏感性将引领人类学向着一些固有成见的领域出发并提出自己不同的看法，因为对于文明的理解，永远不可能只有一种声音表达。以这样的认识作为前提，我们需要在今天文明互动的圆融共通的良性姿态受到各种因素威胁而可能退步到文明隔绝和对立的时代里，重新举起文明人类学的旗帜，作一种凤凰涅槃的姿态，由此而作为一个文化主体去倡导文明之间圆融共通的而非相互隔离的人类学，由此而从知识理性上反对那种文明之间因为各种冲突乃至战争所造成的极端不文明的文化生态。

西方世界的科学探索精神也许能够探索和挖掘出文明之间不断冲突

---

① 赵旭东. 一体多元的族群关系论要——基于费孝通“中华民族多元一体格局”构想的再思考. 社会科学，2012 (4)：51-62.

的真实或经验乃至实证的存在，就像亨廷顿的“文明冲突论”所详细论证的那样①，但它无法真正认识到在精神层面曾经存在并为人所神秘体验到的世界圆融共通的那种在更高的境界上成为一体的文化想象的存在，或者如范可所批评的，亨廷顿“难以从权力关系的角度来看待和解释人类社会所存在的紧张和焦虑”②。文明互动的圆融共通模式乃是一种对人而言的文化存在的满足感，它不一定是经验的，却一定是经由某种体验而获得的。想一想中国文化里阴阳互补观念里的那种多少带有神秘性的体验，看一看中国文化里不断呈现的阴与阳相互嵌入却又各自保持独立的文化图像或表征，就可能使我们有对于一体存在的文化的无限遐想，而这种一体观恰恰是今天的世界在寻求新的一体格局中需要去重新思考的一种文明构建的意象。人类学家在不同的文明之间行走之时，应该向没有机会去做此种文明跨越旅行的人指出并呈现一种圆融共通的文明的存在，使恶人之美者自觉，使试图以战争解决文明冲突者自醒，使文明交流的阻碍者止步。同时，我们还要像阿帕杜莱（Arjun Appadurai）所清晰指出的那样，在今天要真正超越民族或者国家的观念去思考我们自己③，没有这一点做保障，人类学就像西方人类学曾经奏响的挽歌一样，让人心生悲凉。在这个意义上，人类学就是关注文明互动并促进文明互动的人类学，这是它的新使命。

---

① 亨廷顿. 文明的冲突与世界秩序的重建. 周琪，刘绯，张立平，等译. 北京：新华出版社，1998.

② 范可. 他我之间——人类学语境里的“异”与“同”. 北京：中国社会科学出版社，2012：225.

③ Appadurai. Modernity at Large：Cultural Dimensions of Globalization. Minneapolis：University of Minnesota Press，1996：158.

后　记

2010 年是我的老师费孝通教授一百周年诞辰，那一年我和自己的研究生们用近一个学期的时间在一起阅读了 1999 年由内蒙古人民出版社出版的十六卷本的《费孝通文集》，基于此而编成《费孝通与乡土社会研究》一书，同年交由社会科学文献出版社出版。在这个阅读、分享和思考费孝通先生的文字和思想的过程中，我渐渐开始留意“中国意识”这个概念，即中国文化中的主体本位意识。费孝通先生晚年借着“文化自觉”这个概念将中国意识这一问题提出来，这成为其晚年学术探索的一个核心概念，并影响到今天中国意识下对于文化的理解，而文化自觉这个概念也已经从学术领域进入国家政体的文化规划、表述和构建之中，影响可谓深远。

而我自己则特别注意到“中国意识”这个概念跟我 2003 年在北京大学出版社所出版的《反思本土文化建构》一书之间的联系，并将此看成自己研究思路上的理论关怀和延展。不过，现在我所探究的重点很显然已经不是之前的那种单纯的文化反思，而是试图在其中探寻中国道路发展的一种可能路径，由此看出可以作为理解对象的中国文化的整体形貌。因此我又返回来特别注意到费孝通先生在 1997 年所提出的“文化转型”的看问题的视角，这可以看成文化自觉观念的另一种表达，它比文化自觉的概念本身似乎更具动态和变化的意味。

与此同时，相比社会转型而言，文化转型似乎更具有现实的紧迫性，它可能意味着我们需要真切关注当下所发生的一切，它们是如何在文化维度上发生带有根本性的转变的。因此，我曾建议 2012 年“人类学高级论坛”的主题可以考虑“从社会转型到文化转型”这个题目，后来这个题目被论坛组织者徐杰舜教授完整地接受，成为那一年的核心会议主题，我自己也以此题目发表了主题演讲，论文随后在《中山大学学报》上发表。在此之后，围绕着费孝通所提出来的“文化转型”这一论题，前前后后发表了十余篇论文，而在这里结集出版的这些文字便是在此基础之上修改而成的。

在国际学术视野之中，人类学属于通识教育中不可或缺的一门学科，但凡要认识自己以及自己以外的“异文化”，人类学都是一门首要的学问。但是在中国，由于种种历史原因，这门学科的价值似乎并没有真正得到完整而具体的体现，它的发展也曾经遇到各种瓶颈。但是，今天中国在世界范围内的崛起以及借助于“一带一路”宏大观念而走向世界的努力，再一次为人类学在中国学术界的复兴提供了一个极为难得的良机。因为基于对世界近代史的考察，任何一个现代国家，若试图走出自己的国界，建立富有世界性的国家影响力，人类学家的先行以及借此而有的对于异文化的深度理解显然是不可或缺的。

人类学可谓对人类生活的整体关注，它基于社会与文化的视角而对人的社会属性以及文化属性给出一种深度描写，并让我们自身所无法真正觉知的人的存在要素得到显现，由此理解由人所构成的世界中纷繁多样的社会与文化。由此可以领悟，人类学从来不是一门学究气十足的学问，人类学必然关注正在发生的现实社会，它深切留意每一个人身边发生的变化和事件，并寻找这些变化和事件的来龙去脉，剖析这些变化和事件的共同性与差异性。人类学在让我们自以为再熟悉不过的世界变得陌生化，而同样它也会让我们深感陌生的世界逐渐变得熟悉起来，在这样一种“熟悉-陌生-熟悉”的不断延展出去的认识路径之中，我们发现了真正属于自我的文化存在。这可以说是一种照镜子的功夫，我们观察到的社会与文化显然就是一面外在的镜子，没有这样一种照镜子的功夫，我们便无法看清楚自己的真实样貌，而异文化的存在对人类而言就是一面真实在场且清晰可鉴的镜子，我们从中看到了自己存在的形貌的另一面，看到了人的存在的完整性。

总体而言，现代世界就是一个正在发生重大转型的世界，一个充斥着诸多不确定性的世界。当我们抛弃了最高的权威，抛弃了束缚在我们身上的种种枷锁之后，我们似乎看到了一丝黎明的曙光；我们似乎同时也很难再去回头、再去回顾以及再去回归，我们作为人类学者需要去探寻这样一种离开自我很远的历程和足迹。也许在未来，人类会去寻找自己的既往，但可能真的到了那时，那些既往都已不复存在了，它们或许只存在于博物馆中被玻璃罩罩着、变成铅字的民族志中，以及作为档案资料的影像画面当中，总之，不可能存在于普通人的日常生活实际当中。到了那时，文化自觉才可谓一种真正意义上的文化自觉，否则持久浸润在一种文化之中的人，何必非要有这样一种对于文化的自我觉知呢？这像极了在水中游泳之人，他们乐在其中，实在没有必要再分心去了解所谓水分子的构成，更无须知道水自身的清洁与否，他们就在其中，并一直浸润在其中。或许，也只有不在水中之人，才会对波澜壮阔的水产生迷狂般的想象、不由自主以及游移不定的遐想。“故乡”或者“乡愁”的观念也是一样，只有远行之人，才会真正被勾起对于家乡的眷恋和愁楚。因此，真正活在文化里的人无须文化的观念，文化就在他们的生活之中，无须自我表达；而只有真正远离了文化的人，似乎才一直寻找文化存在的可能性，这种文化也因此只能活在他们所谓的文化自觉之中，而这恰恰就是一种有文化与无文化之间分别的辩证游戏。

文化不是一种僵死的存在，它自身必然会随着时代的变化而发生改变，这种改变一定会基于我们物质生活的改变而改变，尽管有着一种相对于物质改变的“文化滞后”的效应存在，但文化的改变和转型却同样是不可阻挡的。一百年以前的人，大约不会知道飞机究竟为何种怪物，而一百年后的今天，去机场乘飞机出差、旅行成为很多人出行的必需，飞机成为“说走就走的旅行”的一种最基本的交通工具。大约一个世纪以前，甚至可以说半个世纪以前，我们所真正能够注意到并留存在我们记忆中的信息是极为有限的，通过手中的书本，或者通过实际观察，即除了一个借助文字而构建起来的“想象的异邦”的存在以及一个基于实际生活经历而构建起来的个人生活史世界的存在之外，似乎别无其他了。而在今日世界中，人们借助于智能手机、平板电脑以及各种形式的虚拟显示屏，就可以在同一个时间注意并浏览不一样的文化形态的表达或呈现。一次乘坐波音飞机的旅程，不仅可以使你在数小时之内到达一个遥远的国度，而且一架普通飞机所能提供给你的文化体验也是多样的，充满个人的选择性。

通过设计好了的并在每个人眼前安装好了的十几英寸的显示器屏幕，你看到了自己想看到的影像画面，而另外一个人则看到了他自己所喜欢的另外一种影像画面，对此每个人都可以通过按键而不断地做出选择，这恐怕就是今天生活的基本样态，即自我选择代替了社会与文化的既定安排。也许，就坐在你身边的人，他或她在看美国好莱坞拍的一部有关魔法生物的大片，在那部来自异域的大片中，时间和空间完全处在相互穿越的状态之中，但作为一个“本土人”或者说中国人，你完全可以为此所吸引而瞬间切换到这个异域文化表达的频道之中，你因此而获得了一种文化共享的独特体验。而与此同时，你如果从飞机座位前面椅背的缝隙中看到坐在你右前方的人正在看一部反映中国现实社会中某公司经理与年轻貌美却毫无资本可言的女白领之间难分难舍的爱情片，青春靓丽的演员以及他们富有时代气息的表演，同样会吸引你的注意力，由此你还会再次切换播放频道，瞬时转换到那里，看到一部关于可能是真实发生的故事的虚构性电视剧。在几个小时漫长的旅程之中，你就是在这种虚拟却真实感受到的旅程之中体验着种种差异性的文化表达，在过去这可能是一种奢望，而在当下，则变成一种比真实还要真实的真实，它是一种彻头彻尾的超现实。

我们不能不为这样一个充满活力和急剧变化的时代的存在而欢欣鼓舞，我们当然也不能不为这样充斥着各种选择的不确定的时代而忧心忡忡。一种曾经的现代性的努力使人们似乎一下子从既有社会关系的束缚和枷锁之中解脱，成为一个个独立存在的个体，但回过头来再去看，我们作为整体存在的人，似乎并没有真正感受到这种个体性存在的益处究竟在哪里，我们重新开始去寻求彼此不分离而“在一起”的社会融合与文化诉求，甚至可以说，这种诉求从来也没有在我们人的世界中真正中断过，我们需要一种合作、共享以及命运共同体的想象和构建，我们因此又试图在已经被现代性抛弃的传统中寻找归属感和认同感。人自身的双面性，即独立性的存在与特殊性的存在，使其有着从社会集体之中逃离的天然的冲动性，这是作为个体的人对社会而言的一种离心力的存在；与此同时，作为有着与生俱来以及后天累加的种种社会关系的社会存在，一个人自身会有难以摆脱的对社会的依赖以及对文化价值的向心力的青睐。而在这样一种离心与向心的焦灼之中，人成就了其自身存在的个人生活史，这一点似乎是对有史以来的人类必然通用的法则，只是在不同的时代，这种离心和向心之力会有表现上的明显与脆弱的差异。

人类学家很显然不会是单一向度的纯粹的田野工作者，他的胸怀应该面向整个人类的问题，这个问题似乎太过巨大，因此，俯身对真实的存在小心观察和揣摩，从个案之中尝试体味整体性的人类的存在。但更应该清楚的是，田野工作在这里仅仅是一种手段而非目的本身，人类学家真正的目的在于了解活在社会关系与文化网络之中的个人如何真正摆脱人自身与生俱来的动物性，进入后天文化所赋予的人和人彼此互助互惠而构建起来的社会场域并持续地存在于那个场域之中，除此之外，人类学的研究也就只剩下一堆不断积累的供未来历史学家参考和研究的历史资料了。

每一位人类学家无疑都在制作着自己的作品，这一作品应该是向人类生活世界自身的敞开，即关注真实个人在真实生活场景之中的真实表现。人显然不是活在纯粹的概念之中，人更多活在一种具体的生活场景与具体的社会关系之中，由此而造就了种种约束这种生活场景、社会关系价值和观念的文化表达，这些表达到头来仍旧是具体的，人可以借助某种观念来掩饰自己，但是人不能够离开具体的物质生活场景装扮和修饰自己，人活在一种物质文化意义上的发明、创造以及表达之上。

在当下这个时代，或许我们过去的生活难有今天这样丰富多彩，我们不断地被新事物吸引，被由旧而新或由新而更新的种种“文化创意”吸引，被诸多令人眼花缭乱的富含美学意义的设计吸引，我们所感受到的生活的美学化，或者美学的生活化，已经表现在我们日常居室的装潢、舞台表演以及街头穿戴之中，我们活在一种设计、创意与创新的新文化时代之中。在过去，文化作为一种刻板印象曾经被固着在某一个地方，而今天文化则被翻来覆去为不同的人所借用、挪用、插拼以及重新组合，由此而被频繁地利用和使用，并使之朝向富有新异性的存在空间和存在形态的方向转变。

今天，人类学家所要真正捕捉的不过就是在种种变化之中可能有的一种不变性。这种对于变化之中的不变的耐心捕捉，成为受费孝通先生的文化转型观念启发而产生的文化转型人类学的核心关怀，这也就是在今天要特别在中国的学术场域中提出文化转型人类学这一观念的重要意义所在。在未来，我们不仅要去面对我们自己的中国意识的成长，同时也一样会面对一种基于中国意识的世界意识的成长。如果是这样，那么面对这些既熟悉又陌生的意识成长，手握文化观念的人类学家，以研究自己的人民著称的中国人类学家，他们该向哪个方向共同做一种探寻的转向呢？这恐怕才是摆在当今人类学家面前最为真实且最为迫切的问题，这些问题也有待诸位同人共同努力去真正解决。

丁酉三月廿六日重庆永川旅次

图书在版编目（CIP）数据

文化转型人类学/赵旭东著. —北京：中国人民大学出版社，2018.1
（百家廊文丛）
ISBN 978-7-300-25188-2

Ⅰ.①文… Ⅱ.①赵… Ⅲ.①文化人类学-研究-中国 Ⅳ.①C912.4

中国版本图书馆 CIP 数据核字（2017）第 295948 号

百家廊文丛
文化转型人类学
赵旭东　著
Wenhua Zhuanxing Renleixue

出版发行	中国人民大学出版社		
社　　址	北京中关村大街 31 号	**邮政编码**	100080
电　　话	010－62511242（总编室）		010－62511770（质管部）
	010－82501766（邮购部）		010－62514148（门市部）
	010－62515195（发行公司）		010－62515275（盗版举报）
网　　址	http://www.crup.com.cn		
经　　销	新华书店		
印　　刷	唐山玺诚印务有限公司		
规　　格	160 mm×230 mm　16 开本	**版　　次**	2018 年 1 月第 1 版
印　　张	25.25 插页 1	**印　　次**	2023 年 4 月第 2 次印刷
字　　数	381 000	**定　　价**	128.00 元